"一带一路"建设中的
经济合作机制研究

A Study of the Economic Cooperation Mechanisms
under the Belt and Road Initiative

主　编　江瑞平
副主编　竺彩华
　　　　张翠珍
　　　　崔绍忠（执行）

世界知识出版社
北京·2022

图书在版编目（CIP）数据

"一带一路"建设中的经济合作机制研究 / 江瑞平主编. —北京：世界知识出版社，2022.3
ISBN 978-7-5012-6441-4

Ⅰ.①—… Ⅱ.①江… Ⅲ.①"一带一路"—国际合作—研究 Ⅳ.①F125

中国版本图书馆CIP数据核字（2021）第228913号

书　　名	"一带一路"建设中的经济合作机制研究 "Yi Dai Yi Lu" Jianshe zhong de Jingji Hezuo Jizhi Yanjiu
主　　编	江瑞平
副 主 编	竺彩华　张翠珍　崔绍忠（执行）
责任编辑	余　岚
责任出版	王勇刚
责任校对	陈可望
封面设计	张　维
出版发行	世界知识出版社
地址邮编	北京市东城区干面胡同51号（100010）
电　　话	010-65265923（发行）　010-85119023（邮购）
网　　址	www.ishizhi.cn
经　　销	新华书店
印　　刷	北京虎彩文化传播有限公司
开本印张	720毫米×1020毫米　1/16　21印张
字　　数	350千字
版次印次	2022年3月第一版　2022年3月第一次印刷
标准书号	ISBN 978-7-5012-6441-4
定　　价	89.00元

版权所有　侵权必究

目　录

引　论　大变局、新时代与"一带一路"机制化 ···············1

第一章　"一带一路"经济合作机制构建的理论基础 ··········27
　第一节　经济合作与经济整合 ·····························27
　第二节　机制与经济合作机制 ·····························35
　第三节　经济合作机制构建的主要理论 ·····················37
　第四节　"一带一路"经济合作机制构建的中国特色 ··········47

第二章　"一带一路"贸易合作机制构建 ···················51
　第一节　全球贸易合作发展趋向 ···························52
　第二节　"一带一路"建设中的贸易合作机制现状 ············62
　第三节　中国参与"一带一路"贸易合作机制的现状 ·········71
　第四节　构建"一带一路"贸易合作机制的政策建议 ·········76

第三章　"一带一路"投资合作机制构建 ···················84
　第一节　中国对"一带一路"沿线投资现状 ·················84
　第二节　"一带一路"沿线投资风险的成因分析 ·············88
　第三节　全球现有投资合作机制 ···························93
　第四节　"一带一路"投资合作机制现状与问题 ············104
　第五节　构建"一带一路"投资合作机制的政策建议 ········108

第四章 "一带一路"金融合作机制构建 ……………………………112
- 第一节 "一带一路"建设中的金融合作机制现状……………………112
- 第二节 中国参与"一带一路"金融合作机制的现状…………………120
- 第三节 "一带一路"金融合作机制面临的主要问题…………………129
- 第四节 构建"一带一路"金融合作机制的政策建议…………………131

第五章 "一带一路"能源合作机制构建 ……………………………137
- 第一节 全球能源合作发展趋向…………………………………………137
- 第二节 "一带一路"建设中的能源合作机制现状……………………143
- 第三节 "一带一路"框架下我国能源合作机制的进展与挑战………159
- 第四节 "一带一路"框架下深化能源合作机制的政策建议…………168

第六章 "一带一路"农业合作机制构建 ……………………………172
- 第一节 "一带一路"农业合作与发展前景……………………………172
- 第二节 "一带一路"农业合作机制化趋势……………………………178
- 第三节 "一带一路"农业合作面临的挑战……………………………185
- 第四节 对"一带一路"农业合作与发展的政策建议…………………189

第七章 "一带一路"互联互通合作机制构建 ………………………194
- 第一节 全球互联互通合作的发展趋向…………………………………194
- 第二节 "一带一路"互联互通合作的现状……………………………196
- 第三节 "一带一路"互联互通蕴含的利益与挑战……………………204
- 第四节 构建"一带一路"互联互通合作机制的建议…………………213

第八章 "一带一路"全球发展合作机制构建 ………………………219
- 第一节 全球发展合作趋向………………………………………………219
- 第二节 "一带一路"建设中的全球发展合作机制现状………………240
- 第三节 中国参与"一带一路"全球发展合作机制的现状……………252
- 第四节 构建"一带一路"全球发展合作机制的政策建议……………258

专论一 "一带一路"与国际经贸规则体系演变…………………………262

专论二 外交关系提升对"一带一路"沿线贸易影响分析……………295

后　记……………………………………………………………………325

引论　大变局、新时代与"一带一路"机制化

时钟拨回到硕果累累的 2013 年秋。

9 月 7 日，出访哈萨克斯坦的中国国家主席习近平在纳扎尔巴耶夫大学发表讲演，面对该校师生、陪同政要和在场记者娓娓道来："2100 多年前，中国汉代的张骞肩负和平友好使命，两次出使中亚，开启了中国同中亚各国友好交往的大门，开辟出一条横贯东西、连接欧亚的丝绸之路。……千百年来，在这条古老的丝绸之路上，各国人民共同谱写出千古传诵的友好篇章。两千多年的交往历史证明，只要坚持团结互信、平等互利、包容互鉴、合作共赢，不同种族、不同信仰、不同文化背景的国家完全可以共享和平，共同发展。这是古丝绸之路留给我们的宝贵启示。……为了使我们欧亚各国经济联系更加紧密、相互合作更加深入、发展空间更加广阔，我们可以用创新的合作模式，共同建设'丝绸之路经济带'。这是一项造福沿途各国人民的大事业。"①

10 月 3 日，出访印度尼西亚的习近平主席在其国会发表讲演。这次他提到了郑和七下西洋："早在 2000 多年前的中国汉代，两国人民就克服大海的阻隔，打开了往来的大门。15 世纪初，中国明代著名航海家郑和七次远洋航海，每次都到访印尼群岛，足迹遍及爪哇、苏门答腊、加里曼丹等地，留下了两

---

① 《习近平在纳扎尔巴耶夫大学的演讲》，中国共产党新闻网，2013 年 9 月 8 日，http://jhsjk.people.cn/article/22843712。

国人民友好交往的历史佳话，许多都传诵至今。……东南亚地区自古以来就是'海上丝绸之路'的重要枢纽，中国愿同东盟国家加强海上合作，使用好中国政府设立的中国—东盟海上合作基金，发展好海洋合作伙伴关系，共同建设'21世纪海上丝绸之路'。中国愿通过扩大同东盟国家各领域务实合作，互通有无、优势互补，同东盟国家共享机遇、共迎挑战，实现共同发展、共同繁荣。"①

一个月内的这两次讲演注定要彪炳史册！习近平主席用平缓、生动的语调发出了时代最强音：中国倡议国际社会共同建设"丝绸之路经济带"和"21世纪海上丝绸之路"，即"一带一路"。

时钟跳转到收获满满的2017年秋。

10月18日，中国共产党第十九次全国代表大会在北京举行，习近平总书记在《决胜全面建成小康社会　夺取新时代中国特色社会主义伟大胜利》的报告（简称"党的十九大报告"）中向国际社会庄严宣布："经过长期努力，中国特色社会主义进入了新时代，……这个新时代，……是我国日益走近世界舞台中央、不断为人类作出更大贡献的时代。"报告还指出，新时代的中国经济，要贯彻新发展理念，建设现代化经济体系，为此必须"以'一带一路'建设为重点，坚持引进来和走出去并重，遵循共商共建共享原则，加强创新能力，开放合作，形成陆海内外联动、东西双向互济的开放格局"。新时代的中国外交，要坚持和平发展道路，推动构建人类命运共同体，为此必须"坚持对外开放的基本国策，坚持打开国门搞建设，积极促进'一带一路'国际合作，努力实现政策沟通、设施联通、贸易畅通、资金融通、民心相通，打造国际合作新平台，增添共同发展新动力"。显而易见，无论是在经济发展层面，还是在外交布局层面，"一带一路"在步入新时代的中国都被赋予了更加明确的战略定位和更加重大的历史使命。

两个多月后的12月28日，习近平总书记在驻外使节工作会议上明确指出："中国特色社会主义进入了新时代。做好新时代外交工作，首先要深刻领会党的十九大精神，正确认识当今时代潮流和国际大势。放眼世界，我们

---

① 《携手建设中国—东盟命运共同体》，中国共产党新闻网，2013年10月4日，http://jhsjk.people.cn/article/23104126。

面对的是百年未有之大变局。新世纪以来一大批新兴市场国家和发展中国家快速发展，世界多极化加速发展，国际格局日趋均衡，国际潮流大势不可逆转。"①由此开始，在国内国际许多重要场合，习近平总书记都始终强调关于当今时代潮流与世界大势的这一基本判断和总体评估。

提出共建"一带一路"倡议，宣布中国特色社会主义步入新时代，断定世界正处于百年未有之大变局，三者之间有无内在关联？在步入新时代的中国与处于大变局中的世界之间，"一带一路"扮演什么样的角色？以下分析试图得出的基本结论将是：世界大变局催生"一带一路"，中国新时代呼唤"一带一路"，"一带一路"是贯通步入新时代的中国与处于大变局中的世界的必由之路和光明大道，是步入新时代后的中国为百年大变局中的世界作出的巨大贡献。而"一带一路"要契合世界大变局要求，顺应中国新时代呼唤，在世界大变局与中国新时代之间发挥应有的贯通功能和融合作用，必须推进机制化建设。

一、世界大变局催生"一带一路"

如上所述，在2017年底的驻外使节工作会议上，习近平总书记首次提出"我们面对的是百年未有之大变局"。半年之后，他在2018年6月的中央外事工作会议上进一步明确指出："我国处于近代以来最好的发展时期，世界处于百年未有之大变局，两者同步交织、相互激荡。……当今世界是一个变革的世界，是一个新机遇新挑战层出不穷的世界，是一个国际体系和国际秩序深度调整的世界，是一个国际力量对比深刻变化并朝着有利于和平与发展方向变化的世界。"此后，他又在更多国内外重要场合不断强调：当今世界正面临百年未有之大变局。这是习近平总书记代表中国对世界大局与历史大势作出的高度概括和精准定位。

当今世界面临的百年未有之大变局，一定体现着世界全局各主要领域和层面的深广变化。从世界经济层面看，新兴市场国家整体快速崛起、大国实力对比显著变化、全球经济治理亟待变革、东亚区域合作逆势而上和地缘经

---

① 《习近平接见2017年度驻外使节工作会议与会使节并发表重要讲话》，央视网，2017年12月28日，http://news.cctv.com/2017/12/28/ARTIcjxJEmyTksv6ZA8qIZ9x171228.shtml。

济布局重大调整等五大趋势尤其值得关注。而积极倡导并全力推进共建"一带一路",充分顺应了这些重大趋势,并越来越在其不断演进中发挥重要作用,产生重大影响。在此意义上,可以说,世界大变局催生了"一带一路"。

(一)新兴市场国家崛起与"一带一路"

迄今为止的世界经济,始终是由西方发达国家主导的。西方发达国家在总量或规模上构成世界经济的主体,所占比重极高。更重要的是,当今世界经济的基本运行规则也由西方发达国家来制定和主导。在世界经济运行中发挥主导作用的主要国际经济组织和体系,大多被西方发达国家所控制。如世界银行(WB)行长一定来自美国,国际货币基金组织(IMF)总裁一定来自欧洲大国,即是这种主导和控制的集中体现。与之相应,广大新兴市场国家和发展中国家只能处于从属或"边缘"地位,甚至在不平等、不合理的国际经济体系中,还不得不遭受剥削或向"中心"国家的"价值转移"。在此背景下,新兴市场国家和发展中国家只能在"夹缝中"求生存、谋发展,很难彻底摆脱其"依附"身份,扭转其"边缘"地位。但在20世纪90年代开启的新一轮全球化进程中,绝大多数新兴市场国家和发展中国家抓住"百年未见之"大机遇,积极参与和利用国际经济分工,推动自身发展,开启了整体崛起的历史进程。进入21世纪之后,这一进程进一步提速,崛起势头更加迅猛。如图0-1所示,1990—2019年,发达国家经济总量仅增长1.82倍,而新兴市场国家和发展中国家则增长达5.73倍,相当于前者增长速度的3.15倍。2000年,新兴市场国家和发展中国家在全球经济总量的比重仅为20.9%,而到2019年已提升至40.2%,在进入21世纪不到20年间攀升了一倍。而若按购买力平价(PPP)来计算,新兴市场国家和发展中国家在全球经济总量中所占比重,1990年仍仅为36.7%,2000年升至43.2%,2008年首次超过发达国家所占比重,达到51.3%,到2019年更升至59.7%,发达国家所占比重仅有40.3%。IMF的数据还表明,21世纪的前20年,新兴市场国家和发展中国家对全球经济增长的贡献率,同样也整整攀升了一倍,由30%左右攀升至60%左右。目前,全球经济增长的60%要由新兴市场国家和发展中国家来支撑。受此直接影响,新兴市场国家和发展中国家在全球贸易、国际投资以及世界经济运行的其他重要层面,地位和影响也在快速提升。①

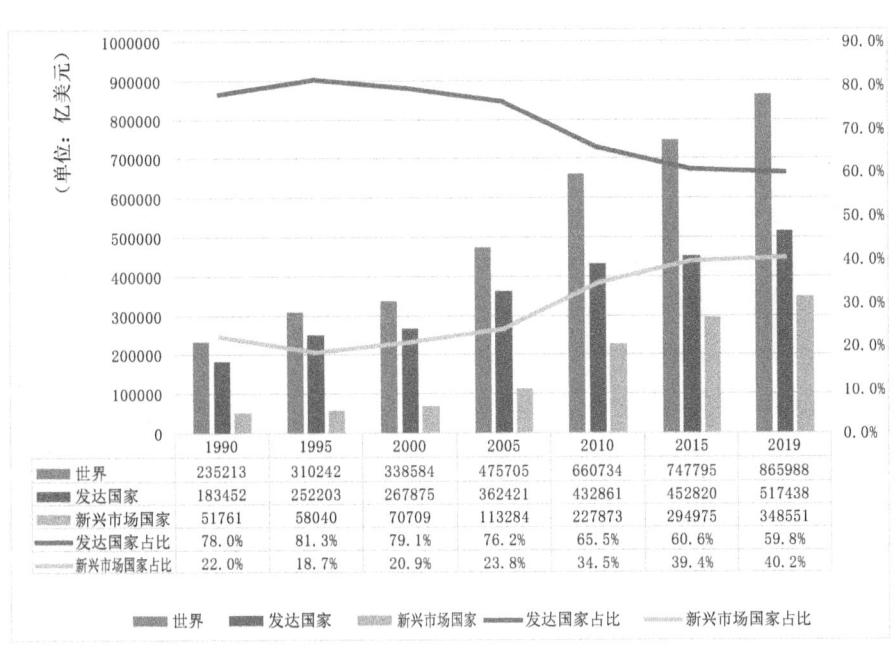

图 0-1　新兴市场国家整体崛起（1990—2019）

资料来源："World Economic Outlook Database," IMF, October 2019, https://www.imf.org/external/pubs/ft/weo/2019/01/weodata/index.aspx。

中国是全球最大的新兴市场国家和发展中国家。上述新兴市场国家和发展中国家整体快速崛起，在很大程度上是由中国带动的。未来，新兴市场国家和发展中国家能否继续保持这一势头，发展趋势与前景如何，在很大程度上也要靠中国来带动和引领。作为全球最大的新兴市场国家和发展中国家，在现行国际体系和治理框架中，中国必须代表发展中国家说话，坚定不移地维护和提升发展中国家的利益和权利。这已是中国外交布局的既定方针，在新时代中国特色大国外交中，这一定位不会改变。中国国家领导人无论在国内场合，还是在国际舞台，都旗帜鲜明地坚持这一观点。如在2014年11月的中央外事工作会议上，习近平总书记明确要求，"要切实推进多边外交，推动

---

① "World Economic Outlook Database," IMF, October 2019, https://www.imf.org/external/pubs/ft/weo/2019/01/weodata/index.aspx.

国际体系和全球治理改革，增加我国和广大发展中国家的代表性和话语权"。翌年9月，在联合国发展峰会上，习近平主席更加明确地向国际社会宣示："中国将继续同广大发展中国家站在一起，坚定支持增加发展中国家特别是非洲国家在国际治理体系中的代表性和发言权。中国在联合国的一票永远属于发展中国家。"①作为最大的新兴市场国家和发展中国家，中国应在新兴市场国家和发展中国家中，继续保持整体崛起势头，发挥带动和引领作用；应在国际体系与全球治理格局及其变革中，继续站在新兴市场国家和发展中国家立场上，代表其说话，提升其地位，增大其权利，最重要的是提出切实可行的倡议和方案，采取行之有效的举措和行动。而"一带一路"就是最可行的倡议和方案。事实证明，它也是最有效的举措和行动。正因如此，习近平总书记才在2018年8月27日举行的推进"一带一路"建设工作5周年座谈会上指出，广大发展中国家加快工业化城镇化、进而实现经济独立和民族振兴正方兴未艾。共建"一带一路"之所以得到广泛支持，反映了各国特别是广大发展中国家对促和平、谋发展的愿望。②而在2019年第二届"一带一路"国际合作高峰论坛召开前夕，推进"一带一路"建设工作领导小组办公室在《共建"一带一路"倡议：进展、贡献与展望》中明确指出："基础设施投入不足是发展中国家经济发展的瓶颈，加快设施联通建设是共建'一带一路'的关键领域和核心内容。"③

（二）大国实力消长与"一带一路"

大国实力对比关系的显著变化，是世界百年未有之大变局在经济层面的突出表现。在上述新兴市场国家和发展中国家整体崛起的历史进程中，中国作为全球最大的发展中国家始终位居前列，发挥着举足轻重的引领作用，也成为这一崛起势头最为强劲的典范。中国经济的快速崛起也引发了世界大国经济实力对比关系的急剧变化。进入21世纪后，这一态势更加明显，影响更

---

① 李永志：《中国引领全球治理的国际定位》，《太平洋学报》2020年第4期，第4页。
② 《坚持对话协商共建共享合作共赢交流互鉴 推动共建"一带一路"走深走实造福人民》，中国共产党新闻网，2018年8月28日，http://jhsjk.people.cn/article/30254542。
③ 推进"一带一路"建设工作领导小组办公室：《共建"一带一路"倡议：进展、贡献与展望》，新华网，2019年4月22日，http://www.xinhuanet.com/world/2019-04/22/c_1124400071.htm。

加深广。其突出表现则是,世界前三大经济体——美国、中国和日本的经济实力对比关系发生急剧变化。而位居其后的其他主要经济体,地位虽也有所调整,但变化并不明显,可以不必重点讨论。如图0-2所示,进入21世纪的头19年间,中国国内生产总值增长了10.6倍,而美国仅增长1.1倍,日本几乎没有变化。结果是,中国经济实力相当于美国的比重由2000年的11.8%急剧攀升至2019年的66%,不到20年间攀升了54.2%;而中国经济实力相当于日本的比重在2000年仅为24.9%,到2010年即超过日本,2019年已攀升至日本的2.74倍。更加重要的是,中国经济实力的快速增强和国际经济地位的快速提升,还体现在中国已成为全球第一大货物贸易国、第一大外汇储备国、第一大工业制造国,以及最大的引进外资和对外投资大国等多个重要层面。

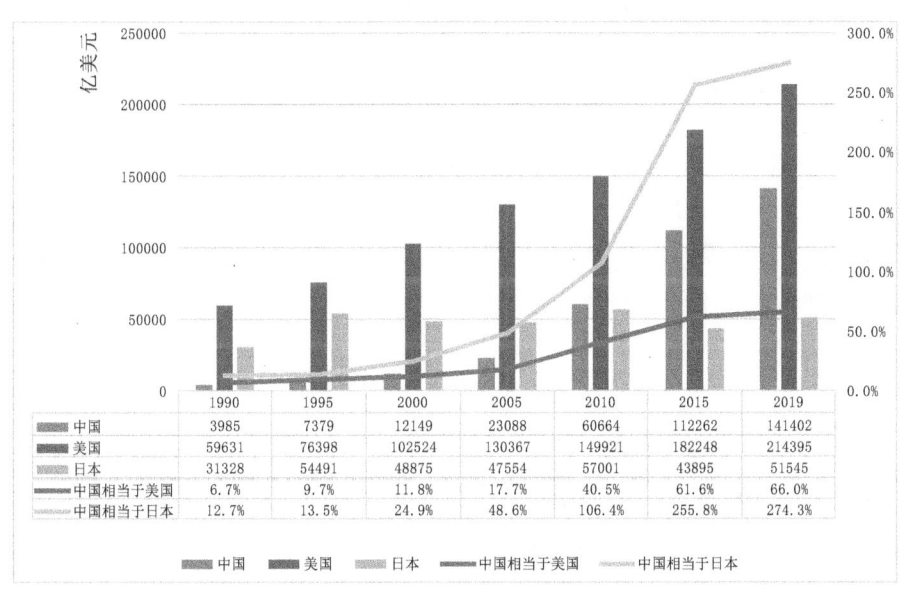

图0-2　中美日经济实力对比关系变化(2000—2019年)

资料来源:"World Economic Outlook Database," IMF, October 2019, https://www.imf.org/external/pubs/ft/weo/2019/01/weodata/index.aspx。

由于不存在真正意义上的"世界政府",国际公共物品只能由大国或大国主导的国际体系来提供。二战结束以后,由于美国在国际格局中占据绝对主导地位,自然就成为国际公共物品的主要提供者。美国主导建立的战后国际体系和国际秩序，在很大程度上为战后世界经济的稳定和发展提供了必要保障，包括关贸总协定及在其基础上建立的世贸组织（WTO）保障国际贸易投资关系的相对有序发展，国际货币基金组织和世界银行系统保障国际金融货币关系的相对稳定运行等。但到20世纪90年代后，由于WTO新一轮谈判进展迟缓、陷入困境，IMF面对愈演愈烈的国际金融货币危机力不从心、无所作为，已经暴露出美国主导国际体系和国际秩序的能力趋于弱化。进入21世纪，这一问题更趋严重，尤其是在特朗普执政之后，更是采取了一系列"退群"行动，包括先后退出《巴黎气候协定》、"伊核协定"、联合国教科文组织、联合国人权理事会等，不仅显现出美国向国际社会提供公共物品的能力弱化，更重要的是意愿严重不足，甚至阻挠、刁难，包括其蓄意阻挠WTO上诉机构运作，在新冠肺炎疫情肆意蔓延的背景下刁难并退出世界卫生组织等。在此背景下，作为全球第二大经济体且地位继续提升的中国必须有大国担当，向国际社会提供必要的公共物品。而提出和推进国际社会携手共建"一带一路"，就是中国顺应和因应这一需求，向国际社会提供的"最好的"公共物品。正如习近平主席在"一带一路"国际合作高峰论坛圆桌峰会的开幕辞中所言，"一带一路"源自中国，但属于世界。"一带一路"建设跨越不同地域、不同发展阶段、不同文明，是一个开放包容的合作平台，是各方共同打造的全球公共产品。①

（三）全球治理变革与"一带一路"

经济全球化需要强化全球经济治理。如上所述，二战后形成的全球经济治理体系，完全是由西方发达国家主导的，美国占据核心和支配地位。这一全球经济治理体系，在战后很长时期基本保障了全球经济运行的有序展开和稳定推进，对全球经济的增长与稳定发挥了不容忽视的作用，但却存有严重缺陷，并由此而导致了一系列严重的全球性问题。尤其是贫富差距拉大从而造成全球性贫困问题的恶化，经济发展与环境保护严重失衡，人类生存和发展环境区域恶化等。这是近来全球化遭遇逆流、逆全球化暗流涌动，全球经

---

① 《开辟合作新起点　谋求发展新动力——习近平在"一带一路"国际合作高峰论坛圆桌峰会上的开幕辞》，中国共产党新闻网，2017年5月15日，http://jhsjk.people.cn/article/29276920。

济治理体系深陷困境，WTO新一轮谈判停滞不前、仲裁机制被迫停摆的主要背景和深刻原因。特朗普上台后，肆意推行美国优先、单边主义，进一步暴露了全球化和全球治理存在的矛盾和缺陷，更进一步恶化了业已存在的全球性问题。正是在此背景下，在2019年3月26日于巴黎举行的中法全球治理论坛上，中国国家主席习近平明确指出，当今世界面临的最大问题，是存在四大赤字，而治理赤字则位列四大赤字之首。他呼吁国际社会要"坚持公正合理，破解治理赤字。……我们要坚持共商共建共享的全球治理观，坚持全球事务由各国人民商量着办，积极推进全球治理规则民主化。我们要继续高举联合国这面多边主义旗帜，充分发挥世界贸易组织、国际货币基金组织、世界银行、二十国集团、欧盟等全球和区域多边机制的建设性作用，共同推动构建人类命运共同体"。①

习近平主席不仅在众多重要场合积极呼吁国际社会共同破解治理赤字，变革全球治理体系，提升全球治理能力和效率，还在实践中把推动共建"一带一路"作为重要路径。他在推进"一带一路"建设工作5周年座谈会上明确指出，共建"一带一路"不仅是经济合作，而且是完善全球发展模式和全球治理、推进经济全球化健康发展的重要途径。② 通过推进共建"一带一路"，中国向国际社会积极介绍和传播共商共建共享的全球治理观；通过推进共建"一带一路"，中国主导创办了"亚洲基础设施投资银行"（AIIB）和"金砖国家新开发银行"（NDB）等多边国际金融机构，进一步充实和完善了全球金融体系；通过推进共建"一带一路"，实现了与沿线众多国家发展规划和发展战略的有效对接，成为全球治理体系的有效补充；通过推进共建"一带一路"，与相关区域合作机制形成良性互动，使区域治理体系成为全球治理的强力支撑。推进"一带一路"建设工作领导小组办公室在总结共建"一带一路"倡议作出的贡献时明确指出，"'一带一路'为全球治理体系变革提供了中国方案。当今世界面临增长动能不足、治理体系滞后和发展失衡等挑战。共建'一带一路'体现开放包容、共同发展的鲜明导向，超越社会制度和文化差异，

---

① 《习近平在中法全球治理论坛闭幕式上的讲话》，中国共产党新闻网，2019年3月27日，http://jhsjk.people.cn/article/30997013。

② 《习近平：坚持对话协商共建共享合作共赢交流互鉴 推动共建"一带一路"走深走实造福人民》，中国共产党新闻网，2018年8月28日，http://jhsjk.people.cn/article/30254542。

尊重文明多样性，坚持多元文化共存，强调不同经济发展水平国家的优势互补和互利共赢，着力改善发展条件、创造发展机会、增强发展动力、共享发展成果，推动实现全球治理、全球安全、全球发展联动，致力于解决长期以来单一治理成效不彰的困扰"。①

（四）区域合作演进与"一带一路"

20世纪90年代后，在经济全球化对全球经济高效治理的需求空前增强，而以往担当全球治理主要职能的多边机制却陷入困境的背景下，各种形式的区域治理框架才开始蓬勃兴起、快速发展，越来越成为填补多边机制失灵留下的经济治理空白的主要方式。如图0-3所示，1955—1959年，关税及贸易总协定（GATT，WTO前身）收到的区域贸易安排的申报（RTA）只有2件，之后虽有增长，但1985—1989年仍只有105件。进入20世纪90年代，数据开始快速增加，1990—1994年为153件，1995—1999年为314件，2015—2019年高达1506件，几乎每5年以平均高达300件的数量递增。在20世纪90年代开始兴起的全球性区域合作浪潮中，不同地区的进展态势显现重大差距，由此产生的区域合作框架在规模、形式、地位和影响上也极不相同。其中，规模、影响最大的还是世界经济的三大中心——欧洲、北美和东亚形成的区域合作框架，从而形成区域合作全球格局的三足鼎立之势，或所谓"三极格局"。在这一"三极格局"中，又形成"欧洲引领、北美跟进、东亚滞后"的基本态势。欧洲是区域治理框架起步最早（1958年）、进展最快、规模最大、层次最高的地区，欧盟（EU）是全球最具代表性的区域治理框架。20世纪90年代之前，美国通过其高度控制的多边治理框架，完全可以满足其相关利益和诉求，不屑于推动区域治理框架。当多边框架陷入困境，难以借此满足其相关利益和诉求时，美国才开始推动由其主导的区域治理框架。推动这项工作最积极也最有成效的是两任总统：一任是克林顿，在1992年与加拿大建成"美加自由贸易区"后，1994年又把墨西哥吸收进来，共同建立了NAFTA（North America Free Trade Agreement，北美自由贸易协定）；另一任是奥巴

---

① 推进"一带一路"建设工作领导小组办公室：《共建"一带一路"倡议：进展、贡献与展望》，新华网，2019年4月22日，http://www.xinhuanet.com/world/2019-04/22/c_1124400071.htm。

马,在其全力主导和推动下,于2016年达成了TPP(Trans-Pacific Partnership Agreement,跨太平洋伙伴关系协定)。东亚区域治理机制直到1997年爆发金融危机后,才以10+3(东盟与中日韩)方式得以启动,之后开始多元推进,陆续形成10+1(东盟分别与中国、日本、韩国、印度)、10+2(东盟与澳新)、10+6(东盟与中日韩澳新印)、10+8(东盟与中日韩澳新印美俄)等多层次的区域治理框架。

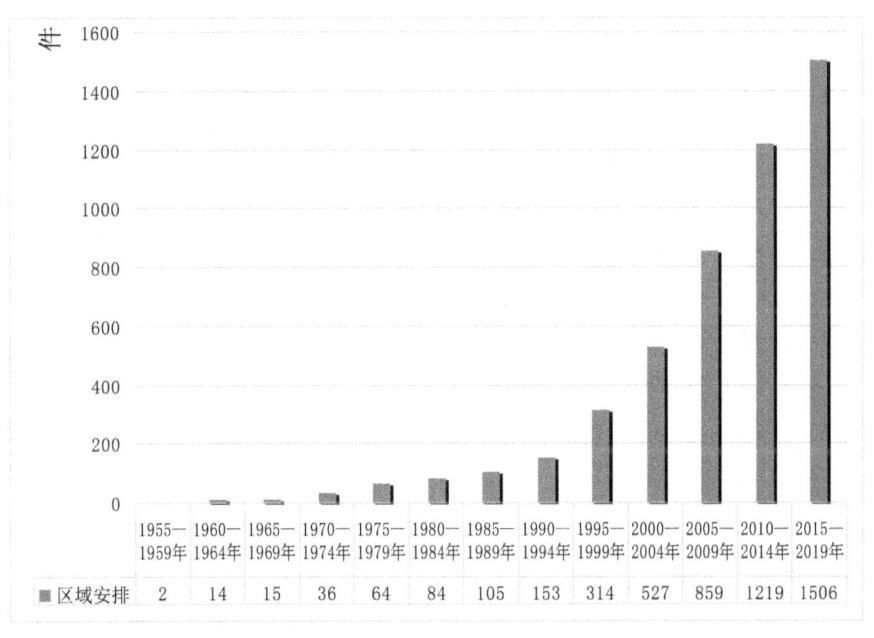

图0-3 区域治理框架发展示意

资料来源:日本经济产业省《通商白书》,2019,第II-2-4-7图。

区域治理框架的全面展开、快速推进,在一定程度上满足了多边框架失灵留下的治理空白,对全球治理,进而对全球贸易投资活动的有序运转发挥了重要作用。但它目前却暴露出越来越严重的问题,以致遭遇逆流。欧元启动、欧洲央行成立(1998年),将欧盟框架下的区域治理推到了顶峰。但启动后的欧元并未能如成员国所愿,迅速在国际货币金融体系中站稳脚跟、提升地位。尤其是2011年前后爆发的欧洲主权债务危机,更进一步暴露出欧洲统一货币体系的内在缺陷和深刻矛盾。英国"脱欧"更是对欧盟框架造成严重冲击,其未

"脱欧"前是仅次于德国的第二大经济体，占到欧盟经济总量的15.1%左右。更加严重的是，2016年英国举行"脱欧"公决时，在法国大选中对现任总统马克龙形成巨大竞争压力的勒庞（Marine Le Pen），其竞选纲领中也带有鲜明的"分裂欧盟""法国脱欧"倾向。在北美，特朗普的上台更是对美国主导的两大区域合作框架造成巨大冲击。上台伊始，他就让美国退出了奥巴马时期全力主推的TPP，随后又让克林顿时期美国主导形成的NAFTA"推倒重来"，逼迫墨西哥和加拿大完全按照美国意愿，重新签署了"美国—墨西哥—加拿大协定"（USMCA）。2020年初突如其来的新冠肺炎疫情，更是对欧洲和北美的区域框架造成巨大冲击和严峻考验，区域框架层次上迟迟未做反应，缺乏整体安排，以致完全无所作为。主要成员面对疫情危机各自为政，甚至以邻为壑，都进一步暴露出欧美区域框架固有的内在矛盾和重大缺陷。

与欧美区域框架的表现形成鲜明对照，后进的东亚区域合作框架却在突如其来的疫情面前充分显现出"集体的力量""组织的力量"。在中国的推动下，中国—东盟关于新冠肺炎问题特别外长会于2020年2月20日召开。据报道，当与会外长在会议开始前手拉手合影时，全场高喊"武汉加油！中国加油！东盟加油！"，让人动容。一个月之后，中日韩关于新冠肺炎疫情特别外长会召开。在此基础上，东盟与中日韩抗击新冠肺炎疫情领导人特别会议于2020年4月14日正式举行，与会的中国总理李克强就10+3抗击疫情合作提出3点倡议：一是全力加强防控合作，提升公共卫生水平；二是努力恢复经济发展，推进区域经济一体化；三是着力密切政策协调，抵御各类风险挑战。会议发布的《东盟与中日韩抗击新冠肺炎疫情领导人特别会议联合声明》就加强公共卫生合作、携手战胜疫情等达成18项共识，给疫情肆虐的世界带来希望，提振信心，影响巨大。

在区域合作的三极格局中，东亚长期处于"滞后"状态，并在很大程度上以欧美为样板。但目前欧美两极都遭遇了逆流，自顾不暇，从而更难继续发挥榜样和示范作用。与此同时，东亚自身的区域合作却在继续推进，大有逆流而上、后来居上之势，不仅在东亚区域合作进程中始终占据领先和主导地位的东盟进一步加快了共同体建设步伐，而且区域全面经济伙伴关系（Regional Comprehensive Economic Partnership，RCEP）目前又取得了重大进展。2019年11月4日，第三次区域全面经济伙伴关系协定领导人会议在泰国曼谷发表声明，称"其中15个成员国已经结束谈判并启动了法律文本审核，期望能够在2020年签署协定"。此后不久，在成都举行的第8次中日韩领导人会议明确表示，"三国同意致力于促进区域经济一体化进程，推动区域全面经济伙伴关系协定早日签署，加快推进中日韩自贸区谈判"。东亚地区曾经创造了经济增长的"奇迹"，形成一整套经济发展的"东亚模式"。在欧美的区域合作进程遭遇逆动、合作模式暴露出内在矛盾和缺陷，难以继续发挥榜样和示范作用的背景下，东亚区域合作应该积极探索适合自身和时代特点的新路径和新模式。东亚过去可以创造经济增长的奇迹，现在也能创造区域合作的奇迹。实际上，走在东亚区域合作前列的东盟，在推进自身合作的过程中已经在这方面进行了积极、有益的探索，并形成了独具特色且颇具实效的"东盟方式"。尽管学界迄今仍未能对这一"东盟方式"的内涵和特点形成明确共识，但并不影响有关各方积极对其进一步优化、完善，并在此基础上积极探求形成区域合作的"东亚方式"。

东亚区域合作近期取得长足进展，并能在区域合作的世界格局中后来居上、占据领先地位，是东亚各国各方共同努力的结果。而中国全力推进共建"一带一路"，努力实现"一带一路"建设与相关区域合作框架的良性互动，也在其中扮演了重要角色、发挥了重要作用。如中日两国在东亚经济格局中地位举足轻重，在东亚区域合作中发挥重要作用。2012年，钓鱼岛"国有化"导致中日关系持续恶化，在很大程度上阻碍了东亚区域合作的进展。而当2017年5月北京举办"一带一路"国际合作高峰论坛之际，日本方面转向支持中国主导的"一带一路"倡议，自民党干事长、前经产大臣二阶俊博率团参会，安倍晋三首相也在多个场合支持"一带一路"，为中日关系转圜提供了良好契机。此后，围绕"一带一路"的第三方合作也成为中日合作的全新领域和重要内容。而伴随中日关系的转圜，中日共同推进东亚区域合作的良好局面逐步形成，成为之后东亚合作快速推进的重要原因。

（五）地缘布局调整与"一带一路"

近现代世界经济的形成和发展，一开始是以西欧为地缘中心的，英国占据主导和支配地位。随后，以美国为中心的北美经济快速崛起。二战后，美国取代英国成为全球经济霸主，世界经济中心开始由西欧扩大到北美，形成了世界经济地缘布局中的"欧美增长带"。进入20世纪50年代，日本率先实现经济高速增长。受其带动，60年代"亚洲四小龙"开始经济起飞，70年代"亚洲四小虎"（东盟的印马泰菲四国）进入经济高速增长序列，尤其是中国大陆于80年代、越老柬缅于90年代先后也加入进来，从而统一形成世界银行界定的"东亚经济奇迹"。受此影响，世界经济地缘布局中的"亚太增长带"逐步形成。近期出现的重要趋向是，全球经济格局中最具活力、增长最快的东亚，越来越将地缘重心向西发展；而与之相应，全球经济格局中最为发达、最为先进的西欧，又越来越将地缘重心向东拓展。东亚西向与西欧东向遥相呼应，必将促成广袤的亚欧大陆快速振兴，从而成为世界经济地缘布局中的"亚欧增长带"。

亚欧大陆经济振兴并形成新的世界经济增长带，与中国推动共建"一带一路"的地缘指向直接相关。尤其是"一带一路"中的"丝绸之路经济带"，更是将建设和合作的主导方向直指亚洲大陆，通过新亚欧大陆桥经济走廊、中蒙俄经济走廊、中国—中亚—西亚经济走廊、中巴经济走廊和孟中印缅经济走廊建设，越来越成为亚欧经济增长带的几条重要的"子增长带"。而"一带一路"框架下的中欧班列，更加形象地展现出"一带一路"如何成为亚欧大陆的繁荣之路、振兴之路。截至2018年底，中欧班列已经联通亚欧大陆16个国家的108个城市，累计开行1.3万列，运送货物超过110万标箱，中国开出的班列重箱率达94%，抵达中国的班列重箱率达71%，与共建国家开展口岸通关协调合作、提升通关便利，平均查验率和通关时间下降了50%。[①] 而基础设施的完善、商品流通的便捷通畅，越来越成为亚欧大陆繁荣和振兴的强力支撑。

二、中国新时代呼唤"一带一路"

如前文所述，习近平总书记在党的十九大报告中向国际社会庄严宣布，中国特色社会主义进入新时代。在新时代中国的经济发展与外交布局两大层面，都将"一带一路"建设赋予了重要的战略定位和重大的历史使命。而在

---

① 推进"一带一路"建设工作领导小组办公室：《共建"一带一路"倡议：进展、贡献与展望》，新华网，2019年4月22日，http://www.xinhuanet.com/world/2019-04/22/c_1124400071.htm.

此之前,第十二届全国人大第四次会议通过的《中华人民共和国国民经济和社会发展第十三个五年规划纲要》(以下简称"'十三五'规划"),即已将建设"一带一路"摆在了"统领开放"的重要地位。"十三五"规划的第十一篇"构建全方位开放新格局"开宗明义:"以'一带一路'建设为统领,丰富对外开放内涵,提高对外开放水平,协同推进战略互信、投资经贸合作、人文交流,努力形成深度融合的互利合作格局,开创对外开放新局面。""十三五"规划是在2015年10月召开的党的十八届五中全会通过的"五大发展理念"指导下制定的,开放发展即是"五大发展理念"之一。"十三五"规划将"一带一路"放在了"统领开放"的位置,足见其战略地位何等重要。结合"十三五"规划、党的十九大报告的表述和此后的实践,可以将新时代中国对外开放的基本格局和总体框架概括为如下几大层面,而每一重要层面的对外开放,都与共建"一带一路"有着必然的内在联系。在此意义上,可以说,正是中国新时代呼唤着"一带一路"。

(一)进出口贸易均衡与"一带一路"

对外贸易在中国对外开放格局中占据重要地位,开放初期首先启动的就是对外贸易。时至今日,对外贸易仍然构成对外开放的主体。改革开放40余年来,中国对外贸易获得全面、快速发展。1978—2018年,中国货物贸易由206.4亿美元增至46230.4亿美元,增长了223倍;其中,出口贸易由97.5亿美元增至24874.0亿美元,增长了254倍;进口贸易由108.9亿美元增至21356.4亿美元,增长了195倍。2013年,中国首次成为全球货物贸易第一大国。但与此同时,由于出口贸易的增长远远快于进口贸易,结果从1990年开始转为贸易顺差,之后贸易顺差持续快速扩大,最多时曾达5939.1亿美元(2015年)。[①] 贸易顺差持续扩大带来的直接后果之一是贸易摩擦日趋激化,且中国的外贸顺差主要来自美国,与之相应的是,美国的贸易逆差又主要来自中国,从而必然引发中美贸易冲突。这应该是近年中美冲突恶化的客观背景之一。以此为背景,进入新时代的中国外贸战略,必然要在转向继续稳定并扩大出口市场的同时,进一步开放国内市场,积极扩大进口,形成进出口贸易并重

---

① 国家统计局:《中国统计摘要》,中国统计出版社,2019,第92页。

的新布局。2017年和2019年中国国际进口博览会的成功举办，即是其重要的实际举措。同时，新时代中国社会的主要矛盾转化为人民日益增长的美好生活需要和不平衡不充分的发展之间的矛盾，这也需要通过扩大进口来满足人民日益增长的美好生活需求。

改革开放迄今的中国对外贸易，在地缘布局上始终是以欧美发达国家市场为主要对象的。直到2018年，欧盟依旧是中国第一大贸易对象，美国则是中国第一大贸易对象国，分别占到中国外贸总额的14.8%和13.7%，若加上日本、韩国、加拿大和澳大利亚，则要占到中国外贸总额的47%。若从地区分布看，欧美和东亚则占据绝对主要市场。① 与之相应，外贸失衡引发的贸易摩擦也主要来自欧美发达国家。而新兴市场国家和欧亚大陆所占比重极为有限。因此，新时代中国的外贸布局必须进行结构性调整，在地缘布局上应加快向新兴市场国家和亚欧大陆转移。而推进共建"一带一路"，显然可在这一外贸地缘布局调整中发挥重要作用。实际上，伴随共建"一带一路"的推进，中国与共建国家的外贸已经显现快速增长之势，其占中国外贸的比重和地位已在快速提升。这与推动共建"一带一路"、加快推进与共建国家和地区的"贸易畅通"，显然有直接关系。2019年，在全球经济贸易低迷的形势下，中国对外贸易总体仅增长3.4%，而对"一带一路"沿线国家的贸易量却增长了10.8%，相当于外贸总体增长率的3倍还多。与共建"一带一路"国家的贸易额在中国外贸总额中所占的比重，因此也进一步增加到了29.4%。② 步入2020年，新冠肺炎疫情突如其来，中国外贸受到严重冲击，总体呈大幅下滑之势，1—6月出现3.2%的负增长，而对作为共建"一带一路"主要方向的东盟贸易却逆势而上，依然增长了5.6%，一举超过欧盟和美国，东盟成为中国第一大贸易伙伴。③

（二）双向投资协调与"一带一路"

中国对外开放走过了从对外贸易（对外贸易"独轮车"），到引进外资（对

---

① 国家统计局：《中国统计摘要》，中国统计出版社，2019，第101页。
② 《商务部外贸司负责人谈2019年全年我国对外贸易情况》，中华人民共和国商务部网站，2020年1月15日，http://www.mofcom.gov.cn/article/ae/sjjd/202001/20200102930414.shtml。
③ 《商务部外贸司负责人谈2020年上半年我国外贸运行情况》，中华人民共和国商务部网站，2020年7月17日，http://www.mofcom.gov.cn/article/ae/sjjd/202007/20200702983947.shtml。

外贸易与引进外资"两条腿"），再到对外投资（对外贸易、引进外资与对外投资"三驾马车"）的发展历程。尤其是21世纪初开始推行企业"走出去"战略之后，中国的对外直接投资呈现加速增长之势，到2015年开始超过引进外国直接投资，首次成为"净资本输出国"，之后连续4年保持这一态势。从对外投资规模看，2016年中国对外投资额达到1961.5亿美元的历史高点，与2006年相比，10年间增长了8.27倍。近年来，由于全球经济增长减缓、国际直接投资流动放慢，中国企业的对外直接投资也呈减少之势，但依然是全球对外直接投资最多的国家，在全球对外直接投资格局中始终保持着第二或第三大国的地位。这意味着目前中国不仅依然保持着引进外资大国的地位，而且越来越成为世界对外投资大国。[1] 可以预见，新时代的中国将继续打造双向投资协调增长的新格局，一方面将进一步改善国内营商环境，完善相关立法，优化准入前国民待遇与负面清单管理体制，继续稳定和扩大外商对华直接投资；另一方面还将进一步推动企业"走出去"战略，鼓励和促进企业对外直接投资。

共同推进"一带一路"建设，越来越成为新时代的中国打造双向投资、协调增长新格局的重要支撑。在鼓励企业"走出去"积极扩大对外投资方面，推动共建"一带一路"发挥的作用尤为重要。尤其是在以美国为首的西方发达国家对中国企业特别是"国企"和"央企"投资审查越来越严格、限制越来越严厉、门槛越来越高、风险越来越大的背景下，"一带一路"沿线越来越成为中国企业"走出去"对外投资的重要目的地。为促进中国企业扩大对共建"一带一路"国家的投资，中国政府采取了一系列鼓励和保障措施，包括在共建"一带一路"国家设立境外投资合作园区，为"一带一路"沿线投资企业提供融资、税收优惠支持等，总体上产生了良好效果。尤其是在新冠肺炎疫情肆意蔓延的2020年上半年，中国企业对"一带一路"沿线54个国家非金融直接投资达到571亿元人民币，同比增长达23.8%（约折合81.2亿美元，同比增长19.4%）。这些投资的主要对象是新加坡、印度尼西亚、老挝、柬埔寨、越南、马来西亚、泰国、哈萨克斯坦和阿联酋等国家。[2]

---

[1] 参见：中华人民共和国商务部《中国对外投资发展报告》（2017年、2019年）。
[2] 《2020年1—6月我对"一带一路"沿线国家投资合作情况》，中华人民共和国商务部网站，2020年7月23日，http://www.mofcom.gov.cn/article/tongjiziliao/dgzz/202007/20200702985724.shtml。

（三）东西海陆联动与"一带一路"

从地缘布局看，中国对外开放首先是从东南沿海开始的。迄今，东南沿海仍然是中国对外开放的地缘重心。而西北沿边地区开放则明显滞后，甚至中部地区很长时期在"以开放促改革""以开放促发展"方面都依赖东南沿海开放产生的"传递效应"。开放的滞后也导致了内陆、西北沿边地区改革与发展的滞后，越来越成为国内不同地区经济社会发展严重失衡的主要问题。为解决这一问题，党的十八届五中全会通过的《中共中央关于制定国民经济和社会发展第十三个五年规划的建议》，提出了包括"协调发展"在内的五大发展理念，而摆在协调发展首位的，就是"推动区域协调发展"。而为实现区域协调发展，就必须推动区域协调开放、均衡开放、全面开放。因此，在"开放发展"部分，又明确要"完善对外开放区域布局"。在此理念指导下，第十二届全国人大第四次会议通过了"十三五"规划，其中明确规划了"完善对外开放区域布局"，扩大沿边和内陆地区开放。而在党的十九大报告中，更是明确提出要"形成陆海内外联动、东西双向互济的开放格局"。更加值得重视的是，上述关于目前及未来推动沿边内陆开放、形成东西海陆联动的地区开放新布局的重要文献，都被纳入"一带一路"统领的框架。在"十三五"规划中，被表述为"以'一带一路'建设为统领"；在党的十九大报告中，则被表述为"以'一带一路'建设为重点"。

这显然与共建"一带一路"的开放指向和地缘重心直接相关。事实上，面向太平洋的东南沿海开放，很早即已走在了"一带一路"倡议的前面，并取得了全面进展，获得了巨大成功，对中国改革开放后的迅猛发展作出不小的贡献。而倡议建设"一带一路"的主要目标之一，却是要在深化东南沿海开放的基础之上，进一步拓展内陆和西北沿边地区开放，从而"形成陆海内外联动、东西双向互济的开放格局"。毫无疑问，"一带一路"的确是面向世界，对所有地区、所有国家或所有伙伴开放。但更加毫无疑问的是，其地缘重心在亚欧大陆，故西北沿边地区由此即从"被遗忘的角落"一下子变为了开放的前沿。而通过中欧班列及其他路径，广大内陆地区也一下子被置于面向亚欧大陆开放的前沿。

（四）效益安全并重与"一带一路"

改革开放以来，中国经济的持续快速发展、国际经济地位的快速提升，无疑是国内各个方面拼搏努力的结果，是"用自己的血汗换来的"，但通过扩大开放及以开放促改革促发展，通过积极参与和分享经济全球化和国际分工深化带来的各种效益，也是不争的事实。现在遇到的重大问题是，经济全球化遇到了逆全球化的冲击，国际分工效益遇到了产业链、价值链中断带来的风险。尤其是特朗普上台后，通过加税、提高中国资本和企业进入的门槛、核心技术和关键零部件对中国企业"断供"等一系列"去中国化"措施，并同时要求甚至逼迫其盟友与其共同行动，开始引发了中国继续开放面临的日趋严重的产业安全和市场安全的隐患。进入2020年，为应对新冠肺炎疫情，各国、各地区不得不相互"封锁"，从而导致国际产业链、价值链、技术链、市场链层层断裂，更进一步加大了这种风险。如何兼顾提升分工效益与确保产业安全，实现效益与安全的均衡，成为疫情之下中国经济发展与对外开放面临的重大问题。因此，推动共建"一带一路"，越来越成为解决问题的重要路径。

"一带一路"倡议必然要注重效益，但却同时强调重视企业效益与社会效益、经济效益与政治效益的均衡，这本身即有利于维护企业、资金和市场的安全。"一带一路"倡议强调政策沟通与民心相通，这本身即有利于设施联通、贸易畅通和资金融通。"一带一路"倡议秉持"共商共建共享"，不是中国一家独奏，而是共建国家共同协奏，从而规避相关项目的投资风险、市场风险，尤其是政治风险。"一带一路"倡议面向亚欧大陆、面向新兴市场国家，可直接避开来自欧美国家的贸易摩擦、投资审查、恶意打压导致的各种风险。"一带一路"沿线能源资源蕴藏丰富，也可在很大程度上确保中国的能源资源安全。

（五）引领全球治理与"一带一路"

如上文所述，经济全球化需要强化全球治理，深陷困境的全球治理机制亟待改革。以往主导全球治理的美国又在"退出"（尽管是"以退为进"），中国作为全球第二大经济体，必须在强化和改革全球治理中担当大国责任。正因如此，党的十九大报告在"坚持和平发展道路，推动构建人类命运共同体"

部分，在表述如何布局新时代中国特色大国外交时，明确提出"中国秉持共商共建共享的全球治理观，倡导国际关系民主化，坚持国家不分大小、强弱、贫富一律平等，支持联合国发挥积极作用，支持扩大发展中国家在国际事务中的代表性和发言权。中国将继续发挥负责任大国作用，积极参与全球治理体系改革和建设，不断贡献中国智慧和力量"。①党的十九大报告同时强调，"中国坚持对外开放的基本国策，坚持打开国门搞建设，积极促进'一带一路'国际合作，努力实现政策沟通、设施联通、贸易畅通、资金融通、民心相通，打造国际合作新平台，增添共同发展新动力。加大对发展中国家特别是最不发达国家援助力度，促进缩小南北发展差距。中国支持多边贸易体制，促进自由贸易区建设，推动建设开放型世界经济"。②从中不难看出，新时代的中国必须发挥大国担当，履行大国职责，作出大国贡献，而呼吁和团结国际社会共建"一带一路"，就是中国参与和引领全球治理的最好方案、最佳理念和最大实践。

第一，"一带一路"最初倡导的"共商共建共享"原则，越来越成为中国参与和引领全球治理变革的重要理念，并已得到国际社会和国际多边治理机构广泛认同。共建"一带一路"倡议及其核心理念已写入联合国、二十国集团、亚太经合组织以及其他区域组织等重要文件。第二，推动构建人类命运共同体，是新时代中国特色大国外交的基本指导思想，也是中国推动全球治理变革的终极目标，而推动共建"一带一路"，越来越成为人类命运共同体建设的重要路径。第三，"一带一路"在"政策沟通"方面取得的重大进展，为强化协调共建国家和国际组织，变革和完善全球治理机制，发挥着越来越重要的促进作用。截至2019年3月底，中国政府已与125个国家和29个国际组织签署173份合作文件。③第四，如前文所述，围绕共建"一带一路"的多边

---

① 《习近平：决胜全面建成小康社会　夺取新时代中国特色社会主义伟大胜利——在中国共产党第十九次全国代表大会上的报告》，中国政府网，2017年10月27日，http://www.gov.cn/zhuanti/2017-10/27/content_5234876.htm。

② 《习近平：决胜全面建成小康社会　夺取新时代中国特色社会主义伟大胜利——在中国共产党第十九次全国代表大会上的报告》，中国政府网，2017年10月27日，http://www.gov.cn/zhuanti/2017-10/27/content_5234876.htm。

③ 推进"一带一路"建设工作领导小组办公室：《共建"一带一路"倡议：进展、贡献与展望》，新华网，2019年4月22日，http://www.xinhuanet.com/world/2019-04/22/c_1124400071.htm。

国际机构,如亚洲基础设施投资银行(AIIB)和金砖国家新开发银行(NDB)等,显然是对现有多边国际治理机构的直接补充和完善。第五,中国在倡导和推进"一带一路"建设过程中,开始就以政策沟通、设施联通、贸易畅通、资金融通和民心相通(即"五通")为主要内容。此后,在"一带一路"国际合作高峰论坛开幕式上,习近平主席又提出要将"一带一路"建成和平之路、繁荣之路、开放之路、创新之路和文明之路(可称为"五路")。这些都从理念、原则和实践的重要层面,对完善全球治理发挥了重要作用。

(六)推进区域合作与"一带一路"

中国于1991年11月加入亚太经济合作组织(APEC),于1997年底参与启动了10+3(时为9+3,柬埔寨尚未加入东盟)合作框架,此后中国参与的区域合作框架还有东亚峰会(EAS)、东盟与中国(10+1)、澜湄合作机制、中日韩合作机制等。积极参与和推进区域合作的进程,越来越成为中国扩大对外开放、参与全球和区域治理的主要路径。2015年9月,党中央和国务院共同发布的《关于构建开放型经济新体制的若干意见》明确提出,要"建立高标准自由贸易区网络。加快实施自由贸易区战略,坚持分类施策、精耕细作,逐步构筑起立足周边、辐射'一带一路'、面向全球的高标准自由贸易区网络,积极扩大服务业开放,加快推进环境保护、投资保护、政府采购、电子商务等新议题谈判,积极推进国际创新合作。积极落实中韩、中澳自由贸易区谈判成果,打造中国—东盟自由贸易区升级版,推进中国与有关国家自由贸易协定谈判和建设进程,稳步推进中欧自由贸易区和亚太自由贸易区建设,适时启动与其他经贸伙伴的自由贸易协定谈判"。[①]"十三五"规划进一步强调,要"强化区域和双边自由贸易体制建设……加快实施自由贸易区战略,逐步构筑高标准自由贸易区网络。积极同'一带一路'沿线国家和地区商建自由贸易区,加快区域全面经济伙伴关系协定、中国—海合会、中日韩自贸区等谈判,推动与以色列、加拿大、欧亚经济联盟和欧盟等建立自贸关系以及亚太自贸区相关工作。全面落实中韩、中澳等自由贸易协定和中国—东盟

---

① 《中共中央国务院关于构建开放型经济新体制的若干意见》,中国政府网,2015年9月17日,http://www.gov.cn/xinwen/2015-09/17/content_2934172.htm。

自贸区升级议定书。继续推进中美、中欧投资协定谈判"。党的十九大报告也明确提出,要"促进自由贸易区建设,推动建设开放型世界经济"。

推进区域合作与建设"一带一路"相互支撑、彼此促进,在二者之间形成紧密良性互动关系,是新时代中国开放战略的重要组成部分。推动共建"一带一路",已越来越成为中国参与和推进区域合作的重要支撑和引导;而充分利用已有区域合作框架、构建更多区域合作机制,也越来越成为推动"一带一路"高质量发展的主要平台和路径。事实上,提升和拓展沿线区域合作框架,本身即是"一带一路"机制化建设的重要组成部分。对此,后文将专题探讨。

三、机制化建设助推"一带一路"

"一带一路"倡议自2013年秋提出,迄今已8年多。其间经历的重大标志性事件包括:(1)2015年3月,国务院授权发改委、外交部和商务部共同发布《推动共建丝绸之路经济带和21世纪海上丝绸之路的愿景与行动》;(2)2016年3月,通过"十三五"规划,明确将建设"一带一路"定位为开放发展"统领";(3)2017年5月,举办第一届"一带一路"国际合作高峰论坛;(4)2017年10月,党的十九大报告明确了"一带一路"建设在新时代的新定位;(5)2018年8月,召开推进"一带一路"建设工作5周年座谈会,习近平总书记发表重要讲话;(6)2019年4月,举办第二届"一带一路"国际合作高峰论坛。其中,2018年8月召开的推进"一带一路"建设工作5周年座谈会具有特殊重要意义,在很大程度上标志着"一带一路"建设由"大写意"到"工笔画",由"全方位布局"到"高质量发展"的重大转型和跨越。在这次座谈会上,习近平总书记发表重要讲话并明确指出,经过夯基垒台、立柱架梁的5年,共建"一带一路"正在向落地生根、持久发展的阶段迈进。我们要百尺竿头、更进一步,在保持健康良性发展势头的基础上,推动共建"一带一路"向高质量发展转变,这是下一阶段推进共建"一带一路"工作的基本要求。……过去几年共建"一带一路"完成了总体布局,绘就了一幅"大写意",今后要聚焦重点、精雕细琢,共同绘制好精谨细腻的"工笔画"。①

---

① 《习近平:坚持对话协商共建共享合作共赢交流互鉴 推动共建"一带一路"走深走实造福人民》,中国共产党新闻网,2018年8月28日,http://jhsjk.people.cn/article/30254542。

而要实现"一带一路"高质量发展，必须推进和强化机制化建设。①

（一）以往"大写意"："一带一路"全方位布局取得显著成就

"一带一路"倡议提出后的5年，是"夯基垒台、立柱架梁"、绘就"大写意"的5年。5年间，"一带一路"的全方位布局取得显著成就，产生全面影响，作出重大贡献。在2019年4月27日举行的第二届"一带一路"国际合作高峰论坛记者会上，习近平主席作了如下总结："共建'一带一路'5年多来，特别是首届高峰论坛以来，在各方共同努力下，政策沟通范围不断拓展，设施联通水平日益提升，经贸和投资合作又上新台阶，资金融通能力持续增强，人文交流往来更加密切。共建'一带一路'合作取得的早期收获，为各国和世界经济增长开辟了更多空间，为加强国际合作打造了平台，为构建人类命运共同体作出了新贡献。"②

1."五通"全面推进。"五通"即"政策沟通、设施联通、贸易畅通、资金融通和民心相通"，是共建"一带一路"的主要内容和重点领域。5年来"一带一路"全方位布局所取得的显著成就，也集中体现为"五通"的全面推进。

——在政策沟通方面，共建"一带一路"倡议已被载入联合国等多个国际组织重要文件，中国政府已与125个国家和29个国际组织签署了173份合作文件（截至2019年3月底），在数字经济、税收、法治、能源、农业等许多专业领域的对接合作也在有序推进。

——在设施联通方面，新亚欧大陆桥、中蒙俄、中国—中亚—西亚、中国—中南半岛、中巴和孟中印缅等国际经济合作走廊和通道建设取得显著进展，以铁路、公路、航运、航空、管道、空间综合信息网络等为核心的全方位、多层次、复合型基础设施网络正在加快形成，沿线区域间商品、资金、信息、技术等交易成本大大降低，有效促进了跨区域资源要素的有序流动和优化配置。

——在贸易畅通方面，通过沿线各方共同努力，贸易投资自由化便利化水平持续提升，贸易方式与业态创新不断提速，从而推动沿线各国各方贸易

---

① 参见：李向阳《"一带一路"高质量发展与机制化建设》，《世界经济与政治》2020年第5期，第51页。
② 《习近平在第二届"一带一路"国际合作高峰论坛记者会上的讲话》，中国共产党新闻网，2019年4月28日，http://jhsjk.people.cn/article/31053842。

规模迅速扩大，增长不断提速，地位持续提升。如在2018年和2019年，中国与共建"一带一路"国家的货物贸易增长率分别高达16.4%和10.8%，分别比中国外贸总体增长率高出3.9和7.4个百分点，其货物贸易额在中国外贸总额中所占比重分别提升至27.4%和29.4%。

——在资金融通方面，新型国际投融资模式探索稳步推进，多边金融合作支撑作用逐步显现，沿线金融机构合作水平不断提升，金融市场体系建设日趋完善，金融互联互通不断深化，为沿线各国各方共建"一带一路"提供了稳定、透明、高质量的资金支持。

——在民心相通方面，形式多样的文化交流全面推进，教育培训合作成果丰富，旅游合作逐步扩大，卫生健康合作不断深化，救灾、援助与扶贫合作持续推进，推动构建"一带一路"的人文基础更加坚固。

2. "三共"重大贡献。"三共"即"共商""共建""共享"，是中国推进"一带一路"建设倡导的基本原则。伴随共建"一带一路"的全面开展，这一原则已得到国际社会广泛认同和普遍接受，从而成为中国对全球治理体系变革和完善、经济全球化的展开和优化作出的重要贡献。

——在"共商"方面，中国在推进共建"一带一路"过程中倡导"大家的事大家商量着办"，强调平等参与、充分协商，以平等自愿为基础，通过充分对话沟通找到认识的相通点、参与合作的交汇点、共同发展的着力点，已越来越成为全球共识。主要表现为：通过举办"一带一路"国际合作高峰论坛等方式，积极打造共商国际化平台；充分利用G20、APEC、上合组织、亚欧会议、亚信会议、中非合作论坛、中阿合作论坛、中拉论坛、中国—中东欧17+1合作机制等现有多边合作机制在共商中的作用；建立和推动"二轨"对话机制，发挥沿线各国政党、议会、智库、地方、民间、工商界、媒体、高校等"二轨"积极参与共商。

——在"共建"方面，中国倡导的各方都是平等的参与者、建设者和贡献者，也是责任和风险的共同担当者，已得到沿线各国各方的广泛认同和积极实践，主要表现在打造共建合作的融资平台并充分发挥其作用、确保其良性运行。至2018年底，亚洲基础设施投资银行成员已扩大至93个，累计批准贷款75亿美元，撬动其他投资近400亿美元，批准项目35个。中国还积极开展第三方市场合作，实现"1+1+1＞3"的共赢局面等。

——在"共享"方面,中国积极倡导兼顾合作方利益和关切,寻求利益契合点和合作最大公约数,使合作成果福及双方、惠泽各方。由此而取得的主要成效包括将发展成果惠及共建国家,如:在共建"一带一路"合作框架下,中国支持亚洲、非洲、拉丁美洲等地区广大发展中国家加大基础设施建设力度,对沿线经济增长与社会发展作出了巨大贡献;努力改善共建国家民生,将向共建国家提供减贫脱困、农业、教育、卫生、环保等领域的民生援助纳入共建"一带一路"范畴;促进科技创新成果向共建国家转移,中国已与共建国家签署了46个科技合作协定,先后启动了中国—东盟、中国—南亚等科技伙伴计划;积极倡导并推动将绿色发展理念贯穿于共建"一带一路"倡议等。

(二)未来"工笔画":"一带一路"高质量发展亟待机制创新

展望未来,规划未来,如何在以往夯基垒台、立柱架梁、绘就"大写意"、实现"一带一路"全方位布局的基础之上,聚焦重点,精雕细琢,细描"工笔画",推动"一带一路"高质量发展,是摆在有关各方面前的重大历史课题。为继续做好这一课题,中央已有明确部署,沿线也有广泛共识,学界也需深入研讨。

2019年4月27日,习近平主席在第二届"一带一路"国际合作高峰论坛圆桌峰会开幕式上,明确提出3点重要期待:第一,我们期待同各方一道,完善合作理念,着力高质量共建"一带一路"。第二,我们期待同各方一道,明确合作重点,着力加强全方位互联互通。第三,我们期待同各方一道,强化合作机制,着力构建互联互通伙伴关系。……要本着多边主义精神,扎实推进共建"一带一路"机制建设,为各领域务实合作提供坚实保障。随后,他又在记者会上总结高峰论坛成果时指出:我们一致支持着力构建全球互联互通伙伴关系,加强合作机制。……使我们的合作既有理念引领、行动跟进,也有机制保障。从这些重要讲话传达的信息不难看出,中央决策层已将共建"一带一路"的未来方向确定为"高质量发展",而推动"一带一路"高质量发展的主要路径和关键举措就是"加强合作机制",着力推进"一带一路"建设的机制化。这不只是中国决策层的单方面部署,在很大程度上已经在沿线有关各方形成广泛共识。

与此同时,关于"一带一路"建设中的合作机制问题,学界也给予了广泛关注，进行了系统研究，并取得了大量成果。其中最具代表性的，应是李向阳教授的相关系列论文。他在《"一带一路"的高质量发展与机制化建设》一文中明确指出，"机制化是'一带一路'高质量发展的必然要求"，其主要原因有三：第一，"机制化是'一带一路'深化合作的内在要求"；第二，"机制化是'一带一路'应对外部挑战的必然要求"；第三，"机制化是'一带一路'对接现行全球治理体系的前提条件"。在此基础上，他还指出了"一带一路"机制化建设的原则和方向，并认为"一带一路"机制化建设应该坚持三大原则，即"共商或民主原则、渐进性原则和义利观原则"；而"一带一路"机制化建设应重点关注三大机制，即"合作机制、利益分配机制与支持体系"，并分别对这三大机制的发展（建设）方向，进行了具体分析。[①]

本书即拟以中央有关部署尤其是习近平总书记有关讲话精神为指导，充分吸收和利用学界已有成果，主要对"一带一路"关涉的几个重大领域的机制构建进行专项研究，初步涵盖贸易、投资、金融、能源、互联互通、农业和发展等重点领域。此外还列专论，对"一带一路"机制化建设的相关重大问题进行了专门研究。浅陋甚至谬误之处，恳请批评指正。

---

① 李向阳：《"一带一路"的高质量发展与机制化建设》，《世界经济与政治》2020年第5期，第52页。

第一章 "一带一路"经济合作机制构建的理论基础

共建"一带一路"是中国扩大对外开放的重大举措和经济外交的顶层设计，是中国今后相当长时期对外开放和对外合作的总规划。"一带一路"作为新时期中国对外开放、构建人类命运共同体、实现共同发展的路线图，其成功与否在很大程度上依赖于其中的经济合作机制是否能够有效运行。在此背景下，对"一带一路"中的经济合作机制进行理论上的系统梳理和深入研究具有非常重要的意义。

第一节 经济合作与经济整合

经济合作（economic cooperation）与经济整合（economic integration）是两个联系紧密又有所不同的概念。经济合作是一个更为广泛的概念，是指不同的国家或地区在经济方面上的合作，可以是双边或多边任何形式的正式或非正式的经济往来、交流和合作，包括贸易、投资、金融等方面的合作。经济整合是经济合作的一种，主要是政府间的经济合作，而且以建立"超国家机制"或"超政府机制"为特征，目标是制定某些共同的经济运作规则或制度。经济整合的主要形式是区域经济一体化。

一、经济整合的概念界定

经济整合与经济一体化在英文中均用 economic integration 表示，可以认为经济整合与经济一体化是同一概念。一般来讲，台湾学术界会使用经济整合，大陆的学者一般多用经济一体化。事实上，关于什么是经济一体化，学术界并没有明确、统一的定义与标准。

（一）国外学者对经济整合的界定

通过梳理国外学者关于经济一体化的研究文献可以看出，其对经济整合的界定，大致包括以下几种观点。

1."过程"论、"状态"论

美国经济学家巴拉萨（Bela Balassa）在《经济一体化理论》中指出，我们建议将经济一体化定义为既是一个过程，又是一种状态。就过程而言，它表现为旨在消除各国间各种形式的差别待遇的种种举措；就状态而言，它表现为各国间各种形式的差别待遇的消除。[①] 巴拉萨还把经济一体化表述为整体内部各个部分的联盟，是利益相近国家之间的联合，它包含取消属于不同民族国家之间的歧视性措施，必然带来货物销售的自由市场以及资本、劳动统一市场的建立。巴拉萨关于经济一体化的定义得到西方学者比较普遍的认同，后被广泛引用，从而具有经典意义。

2."手段"论

彼得·罗布森（Peter Robson）指出，国际经济一体化是一种手段，而不是目的。他认为，国际经济一体化的安排应该体现3个方面的特征：一是在某种条件下，成员国之间歧视的消失；二是维持对非成员国的歧视；三是成员国之间在企图拥有持久的共同特性和限制经济政策工具的单边使用上有保持一致的结论。[②]

3."目的"论

保罗·斯特里坦（Paul Streeten）指出，一体化不应该按手段（自由贸易、

[①] Bela Balassa, *The Theory of Economic Integration: An Introduction* (London: George Allen & Unwin Ltd., 1962), pp.1-20.

[②] Peter Robson, *The Economics of International Integration* (London: Routledge, 1998), pp. 2-14.

统一市场、可兑换性、自由化等）来定义，而应该定义为目的——平等、自由、繁荣。①

4."作用"论

作为著名一体化经济学家，丁伯根（Jan Tinbergen）从生产要素流动性和政府机构之间的关系方面对经济一体化作了进一步的阐述。他把经济一体化分为"消极一体化"和"积极一体化"。前者是指"取消各种规章制度"，即消除成员国之间资本、人力等生产要素流动的障碍；后者是指建立新的规章制度去纠正自由市场的错误信号，强化自由市场的正确信号，从而加强自由市场的经济一体化力量。②需要引起注意的是，此处提出的"消极一体化"中的"消极"并不具有贬义，单指对生产要素流动的障碍进行消除；而"积极一体化"即是形成和运用协调的、共同的政策以实现消除障碍以外的经济和福利目标。丁伯根这种阐述的意义在于，它强调了政府在经济一体化过程中的作用以及如何发挥作用。

（二）国内学者对经济整合的界定

以上关于经济一体化的看法主要来自国外学者，而中国学者对经济一体化也发表了不同的见解。

于光远在其主编的《经济大辞典》中指出，区域经济一体化指两个或两个以上的国家在社会再生产的某些领域内实行不同程度的经济联合和共同的经济调节，向结成一体的方向发展。一般根据国家间的协定建立，有共同的机构。③

伍贻康、周建平则认为，经济一体化是两个或两个以上国家的产品和生产要素可以无阻碍的流动和经济政策的协调，一体化程度的高低是以产品和生产要素的自由流动差别或范围大小来衡量的，从而区域性国际经济一体化组织也有着不同的形式。④

张幼文认为，区域经济一体化是指：在世界生产力发展的客观推动和各

---

① Paul Streeten, "Problems of Economic Integration," *Weltwirtschaftliches Archiv* 90 (1963): 49-54.
② Jan Tinbergen, *International Economic Integration* (Amsterdam: Elsevier, 1965), pp. 38-42.
③ 于光远：《经济大辞典（下）》，上海辞书出版社，1992，第118页。
④ 伍贻康、周建平：《区域性国际经济一体化的比较》，经济科学出版社，1994，第16—25页。

国谋求国民经济持续发展主观努力的综合作用下，特定区域内的国家或地区通过达成经济合作的某种承诺或组建一定形式的经济合作组织，谋求区域内商品流通和要素流动的自由化以及生产分工的最优化，直至形成各国经济政策和区域经济体制某种程度的统一。简要地说，可以将区域经济一体化表述为"再生产过程各个阶段上国际经济障碍的消除"。①

综合中外学者对经济一体化的不同看法，并结合国际经济一体化的发展新态势，可以将经济一体化或经济整合定义为：两个或两个以上经济体，为了使其利益最大化，使资源达到最优配置，以政府的名义通过谈判协商实现成员之间的互惠互利以及经济整合的制度性安排。

经济一体化已经成为在全球化进程日益加深的世界经济新形势下，各国或经济体进一步加强合作的有力工具。它是一种政府行为，自始至终由政府倡导、组织，通过官方谈判协商而确立并逐步地、有计划地推动实施。因此，国际经济一体化的过程也是政府参与区域经济合作行为的程序化和制度化的过程。

二、经济整合的组织形态

（一）不同学者对于经济整合的组织形态的分类

由于不同学者对于经济一体化的定义不同，关于经济一体化的组织形态分类也有所区别，但整体思路是统一的，仅在部分层次上有所区分。通过对比不同学者的看法，形成表1-1。

表1-1　代表性学者对经济一体化组织形态的分类

经济学家	巴拉萨 （Bela Balassa）	李普西 （Richard G. Lipsey）	阿格拉 （Ali M. El-Agraa）	林德特 （Peter Lindert）
提出时间	1962年	1968年	1980年	1991年
出处	《经济一体化理论》	《国际一体化：经济联盟》	《欧洲共同体经济学》	《国际经济学》
种类	5	6	6	4

---

① 张幼文：《关于世界经济一体化的几个理论问题》，《世界经济研究》1997年第3期，第4—8页。

续表

经济学家	巴拉萨 （Bela Balassa）	李普西 （Richard G. Lipsey）	阿格拉 （Ali M. El-Agraa）	林德特 （Peter Lindert）
主要内容	自由贸易区 关税同盟 共同市场 经济联盟 完全经济一体化	特惠关税制度 自由贸易区 关税同盟 共同市场 经济联盟 完全经济一体化	单一商品经济一体化 自由贸易区 关税同盟 共同市场 全面的经济联盟 完全政治一体化	自由贸易区 关税同盟 共同市场 全面经济联盟

资料来源：Richard G. Lipsey, "International Integration: Economic Unions," in *international Encyclopaedia of the Social Sciences* (London: Macmillan Co. and Free Press, 1968), pp. 541-547；阿格拉：《欧洲共同体经济学》，戴炳然等译，上海译文出版社，1990，第46—53页；Peter Lindert, *International Economics* (Illinois: Richard D. Irwin, 1991), pp. 132-136。

在上述4类具有代表性的划分中，获得普遍赞同的是巴拉萨在《经济一体化理论》(*The Theory of Economic Integration*)中关于组织形态的分类，即分为自由贸易区、关税同盟、共同市场、经济联盟与完全经济一体化5种情况。没有选取李普西的特惠关税制度，是因为大部分学者关于经济一体化的定义均为消除成员间的贸易壁垒，而特惠关税制度仅仅是对贸易壁垒的减弱并没有达到消除的效果，所以就定义而言，不符合经济一体化的形式。没有选取阿格拉提出的单一商品上的经济一体化，是因为这种一体化的形式较为狭隘，且现实社会中这种经济一体化形式并不常见，不具有普遍性。而对于完全政治一体化，由于政治与经济是社会的两个层面，经济基础决定上层建筑，政治的联盟或统一是国际区域一体化的最终目的或状态，不应囊括在经济一体化的组织形态中。所以，国际上普遍采用巴拉萨关于组织形态的分类。

但在现实国际经济生活中，经济一体化并不完全按照这一标准进行发展，还有更多的模式。这里依据区域经济一体化理论与现实的结合，将经济一体化或经济整合的主要形态分为优惠贸易安排（Preferential Trade Arrangement, PTA）、自由贸易区（Free Trade Area, FTA）、关税同盟（Customs Union, CU）、共同市场（Common Market, CM）、经济联盟（Economic Union,

EU)、全面经济联盟等。

(二)经济一体化组织形态的具体形式

1. 优惠贸易安排(Preferential Trade Arrangement, PTA)

优惠贸易安排是指参加协定的成员方进行贸易时,相互实施更低的贸易壁垒,即签署协定的各方同意在某些商品上部分消除限制商品贸易的歧视性关税或非关税壁垒。这与WTO下相关成员实施部分货物关税减让的区域贸易协定(RTA)是一致的,归为"部分范围"。其中,中国与东盟签署的货物贸易协定(2004年)、印度与智利签署的货物贸易协定(2009年)均属于部分货物优惠贸易安排。中国、韩国、孟加拉国、印度、老挝、斯里兰卡等签署的《曼谷协定》属于特惠贸易安排。

2. 自由贸易协定(Free Trade Agreement)与自由贸易区(Free Trade Area)

理论上,自由贸易区是指世界贸易组织成员方之间完全消除限制商品贸易的关税与非关税壁垒,商品在自由贸易区内可以自由流动。但在实际运作

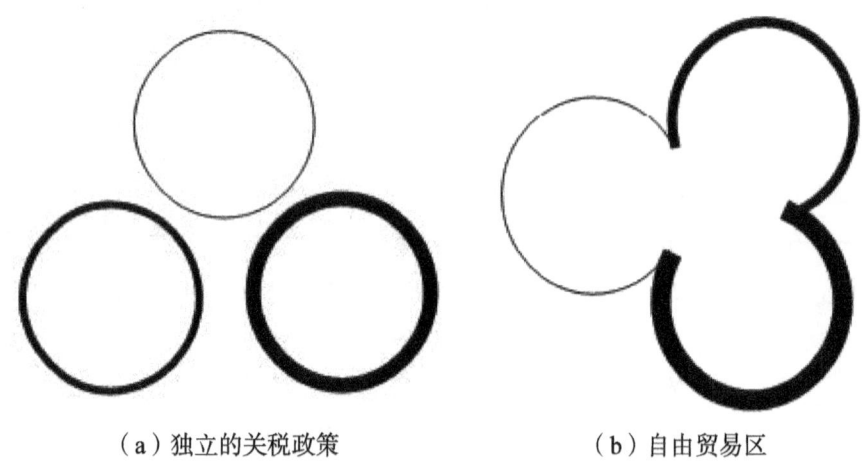

(a)独立的关税政策　　　　　　(b)自由贸易区

图1-1　自由贸易区的特征

注:图1-1(a)中,每个经济体原先都有自己的贸易壁垒,其贸易壁垒的程度用圆圈的粗细程度表示,圆圈越粗,表示贸易壁垒越重;反之亦然。图1-1(b)表示3个经济体组成了自由贸易区:区内的贸易实现自由化,但各经济体对区外经济体的贸易壁垒仍然保持以前的程度。

中，大多数自由贸易协定"基本消除"了限制商品贸易的关税与非关税壁垒，但各成员出于对自身竞争力不强的工业的保护，仍会以其他方式进行适度限制。这些方式包括绿色标准、质量标准等。在 WTO 框架下，自由贸易协定是指协议双方实施大多数货物关税减让，典型者如澳大利亚与新西兰签订的双边自由贸易协定（1983年）、中国与智利签订的自由贸易协定（2007年）等。当今，世界范围内的自由贸易区的内容已超出理论上的原有范畴，还包括了服务贸易、投资贸易便利化甚至环保、劳务等内容。

3. 关税同盟（Customs Union, CU）

关税同盟意味着，成员方之间不仅消除了贸易壁垒，允许商品的自由流动，而且各成员方对同盟外的非成员方实施统一的关税和非关税壁垒。共同对外关税的建立标志着各成员方放弃了自身对外关税的制定权，形成了统一的排他性政策，构成了对非成员方在商品流入方面明显的差别待遇。世界范围内的关税同盟主要有中美洲共同市场（CACM，1960年）、南方共同市场

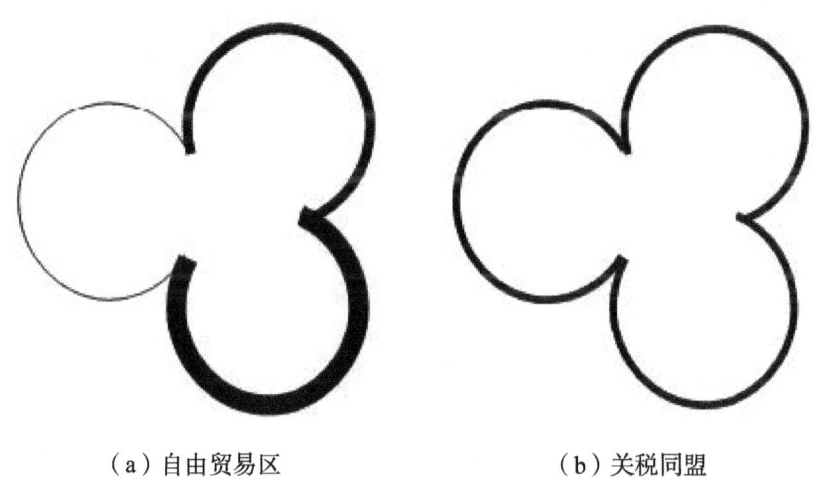

（a）自由贸易区　　　　　　　（b）关税同盟

图1-2　关税同盟的特征：统一的对外关税壁垒

注：图1-2（a）中，每个经济体贸易壁垒的程度用圆圈的粗细程度表示，圆圈越粗，表示贸易壁垒越重；反之亦然。在自由贸易区建立后，实现了贸易的自由化，但各成员方依旧保持其本身的贸易壁垒程度。图1-2（b）表示3个经济体组成了关税同盟：区内的贸易不仅实现自由化，而且各经济体对区外经济体的贸易壁垒将保持统一的大约相当于同盟前各经济体关税平均水平的关税政策。

（MERCOSUR，1991年）、加勒比共同体（CARICOM，1973年）、欧亚经济共同体（EAEC，1996年）等。

4. 共同市场（Common Market，CM）

成员方之间不仅消除了贸易壁垒，允许商品自由流动，而且各成员方对同盟外的非成员方实行统一的关税与非关税壁垒，还允许生产要素在成员方之间进行自由流动。欧盟的前身——欧共体是最典型的共同市场。

5. 经济联盟（Economic Union，EU）

经济联盟意味着，在共同市场的基础上，成员方之间还在某些经济政策和社会政策上进行统一和协调。欧盟是唯一达到这一标准的区域性国际经济组织，也是经济一体化程度最高的经济整合案例。

区域经济一体化的具体形式从优惠贸易安排，到自由贸易区，再到关税同盟、共同市场和经济同盟，市场先从实行优惠关税，到商品的自由流动，然后开放至共同的对外关税，实现生产要素的自由流动，最后到实现经济政策的协调一致。可以看出，市场越来越向外开放，自由化的程度越来越高。它们之间的内部区分如表1-2所示。

表1-2　区域经济一体化主要形式及内容

区域经济一体化的形式	优惠关税	商品的自由流动	共同的对外关税	生产要素的自由流动	经济政策的协调
优惠贸易安排	√				
自由贸易区	√	√			
关税同盟	√	√	√		
共同市场	√	√	√	√	
经济同盟	√	√	√	√	√

在现实发展进程中，区域经济一体化还存在其他的模式。

经济整合协议（Economic Integration Agreement，EIA）。若双方协议包括了服务业合作，则在WTO框架下归类为经济整合协议。典型的案例如中国与东盟签署的服务贸易架构协定、澳大利亚和新西兰签署的服务贸易协定等。

综合经济合作协议或安排（CEPA）。这种区域经济合作形式是包括了优惠贸易安排（PTA）、自由贸易协定（FTA）、经济整合协议（EIA）等在内的一种更广泛的区域经济合作。典型的案例包括中国内地与香港、澳门更紧密经贸关系安排（CEPA）、澳新更紧密经济关系贸易协议（Australia New Zealand Closer Economic Relations Trade Agreement，ANZCERTA）等。

亚太经济合作组织（APEC）是一种更为广泛的区域经济合作组织，涵盖跨地区的多边自由贸易和投资、技术合作等，并已经从初期的论坛性质转化为有完整运作机制的区域经济合作组织。

经济整合的组织形态多种多样，可以说没有固定形式。

三、经济整合的历史演进

第二次世界大战结束后，世界各区域的经济一体化出现过3次大的整合高潮。第一次是在20世纪50年代至60年代的区域性经济贸易安排，即通过集体合作增强民族主权，具有"放大的民族主义特点"，以1956年成立的欧洲经济共同体为标志。第二次区域经济整合高潮发生于20世纪80年代中后期至90年代初期。随着欧共体的发展逐步深化，全球化的发展步伐不断加快，以及冷战结束所释放出来的地区认同，欧洲统一市场形成，北美自由贸易区和亚太经合组织成立。第三次整合高潮出现于世纪之交并延续至今，其标志是区域贸易协定，特别是双边自由贸易协定在全球范围内的涌现。

区域经济整合已经成为世界经济发展的主要趋势之一，它正在超越政治和意识形态，突破不同经济制度和发展水平的障碍，把越来越多的国家和地区容纳进来。世界政治经济和区域问题发生了深刻变化，国际关系出现了体系结构意义上的转变，区域正在成为国际关系中有着自主利益要求和独立的国际力量。

第二节 机制与经济合作机制

机制通常指制度的运行机制，因此，机制是从属于制度的。机制通过制度系统内部组成要素，按照一定方式的相互作用实现其特定的功能。不同类型的机制所发挥的功能和作用既有联系，又有区别。从交易成本的视角来说，一般意义上的机制与经济合作机制都会降低经济运行和经济合作的交易成本。

一、机制概念界定

在社会科学领域，机制的概念使用越来越广泛，但对于"机制"这个词却没有明确和统一的定义。"机制"源自英文的mechanism，意指机械的结构与工作原理。这一概念后来在西方人类学、社会学和经济学中普遍运用，泛指事物内部结构、功能及其运行规律。20世纪70年代以来，西方政治学家与经济学家在研究国际政治与经济问题时，开始引入regime和institution的概念，即中文中的"机制"与"制度"的意思，"机制"一词逐渐成为国际政治与经济研究中的专业术语。而中文中的"机制"在英文中有几种不同的译法，regime、mechanism和measures均可翻译为"机制"。三者的区别在于regime强调的是制度，mechanism强调的是结构，而measures更强调的是措施。

二、经济合作机制

1983年，美国学者斯蒂芬·克拉斯纳（Stephen D. Krasner）提出了国际机制的概念，并将其定义为：行为体围绕某一特定国际关系，为达到共同利益预期而设立的一系列明确或不明确的原则、规范、规则和决策程序。[①] 随后，国际学术界对国际政治及经济领域研究中的机制概念颇有争议，但其核心内容主要由4个方面组成：一是行为体；二是行为体在一定问题领域的共同利益预期；三是中介组织；四是行为体互动的规则体系。在区域经济合作中，行为体就是不同的国家、地区或经济体为了实现经济合作，促进各经济体发展的目标而建立的合作协议、规则或规章制度。

也有学者认为，经济一体化的机制是指在经济一体化过程中所建立起来的管理经济一体化活动的各种组织机构、规范一体化活动的各种规则章程，以及处理一体化问题的各种程序体制，甚至包括在一体化进程中所形成的各种习惯、观念和认同。这些对于经济合作机制的定义，虽然看上去较完善，但是并不能反映复杂的现实经济合作关系。其实，这些定义主要是针对狭义的经济合作机制，即经济整合机制（Economic Integration Regime，EIR），甚

---

① Stephen D. Krasner, *International Regimes* (Ithaca and London: Cornell University Press, 1983), pp. 1-5.

至专指经济一体化机制，而非广义的经济合作机制（Economic Cooperation Regime，ECR）。

广义的经济合作机制（ECR）是一种更为广泛与普遍的概念，一切有关经济合作的制度安排、合作的运行规范、合作的方式等均可成为经济合作机制。比如，通常将某种经济论坛或经济会议制度也称为经济合作机制。而经济整合机制（EIR）则是指区域经济一体化或区域经济整合过程中一套完整的经济合作制度建设，其中最重要的是签署双边或多边的贸易合作协议，建立相关制度，达成共同遵守的某些规则。

广义的经济合作机制所包括的内容十分广泛。按范围大小可分为全球性经济合作机制（如WTO）、区域性经济合作机制（如APEC），以及次区域经济合作机制（如GMS）；按参加的成员数目可分为多边经济合作机制（如跨太平洋伙伴关系协定）与双边经济合作机制（如中国—韩国自由贸易区）；按性质可分为超国家经济合作机制、国家（或地区）间经济合作机制、国家内部区域之间的经济合作机制；按合作程度可分为低度经济合作机制、中度经济合作机制与高度经济合作机制。

第三节　经济合作机制构建的主要理论

经济合作机制的构建，一方面要反映一般意义上的国际合作机制理论的内容，另一方面也要反映经济合作机制理论的内容。两种理论虽然有所区别，但是也具有共同点，即从不同层面使系统内部的组成部分形成协调的关系，促进经济合作。

一、国际合作机制的主要理论

在国际政治中，实现合作并不容易。这是因为国际社会缺乏具有强制力的世界政府，国际社会以国际无政府状态为主要特征。尽管世界范围内的国际机构，如世界贸易组织、国际货币基金组织、世界银行集团等，其重要性已经大大提高，但其作用依旧有限。现实主义学者认为，国际无政府状态孕育了各个国家之间的冲突与竞争，即使各国享有共同的利益，它们之间合作的意愿也会受到这种无政府状态的制约。

20世纪80年代以后，西方国际关系理论中有关国际合作的争论以新现实主义和新自由主义之间的争论为主，主要围绕美国霸权主义的衰退及其对国际秩序稳定的影响而展开。新现实主义者认为，在国际政治的无政府状态和自助原则下，国家之间的合作难以实现。这是因为每个国家都会感受到安全威胁，从而追求相对利益。现实主义者不重视国际制度的作用，而认为只有霸权国家存在时，国际合作才能发生，对于美国霸权衰退后国际合作的可能性持怀疑态度。新自由主义者则认为，国家追求绝对利益，达成国际合作的主要障碍不是相对利益，而是对于欺骗行为的考虑。新自由主义者重视国际制度的作用，认为国际合作通过国家之间的相互战略性作用或者国际制度建立与运行。

（一）新现实主义的国际合作机制理论：霸权稳定论

霸权稳定论主张国家之间的合作取决于一个强大并且具有霸权实力的霸权国的存在。主张霸权稳定论的学者认为，在具有强大的力量和敢于使用其力量的霸权国家存在时，霸权国家制定国际机制而实现国际合作。在不存在霸权国家的情况下，已有的国际机制失去其作用，结果全球秩序趋于动荡不安，国家之间的合作也不易实现。

霸权稳定论属于结构性现实主义，即新现实主义。它承认国际体系的结构，即国家之间力量的分配决定国家合作的可能性。霸权稳定论把分析的角度扩张到国际政治经济研究领域，并且认为霸权国家存在的特殊条件能导致国家之间的合作。对于霸权国家能促进国际合作的特质，学术界大致有两种意见：一种强调霸权国家的经济能力，即霸权国能向获得利益的有秩序的国际体系提供国际公共产品；另一种强调霸权国家的强制力，即霸权国家为了自己的利益而创造秩序。霸权稳定论的代表学者有查尔斯·金德尔伯格（Charles P. Kindleberger）、罗伯特·吉尔平（Robert Gilpin）和斯蒂芬·克拉斯纳（Stephen D. Krasner）。

金德尔伯格在他的著作《1929—1939年世界经济萧条》（*The World in Depression, 1929—1939*）中指出，20世纪30年代的世界大萧条缘于不存在霸权国，而不是经济原因。他认为，霸权国的力量和意愿跟国际体系的稳定之间存在着因果关系，即当时英国具备充当世界霸主的意愿，但没有足够的力量，而美国具备充当世界霸主的力量，但没有足够的意愿，结果世界大萧条不可避免地发生了。关于霸权国家的哪些特征促进合作，他强调霸权国家的经济能力，即霸权国家心甘情愿为国际社会提供公共产品的能力。[①] 他的主张可以概括为如下几点：第一，一个霸权国家为创造诸多国际机制而发挥决定性的领导作用，也就是说在许多领域内带头建立国际机制。因此，居支配地位国家的存在有助于维护稳定的国际体系。第二，霸权国家向国际社会提供公共产品。但是，其他小国也从中得到更大的利益。这是因为其他小国通过不负担义务、搭便车而获得利益。可以把这种观点称为"强调霸权国家善意的看法"。

吉尔平和克拉斯纳对于霸权国家与开放的、自由的贸易体系的关系提出了不同的看法。他们认为，霸权国家承担责任是因为它能够从中获得自己的利益，而不是为了让其他国家获利。霸权国家的行为与提供公共产品的行为并无密切关系。霸权国家是为了增进本身的利益，用其带头创造的国际机制来强迫国际秩序。他们认为，霸权国家通过制裁来推行国际机制的规则，为了维护国际机制的运作往往强迫其他小国付出代价。[②] 因此，这种观点被叫作"强调霸权国家恶意的看法"。

克拉斯纳用霸权国家的出现和衰退来解释从1820年到1970年国际贸易体系的开放程度。按照他的结论，一般来说，霸权国家的实力越强，国际经济体系的稳定性越强；霸权国家的实力下降，国际经济体系的稳定性下降。他观察到第一次世界大战至1960年出现的局面：霸权国家衰弱，但国际经济体系的开放性却继续维持。他认为，国家之间实力分配发生变化，但国际贸易秩序仍然能够维持的原因在于，前者与后者之间存在时间差。换句话说，霸权国家采取的行为准则或者建立的国家机制具有一定的惯性，在短时间内难以改变。

[①] Charles P. Kindleberger, *The World in Depression, 1929-1939* (Berkeley: University of California Press, 1986), pp. 236-250.

[②] Robert Gilpin, *Global Political Economy* (Princeton: Princeton University Press, 2001), pp. 341-361; Stephen D. Krasner, *International Regimes* (Ithaca and London: Cornell University Press, 1983), pp. 173-194.

(二)新自由主义的合作机制理论：博弈理论与功能理论

1. 国际合作机制的博弈理论

博弈理论指出，理性的利己主义者的国家通过相互作用在无政府状态下可以实现合作并形成制度。代表性学者是罗伯特·阿克塞罗德（Robert Axelrod），他在《合作的演进》（*The Evolution of Cooperation*）中运用博弈理论，特别是以囚徒困境模式为基础的计算机游戏来探讨合作如何发生在理性的利己主义者的国家之间。[①] 所谓囚徒困境模式，就是模仿现实的两个行为者之间的游戏。大多数博弈理论的国际合作和机制研究都把注意力集中于囚徒困境模式，这是因为这种模式能够解释合作是如何发生在现实主义的条件下的。

在囚徒困境模式下，每个行为者都有绝对占有策略，即背叛。因为缺乏对方行为的信息，每一方都试图通过背叛来获得自身利益的最大化，而不在乎对方是否获益。因此，最终双方的选择结果均为背叛。然而不幸的是，这个游戏的均衡点不是帕累托最优状态——存在一个可以使双方都获得更好的收益的结果——双方均选择合作。所谓囚徒困境，就是如果没有某种协调，即使确实有共同获利的前景，但仍然不可以避免地发生合作的失败。如果制度化程度低的囚徒困境发生合作，其原因可能是博弈的环境或博弈发生的重复性。在一次性囚徒困境的博弈中，实现合作是不可能事件，但重复能够影响博弈的结果。例如，如果行为者将来还会处于相同的情况，行为者会考虑到背叛导致的早期获利可能会招致下一次博弈中对手的报复行为。所以在重复博弈中，博弈双方为了避免遭到报复行为，合作的前景会大幅度提高。

罗伯特·阿克塞罗德在《合作的演进》中还提到互惠战略。互惠战略是指两国政府在双方经济、文化、体育、卫生、科教等各个领域中都给予对方一定的优惠政策，以利于一国在另一国内享受更好的优惠国待遇。作为互惠战略，他在计算机实验中选择了"投桃报李"（Tit for Tat），结果表明，这种互惠策略比其他任何策略都能够更有效地增进合作。他的结论是，在没有中央权威或政府权力的利己主义世界中，依靠互惠战略的行为者之间可以产生合作的行为。但他也提出互惠战略并不是促进合作的完善战略。因为在国际

[①] Robert Axelrod, *The Evolution of Cooperation* (New York: Basic Books, 1984), pp.27-124.

关系领域中，适用于互惠战略的游戏条件也会限制互惠战略的效果。适用于互惠战略的条件是：第一，合作和背叛的标准应该是很清楚的；第二，应该确保行为者行动的透明度，以便找出背叛者；第三，国内不应该存在阻止促进国家之间合作的因素。

由此可见，在国际无政府状态下，合作是可以通过国家之间的相互战略来实现的。这种相互战略包括重复与互惠战略，而这种战略可以通过建立国际机制来实现。作为理性的利己主义者的国家，它们具有建立国际机制的动机，希望通过国际机制的建立来制定互惠战略或重复合作，从而实现博弈中的最大化效用。

2. 国际合作机制的功能理论

功能理论的代表性学者罗伯特·基欧汉（Robert O.Keohane）在《霸权之后：世界政治经济中的合作与冲突》（*After Hegemony: Cooperation and Discord in the World Political Economy*）一书中，运用微观经济学的市场失灵理论来解释国际机制是如何克服政治性市场失灵的，从而解释国际合作的产生。[①] 市场失灵理论指出，由于垄断、信息不完全或不对称的存在，市场难以解决资源配置的效率问题，市场中的资源不能得到充分配置，市场达不到帕累托最优状态，这就意味着市场出现了失灵。为了实现资源的最优配置，必须借助政府的力量。而将此理论运用于政治环境中，则表现为世界政治由于国际制度的缺失，没有合理合作的机制的推动，导致信息不完全堆积、交易成本上升等缺陷。在这种情况下，国际机制呼之欲出，国际机制有助于克服制度缺陷所导致的合作障碍，能够有效地调节政府之间的协议。换句话说，国家认识到国际机制的重要性，把它作为有助于实现理性行为体之间合作的制度设置，从而创造这种国际机制。基欧汉认为，作为理性行为者的国家相信，通过创造国际机制来形成国家之间的互利协定，这并不是霸权国家形成的国际机制。

国际政治以无政府状态，即缺乏具有权威的政府性制度以及不确定性为主要特征。在此情况下，国际机制促进行为体之间形成互利的协定，从而在

[①] Robert O. Keohane, *After Hegemony: Cooperation and Discord in the World Political Economy* (Princeton: Princeton University Press, 1984), pp. 85-109.

无政府状态的结构条件下实现合作。首先，国际机制会影响交易成本，降低合法谈判的交易成本，增加非法谈判的交易成本。结果，成功的机制通过对议题的组织，促进与机制原则相一致的协议的产生，而那些与机制原则不一致的具有破坏性的议题受到阻止。其次，国际机制通过给行为体提供可靠的信息来降低不确定性和危险性。

基欧汉虽然承认霸权国家会带来合作，但是他也提出了在霸权国家不存在的情况下，国际机制依然存在，以此说明霸权国家的存在并不是国际机制存在的必要条件。即使霸权国家不复存在时，在共享利益的基础上，作为理性的利己主义者的国家在相互作用的过程中，认识到政策调整的必要性而理性地去建立国际机制。这些机制有助于促进国家之间的合作。与此同时，机制在促使机制形成的原因消失以后，仍然能够维持下去。这是因为，维持已存在的国际机制的条件比创造新的机制的条件相对容易。当公共利益存在时，对于在缺乏中央权威的情况下，国际合作如何进行，新自由主义的答案是"国际制度"。这时，新自由主义演化为"新自由制度主义"。

二、国际经济合作机制的主要理论

（一）传统国际区域一体化理论

1. 大市场理论

大市场理论是以共同市场为理论分析基础的。共同市场是指各成员国之间不仅实现了自由贸易，建立了共同对外关税，而且还实现了服务、资本和劳动力的自由流动。该理论的主要代表人物是经济学家蒂博·西托夫斯基（Tibor Scitovsky）和德纽（Jean-François Deniau）。他们认为，之前各国实行的是贸易保护主义。这种贸易保护主义是狭隘的，只顾本国利益，使国际市场陷入条块分割，缺乏弹性，使现代化的生产设备不能得到充分利用，无法实现规模经济和大批量的生产。大市场理论的核心是：（1）通过国内市场向国际大市场延伸，通过市场规模的扩大达到规模经济，从而实现技术利益；（2）通过市场的扩大，创造激烈的竞争环境，进而实现规模经济和技术利益的目的。简单地说，就是各国通过区域一体化建立一个国际大市场，各国替代品生产企业可以在国际大市场中进行竞争，从而打破其在国内的垄断地位，促进竞争，实现技术的突破。

德纽认为，大市场的建立使企业从国内垄断状态向国际竞争状态过渡，市场中的资源因此达到更优状态，实现更有效的资源配置。而且企业间的激烈竞争有助于技术的进步，从而进一步减少企业的成本，产品的价格也得到进一步降低，国内的消费者福利增加，消费者剩余增加，消费者手中可支配收入也增加，又将导致投资的进一步增加。投资的增加会促进新一轮的技术发展，开启新一轮的良性循环。①

西托夫斯基是通过对比建立共同市场前后区别而提出大市场理论的。他认为，在建立共同市场之前，国内的市场狭小，国内企业的垄断地位难以动摇，企业的技术得不到提高，商品的价格也居高不下，市场陷入高价格、低产出、技术停滞的恶性循环。建立起共同市场之后，企业迫于国际市场上其他企业的激烈竞争，将生产由小规模向大规模转化，从而获得规模经济效应。为了能够在国际市场中脱颖而出，企业需要不断进行研发，实现技术突破，带来生产成本的不断降低，实现良性循环。②

2. 次优理论

次优理论是由经济学家理查德·李普西（Richard G. Lipsey）和凯尔文·兰卡斯特（Kelvin Lancaster）在1956年基于最优理论的基础之上提出来的。次优理论指出，如果在一般均衡体系中存在着某些情况，使帕累托最优的某个条件遭到破坏，那么即使其他所有帕累托最优所要求的条件得到满足，结果也未见得是令人满意的。即假设帕累托最优所要求的一系列条件中的某些条件没有得到满足，那么，帕累托最优状态只有在除去所有这些得不到满足的条件之后才能达到。③

在国际市场中，国际区域经济一体化也是国际自由贸易过程中的一种次优状态。第二次世界大战后，各国为在全球范围内重建国际贸易秩序，希望建立一个调整各国贸易关系的组织，以便各国能够在比较宽松的环境下开展国际贸易，因此最先签订了《关税与贸易总协定》，后来发展为世界贸易组

---

① Jean-François Deniau, *The Common Market* (London: Barrie and Rockliff, 1961), pp.54-62.

② Tibor Scitovsky, *Economic Theory and Western European Integration* (Stanford: Stanford University Press, 1958), pp. 67-72.

③ Richard G. Lipsey and Kelvin Lancaster, "The General Theory of Second Best," *The Review of Economic Studies* 24, no. 1 (1956): 11-32.

织。紧接着,国际货币基金组织与世界银行集团等全球治理机制出现了。这些治理机制在当前运行过程中都遇到了阻碍而停滞不前。一些发达国家为了本国的经济而另谋出路,于是找到了一种次优状态,即在几个国家或地区之间建立起小型的区域经济一体化。因此,可以说,区域经济一体化是在自由贸易制度尚无法在全球范围内普遍实现的情况下的一种最好选择。

3. 交易成本理论

交易成本理论最早是由罗纳德·科斯(Ronald H.Coase)在《企业的性质》(*The Nature of the Firm*)一文中提出的。科斯认为,市场交易并不像新古典经济理论中所假定的不存在交易成本。相反,市场的交易成本有时候甚至会大于企业进行生产所需的成本。当某一个企业就某种产品需要在市场中交易时,企业会产生搜寻生产该产品的企业而导致的费用,与该企业进行洽谈所导致的费用,以及制定合同所需的费用等,所有这些费用都属于交易成本。而企业"内化"市场的交易成本,是指除生产产品固定成本与可变成本以外的组织劳动分工所需的管理费用。科斯认为,市场与企业是两个可以相互替代的资源配置机制,在实际生产中选择哪种机制取决于两种机制的成本大小比较。如果管理成本小于市场交易所需成本,企业将会通过收购、兼并或重组的方法将市场内部化,消除市场交易的风险,从而降低交易成本。当然,如果管理成本大于市场交易成本,企业会选择直接在市场进行交易。①

国际市场也可以用交易成本理论进行分析。国际区域经济一体化是指两个或两个以上的经济体,为了使其利益最大化,生产要素达到最优配置,政府之间通过谈判协商实现成员之间经济合作。所以,国际区域经济一体化是对两个或两个以上经济体的融合,以减少两个或两个以上经济体在国际市场上进行交易所产生的费用。通常情况下,国际市场上的交易行为由于各国或地区的政策、税收等限制,交易费用或成本远远超过经济整合后交易而带来的费用。以自由贸易区(FTA)举例,自由贸易区是国际区域经济一体化的最低层次,也是当今世界使用最多的一体化形式。自由贸易区通过降低或消除自由贸易区内成员的产品贸易的障碍,来实现商品的自由贸易。这种一体化形式通过降低进口关税、消除非关税壁垒以及促进各成员的经济政策趋同,

---

① Ronald H. Coase, "The Nature of the Firm," *Economica* 4, no. 16 (1937): 386-405.

从而达到降低市场交易的成本。国际区域经济一体化实际上是采用公平的交易规则，实现信息的对称，使各国经济相互渗透和融合，消除贸易壁垒，减少交易费用或成本。

（二）新型国际区域一体化理论

1. 需求偏好相似理论

1962年，林德（Staffan Burenstam Linder）在《论贸易与转型》（*An Essay on Trade and Transformation*）一书中介绍了需求在贸易中的作用。他认为，需求结构是决定贸易结构的关键因素。需求结构越相似，两个国家之间的贸易程度越大。他还指出，收入分配、兴趣偏好以及文化、语言、信仰等因素的差异都会导致不同的需求偏好，但影响需求结构最重要的因素是平均收入水平。一国的平均收入水平越高，则该国的消费者需求就会偏好于高质量的消费品和先进的货物；一国的平均收入水平越低，则该国消费者就只能消费低质量的消费品与标准化工业品。所以，对于两国的贸易结构而言，两个国家的收入水平相当，则两国的消费者需求结构类似。一个国家的商品由本国企业生产与从外国进口两种渠道组成。两个国家的需求结构越相近，则两国企业生产的产品也就越类似，两国进行贸易、相互进出口产品的范围就越广。林德定理指出，两个国家的需求格局越相似，即它们生产的产品越相似，其潜在的贸易量就越大。也就是说，重叠需求产品的数量越大，贸易的范围也就越大。因此，需求结构与平均收入水平的关系为：相似的人均收入水平意味着相似的需求格局。林德效应是指一个国家加入某一国际区域经济一体化组织能否获利，以及获利的大小，取决于其收入水平的大小。以欧共体为例，一个中等收入的国家加入欧共体后，会比低收入和高收入国家加入欧共体获得的利益要多。原因是，对高收入国家而言，与其经济水平相似的国家较少，而需求结构只能与同处于高收入的国家相似，与很少数中等国家的需求结构有重叠。对于低收入国家而言，其需求结构制约贸易程度的问题与高收入国家相似。而对于中等收入水平的国家，不仅与中等收入国家的需求结构相同，同时与高收入国家与低收入国家都存在需求结构的重叠部分，由需求结构决定的贸易程度也就比高收入国家与低收入国家要高，因而从贸易中获取的利益也就更多。①

2. 全球价值链理论

全球价值链理论源于20世纪80年代提出和发展起来的价值链理论。迈克尔·波特（Michael E. Porter）最早在《竞争优势》（*The Competitive Advantage*）一书中提出了价值链这一概念。波特在该书中指出，企业的价值创造过程主要由五项基本活动和四项支持性活动两部分构成：五项基本活动分别是内部后勤、生产运作、外部后勤、市场和销售、服务；四项支持性活动分别是采购、技术开发、人力资源和企业基础设施。这些相互联系的价值创造过程就构成了企业价值链。很明显，波特所指的价值链限于将所有经营活动囊括于一身的垂直一体化的公司。②

布鲁斯·寇伽特（Bruce Kogut）认为，国际经营性战略的设定形式，实际上是国家的比较优势和企业的竞争能力之间相互作用的结果。国家比较优势决定了整个价值链条各个环节在国家或地区之间如何配置，企业的竞争能力决定了企业在价值链条上的哪个环节和技术层面上具有竞争优势，获得更大市场份额。与波特强调单个企业竞争优势的价值链观点相比，这一观点更能反映价值链的垂直分离和全球空间再配置之间的关系。③

美国杜克大学的加里·格列芬（Gary Gereffi）在此基础上提出了全球商品链的概念，其含义是：全球不同的企业在产品的设计、生产和营销等行为组成的价值链条中开展合作。这些生产行为分散在不同地方的不同企业，最终产品生产分布在不同企业的各种中间行为中。根据主导者的不同，他把全球商品链分为"生产者驱动"和"采购者驱动"，并对这两种类型的价值链进行了深入的分析和比较。在格列芬的著作问世之后，全球范围内出现了广泛的外包活动和战略联盟。更少的垂直整合和更多的基于网络的整合，使聚焦于链条治理领导者且过于理论化的全球商品链理论面临挑战，更加清晰地解

---

① Staffan B. Linder, *An Essay on Trade and Transformation* (New York: John Wiley & Sons, 1961), pp. 101-110 .

② Michael E. Porter, *The Competitive Advantage: Creating and Sustaining Superior Performance* (New York: Free Press, 1985), pp. 26-30.

③ Bruce Kogut, "Designing Global Strategies: Comparative and Competitive Value-Added Chains," *Sloan Management Review* 26, no.4 (1985): 15-28.

释现实问题的全球价值链理论得到广泛认可。①

总体来说，对全球价值链的理论研究主要集中在3个方面：一是全球价值链的治理。全球价值链的治理是指价值链的组织结构、权力分配以及价值链中各经济主体之间的关系协调。二是全球价值链的升级，主要研究升级的机制、类型和路径等。三是价值链中经济租的产生和分配，包括进入障碍，经济租产生的来源（如技术能力、组织能力、技能和营销能力等核心能力），租金的分配等。价值链研究的这3个方面是有机结合在一起的，其中治理居于核心地位，它决定了价值链中的升级和租金的分配。②

第四节 "一带一路"经济合作机制构建的中国特色

2013年9月和10月，国家主席习近平先后提出共建"丝绸之路经济带"和"21世纪海上丝绸之路"（简称"一带一路"）倡议，得到国际社会的高度关注和有关国家的积极响应。共建"一带一路"倡议借用古丝绸之路的历史符号，融入了新的时代内涵，既是维护开放型世界经济体系，实现多元、自主、平衡和可持续发展的中国方案，也是深化区域合作，加强文明交流互鉴，维护世界和平稳定的中国主张，更体现了中国作为最大的发展中国家和全球第二大经济体，对推动国际经济治理体系朝着公平、公正、合理方向发展的责任担当。③

共建"一带一路"不仅是推动共建国家共同发展的实践探索，而且将促进对现行国际经济、国际关系和国际发展等理论的创新，形成涵盖国际经济、国际关系和国际发展等多学科、多维度的新型理论框架。"一带一路"经济合作机制构建具有鲜明的中国特色。

---

① Gary Gereffi, "The Organization of Buyer-Driven Global Commodity: How US Retailers Shape Overseas Production Networks," in Gary Gereffi and Miguel Korzeniewicz, eds., *Commodity Chains and Global Capitalism* (Connecticut: Praeger Publishers, 1994), pp. 95-122.

② Raphael Kaplinsky and Mike Morris, "A Handbook for Value Chain Research," IDRC, September 2000, http://www.fao.org/fileadmin/user_upload/fisheries/docs/Value_Chain_Handbool.pdf.

③ 《共建"一带一路"：理念、实践与中国的贡献》，新华网，2017年5月11日，http://www.xinhuanet.com/local/2017-05/11/c_129599868.htm.

一、塑造以包容共享为根基的国际经济新秩序

近几十年来，在经济全球化快速发展的同时，国际分工、全球投资贸易以及国际金融体系的失衡和矛盾也出现，形成所谓全球化"极化"问题。尤其是近年来，世界经济增长低迷、全球经济结构深刻调整，逆全球化趋势日益显现。而与此相反的是，共建"一带一路"将推动建立以包容共享为根基的国际经济新体系，推动实现沿线各国多元、自主、平衡、可持续的发展，打造的是"全球化"升级版。

第一，构建平等互利的国际分工体系，促进全球价值链和产业链的重构和延伸。"一带一路"建设通过开展跨国互联互通，提高贸易和投资合作水平，将推动国际产能合作，使产业逐步向共建国家转移，促进全球价值链和产业链向发展中经济体延伸，形成平等互利、惠及更多国家的国际分工体系，使沿线发展中国家能够参与并分享经济全球化成果。

第二，建立公平合理的国际投资贸易规则与合作机制。"一带一路"着力提升投资贸易便利化水平，促进消除投资和贸易壁垒，构建区域内和各国良好的营商环境，建立高标准自由贸易区网络，打造开放、包容、均衡、普惠的区域经济合作架构与发展平台。

第三，建立包容共享的国际金融体系。"一带一路"推动深化金融合作，推进亚洲货币稳定体系、投融资体系和信用体系建设，发起成立亚洲基础设施投资银行、丝路基金、金砖国家新开发银行，促进全球经济治理机制改革完善。特别是通过创新基础设施互联互通建设投融资机制，不仅充分发挥共建国家政策性金融机构的作用、探索公私合作方式（PPP）、吸引社会资本参与基础设施建设，而且要调动全球长期投资机构和商业机构的资金资源，以在国际资本市场发行基础设施债券等方式，扩大资金筹措渠道。

二、构建以合作共赢为核心的新型国际关系和人类命运共同体

中国倡导的以合作共赢为核心的新型国际关系，主张扩大共同利益，不损人利己；加强对话合作，不对立对抗；实现多赢共赢，不搞零和博弈；打造命运共同体，不分裂分化。这契合当今时代发展潮流，将对21世纪国际关系发展产生重要影响。共建"一带一路"是新型国际关系理论的伟大实践，

是对传统国际关系理论的超越与创新。

第一，主张各国在求同存异的基础上相互尊重、平等相待，不断凝聚和扩大共同利益，实现不同社会制度、不同发展道路、不同文化传统国家，共商共建共享"一带一路"。

第二，坚持正确的义利观，在维护自身利益同时兼顾各方利益，在谋求自身发展同时促进共同发展，致力于实现共建"一带一路"的双赢、多赢、共赢。

第三，强调各国在"一带一路"平台上，通过不断扩大互利合作，塑造世界经济增长新动力，有效应对世界经济增速放缓、全球化进程受阻、南北发展不平衡、环境污染加剧等全球性挑战，协力解决关乎世界发展和人类进步的重大问题。

三、推动以共同发展为目标的新型国际发展合作

国内外学者的研究表明，"一带一路"倡议与联合国2030年可持续发展目标等国际主流发展议程，在伦理、理念、目标、实施手段等方面高度契合、相互一致。两者都致力于促进经济增长和社会发展，提升人民福祉；都坚持公平、开放、合作、共赢等核心理念；都主张尊重各国的基本国情和优先发展领域，本着务实的精神，制定符合自身情况的发展方案；都明确将基础设施建设、产能合作、经贸合作、海洋合作等作为未来的工作重点。因此，共建"一带一路"是推动落实联合国2030年可持续发展目标、促进全球共同发展的重要公共平台，主要体现在以下几个方面：

第一，与发达国家或国际机构的发展项目注重提供"一次性"或"消耗性"公共产品不同，"一带一路"将基础设施互联互通等作为建设重点，将为全球发展提供"可持续性""可再生性"公共产品。

第二，"一带一路"是中国发展经验的延伸和外溢。一方面，共建"一带一路"将加强中国东中西互动合作，促进中西部地区的开放和发展；另一方面，通过与共建国家政策沟通、发展战略对接以及国际产能合作等，促进中国与共建国家互学互鉴，分享发展经验，实现共同发展。

第三，"一带一路"是南南合作、南北合作以及三方合作的具体实践与典型示范，是国际发展合作新模式的积极探索。"一带一路"不仅将促进区域性

和国别发展战略对接，还将推动与全球性发展战略对接，塑造和影响国际发展议程，为世界和平发展作出贡献。

综上所述，共建"一带一路"实践在推动超越和创新传统理论的基础上，也将促进形成以新型全球化为基础、以包容共享为根基的国际经济体系、以合作共赢为核心的新型国际关系、以共同发展为目标的国际发展合作为主要内涵的，且多学科、多维度、开放性、复合型的理论框架和思想体系，并进一步指导和深化共建"一带一路"的实践探索。[①]

[①] 程国强：《"一带一路"的理论创新与体系构建》，中国经济新闻网，2017年10月20日，http://lib.cet.com.cn/paper/szb_con/494168.html。

第二章 "一带一路"贸易合作机制构建

贸易畅通是"一带一路"合作的核心内容，旨在顺应经济全球化、区域一体化趋势，全方位深化与沿线各国经贸往来、产业投资、能源资源和产能合作，着力推进投资贸易便利化，消除投资和贸易壁垒，构建良好的营商环境，促进区域内经济要素有序自由流动、资源高效配置和市场深度融合，共同打造开放、包容、均衡、普惠的区域经济合作架构，为沿线各国互利共赢、共同发展奠定坚实基础。

自"一带一路"倡议提出以来，在高层互访的引领下，中国积极加强与"一带一路"国家贸易合作机制构建，提升与沿线各国的经贸合作水平，大力拓展产业投资，推进能源、资源、产能等多领域务实合作和重大项目实施，贸易畅通取得了重大进展。

本章首先从全球层面出发，对全球贸易合作的发展趋势和共建"一带一路"贸易合作机制分别进行梳理；在此基础上，对中国参与"一带一路"贸易合作机制的情况进行总结，进而提出进一步推进"一带一路"贸易合作机制建设的思路和政策建议。

第一节　全球贸易合作发展趋向

冷战结束后，随着通信、运输物流等技术进步以及各国贸易政策调整，经济全球化和区域经济一体化迅速推进。由跨国公司主导的国际生产分工从以往的产业间分工向产业内分工和产品生产环节分工深化，使得国际贸易的原因、形式和地理分布都发生了巨大的变化。全球性的产品生产与协作使得任何一国的经济都不可能脱离全球分工体系而独立发展，各国之间的经济发展和政局状况十分敏感，通过分工传递到全球生产价值链的各个环节。全球价值链也加速重构，维度日趋发达，形成规模宏大、结构复杂的全球贸易和生产网络。这使得参与贸易配置资源的主体和范围、涉及的利益集团，以及贸易合作相互制衡的主要内容不断扩展，全球贸易治理体系也从以WTO为主，向双边、多边、诸边等区域集团、民间社会、市场等共同交织重叠参与下的"网络板块化"发展，更加分散化、碎片化，全球贸易合作也前所未有的错综复杂。

进入21世纪以来，主要发达经济体"黑天鹅"事件频发、金融危机、部分大宗商品价格暴涨暴跌，特别是美国总统特朗普任职以来，逆全球化思潮开始泛滥、贸易和投资保护主义加剧，以致世界经济贸易和政治格局与合作呈现出更大的不确定性。世界经济和贸易格局的变化为全球贸易带来了新问题，也驱使着全球贸易治理和参与贸易合作的主体力量、内涵和机制的变革。

一、参与主体更加多元

（一）以新兴经济体为代表的发展中国家从贸易合作的"边缘"走到"风口浪尖"

当前，全球经济发展处于低迷时期，尤其是美国等西方发达国家整体经济和贸易相对低迷，而以中国、印度、巴西、俄罗斯和南非为代表的一大批发展中国家的经济得到了快速增长，新兴经济体迅速崛起（见表2-1和表2-2）。新兴经济体贸易和经济地位的迅速上升，使得这些国家在维护全球贸易秩序、参与全球贸易合作和治理上，表现出寻求与其经济和贸易规模相匹配的全球贸易治理话语权和影响力的积极性,成为参与贸易合作的重要力量。

而在20世纪90年代以前,大多数发展中国家很难融入国际贸易和生产网络,因此处于贸易流动和贸易合作的边缘地位。在国家主导的工业化战略下,发展中国家的贸易政策专注于国内市场和政府干预,这与当时西方工业国家的贸易自由化潮流背道而驰。19世纪六七十年代东亚出口导向战略的成功,使得发展中国家纷纷效仿并以出口带动经济增长。因此,发展中国家对于发达国家而言成为一定意义上的后来竞争者。发展中国家积极参与国际分工,强有力地推进市场化和国际化改革,成为贸易大国和国际收支顺差国,迅速地融入国际经济体系,而欧美等发达国家则在经历或面临经济发展缓慢、债务危机和国际收支赤字等困境。

表2-1　2015—2018年世界经济增长趋势

(单位:百分比)

	2015年	2016年	2017年	2018年
世界经济	3.4	3.2	3.6	3.7
发达国家	2.2	1.7	2.2	2.0
美国	2.9	1.5	2.2	2.3
欧元区国家	2.0	1.8	2.1	1.9
英国	2.2	1.8	1.7	1.5
日本	1.1	1.0	1.5	0.7
新兴市场国家和发展中国家	4.3	4.3	4.6	4.9
俄罗斯	−2.8	−0.2	1.8	1.6
中国	6.9	6.7	6.8	6.5
印度	8.0	7.1	6.7	7.4
巴西	−3.8	−3.6	0.7	1.5
南非	1.3	0.3	0.7	1.1

数据来源:IMF,《世界经济展望》2017年10月。

注:2017年和2018年为预测值。

表2-2　2015—2018年世界贸易增长趋势

（单位：百分比）

		2015年	2016年	2017年	2018年
世界货物贸易量		2.6	1.3	3.6（3.2—3.9）	3.2（1.4—4.4）
出口量	发达国家	2.7	1.4	3.0（2.8—3.2）	2.8（1.6—3.5）
	发展中国家	1.9	1.3	4.7（4.2—5.2）	4.1（2.1—5.7）
	北美地区	0.7	0.5	4.2（2.5—5.3）	3.8（0.8—6.0）
	亚洲地区	1.1	1.8	6.4（5.9—7.2）	4.8（1.9—7.5）
进口量	发达国家	4.7	2.0	3.0（2.5—3.8）	2.9（2.6—3.3）
	发展中国家	0.5	0.2	5.1（3.6—6.0）	3.7（-0.9—7.0）
	北美地区	6.7	0.4	4.1（3.2—4.8）	3.5（0.7—6.1）
	亚洲地区	2.9	2.0	5.8（5.0—6.3）	4.0（1.3—6.2）

数据来源：WTO，《贸易快讯》2017年4月。

注：2017年和2018年为预测值。

欧美经济受挫，世界经贸发展重心转向亚太。尤其是加入WTO以来，中国深度融入以美国主导的国际政治、经济和货币金融秩序，经济快速崛起并保持长期超高速增长，改变了东亚区内以"日本—四小龙—东盟、中国"为梯度的"雁行模式"、区外依赖美国等发达国家的贸易合作格局，形成了以中国为枢纽的区域生产网络。区域生产网络内的零部件贸易增长速率远快于全球制造业的贸易增速，东亚地区对这种新的国际分工形式的依赖也远甚于世界其他地区。这种网络内贸易加强了东亚各国之间的经济相互依赖程度，同时，本地区受外部市场冲击的脆弱性也大大降低。而伴随经济结构转型和国内消费市场的不断扩大，庞大的东亚和中国市场进一步带动区内甚至是区外的整个亚太地区要素流动和分工优化，成为全球新的经济和贸易增长极（见图2-1）。

2017年以来，虽然从整体看全球贸易形势有所改善，特别是二季度以来主要经济体在金融危机和"黑天鹅"事件后经济复苏加快，但贸易和投资保护主义并未彻底消退。根据WTO发布的最新预测（如表2-2），2017年全球

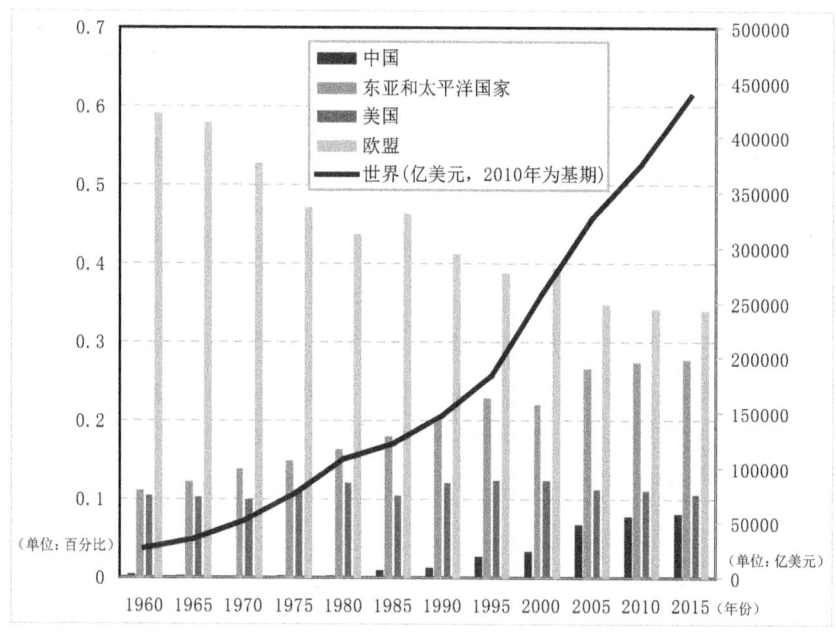

图2-1 中美欧和亚太国家在全球贸易中的地位变化(1960—2015年)

数据来源:世界银行WDI数据库。

货物贸易量同比增长3.6%,其中,发达国家进口和出口均增长3.0%,发展中国家进口和出口分别增长5.1%和4.7%。从地区分布来看,北美国家和亚洲国家成为全球贸易增长的主要贡献力量。北美国家进口和出口分别增长4.1%和4.2%,亚洲国家进口和出口分别增长5.8%和6.4%。虽然世界经济和贸易保持较良好的复苏态势,但一些国家除继续使用传统的"本国优先"、提高壁垒、滥用国际规则等保护手段外,开始转向对其他国家实施"边境后"(Behind the Border)措施,以及重新制定更加符合自身利益的经贸规则。如美国退出跨太平洋伙伴关系协定、与加拿大和墨西哥重谈北美自由贸易协定、与韩国修改贸易协定等,都给全球贸易环境带来新的不确定性。此外,投资保护主义沉渣泛起,多国出台限制外来投资的法律、收紧并购政策、加强有针对性的审查制度,这些会阻碍全球化发展和世界经济与贸易的复苏进程。

（二）政府与非政府间的竞争合作使得贸易合作从"俱乐部"模式走向"网络化"模式

贸易的本质是在不同的利益群体之间分配资源。经济全球化使得国际贸易的分配不仅涉及各国政府贸易体制和政策的制定，也是各国外交政策的重要考量之一。除了政府因素，贸易合作还面临着政府机制与市场机制等非政府因素的平衡和协调。

在世界经济贸易增长缓慢复苏的大背景下，世界经济贸易体系中相对经济实力发生变化，相对利益格局重新洗牌。跨国企业作为国际贸易的主要载体，通过在全球范围内建立的生产和营销网络，对国际经济贸易格局和利益的分配产生了深刻的影响。根据《世界投资报告2002》的统计，当时的全球跨国公司已超过6.2万家，它们不仅掌握着全球1/3的生产和70%的技术转让，更掌握着全球2/3的国际贸易和90%的外国直接投资。根据联合国贸易和发展会议（UNCTAD）的统计，截止到2007年底，已有7.9万家跨国企业参与全球生产，这些跨国企业共有约79万家分支机构遍布全球。这些庞大的跨国公司网络在参与全球精细化分工中与不同类别的行业协会、NGO（非政府组织）等民间组织相互交织，乃至形成更大型的经济集团或倡议，成为除政府、市场因素之外影响贸易合作的重要因素。这些非政府力量一方面具备提供战略咨询和科学信息、协调外部媒体等丰富的专业知识、资源、生产和分析能力，另一方面利用其国际化网络和资源积极组织跨国活动，通过更广泛的途径参与联合国层面、区域国际政府间以及各国政府的立法和决策，促进和协调解决重点问题，为全球贸易合作提供有效的支持，成为全球贸易合作的"生产者"（producer）而不仅是"消费者"（consumer）。

在这样一个大背景下，跨国企业、行业协会、NGO等民间群体以及市场等非政府组织（non-state actors）与政府（state actors）间形成融合竞争与合作的互动模式，全球贸易合作的参与主体更加多元，全球贸易合作的决策（decision-making）也从"少数为多数决定"的"俱乐部"模式（a club model, where the few decide for the many）向"多数决定多数"的"网络化"模式（a network model，in which the many decide for the many）转变。[1]

二、合作形式和内容不断拓展

（一）区域一体化从相邻向跨区域及更广泛联系，成为大多数国家贸易合作的中心

长期以来，WTO及其前身GATT（关税及贸易总协定）是制定全球贸易合作标准的国际机构，旨在确保全球贸易合作中的市场准入原则。伴随着成员数量的增多和议题的扩大，WTO自2001年11月启动的多哈回合谈判原定于2005年1月1日全面结束，但至今仍然久拖未决。虽然在2013年印度尼西亚巴厘岛召开的WTO部长级会议上通过了"巴厘一揽子协议"，在贸易便利化和一些发展议题上达成了框架性协议，但成员并未在农产品和服务业开放、国际收支平衡、政府采购政策、碳减排和知识产权保护等议题上取得突破性的实质进展。

多边合作框架WTO谈判虽停滞不前，但20世纪90年代以来，区域经济一体化却蓬勃发展（见图2-2）。北美自由贸易区建立，欧盟东扩和欧元诞生，中日韩三国与东盟（10+3）、10+1等一系列区域经济一体化协定签订，通报WTO的区域贸易协定数量达454个[2]，绝大多数国家参与了一项以上的区域自由贸易安排，这对世界贸易格局和全球贸易治理产生了深刻的影响。一方面，在区域经济一体化的发展中，区域内国际贸易的比重上升，国家之间的竞争向区域集团之间的竞争演变；另一方面，由美国和欧盟推动的，涉及国内政策、要求提高市场开放度和规范性标准的贸易规则在区域贸易治理层面开始酝酿发展。

区域一体化是各国在多边贸易僵局和金融危机后推进贸易自由化和扩展市场的必由之路，逐步成为大多数国家贸易合作的核心。区域经济一体化使得各国参与国家贸易分工的形式和选择多样化。区域一体化的蓬勃发展一定程度上弥补了多边贸易体系在众多成员方之间难以取得协调的不足，在促进区域贸易自由化、深化双边经济全方位合作上发挥着重要的作用。以自由贸易区协定和关税同盟为主导形式的区域经济一体化不仅涉及贸易的自由化，

---

[1] Diana Tussie, "Trade Diplomacy," Oxford Handbooks Online, Feb. 28, 2017, http://www.oxfordhandbooks.com/view/10.1093/oxfordhb/9780199588862.001.0001/oxfordhb-9780199588862-e-35.

[2] RTA Database, the World Trade Organization, http://rtais.wto.org/UI/publicsummarytable.aspx.

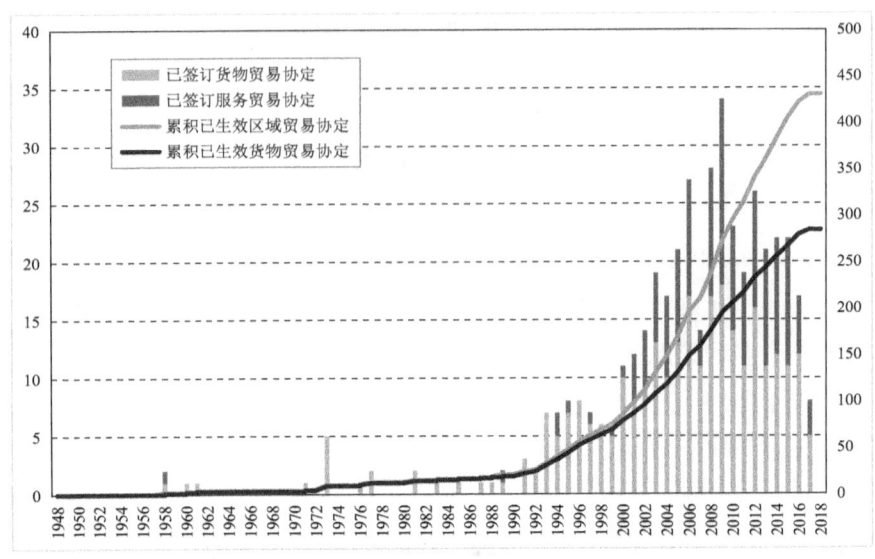

图2-2　RTA发展情况（1948—2017年）

数据来源：WTO，RTA Database，http://rtais.wto.org/ui/Charts.aspx。

而且涉及投资、知识产权保护等多方面的合作。目前，世界上大多数国家都签订了区域合作协议，整个世界的区域协定交叉重叠，如同"意大利面条碗"，并从传统相邻的"南南合作""南北合作"向"跨区域合作"发展，在全球范围内建立更广泛的联系。以韩国为例，除了与日本、中国、东盟，还与秘鲁、印度、新西兰、澳大利亚、美国、加拿大、土耳其等国家签订了跨区域贸易协定。

另外，由于世界各国、不同经济体发展水平不同，在世界经济相对低迷的情况下，各经济体之间的利益冲突愈演愈烈，各经济体间和贸易集团间的贸易壁垒层出不穷，国际贸易保护主义抬头，贸易自由化面临诸多挑战。区域经济合作将国家之间的合作和竞争关系转变为区域集团之间的关系，而在其他国家参与区域经济一体化的情况下，一国的最好选择就是也参与其中。因此，日益增多和相对碎片化的区域合作协议在"更广泛联系"的基础上向"巨型化"发展，区域贸易协定被同时当作区域布局的重要手段。通过签署区域贸易协定能够帮助其完成新的地缘政治集团、巩固传统的外交联盟关系，配合实现其全球战略。始于20世纪90年代的EU和NAFTA，以及在21世纪问世的 TPP、TTIP（跨大西洋贸易与投资伙伴协议）和 RCEP 等区域贸易协定的共同特点就是其全球性和系统性，涉及范围大、区域广，其对贸易规则和贸易流动的影响远远超越其实施区域。

（二）全球价值链的网状交织纵深发展：贸易议题从边境措施深入国内制度安排

随着一体化在"深度"和"广度"上的深入发展，以及通信及技术进步等共同作用下，各国生产进程加速分割，国际化分工使得原来在一国内部或区域间的分工转变成全球范围的分工，从工厂内部的简单流程扩展为一个遍布全球的巨大的国际生产网络（International Production Network，IPN）[①]，使得全球价值链（Global Value Chain，GVC）成为经济全球化和区域一体化发展的最显著特点和重要驱动力。目前，全球价值链主要集中于3个区域，分别是以中国为中心的东亚和东南亚地区、以美国为中心的北美自贸区以及以德国为中心的欧盟地区。

全球价值链的深度发展使价值链中各国和地区的生产、贸易、投资以及服务形成了多层次错综复杂的深度联结，越来越深地融入各国生产体系和商业循环，因而不可避免地受到各国和地区境内管制措施的约束，对现有的国际经贸规则也提出了全新要求。在这样一个世界经济多极化格局凸显以及全球价值链深度发展的新趋势下，发达国家利用现行经贸体制谋求自身利益的能力被削弱，现行多边经贸体制在规范由发达国家跨国公司主导的全球价值链的相关问题上也显得无能为力。于是，以美国为首的发达国家开始努力寻求全球经贸规则及全球经济治理机制的变革。尤其是其主导的以 TPP、TTIP 等为主的巨型 FTA，均增加了诸多与"边境后"规则相关的、远远超出 WTO 协议以往所含边境等的相关议题。这些适应国际生产分工更高要求的议题除了 WTO 规则所包含的原产地规则、知识产权保护、服务业开放等内容，还包括20世纪在 WTO 谈判中因推进困难而放弃的环境保护、竞争政策等议题，以及21世纪新出现的管制一致性、电子商务、中小企业等新议题。这些议题

[①] 刘中伟：《东亚生产网络、全球价值链整合与东亚区域合作的新走向》，《当代亚太》2014年第4期，第126—156页。

与多边经贸规则有很大差异，被一些学者称为"WTO 2.0"。首先，这些规则的约束范围不限于边境上，还推进到边境内，强调国家之间监管的一致性和标准互认，对成员国的国有企业竞争政策、新兴产业如电子商务等的监管政策以及劳工标准、环境标准等政策进行规范。这些措施与生产、服务和资本的跨国流动不直接相关，属于一国境内措施。其次，投资、环境、劳工和竞争政策等规则标准比在多边贸易体制下更高、更严格。最后，在市场准入方面趋向全面开放，不仅原则上要求取消所有产品关税，还要求在协定生效后立即取消绝大多数产品关税，并要求服务业全面开放，以进一步促进区内市场整合，体现了全球价值链深入发展下国际经贸活动自由化和便利化的更高要求。这些"高标准"的规则对于发展中国家来说虽然是不小的挑战和压力，但也是今后其国内改革的长期目标和方向。

三、全球贸易治理体系的碎片化

（一）交叠的多层次贸易合作相互竞争博弈

随着世界发生重大变革，全球治理（Global Governance）[①]成为当前国际社会包括国际组织、各国政府和政治家、非政府组织、学界、媒体以及行业协会和企业界共同关注的热点话题。全球贸易治理作为其中重要的方面，由一整套得到广泛认可和接受的规则来调整世界贸易和各国政府贸易行为的史无前例的国际贸易法治来执行，这种国际贸易法治随着世界经济贸易的发展而不断扩展，已经越过边境措施，深入到成员的国内。

当前，全球贸易治理的主导框架是基于二战结束后为促进世界和平与稳定以及全球经济复苏而建立的一系列制度和组织。[②] 从发展历程来看，在全球

[①] 对于全球治理的概念，有的学者将其描述为"建立在合作基础上的全球公共政策、规划和综合治理"，"国际协调合作机制"，"一种新型的国际公共事务管理的模式"，"一整套包括制度、规则及新型国际合作机制在内的体制，以此为基础不断应对全球挑战和跨国现象所产生的问题"。而秦亚青认为，全球治理本身是一个协商过程，是一个参与和身份重塑的过程，不仅包括规则治理，还应包括多元主义的世界观、伙伴关系管理和参与治理过程的实践活动，以此建构起一种真正的全球身份认同。参见：秦亚青《全球治理失灵与秩序理念的重建》，《世界经济与政治》2013年第4期，第4—18页；陈承新《国内"全球治理"研究述评》，《政治学研究》2009年第1期，第118—126页；戴维·赫尔德、杨娜《重构全球治理》，《南京大学学报（哲学人文社会科学版）》2011年第2期，第19—28页。

[②] 余敏友、刘衡：《WTO与全球贸易治理：演变、成就及挑战》，《吉林大学社会科学学报》2010年第5期，第140—160页。

贸易治理领域，WTO多边贸易规则和区域性贸易规则已经出现并行局面[①]，非正式制度也为全球贸易治理提供重要的补充。多边形式的关贸总协定及后来取而代之的世界贸易组织仍是二战结束以来全球贸易治理的主要平台。而由于WTO谈判受阻，区域一体化和全球价值链的深度发展，区域贸易协定中特殊规则以及新规则的不断涌现，对全球贸易治理规则的统一性和完整性构成威胁，导致全球贸易治理规则出现"碎片化"趋势。以双边贸易协定为基础的区域经济一体化以及由世界主要经济体构成的国家集团（如G20），则通过参与国之间的相互磋商取得共识、达成协议，对全球贸易治理产生重大影响。[②]随着国际政治、经济和社会之间的联系、影响和依赖程度的日益深化，整个世界成为一个命运共同体。与此同时，国际组织和区域性、超区域性组织并存。[③]以发展中国家为主的"南南型"合作为获得"大市场效应"积极融入世界市场，参与国际贸易。而以发达国家为主的"北北型"合作以渗透规则为主要特点，横跨两者的"南北型"合作则在"规则"和"市场"中博弈。[④]

而非正式制度安排促进全球贸易治理从正式制度向灵活的、非正式的、有限成员集团化的态势发展。非正式制度安排有利于推动主要参与者达成一致，为多边倡议提供试验机会，推进多边贸易体制改革，并最终促进全球贸易治理的发展。在全球贸易治理领域，G20正成为最具活力和影响力的治理机制。此外，代表了公民的意志的民间非政府组织，对本国政府和政府间国际组织的决策和执行过程发挥作用，为全球贸易治理提供补充性资源。[⑤]

（二）"一带一路"是全球贸易合作和治理的积极探索

面对当前经济全球化的新发展——以"反开放、反自由贸易"为主要特征的逆全球化浪潮高涨并愈演愈烈，国际贸易秩序改革迫在眉睫，迫切需要加快全球贸易治理机制的改革与完善。在这一大背景下，为了适应全球化的

[①] 刘志中：《"一带一路"倡议与全球贸易治理机制变革》，《东北亚论坛》2017年第6期，第46—55页。
[②] 于津平：《国际贸易新格局与全球贸易治理》，《南开学报（哲学社会科学版）》2012年第1期，第70—76页。
[③] 赵龙跃、李家胜：《WTO与中国参与全球经济治理》，《国际贸易》2016年第2期，第18—23页。
[④] 何敏：《国际贸易的全球治理与中国的贡献》，《社会科学》2017年第2期，第45—55页。
[⑤] 刘清才、张农寿：《非政府组织在全球治理中的角色分析》，《国际问题研究》2006年第1期，第48—52页。

发展，中国政府提出的"一带一路"倡议最显著的特点就是其开放性和包容性，以互联互通的具体合作项目促进现有"碎片化"机制的整合与发展，是对现行全球贸易治理机制的补充与完善。"一带一路"倡议包括南亚、西亚、中亚、中东、东非、北非、东欧及更广泛的地区，将这些地区发展机制有效对接、整合和提升，通过集体对话机制加强区域制度的融合和交流，从区域内各国国情出发，提出各国发展面临的共同议题，充分发挥有能力的区域制度和大国的作用，尤其是让经济实力较弱的成员通过集体对话获得对等优势，以此凝聚区域间合作的向心力，为区域间合作创造条件。当前，中国—东盟（10+1）、中阿合作论坛、中国与海合会战略对话等区域间对话机制已进行尝试并取得成效。

第二节 "一带一路"建设中的贸易合作机制现状

"一带一路"倡议旨在促进经济要素有序自由流动、资源高效配置和市场深度融合，推动开展更大范围、更高水平、更深层次的区域合作，共同打造开放、包容、均衡、普惠的区域经济合作架构，是国际合作以及全球治理新模式的积极探索。"一带一路"倡议可以用"两大丝路""三大共同体""四大理念"和"五通"来概括。"两大丝路"即"丝绸之路经济带"与"21世纪海上丝绸之路"（分别为"陆上"的"一带"、"海上"的"一路"），贯穿亚欧非大陆，一头是活跃的东亚经济圈，一头是发达的欧洲经济圈，中间广大腹地国家经济发展潜力巨大；[①]"三大共同体"（利益共同体、责任共同体、命运共同体）和"四大理念"（和平合作、开放包容、互学互鉴、互利共赢）分别

---

① 其中，"一带"重点畅通三条线：一是中国经中亚、俄罗斯至欧洲（波罗的海）；二是中国经中亚、西亚至波斯湾、地中海；三是中国至东南亚、南亚、印度洋。"一路"重点方向包括：一是从中国沿海港口过南海到印度洋，延伸至欧洲；二是从中国沿海港口过南海到南太平洋。根据"一带一路"的走向，"陆上"依托国际大通道，以沿线中心城市为支撑，以重点经贸产业园区为合作平台，共同打造新亚欧大陆桥、中蒙俄、中国—中亚—西亚、中国—中南半岛等国际经济合作走廊。"海上"以重点港口为节点，共同建设通畅安全高效的运输大通道。进一步推进与共建"一带一路"关联紧密的中巴、孟中印缅两个经济走廊取得更大进展。需要指出的是，依据国家发展和改革委员会、外交部、商务部经国务院授权发布的《推动共建丝绸之路经济带和21世纪海上丝绸之路的愿景与行动》（简称《愿景与行动》），"一带一路"相关的国家基于但不限于古代丝绸之路的范围，各国和国际、地区组织均可参与，意在让共建成果惠及更广泛的区域。

是共建"一带一路"的目标和理念;"五通"即"政策沟通、设施联通、贸易畅通、资金融通、民心相通",是"一带一路"倡议的重点合作内容,政策沟通是保障,设施联通是基础,贸易畅通是重点,资金融通是支撑,民心相通是根基。

可以看出,贸易畅通是核心,是重中之重,是开展国际合作的焦点和重点,也是"一带一路"倡议中最具活力和潜力的领域。特别是在当前全球经济缓慢复苏和逆全球化浪潮下,通过贸易合作,健全和完善畅通机制,促进贸易投资便利化,实现全方位、多层次、高水平的经贸合作,不但能推动发展中国家经贸合作和发展,也为发达国家经济复苏和结构性调整提供机遇。

一、贸易畅通的关键和重点是促进贸易投资便利化

如本章第一节所述,随着贸易议题从边境措施深入国内制度安排,贸易投资合作过程中各种烦琐的单证手续及通关监督等问题成为实现资本、技术、人才、信息等要素在全球范围内自由流动和优化配置的突出障碍和壁垒。因此,促进贸易投资便利化,即简化程序、协调国际法律法规和标准、采用新技术和其他有效方法消除或减少跨国贸易和投资过程中的执行和技术性障碍,减少交易成本和困难,是有效提高贸易的运作效率、不断提升贸易自由化水平的当务之急。目前,几乎所有的单边国内贸易促进措施,以及双边、区域性和多边贸易互惠条约中都包含了贸易便利化的内容,快速、高效、简便、合作、法制化是当前各国追求贸易便利化所要达到的主要目标和内容。贸易便利化的最大好处就是通过制度创新和政策疏导扫除国家之间存在的有形和无形壁垒,为国际贸易和投资营造良好的经商环境。这也是"一带一路"倡议中贸易畅通的关键和重点内容。

(一)贸易政策调整对接,各层次合作机制不断完善

贸易政策是基本的、长效的机制安排,对双边贸易起着规范、引领和稳定作用。在高层互访的引领下,共建"一带一路"通过国际合作高峰论坛、各种多双边和地区平台,在促进政治互信的同时,共同推动形成由理事会、秘书处、国家领导人非正式会议、部长级会议等常设性机构形成的组织基本

框架，增进高层战略对接，通过战略规划对接引导重大项目合作。同时，建立政府与工商界的对话和合作机制，不断推动和加强具体政策领域中的互联互通，通过政策调整对接，消除各国因不同政策造成的"政策棚架"，以更好地促进贸易与投资的便利化。此外，通过展会、博览会等行业活动以及"一带一路"区域共同政策研究智库等形式，深入交流沟通和挖掘贸易增长潜力。

（二）通关协作、信息和监管一体化机制初见成效

贸易便利化的进程和实施效果与通关服务水平密切相关。除了海关，跨境贸易和投资合作还涉及商品检疫检验、知识产权、产品质量和技术标准、环保标准等众多领域的监管，在保障全球的贸易安全和提高贸易便利化方面发挥着举足轻重的作用。

为促进"一带一路"区域贸易畅通，沿线各国正着眼于建立和完善自动化报关体系，创新大通关协作机制，加快跨区域、跨部门大通关建设，推进全区域一体化通关；积极进行通关管理改革，简化通关程序，改善网上服务，倡导报关无纸化等方法，积极推进沿线国际贸易"单一窗口"建设，实施"一次申报、一次查验、一次放行"的通关模式。例如，新加坡为简化进出口通关手续和单证要求，建立了"一站式"中央报关信息处理系统；欧盟通过简化内部贸易程序，加强通关协作，建立了一整套高效、便捷的自动化通关系统，同时还积极与联合国、世贸组织等国际性组织及一些主要经济大国就贸易便利化问题开展合作。

各国在监管一体化方面，以程序简化和监管标准化为核心，建立完善与推进国际物流大通道建设相适应的通关管理机制，建设多式联运物流监管中心，改进监管方式，加强国际双边和多边合作、国内各部门的横向合作等，由监管部门从不同环节自动监管，建立虚拟化的立体监管体系，实现信息共享共用，监管互认，执法互助，优化通关流程。同时，通过各种有效措施，引导企业遵纪守法，提高违法成本，视违规违法情节分类监管不同企业，给长期守法企业以特别通关权，为企业发展提供优质服务，从而进一步提高贸易便利化水平。

(三）争端解决机制仍在初期建设中

随着全球贸易的发展，贸易和投资摩擦越来越多，涉及的内容、范围和形式都在不断发展变化。共建"一带一路"国家普遍是发展程度不高的发展中国家，在国际贸易争端解决过程中，区域组织争端解决机制不健全，争端解决机制缺乏有力的司法保障。因此，需要设立各种专业委员会，运用仲裁和国际司法解决等法律手段来处理贸易与投资等各种争端，尤其是在劳工标准、环境标准、人权和知识产权保护等易发生贸易摩擦的领域，"一带一路"沿线国家均在积极建立相配套的执行体系，推动争端解决机制的法治化。但相对于前述贸易投资便利化机制，"一带一路"争端解决机制仍处于初期建设阶段。

二、区域贸易协定是贸易畅通制度合作的主要抓手

区域贸易协定主要分为关税同盟（CU）、自由贸易协定（FTA）、经济一体化协定（EIA）和优惠贸易协定（PSA）4种形式。当前，自由贸易协定已成为区域经济一体化安排的主要形式，合作范围和内容也不断扩展。在世界经济越来越板块化发展的趋势下，区域贸易协定尤其是FTA建设成为共建"一带一路"国家加强经济联系、密切贸易制度合作的主要抓手，一体化水平也越来越高。

（一）数量不断扩展，FTA是主要形式

根据WTO/RTA数据库显示，截止到2018年2月10日，"一带一路"沿线国家共参与317个区域贸易协定，占已向WTO通报RTA总数的70%。其中，已生效的区域贸易协定共271个，45个于2013年之后，即"一带一路"倡议提出以后[①]签署生效，是已生效RTA总数的17%；谈判中的区域贸易协定共45个，已签署未生效的1个。

从区域来看，如图2-3所示，中东欧（19国）参与的区域贸易协定最多，总量达到97个，平均每个国家参与5个区域贸易协定；其中正在谈判的有18

---

① 2014—2017年。

个，已签署生效的79个（2014—2017年生效16个）。东亚（14国）次之，共参与区域贸易协定91个，平均各国参与7个区域贸易协定，密度高于中东欧（19国）；其中正在谈判的有17个，已签署生效的73个（2014—2017年生效15个），已签署未生效的1个。西亚北非（19国）、南亚（8国）、中亚（5国）分别共参与区域贸易协定75个、29个、25个。

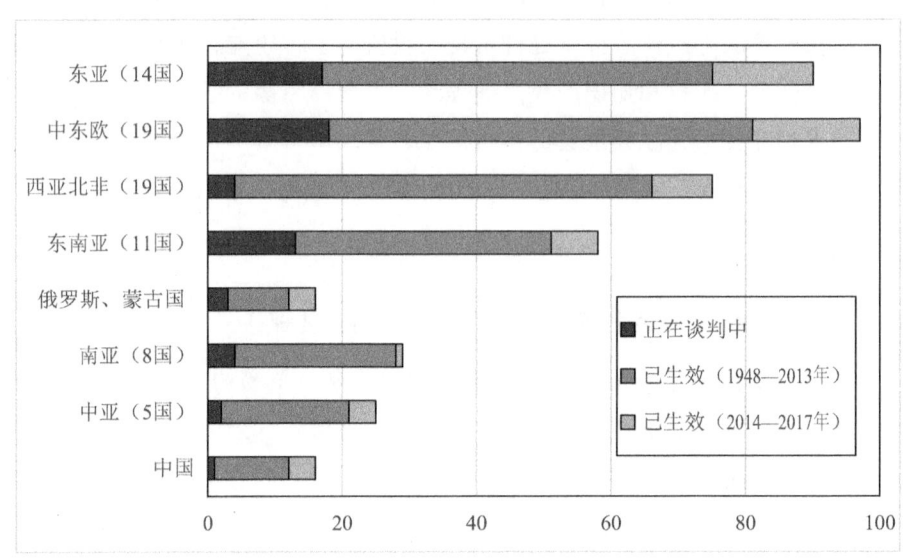

图2-3 "一带一路"区域贸易协定发展情况

数据来源：WTO/RTA数据库，数据统计截止到2018年2月10日。

注：本章将共建"一带一路"国家（不含中国）划分为中东欧（19国）、西亚北非（19国）、东南亚（11国）、俄罗斯和蒙古国、南亚（8国）、中亚（5国）六大区块；在此基础上，报告东亚（14国，包括东南亚11国、俄罗斯、蒙古国、中国）的数据。

从区域贸易协定的类型来看，自由贸易协定（FTA）、自由贸易协定和经济一体化协定（EIA）组合成为区域贸易协定发展的主要形式，在共建"一带一路"国家已生效的271个区域贸易协定中分别占133个和87个，共占比82%，一体化水平逐步提升。

（二）内容升级扩容，东亚深度一体化水平最高

从内容来看，如表2-3所示，共建"一带一路"国家已生效区域贸易协定的范围不断扩展，越来越多的区域贸易协定不仅包含传统货物贸易的议题，还包括服务贸易和投资一体化等议题。在已生效的271个区域贸易协定中，这类涵盖"深度一体化"[①]内容的区域贸易协定有103个，占近2/5的比例。其中，东亚（14国）不断拓展合作范围，"深度一体化"水平最高，既涵盖货物又涵盖服务议题的RTA有52个，占其已生效RTA总数的71%；中东欧（19国）虽然已生效的RTA数目较多，但同时涵盖货物和服务贸易内容的仅有28个；西亚北非（19国）也仅有12个；中亚（5国）和南亚（8国）分别为4个和7个。

表2-3 共建"一带一路"国家已生效区域贸易协定的范围

涵盖范围	货物贸易	服务贸易	货物和服务贸易	合计
东亚（14国）	21	0	52	73
东南亚（11国）	11	0	34	45
俄罗斯、蒙古国	8	0	5	13
中国	2	0	13	15
中东欧（19国）	50	1	28	79
西亚北非（19国）	59	0	12	71
中亚（5国）	19	0	4	23
南亚（8国）	18	0	7	25
已生效区域贸易协定	167	1	103	271

数据来源：WTO/RTA数据库，数据统计截至2018年2月10日。

除了货物、服务贸易、投资和规则等领域，涵盖竞争政策、政府采购、电子商务、环境保护等以实现"利益总体平衡、发展全面、高水平"为目标的"21世纪经贸议题"也成为区域贸易协定新的发展趋势。例如，越南、新

[①] 陈淑梅、高敬云：《后TPP时代全球价值链的重构与区域一体化的深化》，《世界经济与政治论坛》2017年第4期，第124—144页。

加坡等东南亚部分国家加入、被称为巨型跨区域贸易协定的 TPP，以及部分中东欧国家加入欧盟或与欧盟签署的"高标准"区域自由贸易协定等。由于"一带一路"沿线发展中国家较多，虽然各国已在积极推动国内改革以适应"深度一体化"的要求，但涉及"21世纪经贸议题"的区域贸易协定数量仍相对较少。

三、境外合作区等国际产能合作创新模式是新增长点

除顺应经济全球化、区域一体化趋势，着力推进投资贸易便利化，消除投资和贸易壁垒，构建良好的营商环境之外，全方位深化各国经贸往来、产业投资、能源资源和产能合作，是"贸易畅通"合作机制的优先工作领域。

（一）加强国际产能合作是优先工作领域

全方位深化与各国的经贸往来、产业投资、能源资源和产能合作，应立足贸易的互补性，根据各国自身发展特点和优势，优化贸易结构，挖掘贸易增长潜力，加强区域合作。例如，最早可以追溯到20世纪五六十年代的农业合作，既有农场、农机推广站等对外农业援助和投资（即农业"走出去"）[①]，也有引进品种和技术等农业科技交流合作和对华农业投资（即农业"引进来"）[②]。由于沿线各国国情和发展阶段不同，农业资源禀赋和市场各有特点，因此，在推进"一带一路"国际产能合作过程中，要深入梳理共建"一带一路"国家农业资源和市场、兼顾各方利益和关切，对于不同国家或地区合理科学规划——加强比较优势互补品种多的东南亚、南亚和中东欧等地区及国家的农业合作，尤其是南亚和中东欧国家和地区；要关注粮食、棉花、橡胶、软木等与中国结构互补的、综合效益好的品种，以及农作物种植加工、农产品物流、生态保护等表现突出的产业，统筹运用好援助、投资、技术引进等合作方式，通过多边或双边层面建立长效机制，制定短期、中期和长期规划，逐步按规划推动实施，从而进一步优化各国的贸易结构。而在能源方面，西亚国家具有能源产业发展优势，应利用互补优势，积极探索与其能源合作的

---

① 例如，中国为菲律宾、老挝等国援助农业技术示范中心，向东非和北非派遣了高级农业专家。
② 例如，中国与印度、巴基斯坦等国交换水牛等动植物种，从以色列等国引进小麦密植、植棉技术、滴灌技术等，同时通过跨国公司在种业、农业机械等行业投资合作。

新模式，进而开辟更大更广的能源贸易市场。

（二）境外经贸合作区建设取得阶段性成果

全方位深化各国经贸往来、产业投资、能源资源和产能合作，另一方面是在立足贸易互补性的基础上，进一步扩大投资领域开放、放宽投资准入限制，推动经贸合作由简单商品贸易向相互投资发展，提升双向投资水平，加强区域产业合作，进一步深化相互贸易和投资合作，形成贸易与投资良性互动、良性发展。目前，境外经贸合作区已成为推进国际产能合作的重要载体。《推动共建丝绸之路经济带和21世纪海上丝绸之路的愿景与行动》在第四部分"合作重点"中指出："探索投资合作新模式，鼓励合作建设境外经贸合作区、跨境经济合作区等各类产业园区，促进产业集群发展。"

境外经贸合作区一方面引导一国优势产业在国外投资设厂，在当地建立园区，在海外形成集聚效应，通过增加就业、提高税收、扩大出口创汇有力带动共建国家产业升级和工业化水平提高。另一方面，制定优惠政策，吸引各国企业引进投资，形成产业示范区和特色产业园，同时，放宽技术标准，鼓励外资企业投资高新技术产业，带动国内其他产业发展。截至2016年底，中国在沿边省区设立了7个重点开发开放试验区、17个边境经济合作区和2个双边边境经济合作区，并与尼泊尔、缅甸、蒙古国、越南等周边国家就双边边境经济合作区建设开展深入磋商，取得积极进展。截至2016年10月，中国企业在外建设的境外经贸合作区有75个，吸引了1400多家各类企业（包括很大一部分外资企业）入区，带动入区企业累计投资超过100亿美元。[①] 截至2016年底，已通过商务部确认考核的合作区共20个，其中位于"一带一路"沿线的共17个，分布在东南亚、中亚、东欧、俄罗斯和埃及。国家级境外经贸合作区主要密集分布在东南亚和俄罗斯远东地区，主导产业有汽配、家电、机械、建材、纺织、矿业、种植业等。

---

① 邹昊飞等：《"一带一路"战略下境外经贸合作区发展研究》，《国际经济合作》2016年第10期，第41—45页。

(三）创新贸易服务方式蓬勃发展

境外经贸合作区搭建了企业对外投资合作和产业集聚的创新平台。为顺应国际贸易方式和模式的变化发展，在此基础上进一步全方位深化共建国家贸易、投资和产能合作，共建"一带一路"还积极探索跨境电商、保税交易、大宗商品和期货交易、国际贸易金融、国际物流等综合运营平台。在创新国际投资合作方式的同时，国际物流运作管理模式也在创新：一方面推动互联网经济下投资贸易方式变革，进一步提升沿线国家贸易投资便利化水平；另一方面大力发展现代物流业，打造"一带一路"沿线上的仓储物流中心和中转站，培育和完善现代物流体系，提升物流效率。

根据不同国家资源环境、投资环境、政策环境，境外经贸合作区在建设发展中主要形成了综合经营型、专业制造型、资源开发型、农业产业型和商贸物流型（见表2-4）。

除了与共建"一带一路"国家和地区贸易领域与结构持续拓宽优化，服务贸易创新发展试点也蓬勃发展，服务贸易合作快速增长。"一带一路"正逐渐成为中国服务贸易和服务外包发展的重要平台。以服务外包为例，2017年，中国企业在"一带一路"沿线的61个国家新签对外承包工程项目合同7217份，新签合同额1443.2亿美元，占同期中国对外承包工程新签合同额的54.4%，同比增长14.5%；完成营业额855.3亿美元，占同期总额的50.7%，同比增长12.6%。同时，跨境电子商务等创新贸易方式也得到蓬勃发展，跨境电子商务综合试验区的设立、中国企业"海外仓"的建设，都有效优化了产业链分工布局，推动了贸易便利化进程。此外，人民币跨境贸易和投资使用加速拓展，为外贸发展带来了极大方便。截至2016年6月30日，中国与共建"一带一路"国家和地区经常项下跨境人民币结算金额超过2.63万亿元。中欧班列自2011年首次运行以来，已逐步成为世界知名的物流品牌，为共建"一带一路"提供了重要平台，构建了沿线大通关合作机制，建设了国际物流大通道，最终为中欧贸易带来新增长点。

表2-4　国家级境外经贸合作区类型

类型	合作区
综合经营型	泰中罗勇工业园、柬埔寨西哈努克港经济特区 中埃泰达苏伊士经贸合作区、尼日利亚莱基自贸区 万象赛色塔综合开发区、中国印尼经贸合作区
专业制造型	越南龙江工业园、巴基斯坦海尔—鲁巴经济区 埃塞俄比亚东方工业园、俄罗斯乌苏里斯克经贸合作区 乌兹别克斯坦鹏盛工业园、中匈宝思德经贸合作区
资源开发型	赞比亚中国经济贸易合作区、中俄托木斯克木材工贸合作区 俄罗斯龙跃林业经贸合作区、中国印尼综合产业园区青山园区
农业产业型	华信中俄（滨海边疆区）现代农业产业合作区 吉尔吉斯斯坦亚洲之星农业产业合作区 中国印度尼西亚聚龙农业产业合作区
商贸物流型	中欧商贸物流合作园区

资料来源：中国境外经贸合作区网站，http://www.cocz.org/index.aspx。

第三节　中国参与"一带一路"贸易合作机制的现状

在高层互访的引领下，中国与"一带一路"相关国家和国际组织经贸合作水平不断提升。据中国商务部统计，中国与有关国家和国际组织在"一带一路"国际峰会期间签署的经贸方面合作协议文件多达86项，涵盖自贸区、投资、基础设施、经济合作区、中小企业合作、电子商务等诸多领域；中国同83个国家和国际组织共同发布的《推进"一带一路"贸易畅通合作倡议》，凝聚各方共识，各方将在促进贸易增长、振兴相互投资、促进可持续发展方面共同行动。①

一、贸易投资合作成果丰硕

自"一带一路"倡议提出以来，贸易与投资作为经济发展的重要引

---

① 《商务部推动"一带一路"贸易畅通成果落实》，《国际商报》2017年5月26日。

擎，对沿线各国经济增长、产业结构优化和人民生活水平的提高效果显著[①]：（1）从货物贸易总额来看，近年来，中国与共建"一带一路"国家贸易稳步发展。2016年，中国与共建"一带一路"的64个国家的货物贸易总额为9517.77亿美元，占中国货物贸易总额的25.7%。其中，中国对共建国家的货物出口额为5977.65亿美元，占中国货物出口总额的28.01%；货物的进口额为3540.12亿美元，占中国货物进口总额的23.24%。（2）在服务贸易方面，2016年，中国与共建"一带一路"国家和地区的服务进出口额达1222亿美元，同比增长超过30%，占中国当年服务贸易总额的15.2%。（3）在投资方面，截至2016年底，中国与共建"一带一路"的53个国家签署了双边投资协定。2014—2016年，中国企业对共建国家直接投资超过500亿美元；企业非金融类对外直接投资分别为125亿美元、148.2亿美元和145亿美元；在共建国家承包工程完成营业额分别为644亿美元、692.6亿美元和760亿美元，呈逐年扩大趋势。特别是2016年，新签对外承包工程合同额达1260亿美元，同比增长36%。

二、经贸合作机制不断完善

为有效促进经济全球化发展，推动落实"一带一路"倡议，中国以开放的姿态在各个领域、层面共同努力，在高层互访的引领下，不断完善各领域的经贸合作机制。

（一）提高贸易投资保障水平

在贸易投资便利化方面，中国大力推进简政放权，放宽贸易和外资准入，提高贸易投资保障水平，营造高标准的国际营商环境。在通关方面，与共建"一带一路"国家共同推进海关大通关体系建设，与"一带一路"沿线海关开展"信息互换、监管互认、执法互助"合作，推动互联互通，推进大通关，畅通大通道；启动国际贸易"单一窗口"试点，深化"一站式作业"、口岸监管设施资源整合、口岸作业环节前推后移等改革；有效建立跨部门、跨区域的内陆沿海沿边大通关协调机制，形成符合中国国情、具有竞争力、与国际

---

① 李钢、王拓：《"一带一路"经贸合作发展的现状与前景》，《开发性金融研究》2017年第3期，第45—55页。

对接的管理体制机制；启动全国检验检疫通关一体化，为进出口货物通关有效节省了时间，降低了成本，实现了"进口直通、出口直放"。中国不断加强与共建"一带一路"国家协商协调，共同打造了贸易畅通大通道。

（二）区域贸易合作不断深化

在深化区域合作方面，目前，中国已经与22个国家和地区签署并实施了自贸协定，其中涉及共建"一带一路"国家的协定有11个，包括中国和东盟自贸协定、中国和巴基斯坦自贸协定以及中国和新加坡的自贸协定；正在开展与巴基斯坦、新加坡在现有自贸协定基础上的升级谈判；在亚太自贸协定项下，与印度、斯里兰卡、孟加拉国和老挝4个共建"一带一路"国家结束了第4轮关税减让谈判。与格鲁吉亚正式签署的自贸协定，是中国在欧亚地区完成的第一个自贸协定谈判。此外，中国还与蒙古国启动了自贸协定联合可行性研究。区域全面经济伙伴关系协定（RCEP）、中国—海合会、中国—马尔代夫、中国—斯里兰卡和中国—以色列自贸区谈判以及中国—巴基斯坦自贸区第二阶段谈判等也在积极进展中。中国还与尼泊尔、孟加拉国、摩尔多瓦等国开展了自贸协定的联合可行性研究，进而进一步构建"一带一路"自贸区网络。

（三）搭建多层次平台，力推国际产能合作

在深化区域合作的基础上，中国充分发挥与共建"一带一路"国家双边经贸合作机制的作用，目前已与沿线所有国家建立了双边经贸混合委员会、联合委员会或联合工作组。年度会晤机制的实效性、针对性不断提高，各界参与的积极性不断提升，因国施策的效果不断显现。具体来讲，中国不断完善双边联合工作机制，研究推进共建"一带一路"的实施方案、行动路线图，拓展贸易领域、创新贸易方式、培育新的贸易增长点，协调推动合作项目实施，搭建企业对外投资合作和产业集聚的创新平台，力推国际产能合作。截至2016年底，中国已同哈萨克斯坦、埃塞俄比亚等27个国家签订了国际产能合作协议，与东盟十国发布了《中国—东盟产能合作联合声明》，与湄公河五国发布了《澜沧江—湄公河国家产能合作联合声明》，开展了规划、政策、信息、项目等多种形式的对接合作。中国与俄罗斯在总理定期会晤机制下成立了中俄投资合作委员会，协调两国非能源产业的投资合作。在形成共识的基础上，中国按照市场主导和互利共赢的原则，与有关国家围绕原材料、装备制造、轻工业、清洁能源、绿色环保和高技术产业等领域，实施了一系列重点项目、示范工程等合作项目，开创国际产能合作新模式。

国际产能合作是推进共建"一带一路"的优先领域，而境外经贸合作区已成为中国企业在境外开展汽车、摩托车、机械、电子、化工、纺织、服装等优势产业合作的集聚式发展平台。据中国商务部统计，截至2016年底，中国企业共在36个国家建成初具规模的合作区77个，累计投资241.9亿美元。其中，56个合作区分布在20个共建"一带一路"国家，占在建合作区总数的72.72%，累计投资185.5亿美元，入区企业1082家，总产值506.9亿美元，上缴东道国税费10.7亿美元，为当地创造就业岗位17.7万个。

此外，沿线各国区域（次区域）相关国际论坛、博览会等平台的建设性作用继续发挥。特别是博鳌亚洲论坛、欧亚经济论坛、中阿合作论坛、中非合作论坛等，已成为经贸领域政策沟通交流的重要平台。中国—东盟博览会、中国—亚欧博览会、中国—南亚博览会、中国—中东欧博览会、中国—阿拉伯博览会、中国—俄罗斯博览会等更是在推进务实合作中发挥了不可替代的作用。2004年以来，中国—东盟博览会、中国—东盟商务与投资峰会已经连续举办了13次，搭建了中国—东盟友好往来、经贸促进、人文交流的重要平台。

三、面临的主要问题与挑战

"一带一路"倡议提出以来，相关工作取得积极进展，顶层设计逐步完善，支撑措施和保障体系陆续建立，国际认同度不断提高，重大项目成果初现。但"一带一路"贸易投资活动也存在一些问题：一方面，不同地区的自然禀赋、生产力水平与经济实力存在差异；另一方面，相关工作很大程度上也受到了来自国际上的外部瓶颈的制约和挑战。

（一）整体水平仍然较低，"通而不畅"现象依然普遍

中国与共建"一带一路"国家尽管有地理和经济互补优势，人口达到44亿，占全球人口比例超过60%，但多为发展中国家，经济总量不到全球1/3，

人均GDP不到4000美元，不及全球平均水平四成。这些地区经济发展水平不够高，市场驱动力较弱，城镇化、交通基础设施建设落后，贸易、投资保护和法律体系等尚不健全，这些都制约着经贸合作深入开展且难以建立高水平的区域合作制度，"通而不畅"现象仍普遍存在。

一是经济发展水平整体偏低，导致贸易投资合作机制水平低。虽然中国与沿线大部分国家都签署了贸易投资协定，领域多、范围广、形式多种多样，但层次均相对较低，存在贸易机制"碎片化"的现象，缺乏高水平的区域合作机制安排。以双边投资协定为例，中国早先与130多个国家签订的双边投资协定，主要基于吸收外资而非对外投资考虑，偏重于对利用外资的保护而对对外投资的保护程度不够，导致中国企业海外直接投资在国际协调、区域选择和风险补偿等方面无法获取政策支持，制约了双向直接投资的发展。"一带一路"贸易投资便利化程度也整体偏低，各国间尚未形成相对有约束力的协调机制，对于跨国企业投资和经营的行业规范标准出现缺位，导致国际贸易和投资中时常出现违反国际惯例和商业欺诈的情况，不利于公正的贸易秩序构建和区域一体化的融合发展。

二是基础设施、便利化标准等互联互通水平低。受制于经济发展水平和自然环境条件，不少共建"一带一路"国家交通基础设施落后，影响到设施互联和贸易往来的通畅。各国间基础设施建设标准不同也增加了互联互通的成本，如中欧班列等轨道建设因中亚地区与中国和欧盟轨距不同需经两次换轨操作，增加了物流运输成本，降低了互联互通的效率。沿线各国口岸间合作标准、单据及互认性较差，尚未建立起稳定持续的、高水平的通关合作机制，通行便利化水平和质量都有待进一步提升。

三是区域发展不平衡，制约区域经济一体化。例如，中国对共建国家的贸易投资发展不均衡，贸易投资区域格局出现"量""质"失衡[①]：从总量上来看，中国的贸易投资重心偏向于东南亚地区，而对中亚、南亚、中东欧等地区的比重较小；从投资领域来看，中国对共建国家的直接投资过度汇集于资源开发和初级加工两大领域，而高端制造业、科技研发等领域受到冷落。

---

① 范祚军等:《基于贸易畅通视角的"一带一路"切入：贸易制度连接》，《桂海论丛》2017年第2期，第29—37页。

在中国的对外投资活动中，中国企业主要以满足自身战略资源的利益需求为主，而未能充分对接当地多元化经济的发展需求，一定程度上造成了当地政府和居民的排斥，加上部分国外媒体的负面评价，给中国企业造成了不良影响，制约了区域经济一体化的全面推进。

（二）非经济因素干扰较大，影响贸易投资深入合作

一是全球发展环境总体趋紧，大国竞争与博弈加剧。2016年以来，全球政经领域"黑天鹅"事件频繁发生，2009年金融危机的后续影响仍在延宕与深化，逆全球化思潮愈益泛滥，世界经济增长低迷，国际融资成本上升，共建"一带一路"的一系列项目面临贸易保护主义的严峻挑战和巨额资金融通风险。美国作为现有国际秩序的主要创设国和主导国，显然较多地从竞争角度看待共建"一带一路"，中美"贸易战"、美对TPP的态度等都使中国与共建"一带一路"国家的贸易合作环境恶化。俄罗斯主打的"欧亚经济联盟"、日本的"丝绸之路外交"战略等，将使中国直面发达国家的利益竞争风险和来自共建国家的猜忌。中国与越南、菲律宾、日本、韩国、朝鲜等国之间的摩擦和争端也影响了地区合作环境。一些次区域大国也因担心"一带一路"将使中国影响力大增，而对合作的态度不积极，甚至干涉有关项目推进。

二是共建国家社会情况复杂，地缘体制管理风险大。当前，发达国家和新兴大国都面临社会政治转型矛盾和动荡，不少国家进入社会风潮的高发期。各国固有的深层次矛盾在金融危机等催化下全面放大激化，宗教、族群、阶层矛盾进一步加剧，国内社会秩序摩擦不断，恐怖主义、地区冲突、流行性疾病、环境保护、拆迁和腐败等非传统安全问题日益凸显。这些不利因素将冲击市场投资环境，影响中资企业在当地的经营。不少共建国家政治环境不佳，执政者更关心的是在其任内很快显现政绩，这不利于"一带一路"长期项目的推进。

第四节 构建"一带一路"贸易合作机制的政策建议

实现贸易畅通是一项任务艰巨而复杂的系统工程，需要共建国家和地区

的共同努力，需要不同商会和各个企业共同参与完成，需要从全新的战略视角创新思维，寻找和拓展区域经贸交流的市场空间、投资空间、产业链建设空间、合作共赢空间，从多领域、多方位、多层面切实地推动和实践贸易畅通。

一、硬软两手抓，提升贸易投资便利化机制和能力

贸易投资便利化程度是促进中国与共建国家贸易发展的重要影响因素。提升贸易投资便利化水平，要软件硬件两手抓。

（一）进一步优化贸易投资便利化环境

加强政府间合作，促进政治互信。在政策有效沟通的基础上，建立政府间便利化政策的长效沟通机制，使各国政府和相关管理机构可以就便利化的发展战略和关键领域进行交流与对接，共同制定促进便利化的规划和措施，协商解决推进便利化面临的问题，为贸易投资便利化提供政策支持，建设全面制度安排。同时，营造公正、公开、稳定、透明的贸易投资环境。第一，深化与共建"一带一路"国家的海关、质检、电子商务、过境运输等合作，加强边境和通关管理，推动沿线各国的检验检疫交流与合作，制定统一的供应链安全标准、检验标准，开展AEO互认。第二，与共建"一带一路"国家进行监管互认和信息交换，进行海关数据联网，搭建海关跨境合作平台和电子通关系统，互认海关监管数据，实现数据共享，提高通关效率。第三，加强与共建国家的贸易金融合作，继续加强双边避免双重征税协定、投资保护协定的协商；疏通人民币清算渠道，通过协商方式搭建金融结算服务平台，完善支付结算的相关政策安排和区域内的票据阶段联合结算、银行卡网络互联，逐步建立统一的支付结算网络体系。第四，借鉴国际经验，增强政策法规和行政程序的公开化与透明化，加大对腐败和垄断的打击力度，加强监督，保持政策的稳定性、连续性和透明性，促进共建"一带一路"国家的经济稳定发展。

（二）加强贸易互联互通基础设施建设

通道建设是中国与共建国家贸易合作、产品运输的基础，通关效率直接

影响双边贸易的发展，是贸易投资便利化的基础工程和硬件保障。交通基础设施和信息通信技术等硬件互联互通，对扩大贸易投资流量，提高贸易投资效率具有巨大推动作用。在建设内容上，各国需共同推进国际骨干通道建设，构建包括海运水运网络、公路网络、铁路网络以及航空网络在内的基础设施网络。建立统一的信息平台和实现无纸化通关，推动电子信息交换通道建设。第一，加强与共建国家的物流标准体系对接，实施标准化建设，推进标准化设施和设备的采用。第二，与共建国家共同开拓基础设施合作空间，在互利互惠基础上，共同建设跨境交通设施，建立全程运输协调机制，降低国际运输成本、提高运输效率。第三，加强通信、电网等基础设施建设，建立统一的信息平台和实现无纸化通关，改善边境口岸通关设施条件，加快边境口岸"单一窗口"建设，推动电子信息交换通道建设，降低通关成本，提升通关能力。第四，推进中欧、中亚班列建设和常态化运营，加速推进相关配套设施的建设，提升运行效率和效益。第五，在建设机制上，发挥亚洲基础设施投资银行、丝路基金和世界银行、亚洲开发银行等国际性金融机构的作用，通过创新性融资，动员更多国家更大程度地参与"一带一路"基建。

二、合理规划布局，构建高标准的自由贸易区网络

为顺应区域贸易深度一体化、国际贸易标准逐渐向高端化发展的新趋势，共建国家相互对外开放的层次和水平需要进一步提高，积极发展新的区域经贸合作关系，注重发挥现有区域、次区域合作组织及双边磋商机制的作用，构建"一带一路"区域高标准的自由贸易区网络，努力提高共建国家区域经济一体化水平。

（一）合理选择辐射"一带一路"的自贸区战略支点

共建"一带一路"国家存在较多的贸易投资壁垒和障碍，需要从空间和时间维度上梯次推进。首先，选取共建国家重要的港口、城市为据点，通过承包租赁等方式参与港口修建和运营，建设临港开发区、城市产业合作园区。其次，在重要节点基础上，通过点与点的连线建设运输大通道，推动产业合作关系，构造以中国为主的产业价值链。最后，以节点为支撑力，结合线的连接性，建立区域性的自贸区群，实现网络化、体系化合作，最终形成

一个以中国为主的国际化市场。

在"一带一路"范围内,中蒙俄、新亚欧大陆桥、中国—中亚—西亚、中国—中南半岛、中巴、孟中印缅六大经济走廊将成为"一带一路"重要战略支柱。中国—东盟自贸区升级版的成功将吸引更多的国家和区域加入。中国可同时利用经济走廊和自贸区优势,加速"一带一路"区域整体乃至与其他区域的汇合,最终建成以中国为轴心,立足中亚、南亚、西亚、东南亚等周边区域,辐射欧洲、非洲和拉美国家的"一带一路"自由贸易区网络。

(二)东亚区域一体化是"一带一路"自贸区网络建设的中心

共建"一带一路"国家或地区经济发展水平参差不齐,应倡导、建设包容开放的经贸关系,不同国家或地区之间可以有所选择地推动符合自身开放需要的经济发展模式和区域合作模式,采取不同形式和不同层次的区域合作试验,寻求对接"一带一路"最佳结合点。在此基础上,中国可借跨国自贸区构建,强化在区域经济战略格局中的主要领导地位,在稳固既有贸易伙伴关系的基础上,依托"一带一路",选择沿线枢纽国家,商谈建设跨国或跨区域自贸区的可行性,逐步构建高标准的自贸区网络。

从全球一体化布局来看,随着全球经济的重心由以前的大西洋地区逐渐向太平洋地区转移,亚太地区的区位重要性不言而喻,亚太区域内的贸易自由化进程也在加快。由于东盟能力有限以及亚太经合组织在推进亚太区域一体化的表现欠佳,区域内国家竞相展开双边和次区域合作,国家和地区之间的自贸区数量激增、交错重叠。基于亚太现行区域合作机制的缺陷以及潜在的巨大利益的吸引,域内大国争先恐后地插手构建亚太自贸区,试图争夺亚太经贸的主导权。2011年,美国在APEC峰会上提出TPP作为实现"重返亚太"的方案;2012年,俄罗斯针对美国主导的TPP提出了"欧亚太平洋"的合作倡议。2022年1月1日,RCEP正式生效实施。以中国、日本、新西兰、澳大利亚等亚太经济体为主的这一自由贸易区,为世界经济带来利好。

目前,中国与周边国家的经贸联系日趋紧密,中国有能力也有实力在一定程度上发挥带头引领作用,依托"一带一路"倡议的推进,在双边和多边层次发挥中国在中国—东盟自贸区、中国—新西兰自贸区和中国—澳大利亚自贸区中的桥梁和纽带作用,积极开展中日韩自贸区建设的可行性研究,巩固现有的经济合作基础，进而推进亚太地区经济一体化进程。

（三）逐步引入或推动高标准贸易规则建设

在推进"一带一路"自贸区建设过程中，中国在对不同谈判对象采取不同的灵活态度的同时，应逐步理解和接纳基于全球价值链和可持续发展的先进理念，制定现代高标准和高质量的贸易与投资政策体系，将自贸区新议题和新规则谈判作为深化改革的催化剂，既努力实现产业结构和经济结构转型升级，也为地区的规则和秩序重构作出贡献。

例如，可加强数字贸易发展，推动形成新型贸易规则。中国在跨境电子商务领域已处于全球领先地位，可基于在双边或多边贸易实践中形成的标准和惯例，逐渐确立符合共建"一带一路"国家利益的全球规则，更好地构建连接全球的网上丝绸之路。通过搭建网上丝绸之路，将中国企业的优质商品向全世界出售，同时把国外的优质商品引入中国，实现"买全球、卖全球"的梦想。在此基础上，加强创新合作，支持电子商务、数字经济、智慧城市、科技园区等领域的创新行动计划，鼓励在尊重知识产权的同时，加强互联网时代新型创业模式交流。

三、推进境外园区建设，全面深化沿线国际产业合作

产业发展是中国与共建国家贸易发展的前提，要全面深化与共建国家产业合作，优化贸易结构，挖掘贸易新增长点，促进贸易平衡。在世界经济格局多极化趋势中，中国应结合共建国家产业发展的实际情况，将产品的生产过程和相关服务分割为多个连续阶段，延伸到共建"一带一路"国家，围绕资源开发与获取、产品研发与销售、服务外包与承接三条主线，深化供应链、价值链合作，从国内和国际，布局全球生产贸易链条中的中国核心地位，打造跨越多国的新生产网络和贸易链。

（一）发挥国际贸易支点城市作用，建设"一带一路"经贸合作产业园区

统筹协调"一带一路"国际贸易战略支点城市，加快促进产业升级，有序形成一批高标准的创新型国际贸易中心城市，通过"以点带面"的方式促进贸易网络密集化发展；在国际贸易支点城市或"一带一路"主要交通节点

和港口共建一批"一带一路"产业示范区和特色产业园,营造便利的贸易投资环境。

在此基础上,推动境外经贸产业合作区建设取得更好的示范效果。与共建国家共同创新合作模式,发展符合当地产业升级需求的产业集群,打造一批规模效益较好、辐射作用明显、就业带动力强的合作区。继续加强规划引导,推动战略对接,完善合作机制,发挥中国企业、东道国企业、第三方企业各自的优势,与东道国一道推进经贸合作区建设,更多地惠及当地民众。同时也希望有关国家和中国政府一道努力,为相关合作区的建设营造有利的法律政策环境和营商环境。

(二)完善对外贸易投资保障体系,建立"一带一路"的产业共享模式

一是政府引导轻工、纺织、建材等优势产业开展集群式对外直接投资,参与全球价值链的合作,在更加贴近市场加工制造的同时,学习和掌握竞争的新模式。中国企业应不断淡化"外资"色彩,既考虑东道国的经济发展水平和实际需求,又兼顾东道国政府和民众的情感和意愿,遵守东道国法规,就地雇用员工,承担社会责任,最大可能地实现投资项目与当地社会发展形成"利益共同体",建立"一带一路"的产业共享模式。

二是建立风险防范措施,为对外贸易与投资提供安全保障。建立风险基金,完善监管制度;成立专业的投资安全咨询机构,为企业"走出去"降低风险成本提供专业化、定制化的服务;设置国家风险研究分析机构并发布相关风险分析报告,完善对外贸易和投资的风险预警机制和突发事件应急处理机制。

三是完善与国际接轨的相关法律体系,建立信息服务体系。应尽快整合现有规章制度,制定功能互补、结构统一、与国际惯例接轨的专门的《海外投资法》,规范管理和服务,并与共建国家海关做好信息互换、监管互认、执法互助的协调管理体制。同时,构建以政府服务为基础的多元化信息服务体系:部委层面引导搭建海外投资环境权威信息平台,加强国别环境指导;民间机构主动参与规则制定、标准修改,向企业提供国际交流、业务培训等服务;海外商会等机构发挥窗口作用,及时发布共建国家和地区的市场行业动态信息;高校、研究所等研究机构应发挥智库作用,推动学者的专项课题研究。

(三)全面深化国际产业合作,增强中国产品和服务的国际竞争力

全面深化国际产业合作,引导国内对外贸易企业在产品质量、品牌、技术服务等方面的产业升级与结构调整,不断提高产品附加值,避免停滞在全球贸易链的低端环节。积极引进不同来源的国外直接投资(FDI),利用溢出效应提高内资企业的学习与创新能力。培育并形成一批有国际竞争力的跨国公司,鼓励企业到共建国家扩大对外工程承包业务,以服务外包与服务贸易的扩大带动货物贸易发展。第一,在巩固传统劳动密集型工业商品贸易的同时,大力发展机电产品、高新技术产品等,促进产品升级转型,支持具有自主知识产权和较高技术水平的光电子信息、汽车制造、石化化工、北斗导航等产业赴境外投资兴业,扩大中国高新技术产品的消费市场。第二,推动高端产品领域上下游产业链和关联产业协同发展,推动新兴产业合作,加强在新一代信息技术、生物、新能源、新材料等新兴产业领域的深入合作。第三,深化与共建国家能源合作,形成多角度、深层次的能源产业合作局面;进一步拓宽油气进口渠道,丰富合作类型和领域,减少对中东、非洲等风险频发地区的过度依赖。第四,进一步优化中国与南亚、中亚农产品贸易环境,加强农产品贸易通关合作,加快相关口岸农产品快速通关口岸建设;建立出口农产品生产基地,推动农产品加工贸易发展,挖掘贸易新增长点。

四、多策并举,健全各领域贸易投资合作机制

"一带一路"倡议是新形势下中国扩大全方位开放的重要举措。在博鳌亚洲论坛2018年年会开幕式上,习近平主席发表了主旨演讲。他指出,中国开放的大门不会关闭,只会越开越大;中国将尽快落实大幅度放宽市场准入、创造更有吸引力的投资环境、加强知识产权保护、主动扩大进口四项重大举措;在更加开放条件下实现未来中国经济高质量发展,中国对外开放一定会打开一个全新的局面;并将"一带一路"打造成顺应经济全球化潮流的最广泛国际合作平台,让共建"一带一路"更好造福各国人民。

"一带一路"倡议自提出以来,在一些国家贸易保护主义有所抬头的趋势下,取得了大量共识和成果。这表明,"一带一路"已经构建了一个全球资源合理配置、开放合作的平台,成为中国积极推动全球贸易治理机制的变革

与完善，促进世界各国共同发展，建立共赢的国际贸易新秩序，为全球贸易发展注入新动力的重要抓手。因此，进一步推动"一带一路"贸易畅通建设，应在充分利用现有合作机制平台的基础上，积极推进新型经贸合作机制，从更宽领域、更高层次加强同共建国家或地区开展经贸合作；应将自身发展战略和共建国家发展战略有效对接，增大彼此战略契合点及利益汇合点；应将本国资本、技术和优势产能输出与共建国家经济发展的现实需要进行衔接，使中国的优势产能不断溢出并服务共建国家或地区，带动当地的就业、税收和经济增长，让共建国家普通民众切实感受到生产生活条件的大幅改善，这也有利于夯实全球贸易治理的合作基础。

中国与沿线各国可在以下领域加强合作：（1）加强旅游合作，扩大旅游规模，互办旅游推广周、宣传月等活动，联合打造具有丝绸之路特色的国际精品旅游线路和旅游产品，提高沿线各国游客签证便利化水平，推动21世纪海上丝绸之路邮轮旅游合作。（2）积极开展体育交流活动，支持共建国家申办重大国际体育赛事。（3）强化与周边国家在传染病疫情信息沟通、防治技术交流、专业人才培养等方面的合作，提高合作处理突发公共卫生事件的能力。为有关国家提供医疗援助和应急医疗救助，在妇幼健康、残疾人康复以及艾滋病、肺结核、疟疾等主要传染病领域开展务实合作，扩大传统医药领域的合作。（4）加强科技合作，共建联合实验室（研究中心）、国际技术转移中心、海上合作中心，促进科技人员交流，合作开展重大科技攻关，共同提升科技创新能力。整合现有资源，积极开拓和推进与共建国家在青年就业、创业培训、职业技能开发、社会保障管理服务、公共行政管理等共同关心领域的务实合作。（5）加强共建国家民间组织的交流合作，重点面向基层民众，广泛开展教育医疗、减贫开发、生物多样性和生态环保等各类公益慈善活动，促进沿线贫困地区生产生活条件改善；加强文化传媒的国际交流合作，积极利用网络平台，运用新媒体工具，塑造和谐友好的文化生态和舆论环境等。

第三章 "一带一路"投资合作机制构建

自"一带一路"倡议提出以来,中国不断加强同共建国家[①]的投资合作,取得了一定的成绩。但"一带一路"在对外宣传上仅仅是合作倡议,不能成立新的组织机构进行投资促进,而国际直接投资领域本身也面临机制缺失、规则重构等问题。为了更加务实有效地推进"一带一路"投资合作,中国应充分利用现有投资规则,并不断在投资新规则上突破创新。

第一节 中国对"一带一路"沿线投资现状

在全球经济不景气、国内经济下行压力大的背景下,中国推进"一带一路"投资合作大有裨益。但在推进过程中,机遇与挑战并存。虽然直接投资发展迅猛,但也存在国别和行业过于集中,投资方式过于敏感等问题。

一、发展迅猛,潜力巨大

根据中国商务部的统计数据,2003—2014年,中国共向共建"一带一路"

[①] "一带一路"倡议虽是开放式的,"基于但不限于古代丝绸之路的范围",但本书讨论的共建"一带一路"国家,以64国(不包括中国)为讨论样本,国家清单详见香港贸发局网站,http://beltandroad.hktdc.com/tc/country-profiles/country-profiles.aspx,最后访问日期:2016年5月22日。

的58个国家进行了直接投资，累计直接投资额达720.3亿美元。从2003年的2.0亿美元发展到2014年的136.6亿美元，中国对共建"一带一路"国家的直接投资额在这10多年间增长非常迅速，年均增长率达46.7%。虽然增速很快，但必须看到，中国对共建"一带一路"国家的直接投资是中国对外直接投资中很小的一部分，2014年仅占11.1%。中国向共建"一带一路"国家的直接投资还有很大的发展空间，随着"一带一路"倡议的深入推进和投资项目的不断落地，未来将发展更快、规模更大。

图3-1 2003—2014年中国向共建"一带一路"国家的直接投资

数据来源：历年《中国对外直接投资统计公报》。

二、分布集中，易受干扰

根据中国商务部2003—2014年的统计数据，新加坡、俄罗斯、印度尼西亚和哈萨克斯坦是中国向"一带一路"沿线直接投资的四大投资目的地，占中国对共建国家直接投资总额的43.1%；占中国对共建国家前十大投资目的地投资总额的71.4%。这说明，中国对共建"一带一路"国家的直接投资高度集中于少数几个国家。从分散投资风险的角度来讲，国别分布过于集中显然不太有利。笔者通过梳理数据发现，中国对不丹、亚美尼亚、摩尔多瓦、爱沙尼亚、黑山和斯洛文尼亚这6个国家没有任何直接投资；对拉脱维亚、巴林和叙利亚这3个国家的直接投资甚至是负值，说明存在撤资现象（见表3-1）。

表3-1 2003—2014年中国向共建"一带一路"国家直接投资额

(单位：百万美元)

国家	直接投资额	国家	直接投资额
新加坡	14312.69	克罗地亚	5.14
俄罗斯	5708.39	波黑	3.13
印度尼西亚	5646.85	马尔代夫	2.27
哈萨克斯坦	5374.41	黎巴嫩	1.21
老挝	3906.84	阿尔巴尼亚	0.65
缅甸	3390.66	北马其顿	0.06
伊朗	3371.30	巴勒斯坦	0.04
蒙古国	3331.07	拉脱维亚	−0.19
泰国	3276.23	巴林	−1.94
巴基斯坦	3137.46	叙利亚	−7.20

数据来源：历年《中国对外直接投资统计公报》。

注：左列为前十位的直接投资目的国，右列为后十位的直接投资目的国。

另外，由于共建"一带一路"国家地缘政治关系复杂，容易受到突发事件的影响，导致中国对沿线国家的直接投资难以保持稳定。如叙利亚、巴林、阿曼、阿塞拜疆、科威特、斯里兰卡、土库曼斯坦等国，中国对这些国家的直接投资表现出很大的波动性，不断出现投资、撤资、再投资、再撤资的情况。

三、行业密集，风险扎堆

根据美国传统基金会（China Global Investment Tracker）的统计数据（见表3-2），2005—2015年，中国向"一带一路"沿线直接投资最多的两个行业是能源和金属，按投资金额计算占比70.08%，行业集中度相当高。行业高度密集，而且集中于传统的能矿资源行业，这也在一定程度上导致了该领域的海外投资风险居高不下，能源和金属行业投资受阻[①]的案例共计33件，涉及

[①] 美国传统基金会统计了中国海外投资中的受阻案例，数据库中以 troubled transactions 表示。

金额523.2亿美元。按金额计算，中国77.79%的投资风险都集中于此。寻求自然资源型的海外投资，有助于中国解决能源供给的问题，但由于行业的敏感性以及地区的复杂局势，该领域的海外投资风险也较为突出。

表3-2　2005—2015年中国向"一带一路"沿线直接投资的行业数据

（单位：百万美元）

行业	投资概况			投资受阻案例		
	投资额	占比	项目数	投资额	占比	项目数
能源	91920	54.73%	87	44100	65.57%	25
金属	25780	15.35%	35	8220	12.22%	8
房地产	12810	7.63%	24	0	0.00%	0
交通	11010	6.56%	28	7150	10.63%	10
科技	7720	4.60%	17	300	0.45%	1
农业	6530	3.89%	7	4130	6.14%	1
金融	4120	2.45%	9	1010	1.50%	2
化工	2220	1.32%	4	1850	2.75%	1
其他	5850	3.48%	19	500	0.74%	1

数据来源：美国传统基金会相关数据。

四、并购为主，倾向控股

根据美国传统基金会的统计数据，2005—2015年，中国向共建"一带一路"国家的直接投资更倾向于采用跨国并购的方式，59.97%的投资项目是通过并购实现的，希望能借此方式更快地进入东道国市场，拓展业务。另外，根据已披露的投资股份的统计数据，四成以上的中国企业直接投资的股份都超过50%。可以看出，中国企业更倾向于控股而不是参股，希望以此掌握海外投资项目的绝对控制权和实际话语权。从投资方式来讲，跨国并购比绿地新建更容易招致东道国的抵制；就股份比例而言，控股比参股的阻力和风险更大。并购加控股，这种投资方式的风险性在能源和金属行业尤为凸显。

第二节 "一带一路"沿线投资风险的成因分析

面对"一带一路"沿线的投资风险,深入分析根源所在十分必要,下面从地缘政治因素、当地营商环境、中国对外直接投资特性、中国海外投资企业的不足等四个方面探究风险成因。

一、地缘政治因素

"一带一路"贯穿亚欧非大陆,地理覆盖范围广,政治、经济、文化、民族、社会差异性大。在如此广袤的区域开展海外投资,必然面临地缘政治风险,既包括共建国家的疑虑,又包括域外国家的阻挠,同时存在不可抗力因素,导致政治风险居高不下(见表3-3)。

其中,海外能源供给安全问题十分棘手,局势动荡、政权更迭、战争战乱、恐怖主义等因素加剧了中国能矿行业海外投资的风险隐患。[①] 此外,大国博弈也增加了风险的复杂性和可能性,无论是美国的战略围堵、俄罗斯的战略猜疑,还是印度的战略不合作、日本的战略搅局[②],这些因素都对中国在"一带一路"沿线的海外投资安全提出了严峻的挑战。

欧美发达国家市场要么接近饱和,要么以"国家安全"为由阻挠中国的对外直接投资,中国企业只能将目光转向政治风险较高的共建"一带一路"国家,且中国海外企业投资的目标也几乎是欧美跨国公司挑剩下的鸡肋项目。同时,结合上文提到的错综复杂的地缘政治因素,海外投资风险被进一步推高。

二、当地营商环境

"一带一路"沿线多为新兴经济体和发展中国家,这些国家在开放和发展的过程中大多面临政治维稳、经济发展、社会转型、政策调整等诸多挑战。

---

① 李玉梅、桑百川:《国际投资规则比较、趋势与中国对策》,《经济社会体制比较》2014年第1期,第176—188页。

② 陆建人、孙玉红:《制订亚太区域多边投资规则探索》,《亚太经济》2014年第6期,第7—14页。

表3-3　共建"一带一路"部分国家的政治风险

极高风险	高风险	中等风险	低风险	极低风险
伊拉克（39.63）	也门（50.00）	越南（60.25）	拉脱维亚（70.08）	文莱（80.13）
叙利亚（41.29）	黎巴嫩（52.79）	阿塞拜疆（60.54）	爱沙尼亚（71.75）	新加坡（83.00）
埃及（46.75）	缅甸（53.71）	菲律宾（62.42）	阿曼（72.50）	
孟加拉国（48.17）	白俄罗斯（53.75）	约旦（62.50）	卡塔尔（72.50）	
巴基斯坦（48.79）	斯里兰卡（54.08）	乌克兰（63.50）	匈牙利（72.75）	
伊朗（49.71）	印度尼西亚（55.63）	巴林（63.88）	马来西亚（72.75）	
	土耳其（55.67）	保加利亚（65.21）	立陶宛（73.54）	
	泰国（57.29）	阿尔巴尼亚（65.67）	斯洛伐克（73.83）	
	俄罗斯（58.04）	哈萨克斯坦（65.92）	捷克（74.21）	
	塞尔维亚（58.50）	罗马尼亚（65.92）	波兰（74.42）	
	摩尔多瓦（58.63）	蒙古国（66.71）		
	印度（58.83）	科威特（66.75）		
	亚美尼亚（59.00）	以色列（67.04）		
		沙特阿拉伯（67.58）		
		克罗地亚（69.67）		
		斯洛文尼亚（69.79）		

数据来源：PRS集团年度风险评估指南（International Country Risk Guide，ICRG）。

注：ICRG仅涵盖"一带一路"沿线47国，但数据统计较为权威，从政府稳定性、社会经济条件、投资执行状况、内部和外部冲突、军队干预政治、腐败、法制、宗教与民族冲突、民主程度、行政效率等12个方面对全球146个国家以打分的方式综合权衡政治风险，总分100分，并按照不同分数段划分为5个风险级别，分数越高说明政治风险越小。括号中的数字代表2013年各国的政治风险得分。

除新加坡、波兰、保加利亚等少数国家外，就"一带一路"沿线整体而言，营商环境不容乐观，海外投资因此可能面临诸多未知风险并承受不必要的损失。

表3-4 共建"一带一路"部分国家的营商环境

国　家	营商环境总排名	开办企业	办理施工许可	获得电力	登记财产	获得信贷	保护投资者	交税	跨境贸易	执行合同	解决破产
伊朗	130	62	172	107	161	89	154	124	148	66	138
菲律宾	95	161	124	16	108	104	154	127	65	124	50
缅甸	177	189	130	121	151	171	178	116	103	185	160
叙利亚	175	152	189	76	140	165	78	117	146	175	146
阿富汗	183	24	185	141	183	89	189	79	184	183	159
越南	78	125	22	135	33	36	117	173	75	47	104
俄罗斯	62	34	156	143	12	61	100	49	155	14	65
新加坡	1	6	2	11	24	17	3	5	1	1	19
印度	142	158	184	137	121	36	7	156	126	186	137
哈萨克斯坦	77	55	154	97	14	71	25	17	185	30	63
蒙古国	72	42	74	142	30	61	17	84	173	24	90
印度尼西亚	114	155	153	78	117	71	43	160	62	172	75
沙特阿拉伯	49	109	21	22	20	71	62	3	92	108	163
波兰	32	85	137	64	39	17	35	87	41	52	32
东帝汶	172	96	115	15	189	160	100	55	94	189	189
巴基斯坦	128	116	125	146	114	131	21	172	108	161	78
泰国	26	75	6	12	28	89	25	62	36	25	45
保加利亚	38	49	101	125	57	23	14	89	57	75	38
柬埔寨	135	184	183	139	100	12	92	90	124	178	84
乌兹别克斯坦	141	65	149	145	143	104	100	118	189	28	77

数据来源：世界银行《2015年全球营商环境报告》。

注：《2015年全球营商环境报告》对全球189个经济体的营商环境进行测评和排名，涵盖"一带一路"沿线64国。此处列举的20个国家为2005—2014年中国企业发生过海外投资风险案例的国家。表中数字代表全球排名，数字越大说明营商环境越差。

根据世界银行《2015年全球营商环境报告》的统计数据（见表3-4），营商环境体现在开办企业、执行合同等10个方面，而共建"一带一路"国家在很多方面的表现都不尽如人意。缅甸在开办企业方面排名全球倒数第一，需要办理11个程序、经过72天才能新设一个企业，所需成本和实缴资本下限分别占缅甸人均收入的155.9%和6190.1%，费时费力而且成本极高。东帝汶在登记产权、执行合同和解决破产3个方面均排名全球倒数第一。以执行合同为例，东帝汶司法系统在解决商务纠纷时，从原告提起诉讼到实际付款需耗费1285天，成本按索赔额的百分比计算为163.2%，共需51个流程才能完成执行合同的全过程，费时费力而且得不偿失。阿富汗在保护投资者方面排名全球倒数第一，在阿富汗的法律框架下，公司透明度极差，信息披露程度极低，治理制度极为落后，股东几乎没有任何就官员和董事的不当行为提起诉讼的能力。乌兹别克斯坦的跨境贸易排名全球倒数第一，每出口一批货物需要准备11种单证，共需54天才能走完所有出口手续，出口成本高达5090美元/集装箱；进口则需要13种单证、104天和6452美元/集装箱的成本。另外，叙利亚在办理施工许可方面排名全球倒数第一。上述糟糕的营商环境无疑加重了海外投资的成本，抬高了海外投资风险的概率。

三、中国对外直接投资的特性

中国海外投资自身的某些特性在一定程度上也容易招致国外的质疑，继而酿成投资风险事故。具体来讲，海外投资的地区分布过分集中在发展中国家，行业集中在采矿业等敏感领域，投资主体则以国有企业为主。根据《2013年中国对外直接投资统计公报》，截至2013年底，国家层面，中国对发展中经济体的对外直接投资存量为5497.2亿美元，占存量总额的83.2%（对转型经济体的投资存量占2.6%，对发达国家经济体的投资存量占14.2%）。行业层面，16.1%的投资存量集中于采矿业，主要分布在石油和天然气开采业、黑色金属和有色金属矿采选业（租赁和商业服务业、金融业、采矿业是中国对外直接投资的三大行业，其中29.6%的投资存量集中在租赁和商业服务业，但这与开曼群岛等避税天堂的优惠政策有关，属于投资中转；17.7%投资于金融业，但主要投在发达国家，在"一带一路"沿线投资较少）。企业层面，在非金融类对外直接投资存量中，国有企业占55.2%（金融类对外直接投资虽然没有统计企业类型，但可以肯定的是，中国工商银行、国家开发银行、中投公司等国有金融机构依然是海外投资的主力军）。

地区分布集中、行业分布敏感、投资主体敏感，这三大特征无疑增大了海外投资风险的发生概率，尤其是在地缘政治因素凸显、营商环境不佳的共建"一带一路"国家。"新殖民主义论""国家安全威胁论"等负面新闻，虽是对中国海外投资的误解，但在一定程度上反映出东道国的担忧和疑虑，以及中国海外投资面临的尴尬。

四、中国海外投资企业的不足

整体而言，中国企业国际竞争力不强，国际化经验不足，在海外投资过程中暴露出不少问题，如法律观念淡薄、风险意识不强、本土化程度不高、社会责任意识有待提升等。这些问题是中国海外投资企业的软肋，一方面容易招致东道国政府和当地民众的抵触和排斥，另一方面随着个案的累积往往影响中国整体的国际形象，造成对中国更严重的曲解和误读。

举例来说，中国电力投资集团在缅甸的密松水电站项目本是造福于民的民生工程，原本应当受到当地政府和民众的一致欢迎，结果却事与愿违。项目于2011年9月被迫中止，吴登盛声称"密松项目破坏当地自然景观、破坏当地人民的生计"。导致失败的具体原因主要有3点：一是中国企业往往根据两国间政治外交关系决定投资与否，过分倚重政府公关，走上层路线但忽视群众基础。而失去民意支持的项目最终也会招致政府的抛弃，中国电力投资集团在投资过程中没有照顾到所有人的民生和利益。据报道，有超过60个村庄、大约1.5万人在不知情和未经同意的情况下被强行迁移。二是社会责任意识淡薄，中国电力投资集团自身存在一些环境污染、破坏生态的问题，而且没有很好地处理与国际非政府组织、当地环保机构的关系，致使问题被不断放大。三是与当地社会相隔绝，中国的海外投资企业大都专注于自身发展建设，极少与当地社区民众和新闻媒体进行交流互动，也不像欧美跨国公司那样进行捐助等公益活动，神秘感十足且负面新闻不断，导致在当地口碑不佳，一旦出事便没了退路。密松水电站项目反映出中国海外投资企业严重缺失风险防范意识和危机公关能力。更严重的是，这一事件带来连锁反应，导致缅甸对中国所有投资企业歧视和反感，中国在缅甸的投资受其牵连，几乎全都被迫撤出了缅甸市场。

任何一家跨国公司的发展都要经历一段漫长的积累过程，中国海外投资企业的缺点和不足短期内难以完全克服，这些软肋将是"一带一路"投资所必须面对的消极因素。

第三节 全球现有投资合作机制

与贸易合作机制类似，投资合作机制也可以从全球、区域和双边层面展开分析。而与贸易合作不一样的是，投资合作机制在全球层面努力有余但成效甚微，更多是倚仗区域和双边层面的投资规则。

一、全球投资合作机制

第二次世界大战结束以来，不少国际经济组织都曾花费精力用于制定涉及投资方面的多边投资协定，但真正付诸实施并具有约束力的并不多。目前付诸实施的主要是以下3个：《关于解决各国与其他国家国民之间投资争端的公约》（Convention on the Settlement of Investment Disputes Between States and Nationals of Other States，也称《1965年华盛顿公约》）、《多边投资担保机构公约》（Convention Establishing the Multilateral Investment Guarantee Agency，简称《MIGA公约》，也称《汉城公约》）和《与贸易有关的投资措施协议》（Agreement on Trade-Related Investment Measures，简称 TRIMs）。另外，经济合作与发展组织（OECD，简称"经合组织"）和WTO组织起草、谈判的《多边投资协定（框架）》影响也很大，但到目前为止未能成功。

（一）《关于解决各国与其他国家国民之间投资争端的公约》

20世纪50年代以后，一些发展中国家开展了规模较大的国有化运动，使得国际投资争端大量产生。同时，发达国家与发展中国家不能就投资争端的解决方式及原则达成一致，对国际间资本的流动产生了很大的影响。为了解决此类问题，世界银行于1965年3月主持签订了《关于解决各国与其他国家国民之间投资争端的公约》，1966年10月生效。根据该公约，解决投资争端国际中心（ICSID）成立，用以专门处理各国与其他国家国民之间的投资争议。中心的法律地位与多边投资担保机构相同，具有完全法律人格，并同样有资格订立合同、取得及处置动产和不动产、进行法律诉讼。中心设有一个行政理事会和一个秘书处，秘书处由秘书长负责领导。中国于1990年2月签署了该公约，于1993年2月正式加入该公约。

该公约第25条第1款规定：解决投资争端国际中心的管辖适用于缔约国与另一缔约国国民之间直接因投资而产生并经双方书面同意提交给中心的任何法律争端。当双方表示同意后，任何一方不得单方面撤销其同意。由此可见，中心的管辖的条件是：(1)争端必须发生在缔约国国民或机构与另一缔约国国民或机构之间。(2)争端性质必须是直接因投资引起的法律争端。(3)争议双方书面同意将争端提交中心。中心管辖还具有排他性，主要表现在两个方面：(1)排除其他救济方法。公约规定，双方同意根据公约交付仲裁，应视为同意排除任何其他救济方法。(2)排除外交保护。即缔约国对于其国民和另一缔约国根据公约已同意交付或已交付仲裁的争端，不得给予外交保护或提出国际诉讼，除非另一缔约国未能遵守和履行对此项争端所作出的裁决。在这里，外交保护不包括纯粹为了促进争端的解决而进行的非正式的外交上的交往。

解决一国与其他国家国民之间的投资争端主要有调解和仲裁两种形式。如果想进行调解，则需向秘书长提出书面申请（内容包括有关争端的事项、当事人双方的身份以及他们同意依照交付调解程序规则进行调解等）。调解的程序是：在申请被登记后，成立由双方认可的调解员组成调解委员会；调解委员会澄清双方发生争端的问题，并努力使双方就共同可接受的条件达成协议；如果双方达成协议，委员会则起草一份报告，指出发生争端的问题，并载明双方已达成协议。如果在程序进行的任何阶段，委员会认为双方已不可能达成协议，则结束此项程序，并起草报告，指出调解并未使双方达成协议。如果一方未能出席或参加上述程序，委员会应结束此项程序并起草报告，指出该方未能出席或参加。

另外一种解决争端的形式是仲裁。与调解相同，希望采取仲裁程序的缔约国或缔约国的国民，应向秘书长提出书面请求（内容包括有关争端事项、双方的身份以及他们同意依照交付仲裁的程序规则提交仲裁等）。仲裁的程序有：组成仲裁庭，成员来自解决投资争端国际中心的仲裁人小组；作出裁决，仲裁庭应以其全体成员的多数票对问题作出决定，裁决应处理提交仲裁庭的每一个问题,并说明所根据的理由,未经双方当事人的同意不得公布裁决;裁决的解释、修改和撤销;裁决的承认和执行。裁决对双方具有约束力。双方不得进行任何上诉或采取除公约规定外的任何其他补救办法。除依照公约有关规定予以停止执行的情况外,每一方应遵守和履行裁决的规定。

(二)《多边投资担保机构公约》

为降低在发展中国家投资的政治风险(非商业性风险),促进国际资本流向发展中国家,加快发展中国家的经济发展,世界银行草拟了《多边投资担保机构公约》,于1985年10月在世界银行年会上得到通过,1988年4月12日起正式生效。同时,多边投资担保机构(简称MIGA)作为世界银行下属的分支机构成立,是具有完全法人资格的独立的国际组织。中国于1988年4月加入该公约,成为公约的创始国。

依照《多边投资担保机构公约》第2条的规定,多边投资担保机构的目标和宗旨是鼓励会员国(特别是发展中国家)之间的生产性投资,以补充国际复兴开发银行、国际金融公司以及其他国际开发金融机构的活动。为了达到这些目标,多边投资担保机构应履行下列职能:对会员国内来自另一会员国的投资的非商业性风险提供担保,包括共同保险和再保险;开展恰当的补充性活动,以促进投资向发展中国家会员国流动及在发展中国家会员国之间流动;为推进其目标行使其他必要的或适宜的附带权利。

多边投资担保机构承保的险别主要是货币汇兑险,即东道国政府采取的任何限制外国投资者将货币兑换成可自由使用的货币或可接受的另一种货币,并汇出东道国的措施,包括东道国政府未能在合理的时间内对投资者提出的此类汇兑申请做出行动而可能造成的风险。征收及类似措施险,是指东道国政府的法律行为或行政上的作为或不作为剥夺了投资者对其投资或投资收益的所有权或控制权,但政府为管理其境内的经济活动而通常采取的普遍适用的非歧视性措施不在此列。违约险,是指东道国政府拒绝履行合同或违反与投资者签订的合同,导致投资者可能造成损失的风险。战争和内乱险,即由于东道国领土内任何军事行动或民事动乱而给投资者造成损失的风险。

多边投资担保机构的作用表现在:首先,它鼓励会员国之间的生产性投资,尤其注重资本在发展中国家的流动,并充分考虑到发展中国家的利益,促进了发展中国家的经济增长。其次，它不仅承保货币汇兑险、征收及类似措施险、战争和内乱险，还另设了违约险，对其他投资担保机构的业务起到了补充作用。再次，它通过向发展中国家提供用于吸引外商直接投资的工具、方法和技能，帮助各国推销其投资机会。最后，它有利于东道国和投资者之间投资争端的非政治性解决。

（三）《与贸易有关的投资措施协议》

《与贸易有关的投资措施协议》是乌拉圭回合多边贸易谈判的3个新议题之一。该协议列举了影响国际贸易自由进行的投资方面的措施，要求成员在一定时期内将其取消。随着世界贸易组织的成立和运作，这一协议已在其成员间生效，并成为一项国际经济贸易方面的通行规则和惯例。

TRIMs 的产生涉及3个相互关联的因素：一是国际直接投资的迅速发展；二是东道方对国际直接投资采取相应措施；三是此类措施对贸易产生了限制和扭曲效应。与贸易有关的投资措施同时涉及国际投资和国际贸易两类经济活动，制定此类措施的主要目的在于使外国投资者尤其是跨国公司，在经济活动中遵循东道方的发展目标和产业与经济政策。国际直接投资是与贸易有关的投资措施产生和发展的经济基础，东道方为了贯彻其发展目标和产业与经济政策，而对外国公司行为加以规范，是与贸易有关的投资措施产生的直接原因。

TRIMs 是到目前为止在国际范围内第一个正式实施的有关国际投资方面的多边协议，扩大了多边贸易体系的管辖范围，将与贸易有关的投资措施纳入多边贸易体系之中，对国际投资和国际贸易的自由化发展起到了推动作用。由于 TRIMs 构成了对与贸易有关的投资措施的有力的约束和限制，所以东道方对国际投资的管制将放松，政策法规的透明度增强，投资环境改善，因而为国际直接投资的发展提供了更大的空间，要求成员方在明确规定的过渡期内取消通报的相关措施有助于增强协议效率的确定性。由于已经认识到贸易、投资和竞争政策的相关性在不断加强，因此，在未来的多边贸易体系中将涉及更多的投资与竞争政策问题。

(四)《多边投资协定》

经济合作与发展组织国家在国际直接投资中占有重要的地位,在协调国际投资关系和制定国际投资规范方面做了大量工作,付出了巨大努力。考虑到乌拉圭回合谈判所涉及的投资领域和规则是有限的,未能完全解决发达国家所关心的问题,所以,在该回合谈判尚未结束之前的1991年,经合组织就已着手为制定一项全面、系统和完整的多边投资规则作准备。

1991年以来,经合组织下属的"国际投资与多国公司委员会"和"资本流动与无形交易委员会"一直在进行多边投资协定问题的研究。1994年,经合组织部长级会议讨论了建立全面的投资协定框架的积极作用和可行性。1995年5月,经合组织部长级会议决定启动《多边投资协定》(Multilateral Agreement on Investment,简称MAI)的谈判,并为协议准备了框架草案。该谈判原定于1997年5月前达成协议。但经过两年的准备,各方的观点仍难以统一,于是决定将达成协议的时间推迟到1998年4月。在1998年4月的会议上,由于各种原因,协议仍未最终达成。目前,经合组织仍在继续推进这项工作,但未规定谈判结束的截止日期,只是提出要在保证协定高标准和高水平的前提下尽快达成一致,完成谈判。

虽然经合组织启动的多边投资谈判久拖未决,令人遗憾,但是启动谈判本身和谈判已经取得的初步成果具有非常重要的意义,它为今后世贸组织开展这方面的谈判提供了有益的启示,打下了良好的基础。

经合组织成员国在MAI谈判中的主要宗旨是:为国际投资提供一个包括投资自由化和高标准的投资保护以及有效的争端解决程序在内的全面、系统和开放的多边框架。通过MAI谈判,最终为投资者提供一个良好的投资环境,从而促进资本要素更自由地跨国移动。将来,MAI作为一项独立的国际协定是开放的,不仅OECD国家可以参加,其他国家如果愿意也可以参加。目前,各方在谈判中存在的分歧主要集中在劳工和环境标准、例外和保留、法律的域外适用、法律冲突和再投资障碍以及知识产权和争端解决等问题上。正是由于分歧一时难以消除,谈判进程才进展缓慢。

OECD制定的MAI与世界上现存的各类投资协定(议)相比具有以下几个特点:一是标准高,要求东道国向投资者提供安全、永久的保护和公平合理的待遇，禁止法律上和事实上的歧视做法，除非被列为一般例外、临时背离和国家保留；二是范围广，国际直接投资与国际间接投资，有形资产和无形资产，法人与自然人，与贸易有关的投资措施和与贸易无关的投资措施等都包括其中；三是约束力强，将WTO的争端解决机制引入；四是侧重考虑投资者利益，以此为核心来制定该协定，对于如何制止投资者的不正当行为，如何保护东道国及东道国合作者的利益却较少考虑；五是未考虑发展中国家的利益和要求，OECD由发达国家组成，所以主要考虑发达国家利益，对发展中国家的要求未予反映；六是具有开放性，非OECD国家也可申请加入。

表3-5 二战以来与多边投资协定有关的主要协议、协定和公约一览表

年份	名称	制定者	是否有约束力	是否通过	备注
1949	关于外国投资的公正待遇的国际守则	国际商会	无约束力	通过	
1965	关于解决各国与其他国家国民之间投资争端的公约（1965年华盛顿公约）	世界银行	有约束力	通过	中国已参加
1972	国际投资准则	国际商会	无约束力	通过	
1976	国际投资和多国企业宣言	OECD	无约束力	通过	
1976	联合国国际贸易法委员会仲裁规则	联合国	示范	通过	
1977	关于多国企业和社会政策原则的三方宣言	国际劳工组织	无约束力	通过	
1977	对于勒索和贿赂行为守则	国际商会	无约束力	未通过	
1979	联合国关于发达国家和发展中国家避免双重征税的协定	联合国	无约束力	通过	
1979	国际不正当支付协议（草案）	联合国	示范	通过	
1980	关于管制限制性商业惯例的公平原则与规则的多边协议	联合国	无约束力	未通过	
1983	跨国公司行为守则（草案）	联合国	无约束力	未通过	
1985	国际技术转让行为守则（草案）	联合国	无约束力	未通过	
1985	多边投资担保机构公约（MIGA公约）（汉城公约）	世界银行	有约束力	通过	中国已参加

续表

年份	名称	制定者	是否有约束力	是否通过	备注
1992	关于外国直接投资的待遇标准	世界银行/IMF	无约束力	通过	
1994	与贸易有关的投资措施协议（TRIMs）	GATT/WTO	有约束力	通过	中国已参加
1994	服务贸易总协定（GATS）	GATT/WTO	有约束力	通过	中国已参加
1994	与贸易有关的知识产权协定（TRIPs）	GATT/WTO	有约束力	通过	中国已参加
1996	多边投资协定（MAI）	OECD	有约束力	未通过	

资料来源：卢进勇、杜奇华、李锋《国际经济合作教程（第四版）》，首都经济贸易大学出版社，2016，第74页。

（五）《多边投资框架》

严格来讲，《多边投资框架》（Multilateral Framework on Investment，简称MFI）谈判并未正式开始，目前还处于WTO对投资议题进行讨论的阶段。对于多边投资框架来说，能否在WTO新一轮谈判中完成谈判并达成协议还是一个未知数。但鉴于双边、区域投资规则的不足（如适用范围窄，内容相互重叠冲突、约束力普遍不高等），MFI谈判依然是非常紧迫和必要的。

世贸组织首次涉足投资问题是在乌拉圭回合。1986年乌拉圭回合启动之时，以美国为首的发达国家就提出将全面的投资协定列入回合议题之中，但在发展中国家的反对之下，最终决定将范围限制在TRIMs之内展开谈判。

1995年WTO正式成立以后，为了推动投资议题的谈判，WTO新加坡第二次部长级会议决定建立"贸易与投资工作组"（Working-Group of Trade and Investment，简称WGTI）对贸易与投资的关系进行研讨，为未来谈判作准备。2001年召开的WTO多哈第四次部长级会议正式发起了"多哈发展议程"，贸易与投资关系议题也列为议程议题之一。由于目前时机还不成熟，所以多边投资协定的谈判是以多边投资框架谈判的形式出现的。多哈会议关于贸易与投资关系谈判的决定主要体现在该次部长级会议所通过的《多哈宣言》。

从初步讨论的情况来看，MFI大体涉及以下一些内容：范围和定义、透明度、非歧视、承诺模式、发展条款、例外与国际收支、争端磋商与解决、与 WTO 其他协议和现有国际投资协议间的关系、FDI 和技术转移等。

（六）《G20全球投资指导原则》

2016年9月在 G20 杭州峰会上，与会各国领导人经过认真商讨，最终通过了《G20全球投资指导原则》，这是世界首份关于投资政策制订的多边纲领性文件，确立了全球投资规则的总体框架，为各国协调制订国内投资政策和商谈对外投资协定提供重要指导。

《G20全球投资指导原则》的诞生有着复杂深刻的国际背景，主要与四股力量的推动密切相关：全球经济低迷需要外国投资继续担当主引擎，经济全球化遭遇曲折急需一个多边投资协定，全球产业体系和价值链重构需要投资指导原则，遏制投资保护主义趋势也需要多边投资指导原则。该原则的诞生既体现了经济全球化不可逆转的一面，也表明人们对投资保护主义及其后果的担忧。[①]

《G20全球投资指导原则》具体包括：政府应避免与跨境投资有关的保护主义；投资政策应设置开放、非歧视、透明和可预见的投资条件；投资政策应为投资者和投资提供有形、无形的法律确定性和强有力的保护；投资相关规定的制定应保证透明及所有利益相关方有机会参与，并将其纳入以法律为基础的机制性框架；投资及对投资产生影响的政策应在国际、国内层面保持协调；政府重申有权为合法公共政策目的而管制投资等。这份《G20全球投资指导原则》是国际投资规则建设的里程碑，为未来多边投资协定奠定了重要基础，为实现多边投资协调与合作迈出了历史性的一步，具有重要的前瞻性和导向性。

二、区域投资合作机制

区域投资合作机制主要体现在区域投资协定上，指的是特定区域内国家间或区域性的经济组织签署的旨在促进和保护相互投资的协定与条约的总

---

① 邢厚媛：《解读全球投资指导原则及对走出去的影响》，江苏省进出口商会网站，2016年9月30日，http://www.jccief.org.cn/v-1-7399.aspx。

称。区域投资协定的签订既可以强化对相互间投资的保护与促进，也可以有力地推动区域内国际投资的自由化。

区域投资协定本身是区域经济一体化不断深化的产物，是区域经济一体化的必要组成部分，也是区域经济组织成员间进行投资合作的推进器。根据《世界投资报告（2016）》公布的数据，截至2015年底，世界各国总共签署了358个区域投资协定（Treaties with Investment Provisions，TIPs）。

区域投资协定主要分为两种类型：一种是专门针对国际直接投资的协议或协定，如OECD于1976年制定的《国际投资与跨国企业宣言》（Declaration on International Investment and Multinational Enterprises）、安第斯条约组织于1970年制定的《安第斯共同市场外国投资规则》（Andean Common Market—Regulation of Foreign Investment），以及东南亚国家联盟于1990年制定的《东南亚国家联盟促进和保护投资协定》（ASEAN Agreement on the Promotion and Protection of Investment）；另一种是内容涉及国际直接投资的协议或协定，有的是区域性自由贸易协定（FTA），有的则是区域性的经济协定，如《北美自由贸易协定》（NAFTA）、《加强东盟经济合作的框架协议》（Framework Agreement on Enhancing ASEAN Economic Cooperation）、APEC的《茂物宣言》（Bogor Declaration）和《大阪行动议程》（Osaka Action Agenda）、欧盟的《建立欧洲共同体条约》（TEEC）和《欧洲联盟条约》（TEU）等。《北美自由贸易协定》虽然属于自由贸易方面的协定，但其内容涉及不少投资问题，如投资与服务条款、投资保护条款、争端解决机制条款、知识产权保护条款、原产地规则条款等。

区域投资协定的主要内容包括：投资准入问题、投资政策自由化、投资鼓励措施、外商投资企业的待遇标准、投资保护、投资争端解决以及技术转让、竞争和环境保护与跨国投资相关的问题。区域投资协定的特点主要是：区域投资协定追求的目标比双边投资协定高；区域投资协定涉及更为广泛的与投资相关的内容，如自由化和保护方面的内容不断增多，越来越多的区域协定中规定了"进入与开业条款"。近些年来，区域投资协定开始重视投资者与东道国的争端解决问题。

表3-6 包含有投资内容的若干区域协定

年份	名称	制定者	是否有约束力	是否生效
1957	阿拉伯经济联盟协议	阿拉伯经济联盟	有约束力	通过
1961	资本流动自由化法则	经济与合作组织（OECD）	有约束力	通过
1961	经常项目无形资产交易自由化守则	经济与合作组织（OECD）	有约束力	通过
1969	安第斯地区一体化协议	安第斯共同市场	有约束力	通过
1971	成立阿拉伯国际投资保证公司协议	阿拉伯国际投资保证公司	有约束力	通过
1972	中非关税经济共同体跨国公司法则	中非关税经济共同体	有约束力	通过
1973	加勒比共同体条约	加勒比共同体	有约束力	通过
1987	东盟关于投资促进和保护协定	东盟	有约束力	通过
1989	第四次洛美协议	欧盟—非加太会议（EU-ACP）	有约束力	通过
1991	建立非洲经济共同体条约	非洲经济共同体	有约束力	通过
1992	北美自由贸易协定（NAFTA）	美国、加拿大、墨西哥	有约束力	通过
1994	APEC非约束性投资原则	亚太经合组织（APEC）	无约束力	通过
1994	能源宪章条约	欧洲能源宪章组织	有约束力	通过
1995	东盟服务协议框架	东盟	有约束力	通过
1995	关于茂物宣言执行的大阪行动计划（OAA）	亚太经合组织（APEC）	无约束力	通过
1998	东盟投资领域框架协议	东盟	有约束力	通过

资料来源：卢进勇、杜奇华、李锋《国际经济合作教程（第四版）》，首都经济贸易大学出版社，2016，第77页。

以TPP为代表的新型区域贸易协定则在投资章节中提出了高标准国际投资规则。TPP第9章"投资"分为正文和附件两部分，其中正文分为两节，共有29条，第一节包含了定义、范围、与其他章节的关系、国民待遇、最惠国待遇、待遇的最低标准、武装冲突或内乱情况下的待遇、征收与补偿、转移、业绩要求、高管和董事会、不符措施、代位、特殊手续和信息要求、拒绝授予利益、投资与环境、卫生和其他管理目标、企业社会责任共17条；第二节为投资者—东道国争端解决（ISDS），包括磋商和谈判、将诉请提交仲裁、仲裁员的选择、仲裁程序的透明度、准据法、合并仲裁、裁决等13条；附件包括习惯国际法、征收、不符措施棘轮机制、投资协议等12个。其高标准主要体现在：对"投资"和"投资者"的定义比较宽泛，要求给予各方投资者准入前和准入后国民待遇，要求最惠国待遇原则和最低待遇标准，专设征收与补偿条款、转移条款、业绩要求条款和不符措施条款等。

三、双边投资合作机制

双边投资合作机制的典型是双边投资协定（BIT），是资本输出国与资本输入国之间签订的，旨在鼓励、保护和促进两国间私人直接投资活动的双边协定与条约的总称。在国际投资法律体系中，双边投资协定占据着重要的地位。在保护与促进私人直接投资活动方面，它是迄今为止最有效的国际法制。根据《世界投资报告（2016）》公布的数据，截至2015年底，世界各国总共签署了2946个双边投资协定。

目前，双边投资协定主要有4种类型：第一种为投资保证协定。投资保证协定由美国创立其模式，后被某些建立有海外投资保险制度的国家所仿效，所以也称为美国式的双边投资协定。它的特点是重在对国际投资活动中的政策风险提供保证，其主要内容包括承保范围、代位求偿权和争端解决等。第二种为促进与保护投资协定。由于是联邦德国首创，也称联邦德国式投资协定。其特点是内容详尽具体，以促进和保护两国间私人国际直接投资为中心内容，既包含有促进和保护投资的实体性规定，也有关于代位求偿权、争端解决等程序性规定。第三种为友好通商航海条约。友好通商航海条约是在相互友好的政治前提下，针对通商航海等事宜全面规定两国间经济、贸易关系的一种贸易条约。这种条约本来不属于双边投资协定，但是20世纪60年代以后，在美国等国家的推动下，在这类条约中增加了保护国际投资的原则性规定。第四种为双边税收协定。双边税收协定与国际直接投资有直接关系，主要作用是协调不同国家间在处理跨国纳税人征税事务和其他有关方面的税收关系。

双边投资协定是国际投资法的重要组成部分，在保护外国投资方面发挥着重要的作用：双边投资协定因缔约国只有两方，较之谋求多国间利益平衡的多边投资条约，它易于在平等互利的基础上顾及双方国家的利益而达成一致，所以双边投资协定为许多国家广泛采用；双边投资协定为东道国创设了良好的投资环境；双边投资协定还可以起到加强或保证国内法的效力；双边投资协定（如促进与保护投资协定）既含有关于缔约方权利和义务的实体性规定，又有关于代位权、解决投资争议的程序性规定，为缔约国双方的私人海外投资者预先规定了建立投资关系所应遵守的法律规范和框架，从而可以保证投资关系稳定，避免与减少法律障碍；双边投资协定不仅规定了缔约国之间因条约的解释、履行而产生争议的解决途径与程序，而且还规定了外国投资者与东道国政府间因投资而产生争议的解决途径与程序，为投资争议的妥善解决提供了有力的保证。

双边投资协定（如促进与保护投资协定）的主要内容有：受保护的投资、收益和投资者；关于外国投资的待遇，包括公正与合理待遇、最惠国待遇和国民待遇；关于政治风险的保证，包括征用和国有化（国有化的条件、征用和国有化的方式、征用与国有化的补偿）、汇兑与转移；代位求偿权；争端与仲裁等。

第四节 "一带一路"投资合作机制现状与问题

鉴于"一带一路"的投资合作还存在一些问题和风险，中国需要体制性或规则性的约束和保障机制。"一带一路"作为倡议，无法建立新的投资合作机制，只能利用现有的投资规则，在多边、区域和双边3个层面进行投资协调，但在实际操作过程中也存在一些问题。

一、多边层面机制缺失

国际投资领域目前尚未建立一个国际性的监管机构，也没有一个综合性的国际协定，因此，"一带一路"的直接投资缺乏有效的协调机制和多边约束。这一点与贸易相比非常尴尬，毕竟贸易领域的多边机构和协定（WTO及其 GATT、GATS、TRIPs 等协定）可以作为全球通用的规则直接用于规范和促进"一带一路"的贸易合作。

目前，国际上仅存的几个有约束力的多边投资协定包括：《多边投资担保机构公约》（《MIGA 公约》）、《关于解决各国与其他国家国民之间投资争端的公约》（《1965年华盛顿公约》）以及 WTO 框架下的相关协定（主要指的是《与贸易有关的投资措施协议》，简称 TRIMs）。其中，《MIGA 公约》用以降低在发展中国家投资的政治风险，《1965年华盛顿公约》通过调解和仲裁解决国家间的投资争端，TRIMs 仅涵盖与货物贸易相关的、对贸易产生限制和扭曲作用的投资措施。

上述几个多边协定，中国都是参与国，可以直接利用，以加强"一带一路"的投资合作，但作用非常有限。首先，这些协定的出发点是保护国际投资，涉及投资风险和投资壁垒，但没有涉及如何促进和鼓励直接投资，可以说处在国际规则的低级阶段；而反观现在的多边贸易规则，已经由贸易保护、贸易自由化升级到了贸易促进、贸易便利化的高级层次，《贸易便利化协定》就是佐证。其次，这些协定仅涵盖了部分投资议题，不全面也不系统，甚至可以说仅包含投资领域的冰山一角，大量的基础性问题（如国民待遇、最惠国待遇）以及敏感性问题（如国家安全审查、资金转移及监管）都没有给出规范性的解决办法。最后，这些协定的约束力、权威性和有效性还是受到质疑的。以《1965年华盛顿公约》为例，根据世界银行国际投资争端解决中心（ICSID）的统计数据，1972—2015年仅有549起案件提交 ICSID 寻求调解或仲裁，相较于每年为数众多的投资纠纷而言，求助于 ICSID 的案件数还是很少。迄今为止，中国企业也仅提交了5次。有解决机制却没有使用，这说明现有机制存在很多缺陷，其约束力和有效性有待进一步加强。当然，ICSID 还是有一定作用的，毕竟"一带一路"沿线有51个国家都是缔约国[①]，这在一定程度上有利于防范海外投资的政治风险。

综合性的多边投资机制不是没有尝试过，只不过都没能实现，不管是 OECD 的《多边投资协定》（MAI），还是 WTO 的《多边投资框架》（MFI）

---

① 没有签约的共有10个国家，包括：不丹、印度、伊朗、老挝、马尔代夫、缅甸、巴勒斯坦、波兰、塔吉克斯坦和越南。另外，俄罗斯、吉尔吉斯斯坦和泰国三国已签约但没有生效。

最终都无功而返。① 另外，联合国贸易和发展会议（UNCTAD）也做过一些努力，如《世界投资报告》里提及了建立新一代投资政策框架、为可持续发展目标投资的行动计划等，但都仅是倡议而无实际约束力。其他的国际协定，有的虽然通过了但没有约束力，如国际商会的《外国投资公正待遇国际准则》、OECD 的《国际投资和多国企业宣言》等；有的则胎死腹中没有获得通过，如联合国的《跨国公司行为守则（草案）》等。

总而言之，多边层面面临机制缺失的尴尬局面，仅有零星几个协定可以使用，但作用相当有限，"一带一路"的投资合作需要一个综合性的多边投资规则，以提供最基础的、具有普遍约束力和最大公信度的规则性保障。

二、区域层面规则重构

区域层面的投资协定包括两类：一类是专门针对直接投资的区域性协定，如《亚太贸易协定之投资协议》（签约国包括中国、孟加拉国、老挝和斯里兰卡等共建国家）、《中国—东盟自由贸易区投资协议》等；另一类是内容涉及直接投资的贸易协定，如《中国—新加坡自由贸易协定》《中国—巴基斯坦自由贸易协定》等。

"一带一路"沿线的区域协定屈指可数，作用也相当有限。首先，区域协定在投资议题上的约束力不强，尤其体现在投资争端解决方面，甚至就没有约束力，比如《亚太贸易协定之投资协议》在 2009 年通过后就没有生效。其次，不管有没有单独针对直接投资签订协议，区域协定都是以贸易为核心议题展开的，所涵盖的投资内容相对有限。再次，从地理分布上看，无法覆盖"一带一路"沿线众多国家，其适用性也大打折扣。最后，涵盖的投资议题标准太低，无法跟上国际新规则。以 TPP 为代表的区域协定，在很多投资议题上正引领着投资新规则，如竞争中性、投资者—东道国争端解决机制、劳工和环境标准等；② 而在"一带一路"沿线，可能仅有 RCEP 算得上新规则。由于国家的差异性和多样化，大多区域协定无法实现 TPP 的高标准。当然，TPP 的高标准也未必好，比如投资者—东道国争端解决机制就不太适合"一

---

① 邢厚媛：《全球治理中的国际投资规则变化与对策》，《国际经济合作》2013 年第 12 期，第 4—7 页。
② 文洋：《TPP 投资规则：内容、挑战及中国的因应》，《国际贸易》2016 年第 4 期，第 48—54 页。

带一路",或者说标准高不可攀。允许外国投资者可以状告东道国政府,这一机制明显有利于发达国家的跨国公司,而不利于发展中国家的政府机构,与"一带一路"互利共赢的理念有所冲突。因此,将投资新规则进行个性化设置,结合"一带一路"的合作理念和实际需求进行因地制宜的设计和应用,才是大势所趋。

共建"一带一路"国家也进行了一些有益的尝试,如亚洲基础设施投资银行(简称"亚投行")。与世界银行、亚洲开发银行相比,亚投行更加廉洁高效,而且本着互利共赢的原则,对投资项目以及投资东道国不会附加苛刻的政治条件。可以说,亚投行的很多原则及举措正在不断推动金融性开发机构的改革,对原来的金融投资合作机制也是一种冲击,给域内的投资合作注入了改革的动力。当然,亚投行的成效还有待实践的检验,毕竟才刚成立不久。

总之,区域层面的投资协定或机制面临两大挑战:一是规则重构,如何结合"一带一路"的实际需求跟国际新规则进行对接,达成高标准的投资协定;二是有待落实,如何让亚投行真正发挥作用,让互利共赢的投资项目尽快落地。

三、双边层面有待升级

双边层面的合作机制包括《双边投资协定》(BIT)和《避免双重征税协定》(DTT)。BIT是目前最重要也是最有效的投资合作机制,中国已与共建"一带一路"的56个国家签署了BIT。[①] DTT则有助于减轻海外投资企业的税收负担,中国已与共建"一带一路"的53个国家签署了DTT。[②]

在目前多边机制缺失、区域规则重构的大背景下,BIT是共建"一带一路"过程中可以依靠的最有效的投资规则,但中国与共建国家所签署的BIT也存在一些问题。首先,协定大多签署于20世纪90年代,版本低、内容旧,无法跟上新形势的需要。BIT签署年代久远,而当时中国的直接投资才刚刚起步,中国的利益诉求并不那么强烈。因此可以想象,当时签署的BIT其象征意

---

① 根据联合国贸发会议统计,尚未与中国签署BIT的共建"一带一路"国家包括:阿富汗、不丹、东帝汶、伊拉克、马尔代夫、黑山、尼泊尔、巴勒斯坦8个国家。
② 根据中国国家税务总局统计,尚未与中国签署DTT的共建"一带一路"国家包括:阿富汗、不丹、东帝汶、伊拉克、马尔代夫、巴勒斯坦、柬埔寨、约旦、黎巴嫩、缅甸、也门11个国家。

大于实际作用,更有甚者,中国与文莱、约旦等国签署的协定就没有生效。目前,国际上最新的协定是美国2012年的BIT范本,实现了高标准的投资保护和高水平的投资开放,其外在表现是准入前国民待遇加负面清单的管理模式;① 而中国与共建国家签署的BIT,大多仅停留在保护外来投资的层面,一是保护程度普遍不高,二是较少涉及投资自由化和投资便利化的内容,三是没有一个协定采用了准入前国民待遇加负面清单的管理模式。其次,适用范围窄,且费时费力。顾名思义,BIT仅适用于双边投资,而与这么多国家都签署协定势必要耗费大量的人力物力财力,更何况目前的BIT面临重新签订的问题,未来的谈判成本可能会成为一种负担。再次,内容重叠冲突,容易造成管理混乱。签约国为数众多、BIT数目庞大、协定内容错综复杂,这容易导致"意大利面条碗效应",给投资监管和国际协调带来麻烦,也难以给海外投资企业提供稳定统一的政策信号,不利于用标准化的途径解决国际投资纠纷。最后,中国与阿富汗、伊拉克、尼泊尔、东帝汶等动荡国家依然没有签署BIT,中国企业的海外投资利益无法得到保障。

总而言之,双边层面的BIT是现阶段推进"一带一路"投资合作的有力保障,但鉴于协定范本和投资议题都过于陈旧,BIT面临版本升级、重新签订的迫切需求。

第五节 构建"一带一路"投资合作机制的政策建议

目前,国际投资规则处在推陈出新的历史拐点,中国需要更加积极主动、创新式地参与规则构建。"一带一路"投资规则构建需要更细化的投资合作指导性原则,也需要更接地气的投资规则加以约束。

一、全局出发提出投资合作指导性原则

"一带一路"作为倡议,有一定的灵活性,在投资领域可以进一步细化倡议的原则和内容,可考虑出台一份"一带一路"投资合作的指导性原则,无

---

① 聂平香:《国际投资规则的演变及趋势》,《国际经济合作》2014年第7期,第16—20页。

须建立新的机构或机制。但如何拟定指导性原则和具体内容，如何既保证中国利益又实现域内整体利益最大化是关键。投资合作的指导性原则应该在"一带一路"愿景与行动的基础上，包含行业互补性开放、争端友好式协商、风险最大化可控等具体内容。

投资合作指导性原则虽然没有法律约束力，但由于"一带一路"特别是投资合作的互利共赢原则能给各方都带来实实在在的收益，因此在未来可能发挥重要的引领和示范作用。待投资项目不断落地并实现共赢之后，投资合作指导性原则将更加深入人心。届时，"一带一路"投资合作甚至可以突破"倡议"的内容而建立实际的投资合作机制或机构。

当然，仅有指导性原则是远远不够的。"一带一路"投资合作有一定的实操性，需要有互利共赢且能贯彻执行的投资规则去实现以德服人、以义服众。因此，"一带一路"倡议必须要落实到投资规则上，而且如果有可能，应在多边、区域和双边多个层面进行投资规则的整合，升级投资规则，更新投资条款。

二、多边层面积极倡导全球投资规则

多边层面投资合作最理想的状态是建立类似于 WTO 的全球性投资协调机构，建立一套全球通行的规则体系。因此，中国首先应致力于全球性投资规则，在原有 MAI、MFI 的基础上力推建立一种适应各国共同需求、综合性的世界投资规则，并坚持以可持续发展的理念和原则积极参与规则制定。但鉴于推进难度和工作量都比较大，短期难以实现，因此次优选择是充分利用现有的 MIGA 和 ICSID。共建"一带一路"国家的政治风险普遍较大，中国必须要用好现有的风险担保机制以及争端解决机制，利用国际组织或协定来保障中国企业的海外投资利益。

三、区域层面尝试性推广投资新规则

区域层面的投资规则是目前发展变化最快的。相比于发达国家，中国不管是在理论上还是实践中都是后来者，需要加快学习甚至赶超的步伐。一方面，中国应首先仔细研究 TPP 的投资内容，并在 FTA 中不断创新投资议题，创造性提出适合"一带一路"的投资条款，使其更接地气，既不可生搬硬套，

盲目追求新规则、高标准，也不可全盘否定、推倒重来。TPP中的环保和劳工条款、竞争中性以及投资者—东道国争端解决机制等内容可以为我所用，但在规则制定及后续执行的过程中应适当降低标准以符合互利共赢的基本原则、共建国家的多样性特征以及投资合作的实际需求。另一方面，中国可借用现有的区域性机制或机构推进"一带一路"的投资合作，尤其是RCEP和亚投行，在中国主导的区域性合作框架内进行大胆尝试，抢占规则制定的话语权和主动权。

四、双边层面落实并升级双边协定

双边层面投资合作是最应该且最有能力实现突破的。中国应尽快升级与共建"一带一路"国家签署的投资协定，争取与所有共建国家都签署新一代的投资协定，不仅仅是保护直接投资，还要促进和便利化直接投资，更要加快投资的行业开放和自由化进程。[①]

鉴于"一带一路"投资的风险性，一方面，要充分利用BIT在政治风险方面的保障作用，运用现有规则维护中国的海外投资利益；另一方面，要积极推进BIT的便利化和自由化进程，加快投资促进的协调机制建设，并与适当国家进行扩大投资行业准入的尝试性实践。

鉴于共建"一带一路"国家的多样性，BIT的升级应当根据国家特性因地制宜地稳步推进，高标准的投资条款亦是如此。"准入前国民待遇加负面清单"的管理模式虽是未来趋势，但由于"一带一路"沿线多半是发展中国家，可考虑跟部分较发达的域内国家进行这种管理模式的创新，不可操之过急。其他投资条款也一样。另外，结合投资的风险性，可考虑引入投资者—东道国争端解决机制，但须保证公正性和合理性，照顾到广大发展中国家的利益。

五、单边层面通过深化改革主动对接新规则

国际层面的规则构建需要国内层面的体制改革，中国需要继续创新投资管理体制，以自贸区试点为突破口，加快与国际新规则的对接。[②] 古语云：

---

① 马学礼：《"一带一路"倡议的规则型风险研究》，《亚太经济》2015年第6期，第3—8页。
② 石静霞：《国际贸易投资规则的再构建及中国的因应》，《中国社会科学》2015年第9期，第128—145页。

"治人者必先自治，责人者必先自责，成人者必须自成。"中国要想参与国际投资规则的制定，在共建"一带一路"过程中建立符合中国和各方利益的投资规范，就必须以身作则地先在国内推行高标准的投资规则。一方面，要稳步地在全国推广准入前国民待遇加负面清单的外商投资管理模式，并不断缩短负面清单的长度；另一方面，要落实以备案为主、核准为辅的对外投资管理体制，完善事中和事后监管，减少行政干预。"打铁还需自身硬"，只有当中国以身作则地实现了新规则，才能在"一带一路"的投资合作中实现以倡议指导合作、用规则携手共赢。

第四章 "一带一路"金融合作机制构建

金融合作是"一带一路"倡议的重要组成部分。金融合作机制主要包含5个方面，一是促进区域金融体系安全的金融稳定机制，二是促进经济包容性增长的发展融资机制，三是促进区域货币使用和资金流动的支付清算机制，四是促进金融机构和金融市场的相互开放机制与金融监管协调机制，五是促进区域金融服务能力和服务效率提升的金融发展合作机制。

第一节 "一带一路"建设中的金融合作机制现状

代表资金融通的金融合作是"一带一路"合作的重要内容。一方面，政策沟通、贸易畅通、设施联通和民心相通决定了金融合作的必要性；另一方面，金融合作也需要其他领域合作的配合。

资金融通与政策沟通。资金融通最重要的目标，是激发市场主体的活力，为金融机构在区域内的设点和服务提供便利，为金融市场工具发行和流通提供便利。这其中自然会涉及金融监管政策、支付清算、金融稳定、宏观经济协调、金融基础设施以及金融发展等政策层面的沟通协调。同时，金融政策沟通是各国政策沟通的重要内容。

资金融通与贸易畅通。贸易畅通可以使共建"一带一路"国家货物与劳务的流动非常便捷。要实现贸易畅通，除了建立自由贸易区、削减贸易壁垒、改善基础设施、降低物流成本和提升流通便捷性，还需要在支付结算、贸易融资等方面提供有力保障。"一带一路"沿线许多国家的货币不是国际货币，因此需要解决支付清算机制的问题。此外，为了降低国际贸易的风险，还要在汇率风险、国别风险、信用风险管理等方面提供相应的风险管理产品，并形成相应的机制。

资金融通与设施联通。设施联通意味着需要进行大量的基础设施建设，因而需要大量的资金投入。建立金融合作机制，一方面可以改善金融环境，让商业性资金愿意而且能够进入，在共建"一带一路"国家对基础设施建设进行投融资活动；另一方面可以为经济基础弱、融资能力弱但社会效益明显的基础设施项目特别是互联互通项目，提供优惠性的资金支持。

资金融通与民心相通。一方面，资金融通应当以服务民心相通为目的。共建"一带一路"的目的，无非是通过促进共建"一带一路"国家的共同繁荣和区域和平从而最终惠及民生。《"一带一路"融资指导原则》提供了两个方向，一是公共资金应支持加强共建国家和地区在民生发展、人文交流等领域的交流合作；二是应惠及所有企业和人群，支持可持续、包容性发展。也就是说，在项目选取过程中需要优先支持那些直接惠及民生的项目。同时，人员的沟通和人文交流的加强，有助于了解发生风险的文化因素，减少相关文化冲突，以便控制金融风险、有效发挥投融资效率。

此外，产能合作、投资合作同样会产生大量的金融服务需求，也需要合适的金融合作机制。当前，除了亚洲基础设施投资银行，还没有一个直接作用于"一带一路"的多边金融合作机制。但存在不少次区域的合作机制，其中有些机制可以延伸到共建"一带一路"国家，某些机制可以互相配合，现分述如下。

一、东亚金融合作机制

东亚金融危机发生以后，东盟与中日韩（10+3）的金融合作已经建立起诸多机制化的安排。东亚金融合作机制是"一带一路"沿线较为成熟的金融合作机制，主要包括以下4个方面。

（一）经济评估与政策对话机制（ERPD）

一年一次的东盟与中日韩（10+3）财长会议机制和一年两次的财长与央行行长副手会议机制于1999年开启。自2012年起，10+3财长会议正式邀请央行行长参加，从而成为10+3财长与央行行长会议。财长与央行行长会议每年一般都选择在亚洲开发银行召开年会之时的5月初召开，会议主要讨论全球特别是本区域的宏观经济和金融形势，对金融合作进展进行评估并指出未来金融合作的优先领域。

（二）清迈倡议多边化（CMIM）

2000年5月，东盟与中日韩（10+3）财长达成了清迈倡议（CMI），即建立了双边货币互换安排。3年之后，中国政府提出了多边化的方向，开始推动清迈倡议多边化。2009年，10+3成员在清迈倡议多边化、区域担保合作基金等问题上取得共识。2010年3月，总额为1200亿美元的清迈倡议多边化协议正式生效。受欧债危机和欧洲稳定机制成立的影响，2012年5月的10+3财长与央行行长会议宣布：（1）储备库规模增加一倍，即由原来的1200亿美元增加到2400亿美元；（2）与IMF的脱钩比例在2012年由原来的20%提高到30%；（3）延长融资期限，将与IMF条件挂钩的部分融资期限由原来的90天延长到1年，按照原来的续期3次，实际支持期限由原来的2年改为3年，将与IMF条件脱钩的部分融资期限由原来的90天延长到6个月，实际支持期限由原来的1年延长到2年；（4）创设了具有危机防范功能的危机预防安排——区域储备库预防安排（CMIM—PL），原来的危机救助安排被称为区域储备库金融稳定设施（CMIM—SF）。区域金融稳定机制由单纯的危机后救助提前到危机防范，从而使有关国家提前获得了某种承诺，使区域储备库的资金成为随时可用的资源，从而大大提高了决策效率。2014年7月，清迈倡议多边化即区域储备库协议修正案由于得到所有参与方国内确认而正式生效。2019年和2020年分别对清迈倡议多边化进行了两次评估。从2019年开始讨论以基于自愿和需要原则本币出资的可能性和将与IMF脱钩比例提升到40%。这两项修正在2020年得到了确认，于2021年3月21日起正式生效。这充分说明清迈倡议多边化一直在顺应时代的发展和成员的需求而不断发展。

(三) 10+3 宏观经济研究办公室 (AMRO)

在2010年5月2日10+3财长会议上,财长们就区域储备库中的监督机制达成了重要共识,即将负责区域监督的机构命名为10+3宏观经济研究办公室(the ASEAN+3 Macroeconomic Research Office,简称AMRO)。2011年4月,AMRO在新加坡以公司名义成立,于2012年1月31日正式成立运作。AMRO的主要职能是进行宏观经济监督、支持清迈倡议多边化即亚洲区域储备运行以及为成员提供技术援助。2016年2月,AMRO正式成为一个国际机构。

(四) 亚洲债券市场倡议 (ABMI)

亚洲债券市场倡议(Asian Bond Markets Initiative,简称ABMI)于2003年8月正式启动,旨在发展区域债券市场,促进亚洲储蓄投资于本地区,缓解货币错配和期限错配问题。启动之初,成立了6个工作小组,分别负责不同的研究任务。作为ABMI的一部分,亚洲债券在线(Asian Bonds Online)于2004年5月正式运作。2008年5月,第十一届10+3财长会议通过了ABMI新路线图,将原来的6个工作组(Task Force)整合为4个新的工作组。2009年5月,第十二届10+3财长会议对ABMI新路线图进行了改进,各方支持以亚洲开发银行(ADB)信托基金的形式建立区域信用担保与投资机制(CGIM),用于支持区域内公司发行本币债券。2010年5月,在第十三届10+3财长会议上,宣告初始资本为7亿美元的信用担保与投资基金(CGIF)正式成立。为了促进与跨境债券交易相关的监管规则的协调性以及市场惯例的标准化,2010年9月,在10+3框架下,成立了亚洲债券市场论坛(Asian Bond Market Forum,ABMF),由本地区的债券市场专家组成。在2012年5月的财长与央行行长会议上,财长与央行行长们同意就启动新路线图继续进行研究,提出了新路线图的9个优先事项,如启动CGIF,建立基础设施融资制度,为机构投资者培养投资友好型的环境,便利区域清算体系的建立,改进对中小企业和消费者的融资,建立区域评级体系等。2013年4月,CGIF已经开始正式启用,用于担保泰国诺贝尔集团28.5亿泰铢计值的3年期票面利率为3.55%的债券在当地发行。由于获得了AAA评级(惠誉),因此利率比较低。2014年,建立区域清算中介的可行性评估报告已经完成,同意建立跨境清算基础设施论坛和"促进基础设施融资债券发展"倡议。信用担保与投资基金的规模从最初的7亿美元扩展到2017年底的12亿美元，目前已经扩大到17.5亿美元，2016—2018年担保了印尼、菲律宾、新加坡、泰国和越南等国20亿美元债券的发行。

二、基础设施融资机制

（一）亚洲基础设施投资银行（AIIB）

为了促进共建"一带一路"，中国发起成立了亚洲基础设施投资银行（Asian Infrastructure Investment Bank，简称AIIB），即亚投行，以解决亚洲国家基础设施投资建设需求的资金问题。2016年1月16日，亚投行正式成立并运行。到2019年底，克罗地亚和塞内加尔两个国家被批准加入，亚投行成员从而达到102个。[①] 共建"一带一路"国家都是其成员。

亚投行的股权结构和治理安排体现了如下特点：一是域内国家和域外国家的出资比例分别为75%和25%，既确保了亚洲性质，同时又能保持开放心态，符合"一带一路"倡议的开放包容理念，更能获得发达国家的贷款经验和理念技术。二是将遵循"公开、透明、择优"的原则遴选管理层并将其明确写入《亚洲基础设施投资银行协定》，从而一开始就具有与现有主要多边开发银行不一样的现代治理理念。

自成立以来，亚投行在吸取国际多边开发机构的经验中有诸多可圈可点之处。亚投行的融资活动坚持三个优先考虑方向。一是可持续发展领域，也是绿色发展领域。二是跨境互联互通设施。此类项目必须在满足财政可持续性、环境保护和社区介入的前提下发放。三是动员与激活私人资本参与的项目。亚投行强调与私人部门合作，撬动社会资本来进行基础设施投资。

亚投行在2016年也就是开始运营的第一年就对8个项目进行了贷款，贷款承诺金额为16.94亿美元；2017年支持项目达23个，贷款承诺金额为41.96亿美元；2018年，支持项目增长到35个，贷款承诺金额为75亿美元。[②] 亚投行在发展过程中特别强调国际金融机构之间合作共赢的重要性，在项目投资

---

① "AIIB Welcomes Two New Prospective Members, Expands Membership to 102," AIIB official website, December 31, 2019, https://www.aiib.org/en/news-events/news/2019/20191231_001.html.

② 2018 AIIB Annual Report, AIIB official website, March 10, 2019, https://www.aiib.org/en/news-events/annual-report/2018/home/index.html.

中注重与世界银行、亚洲开发银行、欧洲复兴开发银行等进行合作。

5年来,亚投行支持的投融资涉及28个国家的99个项目(其中有9个项目为多个成员共同受益的基金类项目),涉及金额达220亿美元。南亚、中亚、西亚、北非、太平洋岛国、南美等地区的国家都获得了支持。无论是按项目数量还是金额计算,南亚成员均是最大的受益者。其中,印度所获项目最多,共有20个项目获得50.89亿美元的资金支持,占总金额的23%;所获项目排第二位的是孟加拉国,共有11个项目获得18.29亿美元的支持;巴基斯坦有6个项目,获得12.68亿美元的支持。此外,西亚的土耳其有9个项目,获得21.38亿美元的资金支持。中亚的乌兹别克斯坦有5个项目,获得了9.33亿美元的支持。东亚除印尼有8个项目获得20.89亿美元支持和菲律宾获得较多支持以外,其他成员所获项目普遍较少。俄罗斯有共计8亿美元的两个项目申请获批。作为出资最多的中国,获批的项目只有4个,共计11.35亿美元。显然,亚投行不是在实现中国的经济利益,而是中国在为全球提供公共物品。为了提高项目的效率,亚投行还建立了项目准备基金,用以提供技术援助,帮助低收入国家准备好项目以符合项目融资要求,从而大大提升低收入国家融资的可得性。①

(二)金砖国家新开发银行(NDB)

金砖国家新开发银行(New Development Bank,简称NDB)可以帮助5个新兴国家和其他新兴国家进行基础设施建设。2014年7月15日,金砖国家发表《福塔莱萨宣言》:金砖国家新开发银行初始资本为1000亿美元,其中500亿美元由5个创始成员平均认缴。2015年7月,新开发银行在上海正式开业。2017年8月17日,该行在南非约翰内斯堡设立了非洲办事处。2019年在巴西圣保罗成立美洲区域办公室、在巴西利亚成立分办公室。2020年,俄罗斯区域办公室开业。从2016年4月批准第一笔贷款到2020年底,共融资72个项目,融资金额计257亿美元,到2020年底现有项目72个,余额为244.35亿美元。其中,巴西50.11亿美元,俄罗斯33.43亿美元,印度69.24亿美元,中国48.14亿美元,南非43.43亿美元。新开发银行积极防控新冠肺炎疫情,

---

① 欧明刚:《亚投行五年:回顾与展望》,《银行家》2021年第2期。

2020年3月开始启动新冠肺炎疫情紧急援助贷款，当年就发放60亿美元援助。① 同时，新开发银行为了增加贷款能力，还在国际债券市场发行以美元计价的国际债券，在各国国内市场发行本币债券。新开发银行一直对增加新成员持开放态度。

（三）亚洲开发银行（ADB）

亚洲开发银行（Asian Development Bank，简称ADB）是成立于1966年的亚太地区的多边开发机构，现有成员68个。根据亚洲开发银行年报，2020年底，融资组合（包括贷款、股权投资、赠款以及证券投资）余额为1118亿美元。2020年投入资金（包括贷款、股权投资、赠款）共316亿美元。其中，161亿美元用于新冠肺炎疫情的援助。此外，该行还参加了164亿美元的联合融资，其中108亿美元与应对新冠肺炎疫情相关。② 亚洲开发银行投入的领域主要是能源和交通等基础设施，资金来源主要有成员的资本、发债、亚洲开发银行基金以及日本专项基金。到2020年底，亚洲开发银行认缴资本是1480亿美元，实缴资本和各类储备资金合计为526亿美元。③

三、其他金融合作机制

（一）其他金融稳定机制

欧亚稳定与发展基金（The Eurasian Fund for Stabilization and Development，简称EFSD）成立于2009年，主要是用来帮助成员应对全球金融危机，并提供信用和赠款来确保成员提升长期经济稳定和经济一体化。创始成员有俄罗斯、亚美尼亚、白俄罗斯、塔吉克斯坦、哈萨克斯坦、吉尔吉斯斯坦，基金规模为85.13亿美元。其中，亚美尼亚、吉尔吉斯斯坦和塔吉克斯坦各投入100万美元，白俄罗斯投入1000万美元，哈萨克斯坦投入10亿美元，俄罗斯投入75亿美元。该基金主要有3种融资工具：一是金融信用贷款，是给成员国政府提

---

① New Development Bank Annual Report 2020, https://www.ndb.int/wp-content/uploads/2021/06/NDB-AR-2020_complete_v1.pdf.

② Asia Development Bank Annual Report 2020, https://www.adb.org/sites/default/files/institutional-document/691766/adb-annual-report-2020.pdf.

③ Asia Development Bank Financial Report 2020, https://www.adb.org/sites/default/files/institutional-document/691766/adb-financial-report-2020.pdf.

供的短期流动性贷款，主要是用于支持预算和平衡国际收支，是有条件的贷款，接受国必须满足相应的条件，即需要实施一系列的改革措施。二是投资贷款，主要是用于能源、交通和农业等项目贷款，属于开发投资。三是对亚美尼亚、吉尔吉斯斯坦和塔吉克斯坦三国政府提供民生援助。

阿拉伯货币基金组织（Arab Monetary Fund，简称AMF）成立于1977年，基金规模在2008年全球金融危机后增加到118亿美元。成员为阿拉伯国家联盟的22个成员：阿尔及利亚、阿联酋、阿曼、埃及、巴勒斯坦、巴林、吉布提、卡塔尔、科威特、黎巴嫩、利比亚、毛里塔尼亚、摩洛哥、沙特阿拉伯、苏丹、索马里、突尼斯、叙利亚、也门、伊拉克、约旦、科摩罗。

（二）上海合作组织

上海合作组织（Shanghai Cooperation Organization，简称"上合组织"）是一个以安全为基础的合作组织，目前已经扩展到多个领域。2019年6月15日的《上海合作组织成员国元首理事会比什凯克宣言》提到，成员国注意就成立上合组织开发银行和发展基金（专门账户）问题所作的研究，支持继续相关协商工作。成员国认为，在相互贸易中扩大本币结算规模十分重要。为此，成员国将继续进行《上合组织成员国扩大本币结算份额路线图》的制定工作。随后在上合组织成员国总理会议上继续重申了上述要求。在2019年继续强调各方将继续寻求关于建立上合组织项目融资保障机制的共同立场，包括研究建立上合组织开发银行和发展基金（专门账户）的问题。各代表团团长支持在相互贸易中进一步扩大使用本币结算并提高其份额。[①] 在上合组织财政部长和央行行长第三次会议上研究了建立上合组织开发银行和发展基金（专门账户）问题。各国总理责成继续在专家层面磋商，寻求共同解决方案。此后的政府首脑会和元首会总是继续提出这个问题。看来，在这个合作机制中成立这类银行或基金还存在不少难度。因为主要大国存在重复参加的问题，中国、俄罗斯以及印度同时也是金砖国家的成员。想要印度和俄罗斯再投资于另外一家区域性银行，可能并不容易。

---

① 《上海合作组织成员国政府首脑（总理）理事会第十八次会议联合公报（全文）》，中华人民共和国外交部网站，2019年11月3日，https://www.fmprc.gov.cn/web/gjhdq_676201/gjhdqzz_681964/lhg_683094/zywj_683106/t1712833.shtml。

(三)中黑巴组织

中亚、黑海及巴尔干地区央行行长会议组织(简称"中黑巴组织")是创立于1998年的区域性金融组织,现有包括中国在内的25个成员国,在协调地区金融事务、分享及交流经验等方面发挥着积极作用。该组织主要覆盖中东欧、中亚、高加索、中东地区国家,其中中国—中东欧国家领导人会晤机制下的中东欧16国中有11国是其成员,上海合作组织6国中也有5国是其成员。中黑巴组织的绝大多数成员是共建"一带一路"的重要合作伙伴。2011年4月,经国务院批准,中国人民银行接受中黑巴组织的邀请加入该组织,并派员参加了历次行长会。2015年5月14日—16日,中亚、黑海及巴尔干地区央行行长会议组织第33届行长会在上海举行,这是中国人民银行首次主办中黑巴组织行长会。

第二节 中国参与"一带一路"金融合作机制的现状

一、在区域金融安全网中发挥作用

(一)在东亚区域储备库中的作用

中国是东亚区域储备库的主要出资人和倡议人。2003年,温家宝总理就提出了清迈倡议多边化的建议。后来,中国与日本成为主要的出资人之一,占到2400亿美元总认缴额的32%。中国与日本轮流担任AMRO的主任,与日本一样,在该机制中的借款系数为0.5,这意味着中国是东亚区域储备库的主要贡献者而不是接受者。中国成为东亚区域储备库这一公共物品的主要提供者。

(二)金砖国家应急储备安排

金砖国家设立了总额为1000亿美元的应急储备安排,中国出资410亿美元,占总规模的41%。因此,中国是这一金融稳定安排的主要贡献者。

(三)推进本币互换协定

在双边领域,中国与许多"一带一路"沿线经济体签订本币互换协议。

根据中国人民银行公布的数据，到2019年底，正在生效的本币互换协议共有人民币25770亿元，与共建"一带一路"国家印度尼西亚、新加坡、马来西亚、泰国、巴基斯坦、印度、尼日利亚、蒙古国等的协议还在生效之中。根据中国人民银行2017年7月底的数据，先后与中国人民银行签订本币互换的共建"一带一路"国家主要还有白俄罗斯、乌兹别克斯坦、哈萨克斯坦、巴基斯坦、阿联酋、乌克兰、匈牙利、阿尔巴尼亚、斯里兰卡、俄罗斯、卡塔尔、苏里南、亚美尼亚、塔吉克斯坦、摩洛哥、埃及、塞尔维亚。①

二、在发展融资机制中的作用

（一）发起成立亚投行和新开发银行

亚投行是在中国的发起下成立的，中国是主要的资金贡献者，但中国并没有寻求在亚投行中的特殊地位，而是致力于亚投行更好的治理模式、更优的运营理念和实践。中国并没有通过亚投行实现自身的战略利益，而是将亚投行办成真正服务于成员特别是新兴经济体的国际金融机构。为了鼓励和帮助一些低收入国家申报项目，亚投行还设计了前期准备基金，主要由中国出资成立。新开发银行是中国联合其他金砖国家发展成立的，中国与其他国家的出资额一样，采取平等的治理模式。

（二）成立丝路基金

2014年11月8日，国家主席习近平在"加强互联互通伙伴关系"东道主伙伴对话会上宣布，中国将出资400亿美元成立丝路基金。2014年12月29日，丝路基金正式成立。2018年，丝路基金增资到1000亿美元。在第一期到位的100亿美元中，外汇储备（通过梧桐树投资平台有限责任公司）、中国投资有限责任公司（通过赛里斯投资有限公司）、国家开发银行（通过国开金融有限责任公司）、中国进出口银行分别出资65%、15%、5%和15%，用于支持基础设施建设的中长期投资项目，此类项目占总投资额的70%。在投资的方式上以股权投资为主，股权投资占总投资的70%。到2018年底，股权投资带动

---

① 《中国人民银行和其他中央银行或货币当局双边本币互换一览表（截至2017年7月底）》，中国人民银行网站，2017年7月31日，http://www.pbc.gov.cn/huobizhengceersi/214481/214511/214541/3353326/index.html。

的债权投资已达 800 亿美元。除了综合使用股权、债权等不同形态资金为项目提供支持，丝路基金还探索通过参与基金、联合投资平台等方式进行投资。2019 年 11 月，丝路基金有限责任公司董事长谢多在重庆一个会议上说，自 2014 年成立以来，基金通过股权、债权等方式多元化融资，目前已签约 34 个项目，承诺投资金额约 123 亿美元，其中包括 300 亿元人民币。① 丝路基金还积极与境外合作伙伴共同发起成立基金。2018 年 4 月，丝路基金与欧洲投资基金共同出资 5 亿欧元发起成立中欧共同投资基金。在其框架下，丝路基金与欧洲投资基金分别作为中方和欧方的代表，对所有项目共同进行投资决策并等比例出资。2019 年 4 月，丝路基金总经理王燕之宣布，将成立 20 亿美元的中哈产能合作基金。② 2019 年 4 月，丝路基金与新加坡盛裕集团签署协议，建立中国—新加坡共同投资平台，双方承诺将按照等额出资的原则成立 5 亿美元的基金，投资于东南亚基础设施绿地项目。③

（三）入股欧洲复兴开发银行

2015 年 12 月 14 日，欧洲复兴开发银行理事会通过接受中国加入该行的决议。自此，中国正式成为欧洲复兴开发银行的成员。

三、参与双边金融监管合作机制

（一）建立双边金融监管部门合作机制

金融服务的相互开放、金融基础设施的对接需要中国与有关经济体金融监管部门的合作。近年来，中国监管部门不断强化与境外同行之间的合作。2018 年底，中国证监会与"一带一路"沿线 31 个国家或地区签署了合作备忘录。2019 年 6 月，又与柬埔寨签署合作备忘录，从而使"一带一路"沿线的合作备忘录达到了 32 个。截至 2017 年末，中国银保监会已与 32 个共建"一带一路"国家的金融监管当局签署了双边金融监管合作谅解备忘录（以下简称

---

① 《丝路基金董事长：已签约 34 个项目，承诺投资金额约 123 亿美元》，中国一带一路网，2019 年 11 月 5 日，https://www.yidaiyilu.gov.cn/xwzx/gnxw/108547.htm。

② 《丝路基金总经理王燕之：丝路基金为服务"一带一路"努力探索》，新华网，2019 年 4 月 24 日，http://home.xinhua-news.com/gdsdetailxhs/share/5299194-?pageflag=iframe。

③ 《丝路基金与新加坡盛裕集团成立共同投资平台》，丝路基金网，2019 年 4 月 30 日，http://www.silkroadfund.com.cn/cnweb/19930/19938/40213/index.html。

MOU）或合作换文。这是在各国金融监管当局之间签署的关于建立正式信息共享和监管合作机制的共识文件。①

（二）加强沿线有关经济体监管部门的能力建设

从2016年起，原中国保监会发起成立了亚洲偿付能力监管与合作研修班（Workshop on Asian Solvency Regulation & Cooperation，WASRC），目前已举办了4届。包括中国在内的13个亚洲及共建"一带一路"国家和地区保险监管机构的17名监管官员参加此次研修。2018年10月，中国证监会在深圳举办"一带一路"沿线国家资本市场专题研讨班。来自蒙古国、俄罗斯、老挝、柬埔寨、泰国、马来西亚、孟加拉国的国家证券期货监管机构的代表及中国证监会系统有关人员参加了本次研讨交流。②此外，证监会还派员赴老挝开展资本市场技术援助交流活动，举办沿线交易所座谈会，为哈萨克斯坦、蒙古国、越南等周边共建"一带一路"国家培训资本市场专门人才。通过此类活动可以达到如下目的：一是彼此借鉴，共同提升监管能力；二是强化监管合作，协调监管标准，减少重复监管和监管套利，降低金融机构的合规成本；三是可以相互配合，提升新兴经济体在国际金融监管规则制定的话语权和影响力；四是彼此了解各国金融运行，促进金融合作。

四、金融机构和金融市场的作用

金融合作最终是要靠金融机构和金融市场服务于"一带一路"的投资、贸易、人文交往。作为"一带一路"倡议发起国的金融机构，不管是政策性金融机构还是商业性金融机构都积极有所作为，既通过贷款、股权或债权、担保等方式提供资金支持，也积极走出去，服务于当地居民、企业，提高沿线地区经济体的金融获得性。据统计，中国金融机构为共建"一带一路"提供资金超过4400亿美元。其中，金融机构自主开展的人民币海外基金业务，规模超过3200亿元人民币。中国资本市场为相关企业提供股权融资超过5000

---

① 《加强中国—中东欧金融监管合作，为金融合作奠定基石》，中国银保监会网站，2018年7月17日，https://www.cbirc.gov.cn/cn/view/pages/ItemDetail.html?docId=185843&itemId=915&generaltype=0。

② 《中国证监会举办"一带一路"沿线国家资本市场专题研讨班》，中国银保监会网站，2018年10月18日，http://www.csrc.gov.cn/pub/newsite/zjhxwfb/xwdd/201810/t20181008_344986.html。

亿元人民币，沿线国家和企业在中国境内发行熊猫债超过650亿元人民币。①

（一）政策性金融机构的合作与融资

作为开发性金融机构和支持对外贸易投资活动的政策性金融机构，国家开发银行和中国进出口银行是"一带一路"资金融通的首要支持者。国家开发银行将早期发起的上合组织银行联合体和中国—东盟银行联合体机制发扬光大，随后分别在2017年、2018年和2019年成立了中国—中东欧国家银行联合体（国家开发银行初始出资20亿欧元用于开发合作金融贷款）、中国—阿拉伯国家银行联合体（国家开发银行初始提供30亿美元用于中阿金融合作专项贷款，计划提供100亿美元用于重建与产业振兴贷款）、中非银行联合体和中日韩—东盟银行联合体。根据2017年"一带一路"国际合作高峰论坛成果清单，中国国家开发银行设立"一带一路"基础设施专项贷款（1000亿元等值人民币）、"一带一路"产能合作专项贷款（1000亿元等值人民币）、"一带一路"金融合作专项贷款（500亿元等值人民币）。为此，2018年，国家开发银行为上合银行联合体设立300亿人民币专项贷款。2019年6月底，国家开发银行在"一带一路"沿线国际业务余额超过1600亿美元。② 到2019年1季度末，国家开发银行为上海合作组织成员国贷款余额496亿美元，向成员行、伙伴行发放贷款等值100亿元人民币。

中国进出口银行也设立了"一带一路"专项贷款额度（1000亿等值人民币）、"一带一路"基础设施专项贷款额度（300亿元等值人民币）。2019年末，中国进出口银行"一带一路"贷款余额超过1.6万亿元。③ 其融资主要为：基础设施（交通、电力通信）、园区建设、农业项目、民生工程。至2019年4月，1300亿元等值人民币专项贷款的计划得以完成。同时，中国进出口银行参与成立了丝路基金、中国—东盟投资合作基金、中非产能合作基金、中国—中东基金等投资合作基金，发挥投贷联动的作用，以股权方式激活社会

---

① 《深化投融资合作，推动共建"一带一路"高质量发展》，中国人民银行网站，2019年4月25日，http://www.pbc.gov.cn/goutongjiaoliu/113456/113469/3815148/index.html。
② 《国家开发银行国际金融事业部成立》，国家开发银行网站，2019年8月28日，http://www.cdb.com.cn/xwzx/khdt/201908/t20190828_6544.html。
③ 《进出口银行召开2020年全行工作会议》，中国进出口银行网站，2020年1月19日，http://www.eximbank.gov.cn/info/news/202001/t20200119_16092.html。

资金，在融资时注意融资与融智相结合。2017年以来，中国进出口银行还开办了"中国进出口银行国外重点合作伙伴高级研修班"，邀请来自共建"一带一路"国家政府代表和国际组织、国际金融机构负责人参加。参与各方在增进彼此了解的同时，挖掘了合作潜力、拓展了合作范围，更为进一步友好合作奠定了基础。此外，中国进出口银行还是亚洲进出口银行论坛的重要成员。

（二）商业银行的作用

截至2018年底，11家中资银行在28个共建"一带一路"国家建立了76家一级机构，来自22个沿线国家的近50家银行在华展业。金融产品不断丰富，金融服务涵盖信贷、担保、债券承销、并购重组、风险管理、支付清算等领域。[①] 2019年，网点进一步增加。至2019年底，已有11家中资银行在29个共建"一带一路"国家设立80家一级机构。[②] 其中，中国银行和中国工商银行表现最为突出。到2018年底，中国银行在23个共建"一带一路"国家有分支机构，中国工商银行在"一带一路"沿线的21个国家和地区拥有131家分支机构。[③] 商业银行不仅在"一带一路"沿线建立相应分支机构，而且还提供相应的融资。

除了在共建国家和地区建立商业网点，中国商业银行还主动加强与境外金融机构的合作，建立了"一带一路"银行间常态化合作机制（Belt & Road Inter-bank Regular Cooperation Mechanism，又称"BRBR机制"）。中国工商银行在2017年首届"一带一路"国际合作高峰论坛期间，倡导成立共建国家金融同业合作平台，旨在提升金融支持，从而提高共建"一带一路"水平。该平台刚组建时有35个国家和地区的49个金融机构参加，2019年扩大到55个国家和地区的89家金融机构。成员以商业银行为主体，还邀请政策性银行、多边开发机构等其他机构参加。而中国银行则发挥跨境经营优势，从2015年开始积极举办面向共建"一带一路"国家的国际金融交流合作研修班。

[①] 《深化投融资合作，推动共建"一带一路"高质量发展》，中国人民银行网站，2019年4月25日，http://www.pbc.gov.cn/goutongjiaoliu/113456/113469/3815148/index.html。

[②] 《中国银保监会召开2020年全国银行业保险业监督管理工作会议》，中国银保监会网站，2020年1月11日，https://www.cbirc.gov.cn/cn/view/pages/ItemDetail.html?docId=884698&itemId=915&generaltype=0。

[③] 李姝澜：《中资商业银行在"一带一路"沿线亚洲国家经营的风险研究》，硕士学位论文，外交学院，2019。

（三）保险公司的作用

共建"一带一路"迫切需要保险业支持。保险公司支持共建"一带一路"的作用集中体现在4个方面。一是为中资企业在共建"一带一路"国家工作的员工提供人身安全及健康保险。2017年，中再集团推动国内5家安保公司成立"安保共同体"，并与"安保共同体"达成独家战略合作，首创"国人国保"综合风险解决方案，重点为中国企业海外员工提供绑架勒索赎金保险保障，以及"国产化"的事前安全防范、事后专业赎金谈判和紧急救援服务，有效满足了中国企业的诉求。二是为中资企业在沿线投资的项目提供信用风险和其他财产保险。目前，中再集团已与海外29家保险机构建立"一带一路"合作关系，可为全球123个国家和地区的中国海外业务提供当地服务渠道。同时，中再集团积极推进与金砖国家合作，2017年8月倡议并建立"金砖保险再保险合作支撑体系"，成为自金砖国家领导人建立会晤合作机制以来，首次达成一致的保险合作共识。三是保险公司甚至走出去设立机构或收购境外机构。借助2018年全资收购桥社保险集团，中再集团可利用桥社在政治险、信用险、能源险、核保险等共建"一带一路"亟须保障的特殊风险的全球领先实力，实现协同互补，为共建"一带一路"提供更有针对性的产品和保障。中国太平已设立了境外机构19家，包括13家子公司、4家代表处和2家分公司。其境外网点分布于五大洲的12个国家和地区，除了港澳地区，还包括新加坡、印度尼西亚、泰国、马来西亚、澳大利亚、美国、英国、荷兰以及南非等，业务覆盖了财险、寿险、再保险、保险经纪、保险资管等，可为全球客户提供一揽子保险服务。2019年上半年，中国太平境外保费收入占总保费收入的11%，境外业务占比进一步提升。① 四是开展与境外保险公司的合作，共同开发保险品种、共同承保。2017年，新加坡"一带一路"联合体正式成立，中再集团新加坡分公司担任管理机构。目前，该联合体已累计为共建"一带一路"项目提供了人民币32亿元的风险保障。②

---

① 《服务国家战略，中国太平国际化再出发》，中国银保监会网站，2019年12月12日，https://www.cbirc.gov.cn/cn/view/pages/ItemDetail.html?docId=859484&itemId=920&generaltype=0。

② 《中国再保险强化责任担当　高质量服务"一带一路"建设》，中国银保监会网站，2019年5月9日，https://www.cbirc.gov.cn/cn/view/pages/ItemDetail.html?docId=217807&itemId=920&generaltype=0。

（四）证券市场的作用

2018年3月2日，上海证券交易所（简称"上交所"）发布《关于开展"一带一路"债券试点的通知》（以下简称《通知》）。《通知》规定，"一带一路"债券分为三类：共建"一带一路"国家（地区）政府类机构在本所发行的政府债券；共建"一带一路"国家（地区）的企业及金融机构在本所发行的公司债券；境内外企业在本所发行的，募集资金用于共建"一带一路"的公司债券。同日，国内首单"一带一路"资产支持专项计划产品——"国金—金光'一带一路'资产支持专项计划"（金光纸业）率先在上海证券交易所审议通过。到2019年11月，此类债券共发行22单。[①]

2015年3月，由上海证券交易所、德意志交易所集团和中国金融期货交易所共同出资设立了中欧证券交易所（简称"中欧所"），总部设在德国金融中心法兰克福，并于2015年11月正式运行。中欧所是国际市场上首个专注于中国和人民币相关金融产品的离岸交易平台，主要目标是面向全球投资者开发并推广以中国相关资产为标的的金融工具。2018年10月，该所面向中资企业开启D股发行。目前，中欧所正在推进沪德通，支持中国企业去德发行存托凭证。

2016年12月，中国金融期货交易所、上海证券交易所、深圳证券交易所（简称"深交所"）联合入股巴基斯坦证券交易所，中方共同持股30%，成为第一大股东。2017年5月，上海证券交易所与哈萨克斯坦阿斯塔纳国际金融中心管理局（简称"AIFC管理局"）在阿斯塔纳签署合作协议，将共同投资建设阿斯塔纳国际交易所。根据合作协议，上交所作为AIFC管理局的战略合作伙伴，持有阿斯塔纳国际交易所25.1%的股份，并将在技术咨询、业务规划、产品设计、市场推广等方面对该交易所的筹建给予全方位支持。2018年7月5日，该交易所正式开业。

2017年5月22日，上交所与莫斯科交易所签署战略合作协议。根据协议，双方应在信息数据合作、举办交流合作平台、共同开发产品和为共建"一带一路"的相关项目提供融资服务等方面加强合作。2018年5月，深交所和上

[①] 阎庆民：《发挥资本市场功能 服务"一带一路"建设》，中国经济网，2019年11月5日，http://finance.ce.cn/stock/gsgsdbd/201911/05/t20191105_33521881.shtml。

交所与孟加拉国达卡证券交易所签署了股权收购协议，联合获得25%的股份，深交所还与达卡证券交易所建立了常态化的交流合作机制。2019年5月，深交所与达卡证券交易所共同启动了深交所创新创业投融资服务平台（V-Next平台）孟加拉国专区。中国证监会与上海市政府都在推动"一带一路"交易所联合会在上海成立，以便不断深化共建国家交易所之间的战略互信。①

五、参与其他金融合作机制

（一）完善清算体系，推进本币结算

为支持离岸人民币业务开展，中国人民银行已在201个国家和地区建立人民币清算安排，业务覆盖东南亚、西欧、中欧、中东、北美、南美、大洋洲和非洲等地。截至2017年12月，中国人民银行已与7个共建"一带一路"国家签署关于在当地建立人民币清算安排的合作备忘录或指定人民币业务清算行，为在共建"一带一路"国家中开展人民币业务提供支持。

（二）绿色金融合作

2016年，中国在担任G20主席国期间，首次将绿色金融列入了财金渠道议题，并发起成立绿色金融研究小组，由中国人民银行和英格兰银行共同主持，积极推动绿色金融成为国际主流议题和全球共识。在中英两国的推动下，研究小组从环境风险分析、可持续资产证券化、绿色PE/VC等领域分别提出了多项发展绿色金融的倡议。2017年，中国人民银行参与发起了"绿色金融合作网络"（NGFS），与其他央行和监管机构共同研究环境因素和气候变化可能带来的金融风险，分享发展绿色金融的成功经验。截至2019年4月底，NGFS的成员数量已由最初的8家发展到了36家，其中包括泰国、马来西亚、摩洛哥等共建国家的央行和监管机构。绿色金融在部分共建"一带一路"国家落地生根，这对于推动当地经济实现绿色与可持续发展、构建绿色"一带一路"具有重要意义。此外，中国金融学会绿色金融专业委员会与伦敦金融城牵头多家机构，于2018年11月起草并发布了《"一带一路"绿色投资

---

① 《努力建设更好服务高质量发展的资本市场》，中国证监会网站，2018年6月14日，http://www.csrc.gov.cn/pub/newsite/zjhxwfb/xwdd/201806/t20180614_339869.html。

原则》。截至2019年4月25日,已有来自13个国家和地区的26家大型金融机构签署了该原则。①

(三) 金融能力建设

除了其他监管部门与金融机构组织的金融培训机制,中国还成立了能力建设中心。2017年5月,国家主席习近平在首届"一带一路"国际合作高峰论坛开幕式上宣布,中国与国际货币基金组织联合成立能力建设中心(以下简称"能力建设中心")。中国人民银行与国际货币基金组织密切配合,通力合作,在2018年4月正式启动能力建设中心。到2019年4月,能力建设中心已成功举办20期课程班/研讨会,对于共建"一带一路"国家完善宏观经济政策框架、加强能力建设、完善资金融通软环境发挥了重要作用。②

第三节 "一带一路"金融合作机制面临的主要问题

不同的金融合作机制有着不同的成立目的和背景,有些金融合作机制已建立20多年,而有些合作机制则是"一带一路"倡议发出之后才提出的。同时,现有合作机制有些是整个区域的,有些是次区域的,有些是双边的;既有政府部门发起建立的,也有由金融机构或金融交易所发起的。因此,不同机制之间存在协调不够、发展不平衡的问题。

一、金融合作机制的分散与不平衡

"一带一路"倡议是开放性的,对其认同的国家和地区都可以加入进来。所以,没有形成一个包含所有成员的金融合作机制。除亚投行是在"一带一路"倡议下成立的成员较多的金融合作机制外,大多数的金融合作机制是在已经成立的次区域或双边机制之中。这些合作机制参与成员各异、条件不同、

---

① 《以绿色金融打造绿色"一带一路"》,中国人民银行网站,2019年4月26日,http://www.pbc.gov.cn/goutongjiaoliu/113456/113469/3815542/index.html。

② 《加强能力建设 完善"一带一路"资金融通软环境》,中国人民银行网站,2019年4月25日,http://www.pbc.gov.cn/goutongjiaoliu/113456/113469/3815480/index.html。

内容不一，有些成员参与的机制多，而有些成员参与的机制少。试图在短期内建立一个包括所有成员的金融合作机制并不现实。对现有机制进行整合更具有可操作性。

在目前的金融合作机制中，关于发展融资的比较多，即促进贸易与投资的比较多；关于金融稳定的机制有：清迈倡议、阿拉伯货币基金组织、欧亚稳定与发展基金、南亚区域合作联盟，但仍然有一些国家没有被现有区域金融安全网所覆盖。现有的金融合作机制还有许多不足或空白领域，如缺少巨灾保险的合作、支付清算的合作和金融技术的合作。

从金融基础设施来看，共建"一带一路"国家包含许多发展中国家和转型国家，其中不少国家金融发展水平低，存在较为严重的金融抑制现象。根据世界银行的统计，不少国家金融普惠程度很低，从每10万人拥有的银行机构网点数和自动柜员机的配备数量、每10万人信用卡持有量和手机银行的开通量、每10万人拥有的银行账户数及向银行融资的成人比例数来看，都比较低。相反，这些国家的存贷利差和贷款利率却非常高，中小企业贷款难问题非常严重。同时，它们的金融市场建立时间不长，可交易的金融工具和上市企业比较少，金融基础设施比较落后导致结算支付不太便利。

此外，有些金融合作机制进展相对较慢。如上合组织成员国财长与央行行长会议没有形成一个制度化的平台。同样，2010年就开始讨论的上海合作组织发展银行一直没有进展。

二、中国作为主要出资方的风险

"一带一路"倡议是中国提出的，中国理应承担更多责任，特别在各种金融合作机制建立的初始阶段。不管是区域性合作机制，还是双边合作机制，中国成为主要的出资方，再加上中资金融机构提供的融资，中国的贡献很大。但从动力机制上来讲，需要激活私人资本的力量和其他国家的力量，否则独木难成林。

（一）沿线区域的风险因素和债务的可持续性问题

不得不承认，共建"一带一路"的许多国家是高风险国家。这些地区存在地缘政治风险、国家政局动荡风险、恐怖主义、难民问题、法律不健全、营商环境差等问题，且宏观经济不稳定。根据中国进出口银行对"一带一路"沿线中56个国家的信用评级，较高风险和高风险国家37个，占比高达66%。当前以融资为主的合作机制以中长期为主。共建"一带一路"项目往往投资金额较大，期限较长，风险敞口较大、窗口较长。以进出口银行为例，储备项目按投资额加权平均贷款期限约为16年，其中2/3的贷款期限集中在11—20年，超过20%的贷款期限集中在20—30年。由于贷款期限长，面临各种因素变化的挑战。

（二）中国经济自身面临的巨大挑战

当前，中国经济处于从高速发展向高质量发展的转型之中，依然面临长期存在的结构性矛盾，也面临着相关的金融风险。如果仅靠我们自身无法完全支撑所有的金融合作项目。

（三）外部压力

中国发起的"一带一路"倡议从一开始就受到西方大国及其舆论的猜忌和分化，有关国家向共建国家施加压力并制造各种议题来分解相关国家参加共建"一带一路"，从而使各种政治风险、投资风险大大增加。目前有不少发达国家正在炒作脆弱性国家的债务问题，并把矛头直指中国。

三、国内的协调不够

正如前文所述，在"一带一路"金融合作中，中国提供了大量资金支持，某些国家或某些项目可能引发过度融资而另一些国家或项目存在融资不够。不同来源的资金或基金可能存在标准不一，从而引发套利的问题。国内建立了许多用于"一带一路"建设的基金，这些基金的使用范围、使用条件、使用方式应当有所协调。

第四节 构建"一带一路"金融合作机制的政策建议

诚然，中国是"一带一路"倡议的发起国，在诸多机制中扮演着重要的角色。但是中国不能在金融合作机制中扮演独角戏的角色，而应担任发起、引导、协调者的角色，应从资金提供者转变为制度和技术贡献者。

一、深化与扩大金融稳定合作机制

（一）深化亚洲区域储备库与金砖国家应急储备安排

亚洲区域储备库需要将当前各国自行管理的储备库发展成为集中使用的基金或类似安排。当前，最关键的是做大做强AMRO，完善并发挥其功能。区域储备库要发挥好作用，AMRO是关键。随着AMRO向国际机构的转变，首先，需要解决好AMRO的治理问题，AMRO作为一家新组建的国际机构应当摆脱现行国际金融机构的治理模式，充分尊重东盟成员的利益。其次，应强化AMRO的监测功能。AMRO不可能承担所有的区域研究任务，应当将各国宏观经济分析和成员国资本流动分析作为重点，及时提出风险警示，从而提出预防性措施。因此，AMRO需要提高研究分析能力。尽管AMRO可以与国际货币基金组织和亚洲开发银行等分享数据和研究信息，但其研究重点在于区域储备库的成员体经济，应着重进行资本流动分析。鉴于此，增加研究人员成为必然选择。最后，应将AMRO建成东亚金融合作的总平台。AMRO应当成为东亚金融合作的秘书处，统领现行及将来的合作任务。目前，东亚区域储备库建设和经济评估与政策对话机制已经属于这个平台，下一步应将东亚债券市场倡议、监管机构合作机制等都纳入进来，从而提高金融合作的效率。亚洲债券市场发展和监管机构的合作有助于各国金融体系的稳定，同时也可以促进全球一体化。

应当发挥金砖国家应急储备安排的更大作用。建议将这个应急储备安排的成员扩大到更多新兴经济体，并增加应急储备的规模。一个成员过少的应急储备安排，既难以达到分散风险的目的，面临自身发展的可持续性问题，也不利于惠及更多的国家。

（二）作好将区域储备库延伸或增加相应的合作机制

当前，"一带一路"沿线尚有区域储备库没有覆盖到的国家，如上海合作组织还没有形成相应的货币合作安排，应该尽快启动。

（三）继续做好本币互换协定

本币互换是一种比较自由的金融稳定安排。中国人民银行与其他有关货币当局的本币互换协定应当继续扩大。

（四）发挥好财长与央行行长会议机制的作用

当前，在"一带一路"相关合作框架中，除了10+3、金砖国家两个合作框架中的财长与央行行长会议机制比较固定，其他的合作框架，要么没有制度化，要么没有类似的安排。其实，在金融合作中，财长与央行行长的参与是最为基础、最为宏观的。宏观经济政策的协调、结构性政策的推出、金融风险的防范、金融监管政策的讨论以及热点金融现象或问题的分析都需要在一个最高的专业平台讨论。

二、协调与整合发展融资合作机制

（一）将亚投行和新开发银行打造为真正具有创新意义的国际金融机构

作为中国发起成立的国际开发机构，中国不必谋求在这两家机构的特殊地位，而应强化它们与传统的多边开发机构相比在治理上的优越性、在运作上的先进性和高标准。需要协调好两家机构的关系以及两家机构与世界银行特别是亚洲开发银行的关系，尽量标准一致，以免发生套利现象。同时，还需要加强对债务可控性的实时监控，避免出现债务风险。当前，许多项目采取联合融资的方式值得进一步坚持和推广。

（二）成立"一带一路"金融委员会之类的协调机构

正如前文所述，国内的金融机构和有关金融管理部门出资成立了不少基金、提供了各种贷款。为了形成合力，达到最佳效果，避免错配，最好在国内成立相应的协调机构。国内机构单边推出的融资安排应当服务于国家战略、外交关系以及企业的经济活动。涉及"一带一路"的融资活动本身既要服从国家战略利益，也要顾及企业自主的商业利益。因此，需要整合国内各种基金、银行合作和金融市场机制，建立"一带一路"金融委员会。该委员会由金融稳定发展委员会办公室牵头，央行、外交、商务、金融监管部门参加，金融机构、金融交易场所、金融服务部门、互联网金融公司以及IT界和学术界人士共同组成。同时，成立相应的办事机构，通过动员各方面的力量，形成官、产、学共同协作、互相配合的联动机制。

（三）发挥国际金融市场的作用，撬动全球资金特别是发达国家的资金

"一带一路"倡议的目的是要动员全球更多的经济体共同参与。不管是基础设施的建设还是贸易投资的促进，不少经济活动是有商业价值的。只要项目融资结构合适，是完全具有市场吸引力的。因此，可以发挥市场的力量，特别需要邀请更多的国际商业性金融机构参与进来，进行银团贷款、共同承销债券或股票、协助并购、联合保险。"一带一路"倡议的最终目标是要促进共建国家的共同繁荣和经济发展，最根本的还是要动员市场的力量。亚洲债券市场倡议之类的促进金融市场发展的模式可以复制或适应更多区域，如上合组织、中国—中东欧国家合作机制、中国—阿拉伯国家合作论坛、中非合作论坛等现有合作框架。

三、加强与创新金融发展合作机制

（一）普惠金融发展合作

为了促进包容性增长，普惠金融是当前国际社会对金融业的新要求。在普惠金融特别是数字普惠金融方面，中国有不少经验可以分享。为此，建议成立"一带一路"普惠金融发展委员会，总结普惠金融最佳实践，交流普惠金融经验，建立普惠金融培训和普惠金融发展技术援助基金。

（二）绿色金融发展合作

中国已经发起了不少合作机制。绿色金融合作要义在于通过市场化的手段来促进绿色发展。继续发挥绿色金融合作网络的作用，推进"一带一路"绿色金融合作。除在所有投融资合作中体现绿色发展理念之外，更需要开发绿色金融产品，通过市场化的手段来促进绿色发展。

（三）保险业发展合作

保险业在分散"一带一路"贸易、投资、人文往来等活动的风险方面起着不可估量的作用。在发挥现有保险业合作机制的基础上，可以成立"一带一路"保险业协会，加强保险公司合作，进行监管协调。应推动成立保险合作，成立巨灾保险，建立"一带一路"再保险合作机制。"一带一路"沿线是自然灾害频发的地区，据统计，亚洲的巨灾数量占到全球巨灾的三分之一。这些自然灾害往往具有较强的外部性，仅靠一个国家的力量不能完全解决，需要建立跨区域的合作机制。

（四）证券业发展合作

首先，证券监管部门、交易所应加强合作，建立协调机制，加强交易规则、交易技术的趋同。其次，推动交易所走出去，推动相关国家证券市场发展。最后，创新跨境交易、跨境产品及其他金融产品，如将绿色金融、普惠金融、互联互通等结合起来创新产品。

（五）建立金融发展合作机制

金融服务能力和服务效率的提高既能促进相关国家的经济发展，同时也会有助于保持金融体系的稳定性，还有利于降低企业在当地的融资成本，促进贸易与投资合作，而金融便利性的提升还有助于人员的往来和创造更好的营商环境。相应地，促进金融部门发展的合作既是实现包容性增长增强的前提，也是促进"一带一路"各方面合作特别是金融合作的基础。

提高金融发展水平一方面需要继续深化各国金融部门改革，另一方面也需要改善金融基础设施。中国在推进金融改革、促进金融发展、改善基础设施方面积累了丰富的经验。中国在银行清算体系、证券市场的基础设施水平、以银联和互联网支付为代表的新兴支付体系的发展、促进实体经济发展的金融创新能力和金融科技能力等方面都有明显的优势，在发展普惠金融方面已经进行了不少有益的探索。总之，中国有能力为共建"一带一路"国家的金融发展作出贡献。

为此，中国应当积极建立与共建"一带一路"国家的金融发展合作机制，在如下方面加强合作：

一是加强金融基础设施建设合作。金融基础设施建设是一项投入大、周期较长的工作，但一旦建成，就会使该国金融走上发展的快速路。同时，金融基础设施具有路径依赖特征，一旦应用便难以轻易放弃。一旦我国参与建设，就会使双方的技术标准、政策更加一致，从而有利于开展之后的金融交易和金融合作。此外，金融基础设施的实施，还可以带动中国金融 IT 技术的出口。当前，一些共建国家正需要发展自己的各类金融市场和金融交易。中国应当积极介入，因为中国的金融技术和金融基础设施建设可能更加适合这些国家。

二是加强金融科技合作。从金融业态发展来看，中国在金融科技等新型金融业态和业务模式上有独特的优势，这些基于移动互联网的金融技术正在影响着中国的传统金融业，中国在金融科技方面有一定的优势。中国可以帮助共建国家分享中国发展金融科技的一些经验和技术。

三是加强人才培养和技术援助。中国目前已经在金融基础设施建设、金融改革设计与推进、金融产品与金融交易方面积累了明显的优势，可以考虑加强对沿线金融发展较弱的国家提供人才培养和技术援助。为此，应发挥现有培训机制的作用，并扩大培训内容和培训范围，创新培训方式，加强培训的组织和协调。

第五章 "一带一路"能源合作机制构建

2013年11月,党的十八届三中全会提出,推进丝绸之路经济带、海上丝绸之路建设,形成全方位开放新格局。建设"一带一路"是以习近平同志为核心的党中央应对全球形势深刻变化、统筹国内国际两个大局作出的重大战略决策。随着后危机时代国际能源争夺日趋激烈、全球能源市场格局波动加剧,中国的能源安全与发展面临复杂的国际环境,而共建"一带一路"国家的能源资源对中国能源安全具有极为重要的战略意义。加强"一带一路"框架下的能源外交,对于维护我国能源安全、促进"一带一路"区域经济社会可持续发展无疑具有非常重要的战略意义。

第一节 全球能源合作发展趋向

进入21世纪,在经济全球化深入发展、国际格局和国际秩序剧烈变动、全球金融危机爆发、地缘政治格局深刻调整、低碳革命蓬勃兴起等多种因素的共同作用下,国际能源合作形势出现一系列新的趋势。为了营造惠及世界各国的发展环境和安全环境,国际社会面临着共同的任务:稳定国际能源合作形势,营造新型国际能源秩序,应对各种能源安全挑战,推动互利共赢的国际能源合作,促进低碳革命的深入发展。

一、能源国际合作地位凸显

能源历来是人类文明的先决条件，人类社会的一切活动都离不开能源。人类所消耗的一切产品都体现了能源的消耗，人们对物质需求的不断增长和精神生活的改善，都意味着人均能源消耗需求的增加。对一个国家来讲，能源是经济增长和社会发展的重要物质基础。能源供应来源受到威胁将直接影响国民经济发展和国家安全。

能源国际合作是随着国际能源活动的开展而产生和发展起来的。随着国际能源贸易日益扩大、国际能源竞争日益激烈，国际能源活动开发与贸易的外交特性凸显。特别是在20世纪的东西方冷战中，能源经济外交在世界主要国家总体外交中的地位迅速攀升，成为两极对抗的重要领域。[1] 20世纪，人类社会经济迅速发展，占世界人口15%的发达国家陆续实现了工业化和现代化，但消耗了全球60%的能源和50%的矿产资源。进入21世纪后，占世界人口85%的发展中国家将陆续实现工业化和现代化。如何解决日益严峻的人口、资源、环境与经济快速增长的矛盾，是人类发展需要解决的问题。21世纪以来，国际石油价格持续走高，年均价从2001年每桶20多美元上升至2008年每桶147美元，持续时间之长、涨幅之高前所未有。预计未来的油价可能持续高位波动，为能源消费国乃至全球能源贸易体系增大压力。

随着全球化的发展，包括能源资源安全在内的非传统安全威胁日益突出；全球能源资源具有有限性和分布不均衡性，而输出国在国际能源资源活动中处于有利地位，发达国家控制国际能源资源和主要能源输送网络，并对国际市场能源定价拥有较强的影响力。上述因素使得能源合作在国家安全中的地位更显重要，保证国家的经济安全既是国家安全战略面临的重大任务，也是能源合作必须面对的重大课题。

二、共同能源安全渐成共识

冷战结束后，随着美苏两极对峙格局的瓦解，总体看，传统性军事安全挑战对世界和平与稳定的威胁明显下降。与此同时，人类面临的非传统安全

---

[1] 参见：日兹宁《国际能源：政治与外交》，强晓云译，华东师范大学出版社，2005。

挑战日益突出，能源安全挑战即是其中之一。非传统安全挑战具有全球性，需要国际社会共同应对。在此大势作用下，共同能源安全渐成国际社会的共识。①

首先，经济全球化导致世界各国的能源安全相互依存增大。世界各国的经济联系更加紧密，国际能源市场更加不可分割。建立世界和地区能源集体安全体系，健全全球性能源生产、运输和价格协调机制，成为确保全球能源共同安全的根本途径，国际能源领域出现竞争为"竞合"（竞争与合作）所取代的新趋势。

其次，气候变化成为世界各国必须共同应对的非传统安全挑战。温室气体排放不断增多，异常气象灾害频频发生，生活在同一星球上的人类面临着气候变化的共同挑战，联手遏制全球气候变暖成为世界各国加强能源合作的重要推动力。共同应对气候变化的时代要求，日益成为影响世界能源关系的重大因素。

正是在上述背景下，世界各国"全球能源共同安全"的意识普遍增强。越来越多的国家认识到：全球能源安全具有不可分割性，本国的能源安全只有在全球能源共同安全的基础之上才能实现；全球能源资源的地理分布极不均衡，必须在全球范围内通过广泛的能源合作实现资源的优化配置与互补；遏制他国的能源发展、破坏他国的能源安全，最终将危害本国的能源政治和能源经济利益；应对气候异常变化的艰巨任务尤其需要世界各国共同努力。

三、新兴国家地位获得提升

国际能源格局的变动与世界格局由单极加速向多极演变的大趋势存在联动关系，同时还受到国际能源权力、开发重心、需求重心转移的重大影响。

在国际能源开发格局方面，随着中亚、非洲、拉美地区能源经济的崛起，传统上以中东海湾、北美为中心的能源开发格局加速向着世界多个地区竞相发展的"多中心格局"转变。进入21世纪，随着西方主要工业国相继步入后工业化时代，经合组织能源消费开始呈现缓慢下降的态势，北美能源日趋独立，而以中国和印度为代表的亚太油气市场的国际地位显著上升。2008

---

① 王海运：《当前的国际能源外交形势》，《紫光阁》2011年第6期，第21—23页。

年，以中国、印度为代表的亚太区域能源消费为39.82亿吨油当量，占世界能源消费的35.3%；经合组织能源消费为55.01亿吨油当量，占世界能源消费的48.8%。2014年，亚太区域能源消费提高到53.35亿吨油当量，占世界能源总消费比例也提升到41.3%；而经合组织能源消费降低到55亿吨油当量，占世界能源消费的比例也降低到42.5%。[①]

全球能源供应格局另一个重大变化是美洲大陆油气生产的崛起。受页岩气革命的推动，美国的石油和天然气产量持续增加。据BP世界能源统计的数据，2008年美国原油产量为3.02亿吨，占世界石油总产量的7.6%；北美石油产量为6.12亿吨，占世界石油总产量的15.3%。2014年，美国原油产量提升为5.20亿吨，占世界石油总产量的12.3%；北美石油产量为8.67亿吨，占世界石油总产量的20.5%。2008年，美国天然气产量为5708亿立方米，占世界天然气总产量的18.6%。2014年，美国天然气产量为7823亿立方米，已经成为全球最大天然气生产国，占世界天然气总产量的21.4%。根据《BP世界能源统计年鉴》2020年的统计，2019年，美国原油产量为7.47亿吨，占世界总产量的16.7%，居世界第一位。[②]

国际能源格局的变动目前仅仅处在初始阶段，现行国际能源秩序是以美国为首的西方发达国家营造与主导的，资源国仍然拥有一定优势，新兴大国、亚太国家在国际能源关系中的地位日益提升。随着世界多极化、经济全球化进程的加速，国际社会要求建立新的国际能源秩序的呼声强烈，同时推动建构新的国际秩序包括国际能源秩序。新的国际能源政治中心不断出现，新的国际能源活动规则加快形成。国际能源权力开始部分从西方大国向能源资源国和新兴大国转移，国际能源秩序严重失衡的局面开始向着发达国家与发展中国家特别是新兴大国的权益相对平衡的方向发展。

四、能源合作机制化态势显著

国际能源的博弈由来已久，围绕国际经济秩序的斗争即发轫于能源领域，而能源外交的主要内容之一是建立并维护国际谈判的机制。国际社会正是在

[①] 佀世刚：《中国能源安全与周边国家的能源合作关系研究》，《改革与战略》2016年第8期，第31—34页。

[②] "BP Statistical Review of World Energy," June 2020, https://www.bp.com/content/dam/bp/business-sites/en/global/corporate/pdfs/energy-economics/statistical-review/bp-stats-review-2020-full-report.pdf.

不断发展的能源安全观的直接指引或驱动之下，先后形成了不同类型的能源合作机制。

20世纪六七十年代出现的以欧佩克为代表的能源输出国机制和以国际能源机构为标志的能源进口国机制，实际上都是建立谈判机制的反映。欧佩克成立的首要任务是加强输出国的团结，以维护其石油利益，实施限产保价，确保能源主权以及持续稳定地获得能源出口利益。能源消费国则联手成立国际能源机构，实施各类石油进口替代措施以制衡、抑制欧佩克在石油国际贸易中的比较优势，对欧佩克出口国构成需求安全的威胁。两次"石油危机"后，各种形式的国际能源组织及相关合作逐步发展。发达国家加紧建立集体能源安全体系，国际能源署应运而生。能源出口国结成的欧佩克等机构进一步发挥作用，维护能源出口权益。

20世纪八九十年代之后，在合作的能源安全观的指引之下，除原有的能源生产国合作机制与能源消费国合作机制悄然转型以外，有关能源的区域性制度安排亦纷纷出现。其中，能源宪章协定、北美自由贸易协定（能源专章）成为翘楚。比之贯穿着片面能源安全观的单方面的能源合作机制，以合作、双赢为特征的区域性能源合作机制向前迈了一大步，从总体上提高了能源安全的保障效率。一时之间，能源宪章协定、北美自由贸易协定之类的区域安排似乎成为解决能源安全问题的范式与潮流。

纵观21世纪以来的世界能源形势，能源安全问题越来越明显地呈现出全球性特点。一方面，能源安全保障也逐渐由国别保障、集团合作、区域保障向全球性能源安全对话与合作方向转变。另一方面，能源消费国、输出国及运输枢纽国的相互依赖进一步加深，在有关国家、组织间展开的多层次能源合作，也为推进全球能源安全对话与合作奠定了基础。能源安全保障观念的更新，世界能源安全体系的构建，正处于一个新的阶段。中国倡导的"互利合作、多元发展、协同保障"的新能源安全观与中国的"和平发展""构建和谐世界"的对外政策主张一脉相承。

诚然，新能源安全观是一种带有浓郁理想主义色彩的国际能源战略理念。它能否贯彻实施，取决于国际社会对于全球能源问题能否达成共识，进而形成相应的全球性能源合作机制、建成全球性能源安全保障体系。换言之，新能源安全观对能源合作机制提出了新要求，呼唤新型的全球性能源合作机制。联合国等重要国际组织都高度重视能源安全的全球性影响，与各种国际能源组织一道，倡导并推动能源合作。更多的国家开始认识到能源活动全球化发展的趋势及各国利益相互依赖，重视增强能源合作。在国家、地区和全球范围内保障国际能源安全的问题已经被提到国际能源合作的首位。各种国际能源机制的发展一定程度上强化了国际能源秩序的机制化，有利于促进全球能源合作安全。

五、新能源成为能源合作重要领域

当今世界，能源、环境和气候变化问题已经成为全球最高政治会晤的首要议题和博弈重点。在全球气候变化挑战下，国际上对能源关注焦点逐步发生重大转变，世界各国在能源使用上延伸到新能源、能效和节能等低碳清洁能源领域，形成低碳和低碳发展相适应的生产方式和消费模式。[①] 根据国际能源署的分析，在全球的能源消费结构中，新能源的占比在2035年将提高到将近30%。

核能、风能、水电等新能源地位上升，以往以石油为中心的能源博弈可能转化为以新能源为中心的能源博弈。欧美发达国家积极发展新能源产业，建立低碳的能源系统。据欧委会公布的《2020可再生能源目标进展报告》，2014年可再生能源在欧盟全部能源消费中的占比为15.3%，欧盟及其成员国正在迈向实现20%的目标。2015年，美国总统奥巴马宣布了《美国清洁电力计划》。到2030年，美国发电厂碳排放目标将在2005年的基础上减少32%，这一举措将对美国风力、太阳能以及其他新能源的发展产生巨大影响。作为世界主要能源消费国和二氧化碳排放国，中国逐步增强在世界气候变化和新能源发展中的参与能力和引导作用，树立负责任大国形象。2014年，中国核能、水电和可再生能源在能源一次消费中比例为10.85%，相比2008年上升了3.46个百分点。2015年，中国在巴黎气候大会上承诺：2030年单位国内生产总值二氧化碳排放比2005年下降60%—65%，清洁能源占一次能源消费比重达到20%左右。

能源低碳化的趋势也在推动国际能源秩序发生重要变化。未来国际能源

---

① 成思危：《新能源与低碳经济》，《管理评论》2010年第6期，第4—8页。

领域的斗争与合作，相当大程度上将围绕新能源的技术标准、贸易规则及其管理制度展开。率先占据清洁发展制高点的国家必将成为世界经济技术发展的领头雁。能源低碳化的趋势还关系到世界经济和人类生存环境的未来。清洁发展对于造成生存环境急剧恶化的人类自身，可以说是"一种自省后的救赎"。因此，清洁发展正在成为越来越多国家可持续发展的新型经济模式。清洁发展的主要方向是节能减排、新能源与可再生能源的研发、智能电网的开发，以及低碳生活方式的推广。其中，新能源技术的研发对保障21世纪世界经济的可持续发展更具革命性意义。

第二节 "一带一路"建设中的能源合作机制现状

"一带一路"建设的能源合作机制包括亚太经济合作组织能源合作、东亚峰会能源合作、10+3能源部长对话机制和上合组织能源合作等。

一、亚太经济合作组织能源合作机制

亚太经济合作组织（Asia-Pacific Economic Cooperation——APEC，简称"亚太经合组织"）是亚太地区重要的经济合作论坛，也是亚太地区最高级别的政府间经济合作机制。APEC成立之初是一个区域性经济论坛和磋商机构，经过三十几年的发展，已逐渐演变为亚太地区重要的经济合作论坛，也是亚太地区最高级别的政府间经济合作机制。它在推动区域贸易投资自由化、加强成员间经济技术合作等方面发挥了不可替代的作用。

亚太经合组织诞生于全球冷战结束的年代。20世纪80年代末，随着冷战的结束，国际形势日趋缓和，经济全球化、贸易投资自由化和区域集团化的趋势渐成为潮流。同时，亚洲地区在世界经济中的比重也明显上升。在此背景下，1989年1月，澳大利亚总理霍克提议召开亚太地区部长级会议，讨论加强相互间经济合作问题。1989年11月，澳大利亚、美国、日本、韩国、新西兰、加拿大及当时的东盟六国在澳大利亚首都堪培拉举行了亚太经合组织首届部长级会议，标志着这一组织正式成立。1991年11月，亚太经合组织第三届部长级会议在韩国首都汉城（现称首尔）举行，会议通过《汉城宣言》，

正式确立了这一组织的宗旨和目标，即"为该地区人民的共同利益保持经济的增长与发展；促进成员间经济的相互依存；加强开放的多边贸易体制；减少区域贸易和投资壁垒"。

亚太经合组织采取自主自愿、协商一致的合作原则，所作决定必须经各成员一致同意认可。亚太经合组织的组织机构包括领导人非正式会议、部长级会议、高官会、委员会和专题工作组等。其中，领导人非正式会议是亚太经合组织最高级别的会议。2018年，亚太经合组织贸易额为24万亿美元，占世界总量的61%；该区域吸引外商直接投资8386亿美元，占全球外商直接投资的64.6%。[①] 这一组织在全球经济活动中具有举足轻重的地位。自成立以来，亚太经合组织在推动区域和全球范围的贸易投资自由化和便利化、开展经济技术合作方面不断取得进展，为加强区域经济合作、促进亚太地区经济发展和共同繁荣作出了突出贡献。

（一）亚太经济合作组织能源合作发展历程

APEC各个经济体之间能源合作的诉求在APEC成立之初就有所体现。1989年召开的APEC第一次部长会议认为，应就基本的能源供需前景、能源政策、优先发展领域、能源使用对环境的影响等情况加强地区交流。随着APEC框架内多边合作领域的扩展及合作程度的深化，APEC能源合作不断推进，能源合作机制逐渐完善，合作实践日益多样化。[②]

APEC能源合作的进程可分为3个阶段，即能源合作的缘起（1989—1995年）、能源合作的机制化（1996—2006年）以及能源合作的深化（2007年至今）。早在1989年APEC第一次部长会议上，能源、环境等问题就被确定为合作领域，这是APEC会议最早提到能源合作。1990年召开的第二次部长会议确定了地区能源合作的宗旨，即为亚太地区高级决策者交流各类能源发展问题提供方法和平台。之后，围绕这一目的形成了6个具体的议题：能源趋势的信息交流、供需展望、能源节约和效率、研究和发展、环境因素及能源技术转让。据此，APEC能源工作组（EWG）开展了搜集各经济体能源供需数据、

---

① 耿楠：《APEC贸易投资自由化：进程、挑战与展望》，《国际贸易》2020年第3期，第63—72页。
② 许勤华、王红军：《亚太经合组织多边能源合作与中国》，《现代国际关系》2010年第2期，第34—39页。

建立地区能源数据库等基础性工作。

在能源合作的缘起阶段，几次APEC部长会议提出并讨论了一系列能源议题，如1993年西雅图会议的"安全平衡的能源供给及合理的能源利用对保持地区经济发展和环境保护的重要性"、1994年茂物会议的"能源消费、转换中效率的提高、减轻能源的环境后果以及日本提出的3E目标"、1995年大阪会议的"建立亚太能源研究中心（APERC）的倡议、召开APEC能源部长会议的倡议以及通过多种途径促进能源部门的投资"。能源工作组配合相关倡议，通过了许多原则性的纲领。这一阶段APEC能源合作的主要特征是：部长会议负责确定能源合作的方向，指导能源工作组的工作；能源工作组则沿着部长会议确立的方向，尝试开展了一系列基础性工作。

在能源合作的机制化阶段，为了对APEC能源领域的工作进行全面、专业的指导，并促使各成员重视本地区经济社会发展过程中凸显的能源问题，1996年8月，在澳大利亚悉尼召开的APEC第一届能源部长会议研究了APEC未来15年的能源与环境态势，商定非约束性的"共同政策目标"，通过了《能源：我们的地区、我们的未来》宣言。该宣言认为，亚太地区将成为21世纪全球经济增长的主要推动力，满足日益增长的能源需求并缓解能源消耗带来的环境压力已成为本地区充分发挥经济增长潜力的关键。为此，能源部长们在以下5个方面达成了政策共识：以扩大供给、提高能效和促进开放市场作为能源保障的主要手段；改善规制体系，吸引企业界对电力基础设施的投资；通过综合性措施减轻由于能源供应和使用的增加所造成的环境影响；通过能源标准方面的合作，降低企业的能源投资成本；以共同能源政策的指导性原则作为各国能源政策的参考。会议还强调应加强能源技术、节能技术、环境技术的交流和有关人力资源开发。

在能源合作的深化阶段，面对日益增长的能源需求以及日益严重的能源环境问题，能源安全、气候变化等逐渐成为国际社会的热点议题，APEC领导人非正式会议等机制对此给予了更多关注。APEC能源合作实践稳步推进，涉及能源效率与节能合作、新能源及可再生能源合作、能源运输及基础设施合作、能源信息和数据共享、能源供给中断应急机制、清洁化石能源技术等方面。

（二）亚太经济合作组织能源合作主要进展

APEC 能源部长会议是亚太经合组织各经济体在能源效率与节能、新能源及可再生能源、能源运输及基础设施建设等诸多方面合作的平台。面对日益增长的能源需求以及日益严重的能源环境问题，新能源发展和合作成为 APEC 能源部长会议的重要议题。①

第八届亚太经济合作组织能源部长会议通过了旨在保证能源安全并实现可持续发展的《达尔文宣言》。宣言指出，在新能源合作方面，在满足能源需求的同时减少对环境的影响，需要各成员加强在提高能源使用效率、发展更清洁和更高效能源的技术、吸引更多能源投资和促进跨界能源贸易等方面的合作。在《达尔文宣言》推动下，2007年在悉尼召开的第十五次 APEC 领导人非正式会议将"气候变化""能源安全"和"清洁发展"作为主要议题，获得广泛讨论。会议就上述议题专门发表了《亚太经合组织领导人关于气候变化、能源安全和清洁发展的宣言》。在宣言中，各经济体的领导人认为，"经济增长、能源安全和气候变化"是 APEC 区域面临的基础性且具内在关联性的挑战，并表示将采取广泛而有力的行为，确保满足区域经济发展的能源需求，同时关注环境质量、减少温室气体排放。此外，会议还通过了 APEC 行动议程，设计了一系列倡议和规划以落实领导人共识，主要包括：强调提高能源效率的重要性，计划到2030年（2005年作为基年）实现 APEC 范围内能源强度降低至少25%；建立亚太能源技术网络（Asia-Pacific Network for Energy Technology，简称 APNet），加强区域能源研究合作；加强在环境商品和服务、航空运输、替代能源和低碳能源的使用、能源安全等方面的合作。

亚太经合组织第九届能源部长会议于2010年4月在日本福井市召开，本次会议的主题是"通往能源安全的低碳之路：以能源合作促进 APEC 可持续发展"，中国、美国、俄罗斯和日本等21个经济体的能源部长参加了会议。本次会议重点讨论了加强亚太地区能源安全合作、提高能效、更加清洁利用化石燃料、促进可再生能源和核能发展、智能电网技术、低碳城镇示范项目等方面的议题。会议通过了亚太经合组织第九届能源部长会议福井宣言，通

---

① 许勤华、王红军：《亚太经合组织多边能源合作与中国》，《现代国际关系》2010年第2期，第34—39页。

过中国和日本共同倡议的APEC低碳示范城镇项目,并确定天津滨海新区于家堡金融区作为首例低碳示范城镇。

2011年9月13日,亚太经合组织交通能源部长会议在美国旧金山召开,美国能源部部长朱棣文、交通部部长雷·拉胡德共同主持会议。此次会议的主题是"亚太经合组织交通领域的低能耗、低碳可持续发展",旨在推动交通领域替代燃料的发展,促进节能与提高能效。[①] 中国国家能源局副局长吴吟率团出席会议。来自APEC 21个经济体的交通和能源部长及企业、科研机构的130多名代表出席会议。会议通过了《亚太经合组织面向低能耗、低碳、可持续交通未来迈进的行动计划》。会上,吴吟介绍了中国在低碳城镇、生物燃料和电动汽车等领域的发展现状,面临的机遇和挑战,并呼吁APEC各经济体加强在上述领域的交流与合作。会议期间,吴吟与美国能源部部长助理大卫·桑德罗就中美在APEC框架下的能源合作,尤其是煤炭合作进行了广泛深入的探讨。会议代表介绍了各自通过提高可再生能源比例、提高能效、完善城市规划和出台激励政策等措施促进交通领域实现低能耗、低碳可持续发展的情况,讨论了宜居社区在减少能源使用和碳排放方面的潜力,探索了为减少交通行业对石油燃料的依赖而开发和推广环境友好型、可持续性生物燃料和电动汽车的时机,并就企业创新能效货运最新举措的典型做法开展了交流,达成了新的共识。

2012年6月25日,亚太经合组织第十届能源部长会议在俄罗斯圣彼得堡召开,会议以"亚太地区的能源安全:新的挑战和战略决策"为主题。来自APEC 21个成员经济体的能源部长、相关国际能源机构代表共100多人出席了会议,并还通过了APEC第十届能源部长会议圣彼得堡宣言——《能源安全:挑战和战略选择》。会上,中国国家能源局副局长吴吟介绍了中国的能源发展情况和有关政策,特别是在节能减排和低碳发展等领域的现状、取得的成绩及面临的机遇与挑战,并对加强APEC地区能源合作提出了"推进节能减排提效、发展绿色低碳能源、推动能源科技创新、解决全球能源贫困"4项建议。与会各经济体就能源政策、能源展望、"能源安全倡议"短期和长期举措、

---

① 《亚太经合组织交通能源部长会议召开》,国家能源局网站,2011年9月15日,http://www.nea.gov.cn/2011-09/15/c_131139349.htm。

能源贸易与投资、节能提效、天然气与核电等方面进行了广泛的讨论，并达成多项共识。主要包括：提高能效，发展天然气、核电、可再生能源等清洁能源，促进能源贸易与投资，有助于确保APEC地区能源安全，促进经济发展，减少温室气体排放；APEC将继续研究分析和推进碳捕获、利用和封存（CCUS），超超临界（USC）和整体煤气化联合循环发电（IGCC）等先进的清洁煤技术，提高燃煤电厂效率等。

2014年9月，亚太经合组织第十一届能源部长会议在北京举行。本次会议围绕"携手通向未来的亚太可持续能源发展之路"主题，就加强能源安全和促进亚太地区能源投资和贸易、提高能源效率和发展可持续社区、促进清洁能源资源开发和化石能源的清洁化利用四大议题广泛交换了意见，达成了一系列重要共识，并发表了《北京宣言》。与会各国同意积极促进APEC各经济体在可再生能源领域开展全面深入合作，消除任何可能延缓可再生能源技术进步和行业发展的贸易保护和限制措施，并重申"到2035年亚太地区总能源强度将比2005年降低45%"的目标，各成员经济体在低碳城镇发展的理念、技术、发展和建设经验方面加强务实合作。强调清洁能源供应将继续成为推动可持续发展、确保能源安全、应对气候变化的工作重点，提出各成员国应加强合作，不断推动可再生能源技术创新，同时支持安全高效地发展核电。

二、东亚峰会框架下的能源合作

在全球化背景下，一国或地区的能源安全往往与国际能源安全形势紧密相连。能源问题是东亚地区面临的主要经济安全困境，可以说大多数东亚国家都面临这一问题。由于东亚能源自给水平低且油气消费量远远超过生产量，因此对外依存度不断提高。能源需求激增和对中东市场依赖增强是当今东亚能源安全面临的主要困境。

20世纪80年代中期以来，东亚地区对能源的需求呈现普遍增长的新特点，地区性需求取代过去个别国家需求（此前主要是日本）。目前，东亚最大的能源进口国是中、日、韩三国，它们分别为全球石油消费第二、第三和第五大国。目前，东南亚尚有一些国家是能源出口国，从总体看，东盟国家已经逐渐成为石油进口国。考虑到未来能源需求稳步增长的发展趋势，东盟石油进口进一步增长的态势还将继续下去。在东亚地区，现实和潜在的能源供给基地包括陆地和海上两部分：俄罗斯的远东和西伯利亚，东南亚的印度尼西亚、文莱、越南等国家和东海、南中国海的海上油气资源。但由于勘探开发资本不足和区域合作不畅等原因，目前东亚区域内巨大能源供应潜力尚未得到有效开发，不断增长的能源消费需求往往舍近求远，从区域外寻求供应。亚洲消耗的石油占中东出口总量的近60%，中日韩三国约有75%的进口石油来自中东，大大高于美国和欧洲的比例。可见，东亚能源不仅对外依存度高，而且严重依赖遥远而动荡的中东地区，石油进口的经济和政治风险较大。

（一）东亚峰会能源合作机制提出及建立

东亚峰会（East Asia Summit，简称 EAS）概念最早由马来西亚前总理马哈蒂尔于2000年提出。2002年第六次10+3领导人会议通过《东亚研究小组最终报告》，"推动10+3领导人会议向东亚峰会演变"是报告提出的9项中长期措施之一。在东盟推动下，首届东亚峰会于2005年12月14日在马来西亚吉隆坡举行，东亚峰会由此启动。

东亚峰会能源合作始于2007年第二届东亚峰会，会议通过了《东亚能源安全宿务宣言》[①]，并在东亚峰会框架下建立了能源部长会议机制。在新能源合作方面，宣言强调通过强化有关能效和节能计划、利用水力、扩大可再生能源系统和生物燃料的生产或利用以及在有兴趣的国家开发民用核能，减少对传统燃料的依赖。宣言还确定了新能源合作的具体措施，包括：

- 在强调空气污染和温室气体排放问题的同时，推动更为清洁和更低排放的技术，以实现矿物燃料的持续、经济使用；
- 鼓励生物燃料的使用，共同努力促进更为自由的生物燃料贸易，制定用于发动机和机动车的生物燃料标准；
- 通过创新融资机制提高可再生和可替代能源的效力并降低其成本；
- 鼓励采取共同行动，加大探寻新能源和可再生能源及技术的力度，包括生物燃料的研发；

---

① 《东亚能源安全宿务宣言》，中华人民共和国外交部网站，2007年1月15日，https://www.fmprc.gov.cn/web/gjhdq_676201/gjhdqzz_681964/dyfheas_682566/zywj_682578/t575770.shtml。

- 促进煤炭清洁使用、清洁煤技术的开发和旨在减缓全球气候变化的国际环境合作。

近年来，因自然环境受到破坏和全球变暖而导致的干旱、洪涝等自然灾害日益频繁，气候变化问题以及环境的可持续性问题等逐步成为世界各国共同关注的热点。2007年11月21日，第三届东亚峰会于新加坡举行，包括中国在内的16国领导人签署并发表了《气候变化、能源和环境新加坡宣言》。本次东亚峰会讨论的主题是气候变化问题，体现了东亚为共同促进地区应对气候变化，推动建设一个和谐发展、清洁发展、可持续发展的东亚作出的努力。在该宣言中，16国领导人承诺：加强在气候变化、能源和环境等领域的合作。在新能源合作方面提出联合研发低排放技术，更清洁地利用石油资源，以提高能源利用效率，同时采取具体措施发展生物燃料等再生和替代性能源。

（二）东亚峰会能源合作主要进展

第三届东亚峰会能源部长会议于2009年7月29日在缅甸曼德勒举行，会议发布《第三届东亚峰会能源部长会议联合声明》，声明强调增加使用清洁能源包括新能源和可替代能源（比如生物燃油），并提升本地区新能源国际合作。声明称，各国代表就国际金融危机对东亚地区能源价格的波动造成的影响交换了看法，呼吁能源生产和消费双方加强对话与合作，强调国际合作对于保证能源安全和可持续供应尤为重要。各国承诺继续加强合作，提高能效，增加使用清洁能源，包括可再生能源和生物能源，加强地区能源市场的一体化建设。为此，各国需要在能源产业链的整个环节加强投资，并增加数据与信息交换。考虑到能源市场一体化是个长期的目标，各国认为消除障碍、确保能源市场的开放与竞争性贸易十分重要。中国代表团团长、国家能源局副局长刘琦在会上发言，他认为，作为世界主要能源生产国和消费国，中国政府十分重视在东盟和东亚峰会框架下的能源合作，将积极参与和推进在能源安全、石油市场、石油储备、节能与能效、能源市场一体化等领域的合作，为亚洲地区和世界能源安全以及可持续发展贡献力量。

在东亚峰会能源部长会议框架下，2014年，中国能源局和东盟能源中心打造了"东亚峰会清洁能源论坛"。2014年8月，第一届东亚峰会清洁能源论坛由国家能源局和东盟能源中心主办，来自美国、澳大利亚、马来西亚、泰国等东亚和东盟10多个国家和地区的能源管理部门领导及科研机构、企业、金融机构、行业组织代表近480人参会，并举办核电论坛、光伏论坛、生物质能论坛、电力论坛、清洁煤论坛、智慧能源城镇论坛等活动。第二届东亚峰会清洁能源论坛于2015年11月召开，以"共建绿色能源网络，服务经济社会发展"为主题，提出了"探索建立绿色能源网络"的倡议。倡议提出探讨域内国家开展合作新思路，实现区域能源互联互通，优化区域资源配置，平等互信、合作共赢、携手并进，共同促进本地区清洁能源发展，为应对全球气候变化和驱动本地区经济社会可持续发展贡献智慧和力量。

三、东盟能源合作

东南亚国家联盟（Association of Southeast Asian Nations—ASEAN，简称"东盟"），其前身是马来亚（现马来西亚）、菲律宾和泰国于1961年7月31日在曼谷成立的东南亚联盟。1967年8月7日—8日，印度尼西亚、泰国、新加坡、菲律宾四国外长和马来西亚副总理在曼谷举行会议，发表了《曼谷宣言》，正式宣告东南亚国家联盟成立。东南亚国家联盟成为政府间、区域性、一般性的国家组织。1967年8月28日—29日，马、泰、菲三国在吉隆坡举行部长级会议，决定由东南亚国家联盟取代东南亚联盟。20世纪80年代后，文莱、越南、老挝、缅甸和柬埔寨先后加入东盟。截至2018年，东盟十国总面积449万平方公里，人口约6.49亿，国内生产总值（GDP）约为2.93万亿美元，是一个具有相当影响力的区域性组织。

建设一个环保、可持续发展的绿色新东盟，已成为东盟各国的普遍共识和一致行动。最近几届的东盟峰会就气候变化、能源和环境问题进行了认真探讨。2007年11月，第十三届东盟首脑会议将气候变化问题作为主题之一，签署了《东盟环境可持续发展宣言》等两个文件，表明了东盟国家对环境保护的承诺以及同国际社会共同应对气候变化的决心。"绿色东盟"初露端倪。2010年4月，第十六届东盟首脑会议通过了《东盟经济复苏和可持续发展联合声明》和《东盟应对气候变化联合声明》，进一步奠定了"绿色东盟"的坚实基础。同时，东盟各国从规划、投资、赋税减免等方面对绿色经济予以积极扶持。比如，新加坡推行全国再循环计划，40%的垃圾可再循环使用；成立"洁净能源署",投入7亿美元资助绿色能源研发。泰国大力推进为期15年的绿色能源生产计划,开发含醇汽油、生物柴油、风能、太阳能等新能源,努力成为居巴西之后的世界第二绿色能源生产大国。其他东盟国家也采取发展绿色经济的有效措施,如印尼的保护森林赚钱计划、菲律宾的生物乙醇替代汽油计划、文莱的能源节制计划等。

中国与东盟国家有着丰富的新能源与可再生能源资源,在该领域的开发利用方面,各国都积累了较为丰富的成果和经验,为在这一领域开展深层次的合作奠定了良好基础。[①] 2002年签署的《中国与东盟全面经济合作框架协议》将环境和能源列入中国与东盟双方合作领域。2002年,中国与东盟签署《农业合作谅解备忘录》,双方的农业合作进入全新发展阶段,特别是中国与东盟开展了农村能源合作,对探讨推动亚洲地区农村清洁能源机制建立具有特别重要的意义。2008年,中国环境保护部与东盟秘书处联合启动了《中国—东盟环境保护合作战略》,该战略选取了公众意识和环境教育、环境标志与清洁生产合作两个合作领域作为基础内容。在2009年10月第十二次中国与东盟领导人会议上,国务院总理温家宝建议"尽早通过《中国—东盟环保合作战略》,加强在生物多样性保护、生态保护、清洁生产、环保产业、新能源和可再生能源等领域的合作"。2009年6月26日,"中国—东盟新能源与可再生能源开发利用国际科技合作论坛"在中国昆明举行,来自中国和东盟国家的百余名政府官员及专家与会,推动新能源与可再生能源的合作发展成为参会人员的共识。论坛主要就太阳能、生物质能等可再生能源领域技术和产品的开发应用进行了研讨,了解各国的政策措施,分享彼此在该领域开发利用的技术成果。

东盟与中日韩(10+3)能源部长对话机制是中国与东盟、日本和韩国开展新能源合作的重要平台。从2003年起,中日韩与东盟之间就开始了能源对话与合作,并在10+3内设立了"亚洲能源合作工作组",而可再生能源和清洁型替代能源的发展和合作逐渐成为10+3能源部长会议的重要议题。2009年第六届10+3能源部长会议和第三届东亚峰会能源部长会议在缅甸第二大城

---

① 吴崇伯:《东盟国家绿色清洁能源发展及其与我国的合作》,《广西财经学院学报》2010年第5期,第1—5页。

市曼德勒举行，中国国家能源局副局长刘琦在会议上发言强调，作为世界主要能源生产国和消费国，中国政府十分重视10+3和东亚峰会框架下的能源合作，将积极参与和推进在能源安全、石油市场、石油储备、节能与能效、能源市场一体化等领域的合作，为亚洲地区和世界能源安全以及可持续发展贡献力量。与会部长们就目前各成员国、地区和全球性的能源问题进行了交流，回顾了10+3和东亚峰会两个框架下的能源合作项目进展情况，并对未来工作计划进行了审议。会议还发表了《第六届东盟+3能源部长会议联合声明》，声明强调了清洁能源发展机制取得的进展和合作计划，赞赏东盟能源中心和韩国能源管理公司在清洁能源发展机制方面进一步提升合作。关于核能，部长们同意发展民用核能作为一种满足本地区进一步的能源需求，同时认为应确保其安全和不扩散。

随着中国—东盟自由贸易区的如期建成，中国与东盟新能源领域合作开发迎来新的契机。2010年4月初，中国—东盟环境保护合作中心成立，搭建了中国与东盟绿色合作平台。大湄公河次区域有关各方携手建立环境合作机制，海洋环境保护、跨境生态安全、热带雨林保护、泛北部湾环境保护等合作不断深入。中国与东盟国家还发挥各自优势，开展了清洁能源、节能环保等绿色产业的互利合作。例如，中国与泰国共同组织实施了面向东南亚、南亚地区建筑太阳能系统研发与示范国际科技合作项目。2014年以来，基于中国—东盟技术转移中心合作平台，中国与越南、缅甸、老挝等国就太阳能等领域的技术转让达成多个协议。2015年6月，中国与东盟能源中心签署合作协议，共同推动设立中国—东盟清洁能源能力建设中心，帮助东盟进行相关领域的能力建设和核电人才培训。

四、上海合作组织能源合作

上海合作组织于2001年6月15日在上海正式成立，前身是"上海五国"会晤机制。2001年6月14日至15日，"上海五国"元首在上海举行第六次会晤，乌兹别克斯坦以完全平等的身份加入"上海五国"。2014年9月12日，上海合作组织成员国一致通过《给予上海合作组织成员国地位程序》和《关于申请国加入上海合作组织义务的备忘录范本》修订案，标志着正式打开本组织扩员之门。2017年6月9日，印度和巴基斯坦正式成为上海合作组织成员。这也是上合组织首次扩员。

上合组织成立以来，取得了显著的合作成绩，国际影响力和区域凝聚力明显增强。2017年上合组织正式成员由6国扩大为8国后，其人口占世界比例从25%上升到44%；总面积由3016.79万平方公里扩大到3384.34万平方公里，占整个地球面积的四分之一；在全球GDP占比由15%增加至近25%。[①] 上合组织作为欧亚地区乃至全球人口最多、幅员最广、潜力巨大的区域性国际组织，整体实力和国际影响力均大大增强。预计到2030年，上合组织成员国GDP总额将占世界的35%—40%。[②]

（一）上合组织的能源资源禀赋

在上合组织成员国和观察员国中，因人口数量和经济发展速度的差异，表现出既有能源资源丰富、能源生产相对较多的国家，如俄罗斯、伊朗、哈萨克斯坦和乌兹别克斯坦等；也有清洁能源相对较少，而能源消费又较多的国家，如中国、印度。因此，上合组织无论在组织内部开展能源资源的互补合作，还是在有成员国和观察员国共同参与的解决世界能源市场问题、落实联合国"千年发展规划"和气候变化框架公约等重大国际活动中，都有充分物质基础和发言权。

2016年，上合组织国家的石油储量总计约为232亿吨，占世界总储量的9.64%；石油年产量为8.89亿吨，占世界石油总产量的20.28%。这些国家的年石油消费量总计为7.281亿吨，占世界石油消费总量的17.9%。而上合组织国家中的中国和印度，石油消费量就占到该组织消费总量的70.9%。上合组织国家清洁燃料天然气的储量十分丰富，但资源分布很不均匀。这些国家的天然气储量总计59万亿立方米，占世界总量的31.62%；天然气年产量为9364亿立方米，占世界总产量的26.37%，这些天然气主要分布在世界天然气储量居第一的俄罗斯。在上合组织国家中，非清洁常规燃料煤炭的产量和消费量均占世界总量近一半。其中，煤产量占世界第一位的中国，其年消费量已占到世界总量的50.6%。不难看出，上合组织国家间能源资源和消费数量的差异和

---

① 邓浩：《新时期上海合作组织与全球治理》，《国际问题研究》2020年第3期，第75—91页。
② 王韬钦：《上合组织促进区域经济一体化的行动逻辑》，《新疆大学学报（哲学·人文社会科学版）》2021年第2期，第49—57页。

地理上的相互接近，是加强能源合作的重要前提和基础。

表5-1　2016年上合组织能源储量及产量

类别	储量	占世界比例	产量	占世界比例
煤炭	5292亿吨	46.44%	2214百万吨油当量	60.55%
石油	232亿吨	9.64%	8.89亿吨	20.28%
天然气	59万亿立方米	31.62%	9364亿立方米	26.37%

数据来源："BP Statistical Review of World Energy," June 2017, https://www.calculators.io/statistical-review-of-world-energy。

（二）上合组织能源合作进展

上合组织是我国建立周边睦邻友好带、战略稳定带和经济合作带的重要依托，而上合组织多边能源合作既包括能源资源国，又包含能源消费国和能源过境国，是一种新型合作机制。[1] 面对气候变化，推动清洁能源应用，为成员国经济发展提供多元化的能源解决方案，是上合组织新能源合作重要内容。

2003年9月，上合组织成员国经贸部长第二次会议商定，成立经贸部长会议高官委员会和有关方面的专业工作组，为区域经济合作各项目标实现提供了机制保障。同时，经高官委员会多轮磋商，各方商定了包括贸易和投资、海关、质检、交通、能源、信息等11个领域、127个项目的《上合组织成员国多边经贸合作纲要》的"措施计划"草案，该草案初步确定的新能源合作项目共5项。

2008年10月，上合组织成员国第七次总理会议修订了《〈上海合作组织成员国多边经贸合作纲要〉落实措施计划》，与会各国提出"应集中力量开展为成员国相互贸易和投资创造稳定和可预见的条件，强化市场机制；提高能源利用率，开发清洁能源和技术，利用可再生能源，保障能源安全等方面的合作"。在新能源领域提出开发清洁能源和技术，利用可再生能源等方面的合作，合作内容包括中国与上合组织其他成员国的水电设施建设合作；开发非传统性可再生能源，用以作为获得电力的来源；研究共同拟订建设、改造、

---

[1] 王海运：《关于上海合作组织能源合作的思考》，《西安交通大学学报（社会科学版）》2008年第1期，第54—56页。

更新能源项目的投资计划,及解决其融资问题。

2009年6月16日,上海合作组织成员国元首理事会第九次会议在俄罗斯叶卡捷琳堡举行,中国国家主席胡锦涛在会上发表了重要讲话。成员国元首共同签署了《上海合作组织成员国元首叶卡捷琳堡宣言》等重要文件。与会成员国就应用创新技术、节能技术和可再生能源技术达成共识,并提出上合组织成员国以保障经济、稳定、安全、清洁的能源供应为共同合作目标。

2013年9月,上海合作组织成员国元首理事会第十三次会议在吉尔吉斯斯坦首都比什凯克举行,中国国家主席习近平在上合组织元首理事会提出"成立能源俱乐部,协调本组织框架内能源合作,建立稳定供求关系,确保能源安全,同时在提高能效和开发新能源等领域开展广泛合作"。会议发表《上海合作组织成员国元首理事会会议新闻公报》,公报提出切实落实《2012—2016年上海合作组织进一步推动项目合作的措施清单》和《上海合作组织成员国多边经贸合作纲要落实措施计划》。其中,《上海合作组织成员国多边经贸合作纲要落实措施计划》涵盖贸易和投资、海关、质检、交通、能源、信息等11个领域,共127个项目,而能源合作项目为15项,包括上合组织成员国石油、天然气、水电和基础设施等领域。

2013年11月29日,中国国务院总理李克强出席上海合作组织成员国第十二次总理会议,同与会各国领导人就促进上合组织框架内多领域合作、加强上合组织建设等深入交换意见,达成广泛共识。李克强总理在会上提出,应推进上合组织成员国间的生态和能源合作;共同制定上合组织环境保护合作战略,建立信息共享平台;完善能源合作机制,深化能源生产、运输、加工等合作,在核电等新能源领域开展合作。与会上合组织成员国总理和观察员国、对话伙伴国代表在发言中赞同李克强总理提出的倡议,积极评价中国为推动上合组织成员国合作和本组织建设等发挥的重要作用。各成员国一致同意加强上合组织成员国之间的战略协作,推进本组织机制建设,扩大成员国与观察员国和对话伙伴国的协调配合,加强地区互联互通建设,深化经贸、能源、金融等领域的务实合作,密切人文交流,携手应对安全挑战,维护地区和平稳定,促进共同发展。会议发布了《上海合作组织成员国政府首脑(总理)理事会第十二次会议联合公报》,提出要切实落实《〈上海合作组织成员国多边经贸合作纲要〉落实措施计划》和《2012—2016年上海合作组织进一步推动项目合作的措施清单》。会议同时提出积极推动保障上合组织地区社会经济稳定发展的合作项目,切实积极协作,包括完善投资项目融资保障机制,同上合组织成员国实业界和金融机构建立直接联系,并通过《关于成立上海合作组织开发银行和上海合作组织发展基金(专门账户)下一步工作的决议》。该协议将有利于保障上合组织成员间的能源资源进出口安全,促进上合组织成员国间能源资源开发和油气管道建设的投资力度,有助于实现上合组织成员国间能源产业资本与金融资本的优化融合。

2014年,上合组织成员国政府首脑理事会第十四次会议提出,依据《上海合作组织成员国多边经贸合作纲要》及其落实措施计划、《2012—2016年上海合作组织进一步推动项目合作的措施清单》,继续在能源,包括利用可再生和可替代能源领域开展全方位互利合作,支持深化环保领域合作,促进向低碳发展转变,进一步减少或限制温室气体等有害气体排放,降低能耗。2015年,习近平主席在上合组织乌法峰会上指出,提升上合组织能源合作,加强能源政策沟通,推进清洁能源和可再生能源的互利合作。会议通过《上海合作组织成员国元首乌法宣言》,并批准《上海合作组织至2025年发展战略》,提出上合组织与丝绸之路经济带建设、欧亚经济联盟建设互相推动、互相融合,继续深化能源领域合作。

五、中国—海湾合作委员会能源合作

海湾阿拉伯国家合作委员会(Gulf Cooperation Council,简称"海合会")成立于1981年,成员国包括阿联酋、阿曼、巴林、卡塔尔、科威特和沙特阿拉伯。其成立的很重要背景是苏联入侵阿富汗和两伊战争,所以海湾安全问题面临非常紧迫的威胁。海合会发展到今天,已经由单纯的集体安全组织变为政治、经济和军事一体化的组织。特别是近几年来,海合会谋求经济一体化发展,已经在全球经济和金融领域扮演了非常重要的角色。海合会所在海湾地区是全球石油中心,其石油储量接近全球石油储量的50%。除了在能源领域扮演重要的角色,海合会成员国在伊斯兰世界、阿拉伯世界和国际金融领域也是一个新兴的力量。

目前,中国与海合会6个成员国都建立了外交关系,高层互访频繁,政治关系的不断加深为中国与海合会国家的经贸合作奠定了坚实的基础。中国同海合会国家之间的关系，特别是在20世纪90年代以来呈现加速发展的态势。据中国商务部统计，1999—2005年，中国与海合会六国的双边贸易额年均增长超过40%，2008年已经突破了800亿美元，比1991年的15亿美元扩大了近53倍。中国的石油供应接近50%都来自海合会国家，所以它已经成为中国重要的贸易、政治、能源伙伴。自2008年以来，金融危机引发的经济危机开始在全球蔓延，石油价格也从147美元/桶左右的高位大幅下挫。2020年3月以来，布伦特原油价格一度跌至20美元以下。这对海合会国家的经济产生了深刻的负面影响，同时也为进一步加强中国和海合会国家的经贸与能源合作提供了契机。石油领域的合作是中国与海合会国家经贸合作的重要内容。海合会国家的已探明原油储量占世界总储量的42%，原油产量占世界总产量的22%；天然气储量占世界总储量的23%，天然气产量占世界总产量的8%，卡塔尔、沙特、阿联酋的天然气储量分居世界第三至第五位。2011年以来，卡塔尔的LNG出口量维持在1000亿立方米的高位，一直居于世界首位。

2010年6月4日，中华人民共和国和海湾阿拉伯国家合作委员会战略对话首届部长级会议在中国北京举行。会议由中国外交部长杨洁篪和海合会部长理事会轮值主席国科威特国副首相兼外交大臣穆罕默德·萨巴赫·萨利姆·萨巴赫共同主持，海合会下任轮值主席国阿拉伯联合酋长国外交事务国务部长安瓦尔·穆罕默德·卡尔卡什和海合会秘书长阿卜杜拉赫曼·本·哈马德·阿提亚出席。中国国家副主席习近平会见了海合会代表团一行。双方在亲切、友好的气氛中就中国—海合会关系及共同关心的国际和地区问题深入交换意见，达成广泛共识。双方一致认为，近年来，中国—海合会关系不断发展，并取得丰富成果。启动战略对话机制有利于进一步深化互信、加强互利合作、促进双方在国际组织内的磋商与协调。双方强调愿意继续加强在各领域的合作。双方对中国—海合会首轮战略对话取得的成果表示满意，并签署了《中华人民共和国和海湾阿拉伯国家合作委员会成员国关于战略对话的谅解备忘录》。

2014年1月17日，中国—海湾合作委员会第三轮战略对话在北京举行，中国外交部长王毅和海合会时任轮值主席国科威特第一副首相兼外交大臣萨巴赫共同主持。战略对话结束后，双方签署了《中华人民共和国和海湾阿拉伯国家合作委员会成员国战略对话2014年至2017年行动计划》，并发表了

《中华人民共和国和海湾阿拉伯国家合作委员会第三轮战略对话新闻公报》。[①]

2022年1月11日，中国国务委员兼外交部长王毅在江苏无锡同海湾阿拉伯国家合作委员会秘书长纳伊夫·本·法拉赫·本·穆巴拉克·哈吉拉夫举行会谈，双方就中海关系及共同关心的国际和地区问题友好、深入地交换意见，达成广泛共识。双方对中海关系发展水平感到满意，认为加强中海合作符合双方根本和长远利益。双方一致同意：尽快建立中海战略伙伴关系，进一步拓展双边合作领域，提升务实合作水平，应对当前挑战，实现共同发展，服务共同利益；尽快签署中海战略对话2022—2025年行动计划，为双方合作开辟新的前景、拓展更多领域；尽快完成中海自由贸易协定谈判，建立中海自由贸易区，提升贸易自由化、便利化水平，统筹推进双方经贸利益。

第三节 "一带一路"框架下我国能源合作机制的进展与挑战

在国际格局大变动、国际秩序大调整的背景下，中国政府利用时代发展的新机遇，在能源领域充分合作，创造双赢乃至多赢的局面，能源合作获得积极进展。但同时也面临一些制约因素的挑战。

一、"一带一路"框架下我国能源合作机制的新进展

在"一带一路"倡议下，中国提出以能源合作取代能源竞争，坚持互利互惠的原则，能源国际合作获得积极进展，具体体现在双边能源合作成果显著和区域能源合作逐步深化。

（一）双边能源合作成果显著

在"一带一路"倡议下，中国与中东、中亚地区主要国家的外交关系良好，中国与俄罗斯等国家正在深入合作，以便建立起稳定的双边能源关系；中国努力促进中东和平，以便稳定中东能源供应管道；中国与东盟、南亚各

[①] 《中国—海湾合作委员会第三轮战略对话在北京举行》，中华人民共和国中央人民政府网站，2014年1月18日，http://www.gov.cn/jrzg/2014-01-18/content_2569920.htm。

国的能源合作也进展顺利。中国正在形成自己的能源外交体系，以便中国经济更加深入全球分工体系（见表5-2）。

表5-2 共建"一带一路"中国能源双边外交主要成果

主要合作方	主要成果
中国和沙特阿拉伯	《中华人民共和国和沙特阿拉伯王国关于建立全面战略伙伴关系的联合声明》《中国国家能源局与沙特阿卜杜拉国王核能及可再生能源城关于可再生能源合作的谅解备忘录》《中华人民共和国政府与沙特阿拉伯王国政府关于共同推进丝绸之路经济带和21世纪海上丝绸之路以及开展产能合作的谅解备忘录》
中国和俄罗斯	《中俄关于深化全面战略协作伙伴关系、倡导合作共赢的联合声明》《中俄总理第二十次定期会晤联合公报》《中俄能源合作委员会第十二次会议纪要》《中俄东线天然气合作项目备忘录》《关于通过中俄西线管道自俄罗斯联邦向中华人民共和国供应天然气领域合作的备忘录》《中国石油天然气集团公司与俄罗斯天然气工业公司关于经中俄西线自俄罗斯向中国供应天然气的框架协议》《中华人民共和国与俄罗斯联邦关于丝绸之路经济带建设和欧亚经济联盟建设对接合作的联合声明》
中国和中亚国家	《中哈关于进一步深化全面战略伙伴关系的联合宣言》《中华人民共和国和哈萨克斯坦共和国联合宣言》《中塔关于天然气管道建设运营的合作协议》《中塔天然气管道有限公司创建协议》《吉尔吉斯政府与中古天然气管道公司的投资协议》
中国和南亚、东盟国家	《中巴经济走廊能源项目合作的协议》《中华人民共和国和印度共和国关于构建更加紧密的发展伙伴关系的联合声明》《中印尼全面战略伙伴关系未来规划》

能源合作是中国和沙特等中东国家"一带一路"合作的坚实基础。沙特的石油储量和产量连续多年高居世界第一位，2016年其石油储量为366亿吨，占世界储量的15.6%；石油产量为5.86亿吨，占世界总产量的13.4%。[①]沙特连续多年是中国的全球第一大原油供应国。2015年，中国从沙特进口原油5055万吨，占中国当年进口原油总量的15.4%。中沙积极构建长期稳定的

---

① "BP Statistical Review of World Energy," June 2017, https://www.calculators.io/statistical-review-of-world-energy.

能源战略合作关系。2014年沙特王储兼副首相萨勒曼访问中国时，习近平主席提出欢迎沙特参与丝绸之路经济带和21世纪海上丝绸之路建设，并以能源合作为支柱，打造更为紧密的伙伴关系。2016年1月，习近平主席访问沙特，双方签署《中华人民共和国和沙特阿拉伯王国关于建立全面战略伙伴关系的联合声明》《中国国家能源局与沙特阿卜杜拉国王核能及可再生能源城关于可再生能源合作的谅解备忘录》[1]，中沙将加强发展战略对接，共同推进丝绸之路经济带和21世纪海上丝绸之路建设的框架内深入合作，并加强能源政策协调，提高能源合作水平，打造长期稳定的中沙能源合作共同体。

中俄是世界主要能源消费国和生产国，能源合作互补优势明显。俄罗斯是全球性能源资源大国，2016年其石油和天然气产量都高居世界第二位，分别占世界总产量的12.2%和16.3%。[2] 作为世界第二大经济体，中国经济快速增长，对能源资源需求持续旺盛，这为双方能源合作提供了新机遇。中俄双方以总理定期会晤机制为平台，能源合作进入全面战略伙伴阶段。2014年以来，中俄先后签署《中俄东线天然气合作项目备忘录》《关于通过中俄西线管道自俄罗斯联邦向中华人民共和国供应天然气领域合作的备忘录》《中国石油天然气集团公司与俄罗斯天然气工业公司关于经中俄西线自俄罗斯向中国供应天然气的框架协议》等多项重大能源合作协议。2014年5月，中俄签署了总价值4000亿美元的天然气供气协议。根据协议，从2018年起，俄罗斯开始通过中俄天然气管道东线向中国供气，输气量最终达到每年380亿立方米，累计30年。[3]

中国与中亚各国能源合作不断丰富和深化，成为丝绸之路经济带建设的重要举措。中国和哈萨克斯坦强化能源战略伙伴关系，双方积极推动原油管道扩建，以及中哈天然气管道一期扩建（C线）和天然气管道二期（别伊涅乌—巴

---

[1] 《习近平同沙特阿拉伯国王萨勒曼举行会谈　两国元首共同宣布建立中沙全面战略伙伴关系》，新华网，2016年1月20日，http://news.xinhuanet.com/world/2016-01/20/c_1117828230.htm；《国家能源局：中沙签署可再生能源领域合作谅解备忘录》，每日光伏新闻网，https://www.pv-tech.cn/news/The_National_Energy_Bureau_in_the_field_of_renewable_energy_signed_a_memor。

[2] "BP Statistical Review of World Energy," June 2017, https://www.calculators.io/statistical-review-of-world-energy。

[3] 《中俄签30年天然气供应协议　合同额达4000亿美元》，人民网，2014年5月22日，http://energy.people.com.cn/n/2014/0522/c71661-25048784.html。

佐伊—奇姆肯特）建设。中国和土库曼斯坦打造全方位能源合作格局，共同推动土库曼斯坦阿姆河右岸天然气田二期开发项目、加快"复兴"气田二期建设，并开展油气加工、炼化合作以及清洁能源领域合作。中国和乌兹别克斯坦达成《天然气管道D线企业间协议》、中国和吉尔吉斯斯坦签署《吉尔吉斯政府与中吉天然气管道公司的投资协议》、中国和塔吉克斯坦签署《中塔天然气管道有限公司创建协议》，共同打造中亚天然气管道这一西部油气战略通道。

中国与南亚、东盟国家能源合作进入快速发展阶段。2014年11月，中国和巴基斯坦签署以能源和基建项目为主体的《中巴经济走廊能源项目合作的协议》，协议总金额高达280亿美元，确定了14个优先实施能源项目，涵盖油气管道工程、能源设备采购、煤电一体化和能源项目融资。作为能源消费大国，中国与印度在能源和环境领域面临共同的困境和挑战。2015年9月，中印签署《中华人民共和国和印度共和国关于构建更加紧密的发展伙伴关系的联合声明》，双方进一步深化在清洁能源技术、节能、能效、可再生能源以及民用核能等领域的务实合作。中国和印尼以"中国—印度尼西亚能源论坛"为平台，开展形式多样的能源合作，两国签署《中印尼全面战略伙伴关系未来规划》，加强中印尼海陆油气资源开发、炼化、储存以及煤炭领域合作，推动中印尼能源合作向更多层次、更宽领域发展。

（二）区域能源合作逐步深化

中国以中阿合作论坛、上合组织峰会、东亚峰会能源部长对话机制为平台，积极加强"一带一路"区域框架下的能源合作，积极保障地区能源安全、促进经济发展的可靠基础。

作为卓有成效的战略合作机制，中阿合作论坛为中国与阿拉伯国家加强能源合作起到巨大推动作用。[①] 在2014年中阿合作论坛第六届部长级会议上，习近平主席提出了中阿双方共建"一带一路"，应努力构建"1+2+3"的合作格局，即以能源合作为主轴，以基础设施建设、贸易和投资便利化为两翼，以核能、航天卫星、新能源三大高新领域为新的突破口。[②] 此次会议签署了

---

① 田文林：《"一带一路"与中国的中东战略》，《西亚非洲》2016年第2期，第127—145页。
② 《习近平出席中阿合作论坛第六届部长级会议开幕式并发表重要讲话》，新华网，2014年6月5日，http://news.xinhuanet.com/politics/2014-06/05/c_1111002498.htm。

《中阿合作论坛第六届部长级会议北京宣言》《中阿合作论坛2014年至2016年行动计划》《中阿合作论坛2014年至2024年发展规划》3个重要文件。在2016年中阿合作论坛第七届部长级会议上，双方同意用共建"一带一路"来指导中阿关系，并签署了《多哈宣言》《中阿合作论坛2016年至2018年行动计划》两项重要文件。在能源领域，中国和阿拉伯国家将加强在石油天然气、可再生能源、能源效率和核能领域的合作，实现互利共赢。

上合组织既包括能源资源国又包含能源消费国和能源过境国，是一种新型合作机制。上合组织能源合作经过确定合作原则和战略、通过具体项目夯实合作基础的阶段，并向机制化方向发展。上合组织成立了经贸部长会议高官委员会和能源合作工作组，为能源外交提供了机制保障。2015年，上合组织成员国政府首脑（总理）理事会第十四次会议提出依据《上海合作组织成员国多边经贸合作纲要》及其落实措施计划、《2012—2016年上海合作组织进一步推动项目合作的措施清单》，继续在能源，包括利用可再生和可替代能源领域开展全方位互利合作，支持深化环保领域合作，促进向低碳发展转变。2015年，习近平主席在上合组织元首乌法峰会上指出，提升上合组织能源合作，加强能源政策沟通，推进跨国油气管道安保合作。会议通过《上海合作组织成员国元首乌法宣言》，并批准《上海合作组织至2025年发展战略》[①]，提出上合组织与丝绸之路经济带建设、欧亚经济联盟建设互相推动、互相融合，继续深化能源领域合作，正在积极筹建的上海合作组织开发银行和发展基金也将为"一带一路"能源基础设施建设提供强大推动力。

中国以10+3能源部长会议机制和东亚峰会能源部长会议机制为依托，加强与东盟各国的能源合作，在包括煤和清洁煤技术应用，可再生能源和东盟能源中心升级等领域合作呈现提速之势。2014年以来，基于中国—东盟技术转移中心合作平台，中国与越南、缅甸、老挝等国就太阳能等领域的技术转让达成多个协议。2015年6月，中国与东盟能源中心签署合作协议，共同推动设立中国—东盟清洁能源能力建设中心，帮助东盟进行相关领域的能力建设和核电人才培训。在东亚峰会能源部长会议框架下，2014年，中国能源局

---

① 《习近平出席上海合作组织乌法峰会并发表重要讲话》，人民网，2015年7月11日，http://cpc.people.com.cn/n/2015/0711/c64094-27287857.html。

和东盟能源中心打造"东亚峰会清洁能源论坛",提出"探索建立绿色能源网络",以绿色能源开发为支撑、能源互联为手段,构建开放、共赢的区域能源生产与消费网络,以促进区域能源基础设施互联互通,为区域能源安全及可持续发展贡献力量。

二、"一带一路"框架下我国能源合作机制面临的挑战

在国际能源格局错综复杂的情况下,我国强化在"一带一路"区域能源格局中的地位和影响力,但是仍面临复杂的地缘政治格局、美欧日等发达国家因素、共建国家能源利益博弈等方面的挑战。

(一)复杂的地缘政治格局

"一带一路"涉及国别与地缘政治经济关系复杂多变,从全球视野看是东西、南北交汇,也是大国争夺资源与全球影响力的博弈焦点。沿线的中东、南亚和东南亚等地区遗留的传统热点问题,以及重要国家围绕领土纠纷的矛盾,给能源外交的进一步深入开展带来了极大的不确定性和复杂性。

中东地区地处重要的地缘和能源要地,一直是世界主要力量博弈的重点地区。自2010年底,被西方媒体称为"阿拉伯之春"的地区动荡横扫西亚、北非地区,对中东地区的地缘战略格局产生重大影响;埃及内乱、叙利亚内战以及伊朗核问题使中东地区格局深度调整。[①] 2013年,伊朗核问题打破十年僵局,六国外长与伊朗外长就伊朗核问题达成协议,挟特殊战略地位和丰富的能源资源,伊朗在中东影响力不断增强。2015年,中东局势发生了历史性的变化,以极端组织"伊斯兰国"(IS)为代表的伊斯兰极端势力在中东异军突起,伊拉克和叙利亚事实上碎片化。也门爆发内战后,沙特领导的阿拉伯国家联盟积极介入,使中东局势更为错综复杂。2016年以来,围绕沙特政府处死什叶派教士尼姆尔,沙特与伊朗更是爆发一场激烈的外交战。[②] 中东的政治博弈继续,宗教与民族矛盾纠葛,伊斯兰教义与世俗力量碰撞,地区大国之间的大博弈以及地区国家间关系的大重组,催生各种不可控因素,中东

---

① Curtis Ryan, "The New Arab Cold War and the Struggle for Syria," *Middle East Report* 42, no.1 (2012): 28-31.
② 唐志超:《地区大国博弈催生中东新格局》,《当代世界》2016年第2期,第24—25页。

动荡加剧将持续影响国际能源市场格局。

中国与东盟建立了"面向21世纪的睦邻互信伙伴关系",但在南海问题上,中国与越南、菲律宾、马来西亚和印尼等国家仍存在矛盾,尤其围绕南海岛礁主权和海域管辖权的争夺,中菲、中越的矛盾最为突出。2009年以来,南海问题中区域外大国因素不断增强。2012年,中菲爆发黄岩岛之争。2013年1月,菲律宾就南海问题向国际海洋法法庭提请仲裁。2014年,中越之间因海上钻井平台引发严重冲突,致使两国关系陷入冰点。2014年5月,缅甸东盟外长会议更发表"南海形势发展共同声明"。[①] 虽然目前中越、中菲关系步入缓和态势,但是南海周边国家对中国的"战略猜疑"上升,南海问题逐渐由领土争议和海域主张争议演变为地缘政治、资源开发和航道管控的博弈。

在南亚区域,与中国相邻的印巴两国因克什米尔问题处于对立状态,围绕克什米尔地区主权问题,印巴曾于1947年、1965年、1971年爆发过3次大规模战争。作为"一带一路"旗舰的中巴经济走廊线路经过克什米尔地区,中国向巴基斯坦投资460亿美元,其中能源和交通是两大重点。2015年,印度总理莫迪在访问中国期间表示"不能接受"中巴经济走廊项目。2016年9月以来,印巴发生了多起严重军事冲突,双方紧张关系不断升级,使中巴经济走廊建设面临重重挑战。

(二)美欧日等发达国家因素影响

随着全球化的发展,包括能源安全在内的非传统安全威胁日益突出,全球能源资源具有有限性和分布不均衡性。"一带一路"沿线中东、里海区域蕴藏的丰富能源资源促使美欧日发达国家加强在这一区域的能源外交,美国提出"新丝绸之路"计划;欧盟制定中亚战略;日本则开展全方位能源外交,以构建有利于本国的能源格局。

2009年奥巴马入主白宫后,首次提出美国要"重返亚洲",将战略重心向亚洲太平洋地区转移。美国出于担心"一带一路"倡议对美国在本地区的影响力构成挑战,积极推行"新丝绸之路"计划,意图在中国的西部、西南部和南部构筑一条由美国主导的经济与能源通道。该计划于2011年7月由美国

[①] 陈相秒、马超:《论东盟对南海问题的利益要求和政策选择》,《国际观察》2016年第1期,第93—106页。

国务卿希拉里提出。2014年10月，美国中亚—南亚事务办公室副助理苏马尔再次强调"新丝绸之路"计划的重要意义。美国"新丝绸之路"计划共分为两个阶段，第一阶段为2011—2013年，主要是侧重于阿富汗与中亚五国油气管道建设；第二阶段为2013年以后，强调"软投资"与"硬投资"相结合，"新丝绸之路"计划继续推进中亚—阿富汗—南亚电力网项目和土库曼斯坦—阿富汗—巴基斯坦—印度天然气管道项目等基础设施建设，推进中亚—南亚资源、贸易的整合与开发。①

2005—2006年俄罗斯与乌克兰之间的"斗气"事件，加快了欧盟在里海—中亚—黑海地区展开能源外交的步伐。2007年，欧盟制定首份系统的中亚战略文件——《欧盟与中亚：新伙伴关系战略》。2009年，欧盟提出包括乌克兰、白俄罗斯、摩尔多瓦、亚美尼亚、格鲁吉亚和阿塞拜疆六国的"东部伙伴关系计划"。2014年8月，欧盟出台《2014—2020年中亚地区指导计划》。2015年6月，欧盟出台《欧盟中亚关系文件》，对2007年战略文件的有效性再次加以肯定，并重申了欧盟对中亚能源外交战略的基本立场以及需要调整和提升的方向。② 以中亚战略为指引，欧盟与土库曼斯坦签署了《能源领域合作谅解备忘录》，启动了建立"跨里海管线欧盟—阿塞拜疆—土库曼斯坦间协定"磋商，意图使天然气资源丰富和国际地位中立的土库曼斯坦成为"南部天然气走廊"计划的理想气源地。欧盟与阿塞拜疆签署了政府间协议，启动跨安纳托利亚天然气管线项目，即建立从东土耳其边境到西土耳其边境的输气管线，该线路起始于阿塞拜疆，目的是输送里海的天然气。

同为东亚邻国的日本是世界第四大石油消费国，其石油和天然气90%以上需要进口。2017年，日本原油进口高达1.68亿吨，液化天然气进口1085亿立方米，是全球最大的LNG进口国。③ 日本积极开展首脑外交和双边磋商，通过政府开发援助、低息贷款等方式大力加强"一带一路"沿线区域的能源外交。日本的能源供应主要依赖中东、东南亚地区。2013年以后，日本分别

---

① Fatema Z. Sumar, "Prospects for Regional Integration in Central Asia," the U.S. Statement Department website, https://2009-2017.state.gov/p/sca/rls/rmks/2014/233577.htm.

② 徐刚：《欧盟中亚政策的演变、特征与趋向》，《俄罗斯学刊》2016年第2期，第17—28页。

③ "BP Statistical Review of World Energy," June 2017, https://www.calculators.io/statistical-review-of-world-energy.

与沙特、阿联酋、阿曼、巴林等国签署了有关石油、天然气开发合作协议。2016年,日本首相安倍晋三访问中东四国时提出"石油共同储备构想",通过提供巨额资金以及展开技术合作等措施,获取沙特的石油优先购买权、阿联酋的长期石油供应合同和科威特的能源稳定供应承诺。东南亚一直是日本能源资源的主要进口来源地之一,日本与区域内的马来西亚、印尼等国家加强能源资源合作,以保证天然气和煤炭进口源的安全。① 随着中东局势混乱和南海局势紧张,日本为分散海外供应风险、促进能源来源多元化,积极开展与俄罗斯和中亚国家的能源外交。2015年10月,安倍晋三访问中亚五国期间,与土库曼斯坦达成涵盖能源基础设施建设在内的180亿美元大单,与哈萨克斯坦达成日本提供合作的哈萨克斯坦核电站建设计划。2016年5月,安倍晋三访问俄罗斯时提出包括能源合作在内的8项合作计划,能源合作内容包括在远东和东西伯利亚地区联合进行油气资源开发、能源生产设施建设、核能和风电等新能源领域合作。

(三)共建"一带一路"国家利益的博弈

共建"一带一路"国家能源资源禀赋不同,既存在俄罗斯、哈萨克斯坦、印尼等能源资源国,又包含印度等能源消费大国,还包括缅甸等能源过境国,在能源政策偏好和能源合作利益诉求方面存在较大差异性。

同为新兴国家的印度,能源消费居世界第三位,能源一直是制约其经济发展的瓶颈。2014年莫迪担任总理以来,印度采取"东干"和"西联"的战略,大力加强能源外交。在"西联"政策框架内,2014年,印度和阿联酋达成协议,推进在印度建立503万吨的战略石油储备。2016年4月莫迪访问沙特期间,双方同意将传统能源关系转向"投资与合资"模式的战略伙伴关系,并签署增加石油勘探投资的协议。2016年5月,印度和伊朗签署"具有重要的里程碑意义"的恰巴哈尔港合作协议,该港口战略意义在于印度绕过由巴基斯坦主导的陆上路线,直接从海上获取伊朗的石油供应,并挑战中国通过投资巴基斯坦瓜达尔港而获得的区域性"控制地位"。"东干"则以印俄首脑峰会为平台,2014年12月,印俄签署兴建12个核反应堆的协议,双方建立联合

---

① 徐梅:《日本的海外能源开发与投资及其启示》,《日本学刊》2015年第3期,第100—119页。

工作组研究建造连接两国油气管道系统方案。2015年，双方就俄罗斯万科尔石油公司23.9%的股权出售以及印度埃萨尔石油公司并购达成协议，而后者协议价格高达130亿美元。

中国同主要能源消费国印度为获得国际油气资源难免会出现一些摩擦和竞争，与主要能源输出国俄罗斯在能源合作方面也存在博弈。尤其是在与亚太的能源合作中，"中国威胁论"在俄罗斯一直比较有市场。俄罗斯担心中国垄断俄石油资产市场，有意识地加剧中、日、印等国对俄能源需求的竞争局面，这种局面的形成对俄罗斯极为有利，可进一步提升其在东北亚地区的政治与经济地位并获取利益的筹码。中国与中亚各国能源合作深化发展，互联互通建设不断取得成绩，俄罗斯对此难免疑虑，担心其主导的欧亚一体化进程受阻。中国与中亚各国达成能源贸易协定、拓展上下游合作领域、加强互联互通建设，都使俄罗斯产生类似担忧。如何在"一带一路"能源合作中与俄罗斯互利共赢、助其充实欧亚经济联盟、避免恶性竞争，是能源外交工作的一个挑战。[①]

第四节 "一带一路"框架下深化能源合作机制的政策建议

2015年10月习近平主席访问英国时指出，"一带一路"是开放、多元、共赢的，欢迎各国共同参与，遵循共商共建共享原则，实现共同发展繁荣。在"一带一路"构想提供的战略支撑和机制保障下，应树立"合作开放、互利共赢"的能源外交观，深化能源合作机制，运用多种合作手段，不断开拓和扩大能源合作领域和空间。

一、树立"合作开放、互利共赢"的能源合作观

在"一带一路"倡议下，中国与各国合作要秉持"和平合作、开放包容、互学互鉴、互利共赢"的理念，全方位推进务实合作。在能源外交方面，这

---

① 杨晨曦：《"一带一路"区域能源合作中的大国因素及应对策略》，《新视野》2014年第4期，第124—128页。

一理念体现在要牢固树立"合作开放、互利共赢"的能源外交观。

"一带一路"能源外交应强调开放与合作，和谐与包容，尤其是摒弃零和博弈甚至对抗的思想。其合作是基于但不仅限于共建国家，也应欢迎其他国家参与共商共建。在中美、中欧间，应充分利用中美战略与经济对话、中美能源对话机制、中欧峰会、中国—欧盟能源合作大会等合作对话机制，将"一带一路"能源合作中涉及中美、中欧双方的重大问题纳入框架内，加强沟通和合作，努力消除误解和分歧。对于中日来说，在能源领域的竞争源自确保石油供应安全以维护各自国家利益，而国家间的共同利益恰恰是国家合作的基础。中日作为全球主要的传统能源进口国，可以通过协调合作，共同解决亚洲溢价问题，两国在节能环保技术转移、防止全球气候变暖方面合作的重要性也日益凸显。

在与共建"一带一路"国家开展能源外交过程中，在重视本国国家利益的同时，更应强调平等互利、合作共赢，在从能源开发到利用的各个环节中加强能源出口国、中转国和消费国、能源消费大国之间的对话与合作。尤其是要重视与俄罗斯深化合作，在双边、多边关系框架下积极协调对中亚合作，共同参与中亚地区能源合作，实现互利多赢。作为能源消费和进口大国，中国可以促使印度积极共建"一带一路"，联合推动形成油气进口国协调机制，并与能源生产国共同建立"一带一路"区域油气市场。中国应积极推动建立和平稳定、公正合理的地区能源新秩序，为"一带一路"沿线区域能源安全和稳定作出建设性的努力。在积极利用合作开放、互利共赢的能源外交理念为本国谋求利益的同时，也为共建国家的经济发展带去机会和利益，促进共同发展。

二、深化能源合作机制，拓宽能源合作领域

在"一带一路"倡议下进一步开展能源外交，要充分发挥区域内的能源合作机制，要以中俄总理定期会晤机制、中哈能源合作分委会、中国和印尼能源合作论坛等双边机制，以及中阿合作论坛、上合组织、10+3能源部长会议机制和东亚峰会能源部长会议机制等多边对话机制为平台，构建共建国家能源合作的组织协调机制，推动共建"一带一路"国家能源政策的协调，深化区域内国家间能源合作与互联互通。

在能源合作领域的选择上，要充分考虑到"一带一路"沿线能源合作复杂性和能源需求多样性的特点，以能源合作为主轴，重点加强中国与沙特、俄罗斯、阿联酋、哈萨克斯坦等国在油气开发、炼油化工、石油装备制造领域的重大合作项目，探索加强能源产能合作运营新模式，打造油气资源勘探开发、管道运输、原油加工、工程技术服务及油品销售于一体的上中下游完整的业务链。加快中亚能源管线、海上丝路能源枢纽、中俄油气管线、中巴能源走廊等重大能源基础设施建设，提升能源基础设施互联互通合作，共同维护输油、输气管道等运输通道安全。逐步扩大与共建"一带一路"国家货币互换规模，形成覆盖共建国家的货币互换网络，强化亚投行、丝路基金等多边金融机构以及沿线各国政策性金融机构的作用，对能源基础设施、资源开发、产业合作和能源金融合作等项目提供更加有力支持。

三、积极发挥地方政府和企业的作用

"一带一路"能源外交新战略的实施，不仅需要首脑外交和政府外交的积极推动，也要充分发挥地方政府、能源企业和科研机构的积极性和创造性。

"一带一路"核心区域涉及我国新疆、陕西、广西、福建、吉林等16个省份，其中15个沿海城市和9个边境省份与一个或多个共建国家接壤，地理上的独特性和丰富性赋予我国地方参与"一带一路"能源外交的良好条件。新疆作为"新丝绸之路经济带"西北门户，与8个国家接壤，同时是中国通向中亚、西亚以及南亚的主要陆路通道。2014年11月，新疆作为国家重要能源基地和能源资源大通道，成立推进丝绸之路经济带能源工作领导小组，并以中国—亚欧博览会、丝绸之路市长论坛为平台，积极加强能源合作，从而为丝绸之路经济带的共建提供重要支撑和发展保障。广西作为中国与东盟唯一海陆相连的省区，以中国—东盟博览会、中国—东盟可再生能源论坛为平台，积极与东盟国家开展能源合作项目，并取得良好进展。东北区域的吉林省参加了东北亚地区地方政府首脑会晤机制，与俄罗斯滨海边疆区、蒙古国中央省就东北亚区域能源的开发和利用进行合作。因此，地方政府作为"次政府外交"的主体，在一定程度上可以淡化合作的政治敏感性，要积极发挥其独特作用，不断拓展能源对外合作领域和空间。

加强民间与学术界的双边国际交流与合作，建立"一带一路"民间或半

官方的能源合作协会（或论坛），定期交流、磋商和研讨地区性的能源问题，加快对一些可行性方案的论证和预研究，努力推进能源合作。积极推进工商业企业和民间力量的参与，在一定程度上可以淡化合作的政治敏锐性，发挥独特作用。能源企业是区域内能源合作机制层面及政府层面的合作协议实施的主体，要大力拓展能源合作范围、渠道和方式，比如在油气勘探、开采、提炼方面，在高效利用能源、环境保护、管道设施和运输等方面，要多管齐下，以经带政，以政促经，逐渐形成良性互动，实现合作共赢。此外，沿线各国能源企业、研究能源问题的机构和专家学者也要通过互利合作，以召开论坛或会议、提供咨询等形式，展开能源领域多层次合作。

四、大力加强新能源国际合作

随着世界经济增长速度的加快，由于煤、石油等化石能源的大规模使用带来了严重的环境问题，气候变化已经与安全、和平政治事务并驾齐驱，成为当前最重要的外交政策问题之一。在新形势下，任何一个国家都难以单独解决能源安全问题，只有通过国际合作才是正确的选择。而新能源作为重要的战略替代能源，对增加"一带一路"区域能源供应、改善能源结构、保障能源安全、保护环境有重要作用。

从新能源合作实践来看，中俄在水电和核能方面有较好的基础，中国与沙特在核能、风电等领域合作还有很大空间，中国和印尼、马来西亚等东盟国家在生物质能领域有良好的合作基础和机制安排。作为世界上最大的发展中国家，中国与印度在新能源合作方面也存在共同的需求和目标。因此可以确定"一带一路"新能源合作的重点领域，应该在新能源政策建设、技术、融资等方面与区域国家进行深入的交流和合作，提高新能源合作的成效；以可持续发展为目标进行新能源技术的联合研发，鼓励区域内新能源产品进出口，加强新能源产业投资合作，逐步扩展新能源合作领域和空间，在符合各方自身利益基础上实现互惠互利和共同发展。对于区域层面的新能源合作，则需要以上合组织、10+3能源部长对话机制为平台，积极开展区域内新能源技术转移、联合研发和产业化等方面的合作，开创互利合作和互利共赢的局面。

第六章 "一带一路"农业合作机制构建

第一节 "一带一路"农业合作与发展前景

共建"一带一路"加速推进了中国参与全球治理体系的步伐,而农业交流和农产品贸易是古丝绸之路得以形成的重要基础,也是共建"一带一路"的重要领域和关键抓手。① "一带一路"区域性农业协同合作具有广阔的发展前景,是共建国家加入世界农业全球化不断深化、融入全球农业资源合作互促互进的共同选择。同时也是我国农业参与全球化进程的主要构成,开展"一带一路"农业合作对我国加强与共建国家经济外交关系具有重要意义。② "一带一路"农业合作发展的广阔前景主要有以下三方面因素:第一,共建国家具有极其富饶的农业资源,可以形成强弱互补的资源格局;第二,共建国家蕴藏着丰富的自然资源,具有显著的农业产能提升空间;第三,共建国家多为人均收入较低的发展中国家,农业占其经济结构的比重较大,开展农业国际合作既符合经济发展需求,也符合强化外交关系需求。

---

① 朱鹏:《中国与"一带一路"国家农业合作的战略选择及实现路径》,《江淮论坛》2020年第3期,第38—43页。
② 刘乃郗、韩一军:《"一带一路"农业合作发展的意义与前景》,《人民论坛·学术前沿》2017年第24期,第127—132页。

一、共建"一带一路"国家农业资源高度互补

共建"一带一路"国家具有极其富饶且各有特点的农业资源，可以在"一带一路"区域形成强弱互补的资源格局优势。部分学者对中国在日本、韩国、俄罗斯、非洲、拉美、格鲁吉亚、中亚等共建"一带一路"国家和地区开展国际农业合作的现状、挑战与前景进行了讨论，大家一致认为，中国的农业资源与产品与上述国家和地区具有显著互补性和合作潜力。[①] 通过相关学者计算出的2000—2017年中国与共建"一带一路"国家主要农产品 RCA 指数可以看出[②]，中国与共建国家农产品的比较优势差异明显，各类农产品的比较优势也是大有不同，具有较强的互补性，农产品贸易发展潜力巨大。

中亚五国的农业以种植业和畜牧业为主。种植业主要集中在粮食、棉花、油料、糖料作物等土地密集型产品，而畜牧业以牛羊养殖为主。其中，畜牧业在农业中占比很高，相当于中国国土面积40%的中亚地区，畜牧草地面积就达到中国的95%，保有牛马羊畜牧量为中国的20%—30%。[③] 原因是因为吉尔吉斯斯坦、哈萨克斯坦等国的居民都是传统的游牧民族，广阔的草原和充足的日照为畜牧业发展提供了良好的基础。其中，哈萨克斯坦平均每头牲畜的牧场面积居世界第一。但同时，这些国家农产品贸易品种较为集中，主要包括棉花、羊毛、蚕丝以及小麦等初级产品[④]。而中国跨越亚热带和温带，气候条件和自然资源多种多样，能够生产各品类农产品，满足世界市场多样化需求，蔬菜、水果等农产品具有明显的成本优势和价格竞争力。

[①] 徐振伟：《日韩海外农业投资的比较及对中国"一带一路"建设的启示》，《经济社会体制比较》2020年第3期，第57—66页；于欣：《"一带一路"倡议下中国企业赴俄罗斯农业投资现状及分析》，《学术交流》2019年第11期，第189页；龙盾等：《"一带一路"建设下中国企业赴俄罗斯农业投资现状及分析》，《世界农业》2019年第9期，第96—103页；叶前林：《中非农业合作的历史发展特征、经验及挑战》，《国际贸易》2019年第10期，第11—18页；张宇、杨松：《"一带一路"背景下中拉农业可持续发展能力评价与合作研究》，《农村经济》2019年第6期，第121—129页；薛海波、吴文良：《"一带一路"倡议下中国对格鲁吉亚农业投资合作探究》，《青海民族大学学报（社会科学版）》2019年第2期，第46—54页；石岚、王富忠：《"一带一路"视域下中国新疆与中亚国家农业合作》，《新疆社会科学》2018年第1期，第59—64页。

[②] 别诗杰、祁春节：《中国与"一带一路"国家农产品贸易的竞争性与互补性研究》，《中国农业资源与区划》2019年第11期，第166—173页。

[③] 根据联合国粮农组织农业统计数据整理，http://www.fao.org/statistics/zh。

[④] 闫琰、王秀东：《"一带一路"背景下我国与中亚五国农业区域合作的重点领域》，《经济纵横》2016年第12期，第67—72页。

南亚农业历史悠久，农业占其国民经济结构的较大比重。该地区农业种植以粮食作物为主，同时也种植棉花、茶叶等经济作物，黄麻和茶叶的产量约占世界产量的一半。同时，印度作为传统农业大国，其可耕地面积居亚洲首位，达到1.2亿公顷，是世界第二大小麦和大米生产国及第四大粗粮生产国。巴基斯坦水果资源丰富，棉花出口是其外汇主要来源。从贸易结合度指数来看，我国与南亚国家的进口贸易结合度逐年攀升，农业贸易关系越来越紧密。

东南亚地区高温多雨的气候特性使其除粮食生产外，还适宜多种经济作物的生产，例如橡胶、棕榈油、蕉麻、咖啡等。泰国是世界上最大的稻米出口国，其出口量约占全球稻米出口量的40%。马来西亚、泰国、印尼的橡胶出口量均居世界前列。印尼是世界最大的棕榈油生产国和出口国及世界第三大热带森林国家。缅甸富产甘蔗、木薯、天然橡胶、棉花、黄麻等热带经济作物，是中国紧缺的战略农业物资。

西亚地区气候干旱，各国主要发展畜牧业与畜产品相关的手工业，同时，西亚地区盛产椰枣、榛子、橄榄油等经济作物。值得一提的是，以色列凭借其居世界前列的滴水灌溉、土壤暴晒、低毒农药等农业技术，保持着较高的农业资源利用率。

中东欧地区农业发展基础较好，拥有大量的可耕地、充足的水资源和丰富的劳动力。其中，俄罗斯是世界上面积最大的国家，农业资源十分丰富，可耕地面积约1.3亿公顷，草场牧场面积约7260万公顷，淡水资源约占全球的20%。然而，近年来，俄罗斯粮食产量不稳定且无法满足自给，每年需大量进口。在全球粮食生产总量中，俄罗斯生产的粮食仅占世界粮食总产量的3.4%，粮食自给率仅为55%，蔬菜、肉类等基本都依靠进口，如果遇到灾荒年，粮食还需大量进口。[①]

东非、北非地区在尼罗河的滋养下，曾是世界农业文明的发祥地之一。农业是该地区各国经济的主要支柱，但机械化和生产率水平较低。埃及是传统农业国，小麦、大米等农产品产量居世界前列，棉花在该国农产品出口中占重要位置。

---

① 根据联合国粮农组织农业统计数据整理，http://www.fao.org/statistics/zh。

因此，由于地理位置和气候特性的差异，中国与共建"一带一路"国家在农产品种植和食品加工业方面具有较强的互补性。[①] 共建"一带一路"国家各具特色的农业资源使得"一带一路"区域能够形成强弱互补的农业合作格局，在农产品贸易方面具有高度互补性[②]，对中国保障粮食安全形成了重要补充[③]，也为"一带一路"的农业合作与构建农业对外开放新格局奠定了基础。

二、共建"一带一路"国家农业资源蕴藏丰富

共建"一带一路"国家地跨五大洲，拥有丰富的自然资源，但由于共建国家缺乏农业科技的基础条件，潜在产能未能得到有效利用。"一带一路"农业合作发展为中国与共建国家开展农产品贸易和农业合作发展带来了极大的发展潜力。

以中亚地区为例，中亚地区具有丰富的土地资源和光热资源，以及高山雪水、河流湖泊等可开发利用的水资源，农牧业生产条件优越，但目前仍有大量可耕地未被利用。哈萨克斯坦全国可耕地面积超过3000万公顷，但农作物播种面积仅为1500万公顷，其耕地利用效率和种植结构仍有至少1500万吨以上的提升空间；乌兹别克斯坦全部2200多万公顷农业用地中，有近500万公顷农业用地利用效率很低；吉尔吉斯斯坦农业用地约占全国土地面积的54%，全国可耕地面积约124万公顷，但由于缺乏成熟的灌溉技术，目前可直接使用耕地仅不到90万公顷。[④]

由于缺乏基础条件，这些潜在产能都不能得到有效利用，而中国具有先进的农业技术、资金、设备与经验，可以开发这些潜在产能。首先，直观来看，中国粮食单产是东南亚的一倍以上，而小麦棉花单产是中亚的一倍以

---

① 孙致陆、李先德：《"一带一路"沿线国家与中国农产品贸易现状及农业经贸合作前景》，《国际贸易》2016年第11期，第38—42页；孙致陆、李先德：《"一带一路"沿线国家粮食发展潜力分析》，《华中农业大学学报（社会科学版）》2017年第1期，第32—43页。
② 何敏等：《中国与"一带一路"国家农产品贸易竞争性和互补性分析》，《农业经济问题》2016年第11期，第51—60页。
③ 王钢、赵霞：《中国粮食贸易变化的新特征、新挑战与新思维——兼论"一带一路"的粮食贸易战略》，《湖南农业大学学报（社会科学版）》2020年第1期，第62—68页。
④ 根据联合国粮农组织农业统计数据整理，http://www.fao.org/statistics/zh。

上。而事实上，中国无论是粮食耕地还是棉花耕地资源，都不如东南亚与中亚地区。由此可见，中亚各国较低的农业机械化程度不能有效利用中亚地区丰富的土地资源和优良的农业气候。例如，土库曼斯坦的农机使用比例仅为3%，乌兹别克斯坦为4%，哈萨克斯坦则为5%。其次，中亚五国在棉花产业链上的技术实力仍有一定欠缺，而中国可以在棉花优质品种的改良升级与培育、优质棉花品种的推广、棉花科学种植技术、棉花病虫害防治、轧花工艺和棉纺技术等方面提供先进的生产设备与经验。[①] 此外，中亚地区降水量较少且水资源贫乏，又属内陆干旱区域。中亚五国农业节水灌溉面积都较少，对农业节水灌溉技术具有极强的需求，而中国在地膜覆盖技术和膜下滴灌技术方面具有较成熟的经验和较高的技术水平，其技术水准已达到世界先进水平。新疆天业集团自主研发的节水灌溉产品及技术已经走进哈萨克斯坦、乌兹别克斯坦和塔吉克斯坦，且得到推广并在塔吉克斯坦大面积的农作物种植地上应用，并使其农作物单产产量提高2—3倍。总的来看，根据学者们对共建"一带一路"66个国家和地区2013年的农业生产技术效率进行的实证分析，大部分国家和地区的农业生产综合技术效率处于较低水平，而中国的农业生产技术效率显著优于这些国家和地区。[②]

综上所述，共建"一带一路"国家在农业生产上由于受到育种技术、灌溉技术和农业机械等因素的制约，不能很好地利用其丰富的自然资源，充分挖掘其农业部门的潜在产能。此外，某些共建国家寻求地缘优势的投资模式使其对国家农业生产要素的利用不全面、不充分。[③] 正因如此，共建国家的农业发展潜能给"一带一路"的农业合作发展带来了巨大空间。

三、共建"一带一路"国家农业发展意义重大

在共建"一带一路"国家中，发展中国家占一半以上，农业产值占其国内生产总值的比例较高（以核心区的中亚地区为例，各国农业产值占GDP比

---

① 关昕、胡志全：《"一带一路"倡议下农业科研单位"走出去"问题研究》，《科学管理研究》2019年第5期，第120—126页。

② 王洋洋等：《"一带一路"沿线国家和地区农业生产技术效率研究》，《统计与决策》2019年第4期，第150—153页。

③ 苏珊珊等：《中国与"一带一路"国家农业投资合作潜力和空间分析》，《亚太经济》2019年第2期，第112—121页。

例为25%—40%），在经济结构中占据重要地位。因此，农业经济的发展对于所有共建"一带一路"国家的国计民生来说都有着特别重要的战略意义，这为共建国家开展农业合作，尤其是为农产品贸易和农业科技合作带来了巨大的发展潜力。

农业是部分共建"一带一路"国家的经济支柱。以中亚地区为例，2019年，在乌兹别克斯坦，农业人口占该国劳动力人口的30%，农业产值约占该国GDP的25%。在土库曼斯坦，农业产值占国内生产总值的20%以上。在塔吉克斯坦，农业是第二大生产部门，产值占国内生产总值的1/3以上，农牧业就业人数占全国就业总人数64%左右。在吉尔吉斯斯坦，农业是主要经济支柱，占GDP总量的35.6%，并吸收了一半就业人口。与共建"一带一路"主要国家近20年的农业贸易成本测算结果表明，中国与沿线主要国家农业贸易成本当量呈现逐渐降低的趋势[1]，这将进一步巩固农业在多数共建"一带一路"国家中作为经济支柱的重要地位。

农业是部分共建"一带一路"国家的社会稳定器。以中东地区为例，大约有45%的农业人口。他们有的直接进行农业生产，有的从事与农业密切相关的工作，因而绝大部分人的经济收入易受农业生产状况和农产品价格的影响。在一些阿拉伯国家，农业占GDP的比例更大，尤其是埃及（农业产值约占GDP的13.5%，农业人口约占总人口的32%）和叙利亚（农业产值约占GDP的17.6%，农业人口约占总人口的17%）。此外，中东地区很多石油输出国也将农业作为吸纳就业人口的重要部门。尽管石油部门为这些国家带来巨额财富，却没有给人们创造足够多的就业岗位，农业仍然是最重要的就业渠道。在伊拉克，农业对GDP的贡献率虽仅为9.7%，却容纳了全国21.6%的就业人口，阿尔及利亚的对应值分别为8.3%和14%。[2]

农业是部分共建"一带一路"国家的经济增长新动能。以俄罗斯为例，引进外国劳动力是俄解决农业劳动力短缺从而找到经济增长新动能的有效举措。俄境内常住人口为1.433亿，其中农业人口约占26%。由于东西部经济发展不平衡，再加上自然气候条件恶劣等因素，大批居民从远东及西伯利亚地

---

[1] 佟光霁、杨伟：《中国与"一带一路"沿线主要国家农业贸易成本测度分析》，《亚太经济》2019年第4期，第38—46页。

[2] 根据世界银行官方网站资料整理。

区向西流动,俄东部地区移民增长率及人口自然增长率不断下滑,这导致该地区农业劳动力缺乏。由于俄农业机械化水平较低,再加上生产资料严重不足,近十年来约有1400万公顷耕地撂荒。与俄相比,中国是劳动力大国,黑龙江省拥有农业种植生产的农村剩余劳动力较多。2019年,黑龙江省农业人口为1466.8万人,约占全省总人口的40%。随着农业机械化及农业合作社的普及,其剩余劳动力逐年增加,可以成为双边农业合作的人力资源保障。[①]

由于农业是很多共建"一带一路"国家重要的经济支柱,是能够吸纳大量劳动力的社会稳定器,也是部分国家驱动经济增长的新动能,所以,共建国家会极其重视农产品贸易、农业科技合作和农业园区建设等跨国农业合作,为"一带一路"农业合作发展提供驱动力。

第二节 "一带一路"农业合作机制化趋势

2017年5月,中华人民共和国农业部、中华人民共和国国家发展改革委员会、中华人民共和国商务部、中华人民共和国外交部四部委联合发布《共同推进"一带一路"建设农业合作的愿景与行动》。该文件为"一带一路"农业合作发展机制作出了顶层设计安排,其框架思路分为以下四个部分:一是加强政府间双边合作;二是强化多边合作机制作用;三是发挥重大会议论坛平台作用;四是共建境外农业合作园区。

一、加强政府间双边合作

政府间的双边农业合作是建设"一带一路"农业合作机制的有力保障,主要体现在两个方面:一是设立两国政府间的农业合作协商机制,以更好地在国家层面上打造高效的对话平台,商讨签订两国之间的农业投资协定,进而增强政府间双边合作的稳定性和持续性;二是与共建"一带一路"国家签署农业合作备忘录或编制农业合作规划,以完成具体农业合作项目的衔接,

---

① 《2019年黑龙江省国民经济和社会发展统计公报》,中国经济网,2020年4月16日,http://district.ce.cn/newarea/roll/202004/16/t20200416_34702654.shtml。

包括农业投资、农产品的关税和检疫检验、农业合作项目的金融信贷支持等内容。截至2020年8月，共有80余个国家与中国签署了"一带一路"农业相关领域合作文件，同时签署多个中长期农业发展合作规划，共建多个境外农业合作园区，这些政府间的双边合作都为推进"一带一路"农业合作发展奠定了坚实基础。①

"一带一路"农业合作发展中政府的双边合作主要通过以下三个步骤分期建设：首先，在初期的主要合作内容为中国政府或亚投行等国际金融机构援助共建国家进行农业基础设施建设，通过资金支持来带动和引导后续的农业合作项目发展。其次，在中期的主要合作内容为加强国家间的农产品畅通以促进农产品贸易的便利化，而贸易的便利化将会激发共建国家的农业企业进行更为丰富的商业往来，例如中俄自由贸易区、中蒙自由贸易区、中国—东盟自由贸易区等。最后，在长期合作阶段中，政府间的双边合作应建立农业经济的一体化模式，即两国能够根据自身的自然资源特点和农业发展模式进行分工协助互补，充分带动两国的农业发展。②

政府间双边农业合作促进了共建国家的农业贸易便利化。一方面，中国与"一带一路"沿线的亚洲36国、欧洲24国、大洋洲8国、拉丁美洲15国、非洲37国都保持了较好的农产品贸易合作。农产品贸易结构涉及谷物、棉花、牛羊肉、蔬菜和水果等初级农产品及乳制品、水产品和农业加工品。而另一方面，农产品不同于工业品，需要较好的保险条件，受到交通运输和仓储设备的基础设施约束。因此，政府间的双边合作显得十分重要。自"一带一路"倡议提出以来，中国已经与大部分共建国家实现了50多种农产品检疫检验的简化准入，降低了农产品的跨境通关时间。例如，中国已与塔吉克斯坦和哈萨克斯坦等中亚国家建立了农产品贸易的"绿色通道"，通关时间减少近90%。③

政府间双边农业合作促进了共建国家的农业直接投资。自"一带一路"

---

① 根据农业农村部对外经济合作中心资料整理，http://www.fecc.agri.cn/gjhz。
② 关昕、胡志全：《"一带一路"倡议下农业科研单位"走出去"问题研究》，《科学管理研究》2019年第5期，第120—126页。
③ 推进"一带一路"建设工作领导小组办公室：《共建"一带一路"倡议：进展、贡献与展望》，新华网，2019年4月22日，http://www.xinhuanet.com/world/2019-04/22/c_1124400071.htm。

倡议提出以来，中国农业对外直接投资规模由2011年的79775万美元增长至2017年的250769万美元。① 农业投资区域也十分广泛，从商务部历年更新的《境外投资企业（机构）备案结果公开名录》可以看出，中国农业对外直接投资的项目主要集中在东亚、东南亚及大洋洲区域，其次集中在中亚、欧洲与非洲。通过共建国家的政府间合作，中国占有优势的农业育种技术、灌溉技术、农业深加工、农业机械能与沿线欠发达国家所拥有的丰富土地和劳动力资源相结合，扩展了沿线各国的农业发展空间。

二、强化多边合作机制作用

强化国际多边合作是建设"一带一路"农业合作机制的核心关键，主要分为以下三个部分：一是充分利用现有的涉农多边机制开展"一带一路"农业合作发展，如二十国集团、亚太经合组织、上海合作组织、联合国亚太经社会、亚洲合作对话、阿拉伯国家联盟、中国—东盟、澜沧江—湄公河合作等；二是深化与国际农业组织机构的交流合作以开展"一带一路"农业合作，如联合国粮食及农业组织、世界动物卫生组织、国际植物保护组织、国际农业发展基金、联合国世界粮食计划署、国际农业研究磋商组织等；三是通过加强与全球及区域开发性金融机构的合作开展"一带一路"农业合作发展，如世界银行、亚洲开发银行、金砖国家新开发银行、亚洲基础设施投资银行、丝路基金合作等。通过以上三方面的多边合作内容，多边合作机制能够积极营造开放包容、公平竞争、互利共赢的农业国际合作环境。

第一，现有的涉农多边机制是协调区域力量开展"一带一路"农业合作发展的重要方式。依托现有多边机制来开展"一带一路"农业合作通常存在以下六个工作方向：一是在原有的大型多边机制架构下设立专门的农业合作中心或农业联合工作组，作为常设执行机构来统一协调"一带一路"区域国家的农业产业发展、农业科技交流和环境生态发展等工作。二是利用多边机制中的调研部门来进行"一带一路"农业合作规划研究，分析共建国家的农业发展环境、投资动态及合作需求，为农业合作提供政策建议。三是利用多边机制强大的跨国协调力量推动各层面的农业合作交流，同时加强各国间农

---

① 根据商务部2013—2018年《中国对外投资合作发展报告》整理。

业合作战略的横向对接与一国内部、省（区市）、县等各级农业部门，以及政府、企业、研究机构等农业合作相关部门间的纵向战略对接。四是优化多边机制中各国农产品的贸易合作，引导农业贸易产品的结构优化设计，提高农产品贸易便利化程度。五是促进多边机制中各国的跨国农业投资合作，协调重点农产品的质量安全标准和生产标准，以降低农业跨国投资壁垒。六是打造重点项目品牌，通过多边机制中的农业专项基金挖掘具有潜力的农业项目，加强在农业技术推广与信息交流、农业技术试验示范与推广、能力建设、农业园区建设、农产品质量与安全合作等领域的合作。

第二，国际农业组织机构的交流合作是国际力量开展"一带一路"农业合作发展的优质资源。国际农业组织机构凭借其高水平的农业研究能力，能够为共建"一带一路"国家的农业合作提供顶级的专业知识和丰富的合作经验。例如，中国农业部国际合作司与联合国粮食及农业组织于2017年共同发布了《中国—联合国粮食及农业组织国别规划框架（2016—2020）》，在此框架下，粮农组织将支持中国与其他发展中国家开展对话、网络交流，分享减贫、粮食和营养安全措施方面的经验，支持联合国可持续发展目标中与粮食和农业有关的目标的实现，同时加强与共建"一带一路"国家的农业合作。[①]

第三，全球及区域开发性金融机构是金融力量开展"一带一路"农业合作发展的重要驱动。"一带一路"农业合作项目大多涉及农业基础设施建设，具有融资规模大和期限长等特点，且往往横跨多国，不能对某个单一国家的经济产生直接效应，限制了政府财政资金投入的积极性。因此，国际开发性金融机构能够以股东国家信用为基础，获得更多的可持续长期资本，能够较好地在获得稳定且低成本融资的基础上为"一带一路"的农业合作项目注入资本金。例如，在首届"一带一路"国际合作高峰论坛上，中国就宣布与世界银行等多边开发机构合作支持"一带一路"项目，同有关各方共同制定"一带一路"融资指导原则。

三、发挥重大会议论坛平台作用

发挥重大会议论坛平台作用是建设"一带一路"农业合作机制的重要纽

---

① 农业部对外经济合作中心：《中国—联合国粮食及农业组织国别规划框架（2016—2020）》摘要。

带，主要体现在以下两个方面：一是利用现有重大会议论坛开展"一带一路"农业合作交流，如中非合作论坛、博鳌亚洲论坛、10+3粮食安全圆桌会议、中国—东盟博览会、中国—南亚博览会、中国—亚欧博览会、中国—中东欧经贸论坛、中国—中东欧进出境动植物检疫暨农产品质量安全合作论坛、中国—阿拉伯博览会等重大会议论坛平台等。二是在"一带一路"国际合作高峰论坛框架下不断建立"一带一路"农业对话机制、农业规划研究交流平台以及关于农业资源、产业、技术、政策的信息共享平台，如"一带一路"乡村振兴国际论坛、"一带一路"生态农业与食品安全论坛、澜湄合作村长论坛、香港"一带一路"国际食品展、"一带一路"生态治理民间合作国际论坛等。

首先，重大论坛会议在开展"一带一路"农业合作中起到重要且稳定的平台作用。论坛会议由于既具备平台性质的交流作用，也具备机制建设的空间，可以形成从官方到民间、从中央到地方、从贸易投资到技术交流、涵盖多领域的多元交流沟通平台。以中国—中东欧经贸论坛和中非农业论坛为例，两个论坛分别于2006年和2000年成立，至今仍然不断完善、不断创新，成为共建"一带一路"国家介绍各国农业现状和发展战略，总结年度合作成果，共同谋划合作路径的重要平台。同时，论坛会议具有不断发展的空间，能够促进参与方不断深化合作。例如，中国—中东欧国家农业合作经贸论坛就衍生出农业部长会议、农业合作经贸论坛和农产品博览会"三位一体"的农业合作模式。[①]

其次，论坛会议在开展"一带一路"农业合作中能起到聚焦某一特定农业领域的作用。由于论坛会议具有较低的设立门槛和十分灵活的创设宗旨，能够聚焦到种植业和畜牧业的细化领域，例如，棉花种植和甘蔗种植等。此外，论坛还涉及农业机械、专家交流、技术示范、农业人才培训、农产品加工等各个领域内的具体合作，利用有限的资源专注具体的农业合作，例如召开"一带一路"生态治理民间合作国际论坛、中国国际薯业博览会、香港"一带一路"国际食品展等。

---

① 农业部对外经济合作中心：《中国—联合国粮食及农业组织国别规划框架（2016—2020）》摘要。

四、共建境外农业合作园区

建立农业合作示范区是"一带一路"农业合作发展的重要抓手。2015年中国发布的《推动共建丝绸之路经济带和21世纪海上丝绸之路的愿景与行动》明确提出，要鼓励通过建设境外产业园区的方式推动共建国家的产业合作，而建设农业合作示范区是推动共建"一带一路"国家农业合作发展的有效途径。现阶段，沿线农业合作示范区主要分布在东南亚、非洲、中亚、俄罗斯及大洋洲几个地区，涉及粮食作物和经济作物的种植、海洋渔业、农作物加工、畜禽养殖等。其中，东南亚、中亚和俄罗斯的园区数量占比达61%，其余大部分位于非洲东部地区。[①] 东南亚的农业合作示范区主要以水稻和热带经济作物种植和加工为主，非洲东部和中亚农业园区的能源园区以棉花种植和加工为主，而俄罗斯远东地区的农业合作示范区主要从事粮食种植和加工，各地区都有一些畜禽养殖合作。以东南亚地区为例，农业合作园区主要信息见表6-1。

表6-1 境外农业合作园区共建情况

园区名称	主导产业	所在国	国内实施企业
柬埔寨稻米产业综合开发示范园	水稻种植加工	柬埔寨	中国农垦（集团）总公司
中国—印度尼西亚聚龙农业产业合作区	棕榈种植加工	印度尼西亚	天津市邦柱贸易有限责任公司
中国—印度尼西亚海洋渔业农业合作示范园区	海洋渔业	印度尼西亚	春申股份有限公司
东帝汶农业产业园	水稻种植加工、水产养殖加工、饲料加工等	东帝汶	袁隆平农业高科技股份有限公司
老挝—中国现代农业科技示范区	品种繁育、水稻种植	老挝	深圳华大基因科技有限公司
中国—印度尼西亚经贸合作园区	农产品加工、机械制造、物流	印度尼西亚	广西农垦集团有限责任公司

---

① 茹蕾等：《"一带一路"农业产业园区建设：趋势特点与可持续发展建议》，《世界农业》2019年第12期，第21—26页。

续表

园区名称	主导产业	所在国	国内实施企业
中柬农业促进中心	种业、粮食种植	柬埔寨	广西福沃得农业技术国际合作有限公司
柬埔寨—中国热带生态农业合作示范区	热带作物种植加工	柬埔寨	海南顶益绿洲生态农业有限公司

资料来源：茹蕾等：《"一带一路"农业产业园区建设：趋势特点与可持续发展建议》，《世界农业》2019年第12期，第21—26页。

建设农业合作示范区是推动"一带一路"农业合作发展由宏观层面的谋篇布局转为实践层面的精耕细作的重要体现。而农业合作示范区发展机制主要为"以国家政策引导为主＋以企业为投资主体＋以市场运作为主要方式＋以技术合作作为重要推手"的"四位一体"模式。

国家政策层面上，国家部委通过加强"五通"建设，顶层设计上为农业合作示范区的建设打通渠道、拓宽领域。同时，地方政府负责根据国内参与企业的具体情况精准施策，找到各省区各企业的农业发展优势，将其对接"一带一路"六大经济走廊农业经济合作，带动农业企业抱团出海。从政府引导的投资合作模式来看，政策积极带动农业发展影响不大的小企业独立经营模式向对农业发展提升影响较大的园区模式转型。[①]

企业建设层面上，往往也是由具有丰富对外农业合作经验的牵头园区企业负责在国家政策扶持下进行园区的初步建设。牵头企业通过对照国家商务部、农业农村部提出的境外农业合作园区的认定标准，评估分析东道国的农业生产环境和土地、市场政策等条件，负责在园区建设初期完成争取政策扶持、园区选址、产业定位、营销渠道搭建等工作。随后，牵头企业要吸引其他"走出去"经验较少的企业进入农业园区的后期建设，并为其提供一系列的包括东道国法律咨询、寻找当地原材料供应链、市场销售渠道扩展等一站式服务。

市场运作层面上，农业合作示范园区通过国内市场和国外市场的市场化

[①] 姜晔等：《"一带一路"倡议下中国与东盟农业投资合作特点与展望》，《世界农业》2019年第6期，第12—16页。

资本运作，疏通上下游产业链，形成"一区多园N基地"的发展格局。"一区多园"的发展模式通过在农业资源丰富的地区建立种植园或养殖场，使仓储物流由"多园"向"一区"供应农产品加工的原材料，实现全产业链的农业合作发展。

技术合作层面上，中国有技术、有经验，"一带一路"沿线有资源、有潜力，双方具有高度的技术合作可行性。将中国已有技术经验迁移至"一带一路"沿线，可以快速地通过溢出和学习效应实现短期合作成效，保障"一带一路"农业合作发展的积极性，形成投资—收益—再投资、扩大投资的良性循环。当然，技术的迁移尤其是农业技术的迁移需要考虑适应性，一方面在适应性较高地区实现快速发展；另一方面要在适应性较低区域的技术合作中大力推动技术改造升级和研究创新，在实践过程中不断实现技术适应性的完善。张建华提出要针对垂直式技术输出、水平式技术合作两种农业国际技术合作模式，结合实践操作，制定不同的国际农业技术合作路径。[①] 林炳坤和郭国庆提出要在构建农业知识产权保护体系、强化农业技术标准合作、推进联合技术攻关、增加关联领域技术合作四个方面深化"一带一路"农业科技合作。[②] 加强农业国际技术合作，既是建设农业合作示范区的重要推手和关键目标，也是实现"一带一路"农业合作长期可持续发展源源不息的动能。

第三节 "一带一路"农业合作面临的挑战

"一带一路"沿线不同的国家和地区拥有不同的历史传统、民族文化、意识形态和贸易政策，加之"一带一路"农业合作具有投资周期较长、项目园区成本较高、季节波动性大等特点，往往在项目合作过程中面临着较多不确定性，农业项目投资常常面临高度不确定的风险和挑战。

---

① 张建华：《"一带一路"国际农业技术合作模式、问题与对策研究》，《科学管理研究》2019年第6期，第166—170页。
② 林炳坤、郭国庆：《"一带一路"农业科技合作及其发展态势分析》，《国际贸易》2020年第6期，第89—96页。

一、东道国政治、经济及本地化的风险

"一带一路"农业合作面临着复杂的东道国风险,主要体现在东道国政治风险、经济风险及本地化风险三方面。

政治风险体现在农业往往被视为战略性质的敏感行业,对外直接投资会遇到较强的政府干预和投资壁垒。中国企业在海外的大规模买地、租地并将农产品大量运回国内的商业模式容易引发当地民众的反感和政府的警觉。[①] 再加上共建国家大多是发展中国家,国家制度不够健全和完善,各国不同的政治势力、执政理念导致在农业合作发展上存在差异。[②] 这使得"一带一路"沿线地区充斥着政治动荡不稳定地区以及全球政治议题上的"火药桶",政治波动使得市场保障机制、民生治安问题与政策稳定性较差,这一切给"一带一路"农业合作带来很多不确定性。例如,作为"一带一路"地区的传统农业国老挝,中国与其在农业方面有过许多合作项目,曾共同建设过农业综合园区,项目共分为三期进行。在该项目前两期顺利完成后,第三期建设项目由于体制和政策等因素,园区的建设遇到阻碍。最终,四家参与该项目的重庆农业企业全部退出,该项目陷入停滞状态。

经济风险体现在大部分共建"一带一路"国家经济基础薄弱,这将给农业合作项目造成难以预料的影响。以东南亚地区为例,缅甸电力供应短缺,国内约63%的居民在生活中没有电力供应[③];柬埔寨能源燃料不足,因此导致农业生产将产生高昂的电力成本;泰国和越南也面临着交通不便利的困境。受新冠肺炎疫情的冲击,沿线各国经济发展面临走向动荡和下滑的风险。以上这些因素会给"一带一路"农业合作的投资项目绩效带来较大风险。

本地化风险体现在农业是一个与民生息息相关、与社会文化紧密相关的产业,开展海外农业合作需要满足较高的本地化要求。而要保障农业合作项目的绩效,就必须融入东道国当地社区,确保合作项目达到环境保护、生态

[①] 袁晓慧:《"一带一路"沿线国家农业援助的推进思路》,《国际经济合作》2019年第2期,第118—124页。

[②] 张振、于海龙:《"一带一路"背景下我国农业对外合作的潜力、风险与对策研究》,《经济问题》2018年第2期,第108—122页。

[③] 俸正宏:《缅甸的电力短缺与中国的西电东送》,缅华网,2017年5月10日,http://www.mhwmm.com/ch/newsview.asp?id=23500。

平衡与生物多样性可持续发展审查的标准。如果不能使农业合作项目在落实过程中实现本地化,就可能面临国外劳工管理困难及当地社区关系与非政府组织抗议等挑战,势必会增加项目成本与延长项目周期,甚至导致项目的直接流产。

二、全球农业政治竞争激烈

进入21世纪第二个十年后,全球范围内的贸易与资源保护主义重新抬头。农业是一个与当地民生紧密相关,且为所有国家国民经济基础的重要产业。随着全球农业产业竞争与国际农业政治的博弈加剧,农业保护主义成为政治正确的政治竞争。这种政治因素使得贸易与资源保护主义加速了在全球范围内的蔓延。

农业政治所导致的全球范围内对优质农业资源的激烈竞争增大了"一带一路"农业合作发展的挑战。部分国家会通过严格控制外国企业利用农业资源的方式和规模来保护本地产业[1],这会给跨国农业企业带来严峻的资源困境。此外,一些国家通过构建例如"绿色贸易壁垒"等规则加大对某些进口农产品的限制力度。同时,一些发达国家依靠跨国公司的垄断,不断加强粮源、物流、贸易、加工、销售的全产业链布局,加大对资源型、战略型农产品市场的掌控。这些国家通过强有力的资本优势与历史经验积累,控制了全球农业价值链中的高附加值链节,推动着国际经贸规则体系朝着有利于这些既有优势国家的轨道转向,导致"一带一路"沿线对于优质农业资源的争夺变得激烈,进而增大"一带一路"农业合作发展的挑战。

三、国际贸易投资规则体系转轨的冲击

进入21世纪以来,国际生产组织分工日趋碎片化,全球价值链不断深化发展。这使得原有国际经贸规则体系逐渐落后于新时代国际经贸发展变化,进而导致国际经贸规则转型面临挑战,争端冲突不断加剧,对"一带一路"农业合作发展带来巨大挑战。

---

[1] 李治等:《"一带一路"倡议下中国农业企业"走出去"的现状、困境与对策》,《农业经济问题》2020年第3期,第93—101页。

国际贸易投资规则体系转轨给农业合作发展所带来的冲击主要体现在以下三个方面：一是在涉及土地资源投资的国际规则上，联合国粮食及农业组织（FAO）牵头制定了《国家粮食安全框架下土地、渔业及森林权属负责任治理自愿准则》，倡议各国对征地规模予以限制。由于土地资源是农业发展的基础要素，围绕大规模土地转移等议题的激烈较量会给"一带一路"农业合作的开展带来较大的不确定性。二是在国有企业进行国际投资的"竞争中立"问题上，由澳大利亚和美国等国家所倡导的"竞争中立"原则将加大对国有企业进行海外农业合作的"安全审查"力度。由于中国参与"一带一路"农业合作发展的企业大多为国有企业，这一规则的出现会对中国农业企业进行海外并购等农业合作带来挑战。三是在劳工标准和环保标准的问题上，发达国家主导推动的高标准和一致化要求会削弱共建"一带一路"国家在农业产业上所具有的成本优势。同时，较高的环保标准可能形成绿色生产与贸易壁垒，不利于共建国家的农业加工品在国际市场中的竞争。

发达国家作为目前国际贸易投资新规则的主导方，推动国际农业投资规则朝着有利于这些既有优势国家的方向转变，此举不利于大部分发展中国家尤其是具有小农特征的国家。[①] 这将会对共建"一带一路"国家农业跨国贸易及投资构成挑战。

四、国际化人才与经验不足

"一带一路"农业合作的快速发展使共建国家产生了对于国际化复合型人才及跨国经济合作经验的大量需求。于是，国际化人才的缺口和对外农业合作经验的不足等供给侧问题也同样成为共建国家开展农业合作的挑战之一。

国际化人才与经验不足的供给侧问题主要体现在国际化人才和农业专业两个方面。一方面，畅通的跨文化交流是开展跨国经济合作的重要基础。但是，共建"一带一路"国家共有50余种官方语言，而中国高校外语专业招生语种只覆盖其中20多种。[②] 跨文化交流人才的缺乏可能会给对外农业合作带来一系列的沟通不畅，导致项目推动缓慢、企业难以本地化发展等问题。另

---

① 刘乃郗等：《逆全球化背景下中国农业海外投资风险与对策》，《哈尔滨工业大学学报（社会科学版）》2018年第1期，第127—132页。
② 罗旭：《莫让小语种人才稀缺影响"一带一路"脚步》，《光明日报》2017年8月3日。

一方面，既具备跨文化交流能力，又具备农业专业知识和经验的复合型人才是更为稀缺的人力资源。此外，由于我国对外农业合作尚处在初级阶段，对于跨国农业合作所涉及农业专业技术、经贸协调、农业合作园区的跨国投融资等问题存在经验不足。这会使企业开展海外农业合作信息获取迟缓和管理经营方法落后，进而导致涉农企业"走出去"的盲目性和内耗竞争。[①]

第四节 对"一带一路"农业合作与发展的政策建议

一、强化政策支持体系，促进农产品出口

"一带一路"农业合作的不断发展为中国农产品出口创造了良好机遇，但作为弱质产业的农业发展需要进一步的系统化政策支持，以全面支持我国农产品加工业发展，促进农产品出口。

第一，政府的财政扶持和资金支持是推动农业贸易发展的强大后盾。为了充分发挥有限的扶持资金的作用，更好地鼓励国内农产品加工企业参与区域经济合作，促进农产品加工业的出口，应制定推动农产品加工业发展的财政扶持政策。政府财政部门要对利用国外资源、积极发展农产品加工业出口业务的企业积极给予支持，可以采用直接补贴、贷款贴息、奖励等多种方式进行扶助。

第二，税收优惠是扶持农业出口企业发展的重要手段。由于许多农业加工企业的经济实力相对较弱，从事出口业务的风险较大。为鼓励企业出口，充分利用国内和国外两个市场、两种资源，保障农产品加工业持续快速发展。政府应借鉴国外的经验，在不违背市场经济基本原则的前提下，在税收方面，给予从事出口业务的农业加工企业一些政策上的倾斜和优惠，以支持农产品加工企业更多地参与国际市场竞争。

第三，推动技术创新是农业贸易合作的重要抓手。在与共建"一带一路"国家的农业科技合作与交流中，要提高农产品加工产业的科技创新能力和在

---

① 王永春、王秀东：《中国与东盟农业合作发展历程及趋势展望》，《经济纵横》2018年第12期，第88—95页。

区域市场上的竞争实力,就必须要以政府投入为引导,形成企业为主体、市场为导向、产学研相结合的技术创新体系。同时,要对出口技术进行严格的选择和把关。积极支持具有本地技术优势、市场前景较好的技术出口,鼓励当地企业发明创造的积极性,并要加大对这类技术的宣传和推广。对有地方特色的保密技术,应予以控制、保护。此外,对于农业技术示范中心的农业援助要在发挥政治第一作用的同时,从制度、技术两个层面双管齐下,为其提供创新机制的保障,才能提高出口农产品的竞争力。[①]

二、建设多元金融平台,加大农业直接投资

"一带一路"农业合作机制的不断发展同时也为一大批农业企业"走出去"提供了历史性的发展机遇。共建"一带一路"国家需要立足当前农业合作的资金融通平台,建设更加多元化的政策性金融支持平台。充分利用和挖掘共建国家的农业投资机会,抓住农业企业进行对外直接投资的三个主要动机:寻求互补资源、进入目标市场和获得战略资产[②],通过建设多元金融平台来鼓励涉农企业加大海外投资的力度,以促进农业跨国投资的开展。

第一,应用PPP(Public-Private Partnership,政府和社会资本合作)等金融创新工具。农业投资往往会涉及农业性质的基础设施建设,数额较大,且回收周期长,难以成功吸引社会资本。从公共部门角度看,PPP在一定程度上可以引导社会资本进入"一带一路"沿线的农业投资,缓解共建国家的资金难题。从私营部门角度看,PPP模式可以使企业与公共部门共同分担投资成本和风险,减小企业进行海外农业投资的风险,并且也能较好地帮助企业融入当地社会,有利于企业的可持续发展。

第二,鼓励融资担保和政策性保险。对于农业跨国直接投资而言,扩大担保基金、担保公司等服务内容和形式,对"走出去"的农业企业进行融资担保,能够极大增强金融资本和民间资本参与海外农业投资的信心。同时,适当调整控制力度,积极推行"外保外贷""担保资产池"等担保创新模式,

---

① 王战等:《"一带一路"视角下农业技术示范中心的困境研究——以中国援刚果(布)农业技术示范中心为例》,《湖北社会科学》2019年第5期,第40—45页。
② 詹琳等:《中国农业企业对"一带一路"沿线国家对外直接投资区位选择问题研究》,《农业经济问题》2020年第3期,第82—92页。

充分盘活境外资产，能够为农业跨国企业的发展提供积极杠杆。这种"政府＋龙头企业＋农户＋农业保险机构"的农业保险运作模式，能够通过政策性的农业保险业务鼓励农业企业积极参与国际合作和竞争。

第三，推动双边及多边开发金融机构合作。当前，"一带一路"区域的双边开发金融机构主要由中国与共建"一带一路"国家政府设立的双边投资基金构成，如中国—阿联酋共同投资基金和中国—中东欧投资合作基金等。多边开发金融机构主要由金砖国家新开发银行和亚洲基础设施投资银行等构成。要积极通过国家间的高层对话机制，为双边及多边开发金融机构的农业项目合作确立方向，推动其为农业合作项目的投资提供主权贷款、非主权贷款、主权担保贷款以及金融债券融资等服务。

三、完善支撑平台构建，强化引导驱动力

中国对外农业合作以农业生产环节为主，呈现一定的资源导向型特征[1]，而"一带一路"农业合作的深化发展需要更加充分地提高共建国家的农业产业竞争力，需要完善支撑平台的构建以增强政府的引导驱动力。同时，良好的支撑平台可以有效增加沿线各国农产品贸易、科研投入、灌溉比例等，这些均可以显著提高农业要素生产率。[2]

第一，完善出口贸易信息服务平台。对于中国和共建"一带一路"国家而言，许多农业中小企业处在国际合作的试水期，缺乏开展国际贸易或跨国合作方面的知识、经验和人才，这些因素制约了农业加工企业积极参与"一带一路"国家农业合作。鉴于此，应设立专业的机构，打造相应平台，为农产品加工企业提供国际贸易的指导和服务，帮助企业克服对外贸易信息不对称、人才缺乏等困难。这些贸易信息服务平台，既可以是官方主办的，也可以是民间组织的，以支持行业协会和区域合作企业积极按照世贸组织规则应对反倾销、反补贴等，切实维护和保护农户、企业的合法权益。

第二，完善现代农业物流平台。推动农产品加工业区域合作，积极开展

---

[1] 卢昱嘉、陈秧分：《美国对外农业投资格局演变及其影响因素——兼论"一带一路"农业合作》，《自然资源学报》2020年第3期，第654—667页。

[2] 龚斌磊：《中国与"一带一路"国家农业合作实现途径》，《中国农村经济》2019年第10期，第114—129页。

特色农产品、林果产品、畜禽产品和水产品的加工，就需要建设从基地、种植、采摘、初加工、深加工、批发交易市场、物流配送中心、加工园区基础建设配套等一体化物流平台。需要通过完善农产品区域合作物流体系来加强农产品区域合作市场开拓。同时，现代农业物流平台需拓展保税物流等功能，整合保税仓储物流功能和出口加工制造功能，实现一体化运作，这有利于加快一般贸易和边境贸易的结合，多层次、全方位地开展与共建"一带一路"国家的贸易经济技术合作。

第三，完善农业合作专项金融平台。"一带一路"农业合作发展具有季节性收购原材料、长期使用、占压流动资金量大的特点，这就需要完善特定农业合作融资平台，把参与国际农业合作的农产品加工企业作为信贷扶持重点，安排一定规模的资金，帮助企业解决资金不足的问题。这样的农业合作专项金融平台可以引导金融机构的资金，促进其他的社会资金流向"一带一路"农业合作企业，以实现政府导向作用。

四、加强顶层设计规划，推动农业合作发展

第一，制定高层国内农业合作发展规划。中国参与"一带一路"农业合作发展需要从保障国家粮食安全和国家外交大局高度出发，切实加强各部门的协调和配合。目前，农业部门应发挥农产品出口工作牵头协调作用，会同有关部门做好农产品出口调查研究、综合协调和指导服务工作；商务部门主要负责农产品出口市场主体培育、国际市场开拓以及区域合作农产品生产经营等；交通、铁路、民航部门为"一带一路"农产品运输提供尽可能的便利，落实鲜活农产品"绿色通道"政策；在现有的商务部和农业农村部牵头成立的10个部门组成的农业"走出去"工作协调领导小组和由14个部门组成的境外农业资源开发部际工作机制的基础上，成立由国务院牵头的领导小组及其办公机构，专门负责农业对外直接投资和境外农产品基地建设，统一协调和解决企业对外农业投资过程中出现的问题和困难。

第二，加强国家间的政府协调沟通。积极参与国际与地区粮农事务，加强在上海合作组织、10+1和10+3以及中非合作论坛框架下粮食育种、水产养殖、农业技术的培训合作，加大对地区合作框架下粮食安全、农业技术合作、生物技术应用、农业基础设施、植物栽培、农产品加工等领域合作。将农业

"走出去"纳入国家双边或多边经贸谈判框架，通过外交手段积极解决人员签证受限、入境生产资料通过费用过高等问题。强化驻外使馆对"走出去"项目的服务功能，保障中国企业对外农业投资的合法权益。进一步发挥驻外机构的作用，做好相关信息服务和协调工作，切实维护对外农业投资的利益。

第三，提高公共外交活动成效。对外职能部门需引导企业履行社会责任，指导企业发布社会责任报告，尊重当地风俗习惯和宗教信仰，为当地居民提供新的就业岗位，保护投资国的生态环境，积极参与投资国社会慈善事业的发展，将财政扶持项目与企业发布社会责任报告挂钩。淡化对外农业投资的国家色彩，协助发展中国家解决吃饭问题，用正面事实引导舆论，提升中国在国际农业合作领域的话语权。

第七章 "一带一路"互联互通合作机制构建

互联互通是"一带一路"经济合作机制的物质基础。2015年3月,国务院授权发布《推动共建丝绸之路经济带和21世纪海上丝绸之路的愿景与行动》,确定了以政策沟通、设施联通、贸易畅通、资金融通、民心相通为主要内容的合作重点,明确提出"基础设施互联互通是'一带一路'建设的优先领域"。以此为纲领,"一带一路"沿线的互联互通工作迅速推进,互联互通合作机制也迅速构建起来。

第一节 全球互联互通合作的发展趋向

互联互通是全球化的前提,也被全球化进一步推动。"一带一路"沿线的互联互通,是经济全球化背景下的一个组成部分,也需要符合全球互联互通的总的发展趋向。全球经济发展不平衡,全球互联互通也处于不平衡的状态。总体来看,全球互联互通分为发达经济体的互联互通、发达经济体与发展中经济体的互联互通,以及发展中经济体的互联互通。

一、发达经济体的互联互通合作趋向

发达经济体之间的互联互通已经基本完成,进一步的趋向是维护与升

级。互联互通基本完成的标志，是在发达经济体中广泛存在的跨国城市群。典型的跨国城市群如法国与德国之间的跨国城市群、英国与法国之间的跨国城市群，以及美国和加拿大之间的跨国城市群。这些跨国城市群由大型城市组成，要素与商品在城市之间自由流动。作为要素与商品自由流动的基础，互联互通的基础设施及配套制度甚至比一国境内的基础设施更加完善。

发达经济体之间的互联互通升级，主要是为了配合区域一体化程度的升级，以制度的互联互通为主，硬件设施的互联互通为辅。其典型的方向如金融监管的一体化、社会保障一体化、公共服务一体化等。其主要的阻力，则是各经济体在区域一体化程度提高时所不可避免的主权让渡难题。总的来看，发达经济体的互联互通升级面临的政治阻力要远远大于经济阻力。

二、发达经济体与发展中经济体的互联互通合作趋向

发达经济体与发展中经济体的互联互通则具有二元性，呈现高度的不均衡。一方面，在形成依附发展关系的发展中经济体和发达经济体之间，互联互通水平已经达到很高的程度，并在发展中经济体中形成了作为互联互通节点的现代化城市；另一方面，缺乏自然资源并且不能作为发达经济体的产品倾销地的发展中经济体则成为被遗忘的角落，与发达经济体之间的互联互通水平极度低下。即使在前一种发达经济体与发展中经济体的互联互通中，互联互通也存在着结构上的不平衡。由于发展中经济体主要是发达经济体的原料与能源产地，或是商品倾销地，所以它们之间的互联互通主要为原料、能源与商品的运输服务，与之相关的运输及作为支撑条件的基础设施较为发达。其他基础设施，除非能够服务于它们之间的原料、能源与商品流动，否则都是极为落后的。同时，受制于大多数发展中经济体的单一经济结构，即使在运输等基础设施内部，也存在高度不平衡。以交通运输为例，发展中经济体的单一经济所需的运输设施类别极度发达，其他运输设施类别则极度落后。

发达经济体与发展中经济体的互联互通依附于发达经济体与发展中经济体的国际分工模式。在从产业间分工到产业内分工再到产品内分工的国际分工模式演进过程中，商品与要素的流动更强，对互联互通水平的要求也更高，由此带来更高的互联互通需求。但是，这种互联互通需求仍然是不平衡的，仅仅是为了满足全球价值链在发达经济体与发展中经济体之间的构建与运行。

三、发展中经济体的互联互通合作趋向

发展中经济体之间的互联互通是最为落后的。全球化主要围绕着发达经济体进行，除非发展中经济体恰好处于连接发达经济体的价值链之中，否则，发展中经济体之间的经济交流仅维持在非常低的水平。同时，在国内基础设施仍非常落后和缺乏政治互信的背景之下，多数发展中经济体缺乏与周边发展中经济体进行互联互通的足够意愿。可以说，除中国等少数在全球发展中处于重要地位的发展中经济体之外，大多数发展中经济体缺乏与其他发展中经济体的互联互通需求。

第二节 "一带一路"互联互通合作的现状

"一带一路"的互联互通可以分解为21世纪海上丝绸之路（以下简称"海上丝绸之路"）和丝绸之路经济带两条线路。相对而言，海上丝绸之路依托于欧洲发达经济体与亚洲发展中经济体的已有互联互通设施及合作机制，以及货物周转量巨大的海运线路，互联互通水平较高，且存在较高的升级需求；丝绸之路经济带则主要连接发展中经济体，并且陆路运输的货物周转量较小，互联互通水平较低。

一、海上丝绸之路沿线互联互通建设的现状

海上丝绸之路沿线的互联互通以中国—东盟互联互通为主体。根据东盟2010年公布的《东盟互联互通总体规划》（MPAC）中的定义，互联互通包括实体互联互通（Physical Connectivity）、机制互联互通（Institutional Connectivity）和人文互联互通（People-to-People Connectivity）。其中，实体互联互通又包括交通运输（Transport）、信息与通信技术（Information and Communications Technology）和能源（Energy）；机制互联互通包括贸易的自由化与便利化、投资与服务的自由化和便利化、多边认证协定、区域运输协定、跨境手续简化、产能建设等内容；人文互联互通包括教育和文化的交流、旅游等内容。因此，基础设施（Infrastructure）互联互通不仅包括交通、通信、

能源等领域"硬件"（Hard Infrastructure）上的互联互通，还包括这些领域相关的经济政策和制度等方面"软件"（Soft Infrastructure）上的互联互通。

（一）"硬件"互联互通：交通、通信和能源全面推进

中国—东盟基础设施互联互通的硬件设施集中在交通、通信和能源三个领域。对于中国—东盟互联互通而言，三大领域的基础设施就像木桶上的三块木板，尽管完成的顺序有先后，但是综合作用效果受"短板"的制约。

1. 交通基础设施的建设进展

在交通基础设施领域，航空通道率先互通，陆上通道框架基本形成，海上通道则是当前的新亮点。

航空基础设施的互联互通发展较早。在2004年和2006年，中国分别与泰国、缅甸实现双边航空运输市场准入相互放开；2007年，中国与东盟共同签署《中国与东盟航空合作框架》。在此基础上，中国进一步完善机场现有功能，不断扩大航线网络，与周边现有通用机场共同形成空港群体，以促进与东盟国家航空运输快速协同发展。例如，在2000年之前，仅北京、广州、桂林、昆明等地有少量通往东盟国家的航班，就连中国—东盟博览会的举办地南宁都没有飞往东盟的航班，而在中国与东盟航空合作框架建立之后，仅南宁一地就有通往几乎东盟所有国家的航班。

陆上交通设施的互联互通依托东盟既有的互联互通计划，并已形成广泛共识，争议主要在具体规划上。其中，中国—东盟的公路交通主要以东盟公路网建设的连接项目为依托，进一步构建中国—东盟间的高速通道。东盟公路网是泛亚公路网在东盟国家境内的部分，通过东盟交通部长会议为公路基础设施建设制订阶段性计划方案。为与东盟公路网对接，中国通向东盟国家主要口岸的公路基本实现了高等级化。[①] 中国—东盟的铁路交通主要以泛亚铁路计划为依托。泛亚铁路建设虽然在东盟段越南和缅甸境内进展缓慢，但在

---

① 至2011年，广西通往越南所有一类口岸的公路全部实现高等级化。同时，广西与越南间已实现客货运输车辆直达运输和公务车辆相互驶入，出入境口岸达到4个，客货运输线路达到29条。全长1750公里的云南昆明至曼谷的公路于2008年开通运营。南宁至河内直达班车于2012年开通。昆明至海防的高速公路在2018年成功试运行。

老挝、泰国、马来西亚境内取得了积极进展①，与泛亚铁路东、中、西三个方案相对应的中国境内段项目均被列入中国的《中长期铁路网规划》和《铁路"十二五"规划》，并稳步实施。截至2021年6月，泛亚铁路东线境内段已全线通车。

水上交通设施的互联互通在河运之外开辟了海运的通道。澜沧江—湄公河跨国航运合作项目早在2001年便开通。中国、老挝、缅甸和泰国四国商船在897公里的航道上自由航行和停靠，不征收任何税费，在办理进出港手续和服务上相互给予优惠待遇，促进了东盟和中国市场的一体化。作为双边贸易的承载主体，港口和海运的互联互通在近年得到高度重视。目前，中国广西、广东、海南等地的多家港口物流企业与新加坡、柬埔寨、泰国、越南等国的港口已相互开通集装箱、散货航运班线并缔结友好港口。至2012年底，广西沿海港口的年吞吐能力已达1.6亿吨。

2. 信息与通信基础设施的建设进展

在信息与通信技术基础设施领域，互联互通已经取得阶段性的成果。通信基础设施在广义上包括固定、移动、卫星通信网络，以及支撑该网络的互联网和软件。东盟通信基础设施建设的具体措施包括建设东盟宽带走廊，提供高质量的宽带连接；实现东盟成员国间连通的多样性；建成东盟互联网交换网络，以提高网速和降低成本；完善网络系统，加强信息安全和数据保护；审查通用服务协定或类似政策；优先实现校园宽带设施建设；中国—东盟深化电信合作。中国与东盟国家在通电话、网络通信方面实现了国际漫游、网络连接。此外，大湄公河次区域信息高速公路建设取得了阶段性成果，欧亚数字丝绸之路也在建设之中，中国与东盟国家的"门对门"物流便捷互通、物联网的互通也都在进一步推进之中。

3. 能源基础设施的建设进展

在能源基础设施领域，互联互通发展迅速。从20世纪90年代末起，东盟就制订了一系列能源合作行动计划。在第一个能源合作行动计划期间（1999—

---

① 截至2012年底，老挝国会表决通过了已酝酿6年之久的中国—老挝高铁项目。项目建成后，从昆明到万象只需要2小时。中泰高铁合作也在2014年8月得到泰国国际和平与秩序委员会的批准。廊开府—马塔府（总长737公里）、清孔—帕栖（总长655公里）两条高铁线路，总成本约7414亿泰铢（约合人民币1430亿元）。

2004年），东盟制定了《跨东盟天然气管道总规划》和《东盟（能源）互联互通总规划》，目标是建立东盟区域的天然气管道联通网络，实现天然气的跨国界运输；在第二个能源合作行动计划期间（2004—2009年），东盟签署了电网谅解备忘录，成立了东盟电网咨询委员会和东盟石油委员会天然气中心；在第三个能源合作行动计划期间（2010—2015年），东盟更加强调能源安全和区域的可持续发展。目前，中国—东盟的能源通道（中缅油气管道）已经建成并投入运营。

（二）"软件"互联互通：便利、多层次与边境互认

1. 提升跨境运输便利化合作

为提升交通基础设施互联互通的效果，中、柬、老、缅、泰、越于1992年签署了《大湄公河次区域便利货物及人员跨境运输协定》，协定包括17个技术附件和3个议定书，从而为区域成员提供了一份多边法律文书。2010年11月，东盟与中国签署航空运输协议。2012年5月，中越签署了《关于建立国际汽车运输行车许可证制度的协议》。据此，广西交通运输厅与越南公路总局于同年5月30日签署了《交换国际汽车运输行车许可证备忘录》，并于当日交换了国际汽车运输行车许可证5025张。

2. 建立多层次商贸人文交流平台

在推进互联互通过程中，一些重要的交流平台逐渐形成，如博鳌亚洲论坛、中国—东盟博览会。中国与东盟还启动了"双十万学生流动计划"，同越南等国建立了年度青年交流机制。2019年，中国与东盟人员往来超过6500万人次，中国与东南亚国家往返航班每周近4500架次。

3. 推动各种互认机制建设

在学历互相承认方面，中国与泰国、越南、菲律宾等国签订了高等学历互认协议。同时，中国与新加坡、马来西亚等国签订了互免签证协定，印度尼西亚、越南、缅甸、泰国、文莱、尼泊尔等国对持中国护照的公民实行落地签证。2013年3月15日，中国与新加坡海关全面实施"经认证的经营者"互认。中韩海关"经认证的经营者"互认试点安排也于同年9月2日启动，并于2014年全面实施。

二、丝绸之路经济带沿线互联互通的现状

与海上丝绸之路相比，丝绸之路经济带的互联互通较为滞后。"硬件"互联互通集中于交通和能源两大领域，"软件"尚需升级。

（一）中欧班列的拓展

在设施联通方面，中欧班列是优先发展方向之一。波兰已成为进入欧洲的"门户"。多条中欧班列，或途经波兰，或将欧洲的重点站设在了波兰。白俄罗斯则凭借其独特的地理位置，成为联通亚洲和欧洲的重要桥梁，也在中欧班列构成的国际货运网中成为关键支点。在中亚，"新亚欧大陆桥"和"中国—中亚—西亚"两大经济走廊均通过哈萨克斯坦，哈萨克斯坦在共建"一带一路"中起着非常重要的作用，关系到共建"一带一路"能否顺利推进。但是，对中欧班列的拓展而言，俄罗斯的地位更为重要。

中俄合作建设的"陆上丝绸之路经济带"（以下简称"西丝带"）、已经列入国家规划的"中蒙俄经济走廊黑龙江陆海丝绸之路经济带"（以下简称"东丝带"）以及未来富有前景的"北极丝绸之路经济带"（以下简称"北丝带"），正在形成中俄"三向一点"的格局。双方合作建设的"一带一路"将随着"路"的畅通而拉动沿线地区和国家经济社会的稳步发展，从而形成互利共赢的"经济发展带"。

在中俄两国领导人会晤中，双方确定了加强经贸合作的方针，其中包括中俄高铁合作问题。2014年10月13日，中国国家发改委、俄联邦运输部、中国铁路总公司以及俄罗斯国家铁路公司四方签署了《关于中俄高铁合作备忘录》。该备忘录的签署推进了构建北京至莫斯科的高速运输走廊的进程，并优先实施莫斯科至喀山的高铁项目。第二亚欧铁路大陆桥是"西丝带"的重要组成部分，将中国东南沿海地区与中亚地区和欧洲连接起来。这条大陆桥东起中国日照和连云港，向西经陇海铁路和兰新铁路与"陆上丝绸之路经济带"对接连通，经北疆铁路到达阿拉山口口岸。然后进入哈萨克斯坦，后经俄罗斯和白俄罗斯，终点为荷兰鹿特丹港。

中蒙俄经济走廊黑龙江陆海丝绸之路经济带（"东丝带"）以哈尔滨为中心，以大（连）哈（尔滨）佳（木斯）同（江）、绥满、哈黑、黑龙江沿边铁

路4条干线与俄罗斯西伯利亚铁路和贝阿铁路连通,再畅通与俄罗斯远东地区各港口的水运业务,建设哈尔滨临空经济区等航空网络以及管网、电网和通信光缆的敷设等,最终形成"东丝带"。建设"东丝带",有利于进一步拓展我国与东北亚地区国家的全方位务实合作。为促进区域间的经济互利共赢创造良好条件,2015年5月末,中国海关总署正式批复《黑龙江省人民政府关于增加内贸货物跨境运输入境港口和货物种类的请示》,由此,绥芬河在对俄陆海联运大通道建设方面得到国家政策的大力支持。哈尔滨铁路局开通的"苏满欧""沈哈欧""津哈欧"国际货运班列,平均每天1列,实现了常态化运营。

(二)能源通道的完善

能源通道的完善,集中在东欧与中亚。

中俄拥有"地缘区位优势""要素禀赋互补性强""双方商品市场互为补充"等诸多得天独厚的有利内部因素,是两国开展经贸合作的重要现实基础。2014年以来,中俄先后签署《中俄东线天然气合作项目备忘录》《关于通过中俄西线管道自俄罗斯供应天然气领域合作的备忘录》《中石油与俄罗斯天然气工业公司关于经中俄西线自俄罗斯向中国供应天然气的框架协议》等多项重大能源合作协议。2014年5月,中俄更签署了长达30年、年供应量380亿立方米、总价值4000亿美元的天然气供气协议。

中国和乌克兰积极拓展能源与新能源领域合作空间。在新能源领域,中建材集团已为乌克兰建设光伏电站提供了数亿美元的光伏组件和设备,为乌克兰发展新能源建设作出了重要贡献。此外,中方利用乌地缘优势开发物流合作,如中远海运已与乌克兰铁路总公司开始商谈海铁联运合作模式,以吸引外部高货值货源在乌中转。[1]

中哈原油管道是我国第一条陆路进口跨国原油的管道,也是哈萨克斯坦唯一不经过第三国直接输送到终端消费市场的原油外输通道。[2] 据中国官方统计数据显示,2015年,中哈原油管道(阿塔苏—阿拉山口)向中国输送原油1080.5万吨;"十二五"期间,该管道连续5年输油量超过1000万吨,累计输

---

[1] 刘军:《务实合作是中乌关系的核心》,《国际商报》2017年1月4日。
[2] 中国石油新闻中心:《中亚油气合作之中哈原油管道项目巡礼》,中国石油新闻中心网站,2015年3月12日,http://news.cnpc.com.cn/system/2015/03/12/001532069.shtml。

油5680万吨。中哈原油管道自2006年运营至2016年11月10日，向中国输送原油累计达到9574.81万吨。①

三、中国提供的互联互通资金支持

中国是推动互联互通融资的中坚力量，通过成立亚投行和丝路基金，既为"一带一路"的互联互通开辟了新的融资渠道，又为"一带一路"互联互融的融资起到示范作用。

（一）中国潜在的融资能力

作为世界最大的发展中经济体，中国拥有巨额的国内储蓄和外汇储备，并且在长期的基础设施建设中积累了丰富的融资经验。

中国的国民储蓄率常年保持在50%以上②，并且有着分流巨额储蓄的强烈意愿。随着钢铁等行业出现严重的产能过剩，中国正在努力摆脱"投资依赖症"，这需要将越来越多的储蓄从国内投资转向其他领域。同时，中国的利率水平大幅低于其他新兴经济体，给中国资金带来显著的低成本优势。

中国的外汇储备从2006年起便处于世界首位，2014年末，尽管国家外汇储备余额连续两个季度回落，但仍达到3.84万亿美元。巨额的外汇储备带来沉重的保值压力，尽管投资者通过中国投资有限责任公司等实现资金更高的增值，但是剩余的巨额外汇储备资金仍需寻求回报率更高的投资渠道。

中国在互联互通领域的最大优势是其基础设施融资的"软实力"。亚洲并不缺乏可用于基础设施建设的资金，除中国之外，印度、马来西亚等国家都有很高的国民储蓄率。但是，由于缺乏基础设施融资所需的政策支持和机构框架，中国之外的大多数亚洲发展中国家都缺乏实施基础设施项目的能力。反观中国，在经历了数十年的基础设施建设之后，已经形成了完整的基础设施项目投融资模式，并表现出很强的可移植性。

---

① 《中国首条跨境原油运输管道进口原油累计逾9500万吨》，中国新闻网，2016年11月10日，http://www.chinanews.com/ny/2016/11-10/8059339.shtml。

② 国民储蓄率=1-最终消费率，最终消费率取自国家统计局数据库，https://data.stats.gov.cn。

(二)作为多边开发机构的亚洲基础设施投资银行(亚投行)

2014年10月24日,中国、印度等21个国家在北京签署《筹建亚投行备忘录》,共同决定成立亚投行。2015年1月13日,亚投行意向创始成员国增至26个。

亚投行是政府间性质的亚洲区域多边开发机构,重点支持亚洲地区基础设施建设。根据《筹建亚投行备忘录》,亚投行的法定资本为1000亿美元,初始认缴资本目标为500亿美元左右,实缴资本为认缴资本的20%,各意向创始成员国将以GDP衡量的经济权重作为各国股份分配的基础。与之相比,亚洲开发银行2013年末的运营资金为210.2亿美元,其中143.8亿美元来自普通股和专项资金,66.5亿美元来自联合融资伙伴。[①] 从资金实力来看,亚投行更有助于推动亚洲基础设施的互联互通。

亚投行按照多边开发银行的模式和原则运营,在理事会、董事会和管理层的三层架构中,理事会为最高权力机构,并根据亚投行章程授予董事会和管理层一定的权力。亚投行给参与国提供更多的多边磋商权力,通过在运行初期设立的非常驻董事会,每年定期就重大政策进行决策。

亚投行是一个开放、包容的机构,所有致力于亚洲区域和全球经济发展的国家均可申请亚投行的成员资格。该行本着"先域内、后域外"的原则,贷款优先用于区域内的基础设施项目的商业投资。中国明确表示亚投行侧重于亚洲基础设施建设,而现有的世界银行、亚洲开发银行等多边开发银行则强调以减贫为主要宗旨,不同的定位和业务重点使得亚投行与现有多边开发银行是互补而非竞争关系。[②] 但是,亚投行仍然遭到美国、日本的强烈反对,日本等较有影响力的国家并未成为亚投行的创始成员国。

(三)具有明确战略指向的丝路基金

2014年11月8日,中国国家主席习近平在APEC领导人加强互联互通伙

[①] 数据根据《亚洲开发银行2013年度报告》整理,亚开行网站,2014年4月10日,https://www.adb.org/documents/adb-annual-report-2013。

[②] 夏祖军:《为亚洲地区经济发展注入持久动力——财政部长楼继伟就筹建亚投行相关问题接受中央媒体专访》,《中国财经报》2014年10月25日。

伴关系对话会上宣布,中国将出资400亿美元成立丝路基金,为共建"一带一路"国家基础设施、资源开发、产业合作和金融合作等与互联互通有关项目提供投融资支持。在首期资本金100亿美元中,外汇储备出资65亿美元。丝路基金有着明确的战略指向,直接为"一带一路"建设服务。由于向亚洲内外投资者开放,丝路基金的运作不同于传统的主权基金,而是更类似商业化的产业基金。与亚投行相比,丝路基金在治理形式和投资形式上更加灵活,有利于缓解国家之间的协调困境,尽快推进基础设施互联互通建设。

第三节 "一带一路"互联互通蕴含的利益与挑战

"一带一路"沿线的互联互通已经取得较大的成就,但是,各方的利益诉求仍需充分顾及并加以平衡,一些深层次的挑战也需要逐步应对。

一、互联互通涉及各方利益

"一带一路"倡议兼顾各方利益和关切。作为其物质基础,互联互通也要符合沿线各经济体的利益。对此,可以概括地分为中国和沿线经济体的利益。由于"一带一路"之外的大国对共建"一带一路"国家存在影响,所以还要考虑区域外大国的利益。

(一)中国的利益

"一带一路"互联互通给中国带来的利益,可以概括为形成和平的周边环境、保障能源安全和助力产业升级。

1. 形成和平的周边环境

中国正在推进新时代的改革开放,这就需要和平的周边环境,以及作为和平环境基础的经济合作。"一带一路"沿线的互联互通"以点促面",在促进东南亚、南亚、中亚以及东北亚互联互通的同时促进东亚互联互通,进而拓展到亚太互联互通。"一带一路"倡议辐射东亚以及西欧,涵盖了中亚、西亚、中东、东南亚、南亚、北非、东非等地区的40多个国家,可以形成范围较之前各区域经济合作形式(贸易区)更大的经济合作网络,从而形成和平的周边经济政治环境。

2.保障中国的能源安全

中国是世界第二大经济体，其快速增长的经济产生对能源资源的持续旺盛需求。"一带一路"沿线的俄罗斯、沙特阿拉伯、伊朗、哈萨克斯坦和土库曼斯坦等国家则具备丰富的能源资源禀赋，有助于保证中国经济快速发展所需的能源的充足供应。

中国与能源生产国之间的能源运输大多数须途经第三国，并且往往不是途经一个国家，而是多个国家。因此，仅通过双边的能源合作并不足以保证能源安全，必须与第三国进行能源领域的多边合作，或是推进能源领域的多边合作。在丝绸之路经济带，中国除了与俄罗斯签署《中俄东线天然气合作项目备忘录》《关于通过中俄西线管道自俄罗斯联邦向中华人民共和国供应天然气领域合作的备忘录》《中石油与俄罗斯天然气工业公司关于经中俄西线自俄罗斯向中国供应天然气的框架协议》，还与乌兹别克斯坦签署《中国—乌兹别克斯坦天然气管道D线企业间协议》、与吉尔吉斯斯坦签署《吉尔吉斯斯坦政府与中吉天然气管道公司的投资协议》、与塔吉克斯坦签署《中塔天然气管道有限公司创建协议》，以共同打造中亚天然气管道这一西部油气战略通道。在海上丝绸之路，中国则与巴基斯坦签署以能源和基建项目为主体的《中巴经济走廊能源项目合作的协议》，与印度签署《关于构建更加紧密的发展伙伴关系的联合声明》，与印度尼西亚签署《中印尼全面战略伙伴关系未来规划》，以共同打造东南亚的能源战略通道。

3.推动国内的产业升级

经过多年的快速发展，中国原有产业产能已经高度过剩，亟须进行产业升级。产业升级过程既包括对过剩产能的"关停并转"，也包括将优质产能输出，这就需要发现与中国的产业存在互补性的地区，以实现双方产业同时升级的"双赢"。"一带一路"沿线存在大量的新兴经济体，其经济发展已经达到一定水平，也面临产业升级问题，可以与中国的产业升级形成良好的互补。

相比较而言，海上丝绸之路沿线各国与中国产业升级的互补性更高，尤其是东盟国家。一方面，在基础设施建设上，与中国比较而言，东盟各国公路、铁路、机场和港口建设等除新加坡比较完善外，其余各国均比较薄弱。电力供应、互联网和信息基础设施均不能满足经济发展需求，东盟各国政府都在积极寻求外国资本对基础设施进行投资合作,这为中国对东盟基础设施投资提供了巨大的机会。另一方面,中国正面临国内产业结构调整和产业升级的转型期,既要消化过剩产能,又要形成新的有竞争优势的产业。因此,需要重塑中国所依托的国际产业链,必要时进行国际产业转移。东盟庞大的基础设施建设需求为中国提供了消化过剩产能和创造新消费与投资热点的市场。

(二)"一带一路"沿线经济体的利益

共建"一带一路"直接推动了沿线经济体的经济发展,但是,沿线经济体也同时追求自身的政治利益。

1. 经济上:缓解基础设施不足对经济发展的制约

"一带一路"沿线聚集了大量新兴经济体,在东南亚金融危机后呈现非常快的经济增速。以东盟为例,1998—2008年,按照不变价格,其GDP平均增速为5.3%。但是,随着这些新兴经济体尝试进行产业结构的升级,其基础设施水平低下的问题日益突出。当"一带一路"沿线新兴经济体作为全球价值链的一部分而存在时,其产业升级所需的基础设施互联互通问题就更加突出。

互联互通基础设施不足的问题在海上丝绸之路的东南亚地区最为紧迫。在电力方面,由于能源结构以石油和天然气为主,东盟电力供应的不足在很大程度上制约了东盟国家经济的增长。目前,泰国、越南和柬埔寨都存在较大的电力缺口。在交通方面,柬埔寨等国家未铺设的部分甚至占到总长度的80%—90%;各国铁路硬件标准不一致,影响了跨国铁路网的建设和互联互通的发展;机场数量众多但规模较大的机场较少;除老挝外,其他东盟成员国港口数量众多,但硬件完善、规模较大的国际港口却相对较少,既不能有效服务成员国自身经济,也对东亚、欧洲、中东和非洲地区的国际贸易造成了一定影响。东南亚地区的互联网和信息基础设施不能满足其经济发展需求,电信业比较落后,固定电话和移动电话的普及率均处于较低水平。中国—东盟的基础设施互联互通建设一定程度上缓解了基础设施的制约,促进和带动了东盟各国经济的发展。

为了缓解基础设施对经济发展的制约,"一带一路"沿线各国政府一方面规划和启动各类大型合作项目，另一方面积极寻求外国资本对基础设施进行投资合作。但是，西方国家既不注重发展中经济体之间的互联互通，又常在援助之中附加各类政治条件。与之相比，"一带一路"倡议无论在可提供的资金规模还是在不附带任何政治条件上都具有巨大的吸引力。

2. 政治上：提升沿线各国的国际地位

共建"一带一路"国家大多为小国，在国际事务中的话语权有限，并且部分国家在政治上高度依赖美国等大国，国际政治地位较低。同时，由于历史原因，一些经济体之间存在着或大或小的主权争议。为提高其国际话语权，并强化其在主权争议中的谈判能力，一些国家建立区域一体化组织，谋求集体发声，以东盟最为典型。但是，话语权问题与主权争议问题只是由一种形式转化为另一种形式，区域一体化组织与其他经济体之间、区域一体化组织内部仍存在话语权的争夺和主权争议。"一带一路"倡议则提供了更广阔的协商平台，在互相尊重切身利益、互利共赢的理念之下，小国不仅得到更多的政治尊重，而且得到了更多的政治表达机会。

共建"一带一路"国家政治地位的提升，是建立在"一带一路"的互联互通之上的。如果不进行互联互通，那么共建国家最多只是从共建"一带一路"中分享利益，而不能表达其政治诉求。在这些经济体参与互联互通之后，它们便成为互联互通不可缺少的环节。其他经济体若要完成互联互通，就不得不充分关注其利益，从而给沿线各国讨价还价空间。

"一带一路"沿线的区域一体化组织会有更大的国际地位提升。共建"一带一路"，不是否定原有的区域一体化组织，而是在原有区域一体化组织之上进行合作。以东盟为例，东盟与中国的合作是东亚合作的基础，直接关系到10+3乃至东亚共同体的建设。作为亚太地区目前最大的区域合作机制之一，东盟通过推进中国—东盟的基础设施互联互通，进而推进区域经济一体化的深入发展，在东亚合作中发挥着越来越重要的作用。与此同时，东盟通过采取各种措施，实施大国平衡战略，使得东盟在国际事务中有着更大的影响力。

（三）大国在"一带一路"的利益

"一带一路"倡议是一个伟大的创举，任何大国都需要在战略考量中重视这一倡议。无论它们处于"一带一路"沿线之内还是之外，都会感受到"一带一路"对其战略意义的影响。

1. 沿线大国：日本、印度与俄罗斯

"一带一路"沿线的大国对"一带一路"倡议及其互联互通的最主要担忧是害怕失去其区域内的主导力。以日本、印度和俄罗斯最为典型。

日本的利益诉求集中在以下三方面。其一，避免在亚洲被边缘化。日本的目标是"脱亚入欧"。但是随着欧洲的一体化和日本的长期通货紧缩，它在发达经济体中的地位已经大为下降，远不及其当年作为世界第二大经济体的经济影响力。如果中国、东盟，甚至包括韩国的经济高度一体化，那么日本将进一步在亚洲被边缘化。其二，获得新的发展动力。老龄化等问题仍困扰着日本的经济体制改革进程，必须以外需来促进日本国内的民间投资并启动企业的债务融资，而参与"一带一路"尤其是东盟基础设施互联互通，可以为日本提供足够的外部需求。其三，寻求政治支持。"钓鱼岛事件"之后，日本与东盟的合作更试图将中国的有效影响力排除在外。为主导东南亚局势，日本提出建立"东亚共同体"的设想，并召开"日本与湄公河流域国家首脑会议"，决定重点开发援助湄公河地区。

印度则努力维护其在南亚次大陆及印度洋的主导地位，并试图扩大其在东南亚的影响力。为此，印度制定了"东向政策"，旨在拓展东南亚战略空间，并与缅甸、柬埔寨、老挝、泰国和越南合作，提出"湄公河—恒河合作倡议"，推进湄公河次区域互联互通基础设施建设，尤其是公路和铁路建设。

俄罗斯的影响力主要集中在丝绸之路经济带，对印度也有一定影响。俄罗斯的外交以独联体成员国为战略重点，以与西方关系、特别是与欧洲关系为优先，同时加强亚太外交，加大对中、印等亚太大国的借重。其宗旨是积极推动多极化进程，力主重振俄大国地位，突出维护国家利益，着眼点是为其国内经济复兴创造有利的外部条件。就此而言，与"一带一路"倡议有较强的相容性。

2. 沿线以外：美国

在"一带一路"的互联互通中，最有影响力的沿线之外大国是美国。海上丝绸之路沿线的多数国家与美国关系密切，丝绸之路经济带上的一些国家也试图通过美国来平衡俄罗斯的影响。因此,美国的态度极大地影响着共建"一带一路"国家对基础设施互联互通的态度。"一带一路"互联互通迅速发展,从中国周边到亚太,从基础设施到机制对接、民间交流再到命运共同体,从陆地到天空和海洋再到网络信息,互联互通建设范围不断扩大、领域不断增多、内容不断丰富,逐步朝全方位、宽领域、多层次的互联互通网络迈进。随着中国在周边地区的影响迅速上升,区域经济合作不断推进,美国的焦虑和不安也在增强。奥巴马政府时期,面对国际上"美国衰落""中国将取代美国"等议论,美国宣称"美国决不当老二"。2011年11月,美国正式提出"重返亚太"战略,明显加大了对中国周边的外交力度,利用各种方式增加对中国周边事务的影响。美国加强了与传统盟友日本、韩国、澳大利亚、菲律宾、泰国的条约关系,将这些国家作为其"重返亚太"战略的支点,强化与它们的军事同盟。同时,美国积极发展与印度、印度尼西亚、新加坡、越南、马来西亚、孟加拉国、蒙古国等国的关系,增加对这些国家的影响。美国还加大对中国传统友好国家缅甸、柬埔寨的外交力度,甚至开展包括联合军事演习在内的军事交流与合作。特朗普执政之后,美国在"美国优先"的口号之下,正式退出TPP。但是,美国并非就此放弃在亚洲的影响力,而是持续对亚洲事务进行干预,如介入中国周边领海、岛屿争端,推动南海问题国际化,争夺南海海域主导权,支持有关国家声索岛屿、领海主权,削弱中国与周边国家的互信,阻挠中国同周边国家互联互通建设等。可见,对于美国而言,中国同周边国家的互联互通会增加中国对周边地区的影响力,增强中国与周边国家的凝聚力,削弱美国对东亚的影响和在亚太地区的主导权。也有学者认为"互联互通强化了中美结构性竞争关系",从而引起了美国的反对,进而增加中国同周边国家互联互通建设的紧迫感,最终引起竞争性互动。总体来看,为削弱中国对共建"一带一路"国家的影响,美国等域外大国在"一带一路"互联互通建设中设置障碍将难以避免。

二、互联互通面临多重挑战

(一)投资需求庞大

"一带一路"互联互通有着庞大的投资需求。从地域范围来看,"一带一路"覆盖了中亚、南亚、东南亚、西亚等区域,并向北非与欧洲延伸。在这一广阔的地域上，基本是发展中国家，基础设施处于缺乏或落后的状态。为实现有效的互联互通，需要新建大量基础设施并对既有基础设施进行大规模的升级改造。对于"一带一路"互联互通所需的资金规模，学界一般采用亚洲开发银行研究院（Asian Development Bank Institute）在《亚洲基础设施建设》（*Infrastructure for a Seamless Asia*）中的预估，即在2010—2020年，亚洲的国家基础设施投资总体需求为8万亿美元。[①] 但是，这一数字低估了"一带一路"互联互通的投资需求。第一，在亚洲的互联互通仅是"一带一路"互联互通的一部分。虽然短期来看，亚洲的互联互通是"一带一路"互联互通的主要组成部分，但是长期来看，亚洲与欧洲之间的互联互通需要升级，形成潜在的投资需求。第二，建设"一带一路"的时间与亚洲开发银行研究院的估计时间并不一致。"一带一路"的建设时间很可能超过十年，长于《亚洲基础设施建设》中的时间跨度。同时，由于开展建设的起始时间前后不一，投资需求量可能会因通货膨胀而大幅增加。以2010—2015年的全球平均通货膨胀率测算，[②] 2015年的物价水平约为2010年的123%，即使基础设施建设标准等影响因素不发生大的变化，并且互联互通建设从2015年全面启动，"一带一路"互联互通的投资需求也将达到10万亿美元。第三，"一带一路"互联互通具有更高的单位成本。亚洲开发银行研究院的估算建立在旧年度的统计数字之上，且不考虑国家对超出需求的基础设施进行投资或为实现发展目标而制定的任何战略规划。而"一带一路"倡议与亚洲各国的产业升级相结合，对基础设施的新建与更换提出更高的要求，其单位建设成本也更高。第四，"软件"互联互通产生巨大的投资需求。亚洲开发银行研究院仅考虑"硬件"的互联互通，而既有的互联互通实践包含了经济政策和制度等"软件"的协调，同样需要耗费大量资金。因此，"一带一路"互联互通的投资需求较亚洲开发银行的估计数字更为庞大，粗略的估计也将超过10万亿美元。

---

① "Infrastructure for a Seamless Asia," Asian Development Bank, Semptember 2009, http://www.adb.org/publications/infrastructure-seamless-asia。

② 取自IMF数据库公布的全球年均消费价格指数，国际货币基金组织网站，2015年1月19日，http://www.imf.org/external/data.htm。

(二)资金供给有限

与庞大的投资需求相对,互联互通的资金供给非常有限。资金供给的缺乏并非因为资金来源不足,恰恰相反,在互联互通的重点——亚洲,主要国家存在巨额国内储蓄和庞大外汇储备。但它们缺乏将国内储蓄和外汇储备导向互联互通项目的融资渠道。第一,亚洲的金融市场整体不发达。亚洲的国内储蓄主要由私人部门持有,外汇储备又以资本保全和降低风险为管理原则,为将国内储蓄和外汇储备导向互联互通项目,需要以非投机性的跨币种掉期市场来对冲风险,并在全球范围分散风险。但是亚洲各国存在较强的外汇管制,缺乏衍生品市场或是衍生品市场具有高度投机性,而且互联互通项目也通常不允许从国际债券市场筹集资金。第二,亚洲各国政府在互联互通领域出现职能缺位。基础设施互联互通项目普遍具有正外部性,政府本身的高信用有助于引导私人资金参与基础设施投资。但事实是,各国政府均缺乏参与投资或引导投资的激励,加上亚洲金融危机的历史记忆,各国政府在因基础设施建设而举借债务,尤其是举借外债时多持审慎态度。第三,既有国际金融组织并未关注互联互通建设。在亚洲,支持基础设施建设的既有国际金融组织主要是世界银行和亚洲开发银行。但是这两大国际金融组织主要致力于全球和区域范围内的减贫工作,对基础设施互联互通的支持仅是其职能的一部分,在每年提供给亚洲国家的资金中只有40%—50%可用于基础设施建设。因此,尽管亚洲主要国家存在巨额国内储蓄和庞大外汇储备,但是不能形成面向互联互通建设的有效资金供给。

(三)资金回报过低

共建"一带一路"的大多数国家属发展中国家,巨额的资金需求是摆在决策者面前不可回避的难题。然而,基础设施建设风险高、周期长,社会效益远高于直接的经济效益。在一国之内,可以通过强有力的政府投融资来实现长期的资金融通,并通过政府赋予的专营权来保证私人部门在参与基础设施建设时获得足够的回报。但是,在跨国基础设施建设中,缺乏强有力的超国家机构来保证足额的长期资金融通,也难以通过专营权等方式来保证私人部门在参与基础设施建设时的回报。除东亚与欧洲的既有产业链之外,"一带一路"沿线缺乏构筑在基础设施互联互通之上的大规模、高收益产业,基础设施的短期回报缺乏利润来源。

(四)合作机制滞后

在"一带一路"沿线基础设施的规划、建设与运营中,存在诸多矛盾甚至利益纠葛,需要各成员国密切合作与积极协调。因此,"一带一路"沿线的一体化尚需经过较漫长的历程。相比欧洲一体化的历史,处于"一带一路"框架下的东亚一体化严重滞后。比较而言,东盟的一体化程度较高。但是,中国—东盟自贸区内部各成员国发展水平参差不齐。与东盟老成员国相比,新成员国——越南、老挝、柬埔寨、缅甸经济发展程度较低,经济结构单一,软硬件设施落后,国内相关制度不健全。特别是这四国的北部地区较贫困,交通闭塞,这些都影响了基础设施互联互通建设的进程。此外,东盟一些成员国国内局势的紧张和动荡,也影响了基础设施互联互通的建设。东亚的区域一体化进程,则受制于政治冲突及美国因素,迟迟未能推进。这些一体化合作机制的滞后在一定程度上削弱了各国企业参与基础设施互联互通建设的信心。

"一带一路"沿线各国明显的政策差异也影响了国家之间的协调。目前,中国—东盟自贸区的推进较快,但是基础设施建设更多是通过各成员国单方面的努力以及大湄公河次区域(GMS)、东盟东部增长区(BIMP—EAGA)以及印马泰经济成长金三角(IMT—GT)等次区域合作机制的推动。在自贸区层面,有关基础设施建设合作问题仅在"框架协议"和"投资协议"中零星提及。具体合作平台也仅有交通领域运作较好,已制定"中国—东盟交通合作发展战略规划",其他领域仅有一些论坛等非正式合作机制;合作的形式局限于设立投资合作基金和提供信贷支持等;合作的范围侧重湄公河次区域及泛北部湾地区。总体来看,自贸区至今仍未就基础设施建设形成全方位系统的合作机制,这明显不利于区域基础设施建设的进一步推进。

(五)大国干预强烈

各个大国在"一带一路"沿线均有巨大的经济和政治利益,这些利益促使其干预互联互通的进程和方向。"一带一路"倡议由中国提出,而东南亚地区几乎是"一带一路"沿线唯一不受任何一个大国控制的地区,因而也是各国重点争取的对象。由此，东南亚在地域上高度敏感，在全球政治版图上占据重要位置。无论是美国、俄罗斯，还是区域性大国如日本、印度等，都试图通过影响中国—东盟合作来获得地缘上的政治利益。在奥巴马政府时期，美国加强了对东南亚事务的介入，加入了《东南亚友好合作条约》，举办"美国＋东盟"峰会，高调显示其捍卫在该地区领导权的决心。特朗普执政之后，对东南亚事务仍保持干预。2017年11月，特朗普在美国—东盟峰会开幕式上表示，美国需要强大、繁荣且独立的东南亚合作伙伴，明确提出"我们希望东南亚的伙伴们强大、独立且繁荣，为了他们能够控制自己的命运，并且独立于任何人"。日本前首相鸠山由纪夫上任伊始就提出"东亚共同体"的建议，并召开了"日本与湄公河流域国家首脑会议"，将湄公河次区域列为日本政府开发援助的重点地区，并在3年内投资55亿美元加快基础设施建设，此举充分表明日本欲主导东南亚事务的企图。安倍政府则积极笼络东南亚，试图在南海问题上牵制中国。印度"东向政策"的主要目标是在东南亚拓展战略空间，与缅甸、柬埔寨、老挝、泰国和越南建立"湄公河—恒河合作计划"，加大在湄公河次区域的公路和铁路建设互联互通的步伐。由此可见，区域性大国重在与中国竞争，但是仍有同时与中国、东盟合作以求进一步发展的可能。而美国等区域外大国更偏重于打破一切可能的合作，以避免对其全球利益形成威胁。

第四节 构建"一带一路"互联互通合作机制的建议

基于以上分析，为推进"一带一路"基础设施互联互通建设，中国政府需重点关注三方面的内容：一是增强中国与共建"一带一路"国家的战略互信，二是注重中国与共建"一带一路"国家的产业对接，三是完善基础设施互联互通的融资机制。

一、增强中国与共建"一带一路"国家的战略互信

在合作倡议的设计上，中国在近年来一直走在各国之前。但是，由于中国与共建"一带一路"国家之间战略互信不足，一些合作倡议受到共建"一

带一路"国家政府或民间组织的质疑，导致具体的合作项目难以落实。因此，中国应致力于增强与共建"一带一路"国家的战略互信。

（一）与共建"一带一路"国家充分协商

"一带一路"倡议已经充分考虑了共建"一带一路"国家的利益，但是问题仍旧存在：一方面，中国与共建"一带一路"国家交流与协商不足，共建"一带一路"国家对我国的倡议抱有疑虑，并且设想中的利益让渡与共建"一带一路"国家提出的利益要求也有差异；另一方面，新的合作倡议与原有的合作倡议（如泛北部湾合作）、相关合作机制（如海湾国家合作委员会）仍需协调，并应以共建国家熟悉的语言进行交流。因此，在深化"一带一路"沿线基础设施互联互通路径设计的过程中，首要的一点便是与共建"一带一路"国家充分地沟通和协商，尤其要阐明中国与共建"一带一路"国家的合作不是"以邻为壑"式的产业转移，而是发挥我国与共建"一带一路"国家的比较优势，并最终形成全球范围的竞争优势。

（二）做大沿线区域一体化机制的升级"蛋糕"

"一带一路"沿线的互联互通，需要与沿线的各个区域一体化机制协同并进，并带动各个区域一体化机制的升级。目前，许多区域一体化组织都面临"它们向中国投资多，中国向它们投资少"、敏感商品关税等冲突，这些冲突只有在做大中国—东盟自由贸易区（CAFTA）升级"蛋糕"，实现中国与区域一体化组织合作收益大幅增加之后才能得到动态解决。为此，中国需要做大沿线区域一体化机制的升级版"蛋糕"，并且与基础设施互联互通相互促进。在基础设施互联互通路径的设计中，要以长期可持续的经济增长为基本目标，注重以基础设施建设推动各国经济发展与产业升级。

（三）对区域外和区域内大国差别对待

"一带一路"沿线基础设施互联互通建设难以将区域内大国和区域外大国完全排除在外，但是，对于二者要采取不同的态度。对于区域外大国，由于它们在"一带一路"沿线基础设施互联互通建设中很少获得利益，因此，在进行基础设施互联互通统筹时应当尽可能将其排除在外，以避免基础设施互联互通统筹陷入无休止的争论之中。对于区域内大国,基础设施互联互通建设能为其带来一定收益,我国可以在适当的项目上与之合作,以推动"一带一路"沿线基础设施互联互通建设的局部突破。

二、注重中国与共建"一带一路"国家的产业对接

基础设施与产业转型关系密切,这就要求基础设施互联互通要建立在中国与共建"一带一路"国家的产业协调与分工之上,实现中国与共建"一带一路"国家的产业对接。

(一)根据国别和产业进行结构化的设计

"一带一路"沿线的区域一体化组织存在很大的内部差异,不应被视为一个整体,需要细分。以东盟为例,老东盟国家与中国产业同质化较高,难以推动国家之间的产业分工。而新东盟国家的产业体系仍在逐渐形成的过程中,国家之间的产业分工更易于开展。内部差异的存在,是区域一体化组织之内的各国对各类产业存在接受程度的差异。如在东盟之内,印度尼西亚对产业转移的排斥较小,对高污染产业的反对较弱;老挝对建设铁路、走出经济封闭状态的积极性较高;柬埔寨则强调公路网建设。因此,产业转移上要以"一带一路"沿线中快速发展、并且存在产业升级需求的国家为主,兼顾各国对各类产业转移的接受程度,优先发展低敏感领域的经济合作。

(二)提升中国自身的产业布局能力

在共建"一带一路"国家与地区中,日本有最强的产业布局能力,韩国次之,中国台湾地区又次之。目前,如果对共建"一带一路"国家和地区的产业结构进行调整和再升级,中国大陆并没有足够的主导能力。这就要求我们将互联互通规划与我国的产业升级相联系,立足我国产业升级的方向来设计基础设施互联互通路径。为提高我国的产业布局能力,我国政府要注重对我国企业的统筹:一方面,要克服在境外建设基础设施主要以工程承包为主的局面,注重我国企业的投资跟进和后续管理,并在投资理念和国家层面上予以支持;另一方面,要注意运力的规划(交通)和运量规划(产业)的结合,使基础设施的互联互通与产业发展与产业链的衔接相适应。

（三）重视与共建"一带一路"国家的"软件"互联互通

在交通等设施的建设之外，注重中国与共建"一带一路"国家的标准、流程、边检等软件联通，注重文化、创新等产业的对接，注重法律法规协调，并通过培训、认证等方式加强中国与共建"一带一路"国家专业技术服务业上的一致性。"软件"联通有助于增强中国的地区影响力，并形成推动基础设施互联互通硬件建设的软实力。

（四）适应共建"一带一路"国家自身的互联互通计划

在建设和完善各类交通运输网络中，共建"一带一路"国家有着自身的发展规划，如东盟注重构建综合运输走廊，即多式联运的交通运输体系，包括东西经济走廊和湄公河—印度经济走廊。这就需要"一带一路"的互联互通计划来适应各国的发展规划，与之充分对接。仍以东盟为例，需要研究潜在的多式联运走廊，使东盟成为全球供应线上的一环；建成东西经济走廊，包括缅甸境内缺失环节的建设，在仰光和岘港发展终端港口；促进湄公河—印度经济走廊建设，包括建造位于柬埔寨乃良的湄公河大桥、缅甸土瓦的深海港以及连通土瓦和泰国北碧的公路，研究和设计土瓦—北碧铁路方案；根据现有的交通项目如东盟公路网和泛亚铁路，发展东盟陆港网络。总的来看，互联互通规划建立在共建"一带一路"国家的未来产业发展方向之上，我国与共建"一带一路"国家的产业对接只能适应各国未来产业规划，而不能与之对抗。

三、完善基础设施互联互通的融资机制

共建"一带一路"国家基础设施互联互通的资金庞大、风险较高，并非某个国家可以单独承担。长期来看，共建"一带一路"国家基础设施互联互通需要在多个国家进行融资和分散风险，并且面临多个国家的金融监管，从而需要中国与共建"一带一路"国家在融资机制上进行协调，以控制基础设施互联互通的风险。

(一)各国的金融监管需协调一致

中国与共建"一带一路"国家的金融监管机制并不一致。但是,在基础设施互联互通领域,各国需要开辟金融监管上的"特区",减弱基础设施互联互通融资上的金融管制,使得基础设施互联互通可以采取更加灵活的融资模式,利用更多的融资地点,采用更多的融资渠道。

(二)避免风险在局部区域的集中

共建"一带一路"国家的经济发展水平差异较大,使得基础设施的互联互通带有一定的援助性质。一些经济发展水平较高的国家甚至地区将被贴上"援助者"的标签,成为主要的融资来源方,并因基础设施的互联互通而承担过高的风险。因此,基础设施互联互通需要大量采用结构化的融资方式,保证"援助者"的资本投资有优先的受益权,避免基础设施投融资风险向经济较发达国家或地区过度集中。

(三)避免国家信用的过度使用

在目前的基础设施互联互通建设中,政策性金融机构起到重要作用。但是,政策性金融机构得到政府大量的担保,而国家信用不应当外溢到基础设施互联互通所涉及的其他国家,所以,政策性金融机构需要逐步淡出基础设施互联互通融资,或是与各国政策性金融机构联合,通过跨国的区域性金融机构有限参与融资过程。同时,应尽可能采取商业化的融资方式,并做好基础设施互联互通融资与国内业务的风险隔离,以避免各国的国家信用被过度运用在基础设施互联互通领域。

(四)发挥区域融资机构的互补作用

2014年,在中国的大力推动下,金砖国家开发银行、亚洲基础设施投资银行和丝路基金相继建立,与原有的亚洲开发银行共同形成多层次的东南亚基础设施互联互通融资渠道。这些新设立的区域金融机构一方面增加了中国在东南亚基础设施建设中的主动权和话语权,另一方面在建设范围、运作方式上各有侧重,有助于形成灵活的融资安排。但是,随着"一带一路"沿线基础设施建设范围的扩大，这些区域金融机构在融资过程中可能出现重合，即同一项目同时寻求金砖国家开发银行、亚洲基础设施投资银行等多个区域金融机构，甚至世界银行等全球性金融机构的支持。因此，中国在推动亚洲基础设施投资银行等区域金融机构发展的同时，也要做好各区域金融机构的统筹协调工作，使得目前的建设范围、运作方式互补态势持续下去，避免形成潜在的竞争。

（五）确立亚洲基础设施投资银行和丝路基金等主导地位

由于金砖国家开发银行、亚洲基础设施投资银行和丝路基金的规模远超过亚洲开发银行，而作为亚洲开发银行最大出资国的美国、日本专注于本国的经济复苏，难以向亚洲开发银行注入大量资金。所以，亚洲开发银行在短期内只能与亚洲基础设施投资银行等机构进行建设理念或融资理念上的竞争，难以对亚洲基础设施投资银行等机构在基础设施互联互通融资中的地位形成实质上的挑战。对于亚洲基础设施投资银行等机构而言，更重要的是形成可供推广的基础设施融资模式，包括基础设施建设的补贴形式、收益分配和风险配置，以及协调各国政府和民间主体的基本机制。为此，中国需要以亚洲基础设施投资银行和丝路基金为主，以较成熟的基础设施互联互通项目进行亚洲基础设施投资银行和丝路基金的试点。前者选取收益较低、周期较长的基础设施互联互通项目，侧重长期推动共建"一带一路"国家产业结构调整，主要由政府资金推动；后者选取收益相对较高、周期相对较短的基础设施互联互通项目，侧重短期内对相关产业的拉动，并引入民营资本和市场化运作机制。通过运作成功把握较大的基础设施建设融资项目，最终确立亚洲基础设施投资银行和丝路基金在"一带一路"基础设施互联互通建设融资中的主要地位。

第八章 "一带一路"全球发展合作机制构建

2015年9月，联合国可持续发展峰会通过了《改变我们的世界——2030年可持续发展议程》，确立的目标之一是促进形成新的全球发展伙伴关系。全球发展是社会科学领域中少有的涉及范围广泛、影响深远、内在机制复杂的议题。由于各国的利益诉求不同，如何在效率和公平之间达到合理的取舍，尤为需要机制的保障。因此，研究全球发展合作机制具有非常重要的理论意义和实践意义，也是经济学、政治学、社会学等多学科研究的重要议题之一。本章侧重于对20世纪50年代起全球发展议题中的经济发展合作机制进行研究。

第一节 全球发展合作趋向

全球发展合作从20世纪50年代起，经过60多年的努力，取得了一定的成效，并呈现出合作目标长效化、合作主体多元化、合作方式多样化、合作机制多边化等趋势。

一、全球发展合作的含义及构建合作机制的意义

（一）全球发展合作的含义

"全球发展"理念始于第二次世界大战以后的各种国际发展援助计划。在

此之前发生的两次世界大战，卷入了世界上60多个国家和地区并导致上亿人伤亡。这些惨痛的战争经历促使人们扪心自问：人类发展的前景何在？[①] 全球发展涉及范围广、影响大，大都是些关系到整个人类生存与发展的严峻问题。这些问题的解决远远超出单个或少数国家的能力范围，因而需要世界各国的共同努力来应对。[②]

1947年7月，美国和欧洲各国启动了重建欧洲的"马歇尔计划"（Marshall Plan）。随后，欧洲各国通过这一计划接受了美国包括金融、技术、设备等各种形式在内的援助，合计131.5亿美元。欧洲各国为执行该计划组建了欧洲经济联合体并随后转化为"经济合作发展组织"（OECD）。该组织在1960年成立了发展援助委员会（DAC）来运作国际发展援助项目，对于欧洲的战后复兴和世界政治格局产生了深远的影响。其影响力不仅仅局限在欧洲，也涉及亚洲、加拿大、加勒比海和撒哈拉以南非洲的国家或地区。同时，苏联和东欧各国也建立了经济互助委员会。截至1960年，苏联与其他18个国家相继签订了经济合作协定，其每年对外援助额达到4.5亿美元。

"国际社会长期使用伙伴关系的概念来拟定一套关于促进发展的承诺。"[③] 1969年，加拿大总理莱斯特·皮尔逊（Lester Pearson）领导的国际发展委员会出版了《发展中的伙伴》，该报告强调了发达国家对发展中国家在官方发展援助、贸易和投资政策等若干核心方面形成的伙伴关系，并提议捐助方提供国内生产总值的0.7%作为官方发展援助。1978年，南半球的发展中国家技术合作会议通过布宜诺斯艾利斯行动计划（BAPA），确定了15个重点领域为南南合作的重点，提出特别要重视最不发达国家、内陆发展中国家和小岛屿发展中国家。全球发展合作伙伴关系目前形成"双轨制"：一方面是发达国家和发展中国家的合作占主导地位；另一方面是发展中国家之间的合作快速兴起。

2000年，《联合国千年宣言》中将促进全球发展合作伙伴关系列为八大目标之一，重申全球发展合作伙伴关系中尚未兑现的承诺。全球发展合作领域的

---

① 林卡、胡克、周弘：《"全球发展"理念形成的社会基础条件及其演化》，《学术月刊》2018年第9期，第101—109页。
② 张宇燕：《全球治理的中国视角》，《世界经济与政治》2016年第9期，第4—9页。
③ 《全球发展伙伴关系：我们面临的挑战——千年发展目标差距工作队2013年报告》，联合国官方网站，2013年9月17日，https://www.un.org/zh/millenniumgoals/pdf/MDG%20Gap%202013_Chinese.pdf。

侧重点也逐渐由20世纪的基础设施建设、农业、基础部门投资转向消除贫穷、促进医疗卫生和教育等急迫需要解决的社会问题。2002年墨西哥蒙特雷发展筹资峰会、2005年英国格伦伊格尔斯八国集团首脑会议、2009年内罗毕南南合作高级别会议及2011年釜山第四次援助实效问题高级别论坛等一系列推动全球发展合作的重要会议，促成2012年6月全球有效发展合作伙伴关系的形成。

全球有效发展合作伙伴关系更强调政府间的"合作愿景"和"用于实现愿景的有吸引力而在政治上又能做到的交易"，通过拟定全球监测框架、推进国际援助透明化倡议以及全球相互问责制度的实施来加强国际合作的有效性。[①]全球有效合作伙伴关系强调援助应与受援国自身发展需求相适宜，并且强调千年发展目标的实现离不开发展中国家之间的合作与支援。

（二）全球发展合作的成效

官方发展援助是全球合作伙伴关系的主要形式之一。图8-1显示了以2011年不变价美元衡量的全球和最不发达地区获得的净官方发展援助额。从图8-1中我们可以发现，自20世纪70年代初推行全球发展合作伙伴关系起至90年代，全球净官方发展援助额从低于500亿美元左右的水平增长到1000亿美元的水平，20年间翻了一番。但在20世纪末，全球发展合作伙伴关系模式呈现弱化的迹象，全球净官方发展援助额从1990年至2000年下降约20%。在《联合国千年宣言》和全球有效发展合作伙伴关系的推动下，全球净官方发展援助在2000年后快速增长，至2004年恢复至1990年的1000亿美元水平，在2007年受到国际金融危机的影响小幅下降，但之后迅速恢复，至2011年达到1410亿美元的历史最高水平。从图8-1中我们还可以发现，1960年至2012年，最不发达国家获得的净官方发展援助和全球净官方发展援助呈同向变动趋势。官方发展援助主要来自发展援助委员会成员。但在南南合作框架下，非发展援助委员会成员比如金砖五国，近年来也成为重要的捐助方。据估计，2009年金砖五国对其他发展中国家的援助额达到40亿美元。[②]

[①] 《全球发展伙伴关系：我们面临的挑战——千年发展目标差距工作队2013年报告》，联合国官方网站，2013年9月17日，https://www.un.org/zh/millenniumgoals/pdf/MDG%20Gap%202013_Chinese.pdf。

[②] 参见《2013年全球监测报告：城乡互动和千年发展目标》，世界银行网站，2013年6月5日，http://pubdocs.worldbank.org/en/961951442415876455/GMR-2013-Full-Report.pdf。

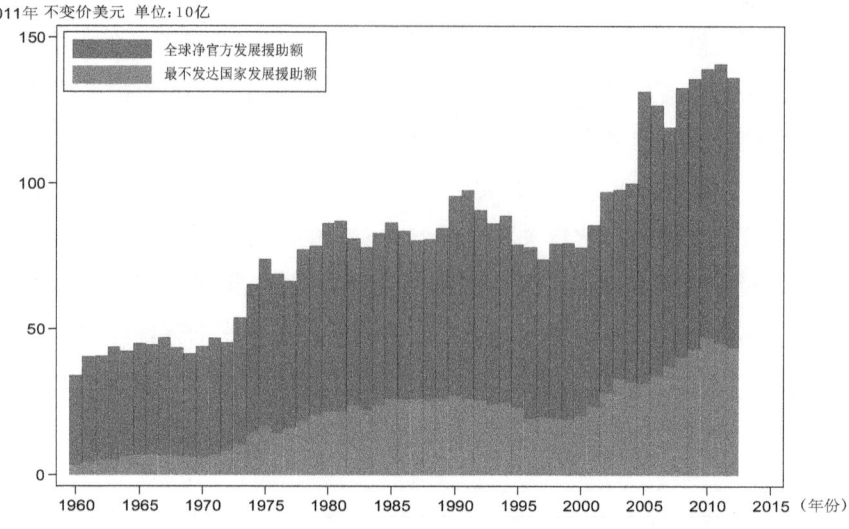

图8-1 净官方发展援助（1960—2014年）

数据来源：世界银行世界发展指标数据库。

官方发展援助除了总量上有所增加，2005年《援助实效问题巴黎宣言》更是要求捐助国提高援助实效，强调国家对发展优先项目的自主权，协调和调整捐助活动，提供可预测且不附带条件的援助，采取以方案为基础的方法、改善采购和财政管理制度，以及制定注重成果的框架。[①] 这一宣言旨在解决官方发展援助实施效率和效果的问题，一方面通过减少援助附加条件给受援国带来的负面效应，另一方面提倡建立监测体系来让援助投向受援国最需要的地方。

在国际贸易方面，国际社会采取了一系列举措，旨在加强贸易对发展中国家特别是最不发达国家经济发展的促进作用。这些举措包括零关税市场准入、减少贸易限制措施、保障贸易援助占官方援助的份额。从这些举措的实施效果来看，发达国家从发展中国家特别是最不发达国家免税进口的产品占总进口的比例不断上升，平均关税下降，贸易援助额稳步增长。具体表现为，发达国家从发展中国家免税进口的产品（不包括武器和石油）占从发展中国家总进口的比例从2000年的65%左右上升到2012年80%左右，从最不发达

---

① 《为实现千年发展目标建立全球伙伴关系——千年发展目标差距工作队2008年报告》，联合国官方网站，2008年9月16日，https://www.un.org/chinese/millenniumgoals/gap08/。

国家进口的这一比例从2000年的70%左右上升到2012年85%左右。服装、农产品和纺织品是发达国家从发展中国家进口的主要产品,发达国家对从发展中国家进口的这些产品征收的平均关税在2000年至2010年平均下降两个百分点。国际社会的贸易援助额在2010年接近350亿美元(2011年不变价美元)。① 一些发展中国家,包括中国、印度、印度尼西亚、智利,也为最不发达国家的出口产品提供零关税、免配额市场准入。② 虽然发展中国家之间提供的贸易支持相对发达国家对发展中国家提供的规模较小,但却在市场准入方面扮演了越来越重要的角色。

在债务方面,国际社会关注如何降低主权债务问题的风险,强调债务可持续的重要性。从2000年到2012年,发展中国家外债偿还金额占出口收入的比例已从12%下降为3.1%。③ 然而,一些发展中国家或地区依然面临主权债

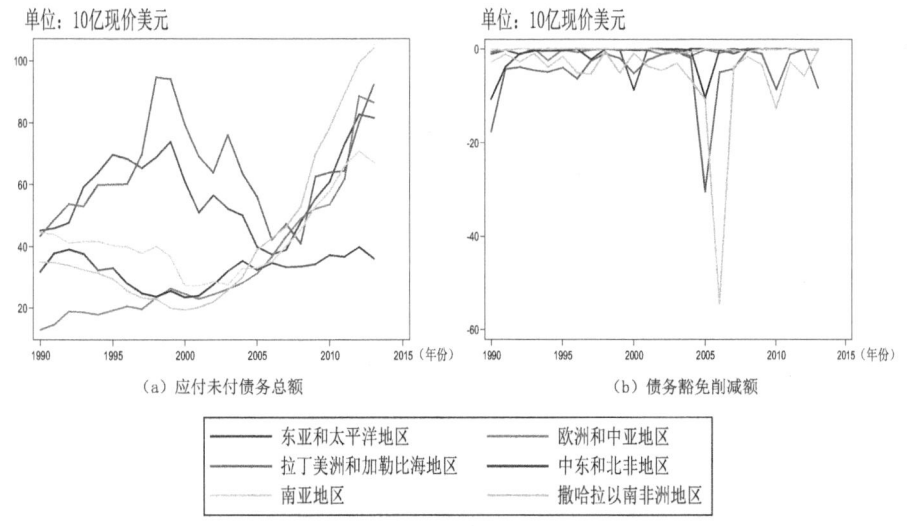

图8-2 发展中国家应付未付债务总额及债务豁免削减额

数据来源:世界银行世界发展指标数据库。

---

① 数据源自世界贸易组织数据库。
② 《全球发展伙伴关系:我们面临的挑战——千年发展目标差距工作队2013年报告》,联合国官方网站,2013年9月17日,https://www.un.org/zh/millenniumgoals/pdf/MDG%20Gap%202013_Chinese.pdf。
③ 《千年发展目标报告(2014)》,联合国官方网站,2014年7月9日,https://www.un.org/zh/millenniumgoals/pdf/Chinese2014.pdf。

务方面的严峻挑战。图8-2表示按地理位置划分的发展中国家应付未付债务总额及债务豁免削减额（美元现值），其中债务豁免或削减显示的是债务豁免或削减引起的债务存量变化。从图8-2中我们可以发现，位于6个地理区域的发展中国家的应付未付债务总额在2006年以后均呈现较大幅度的上升。特别是撒哈拉以南非洲地区，虽然同时期发达国家对其实施了较大数额的债务豁免或削减，其应付未付债务依然高居发展中国家各地区之首。可见，普遍存在的主权债务危机成为全球金融秩序稳定的重要威胁。

在信息技术合作方面，发展中国家的互联网使用情况在2000年后迅速提升。2010年5月，国际电信联盟和联合国教科文组织在联合国秘书长支持下，建立宽带数字发展委员会，以加强宽带技术在发展中国家的建设，实现在2015年宽带政策统一这一千年发展目标。至2013年，南亚及撒哈拉以南非洲的发展中国家约有20%的人口可以使用互联网，其他4个地区均有超过40%的人口可以使用互联网，达到高收入国家在2000年的水平（见图8-3）。

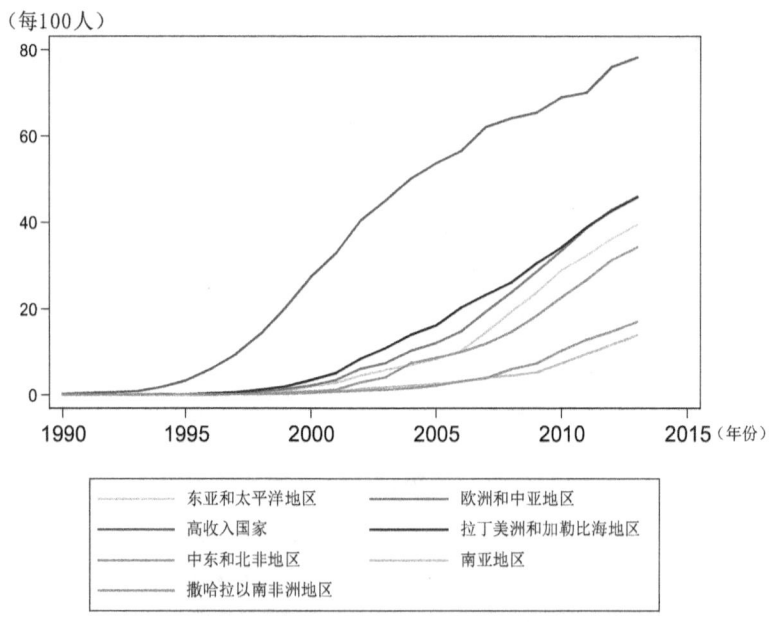

图8-3　世界各地区互联网用户统计

数据来源：世界银行世界发展指标数据库。

作为全球合作发展的补充，区域合作快速推进，区域经济一体化正成为促进地区经济发展的重要形式，主要体现在贸易方面。图8-4显示了按照传统的地理位置划分的各区域贸易比重，此指标被作为衡量区域一体化的指标之一。从图8-4可以发现，欧盟、亚洲和北美的区域贸易占其总贸易量的比例超过40%，区域一体化的程度较高；而拉丁美洲、中东和非洲的这一比重较低，特别是非洲，其区域内贸易只占总贸易量的不到10%，其区域一体化的进程有待加速。此外，值得我们注意的是，从1990年至2010年，亚洲的区域贸易比重一直提升，欧盟区域则趋于稳定，北美先增后减，其他三个区域变化趋势都为较小幅度的先减后增。可见，亚洲的区域一体化进程在20世纪90年代后比其他地区取得更加快速的发展。

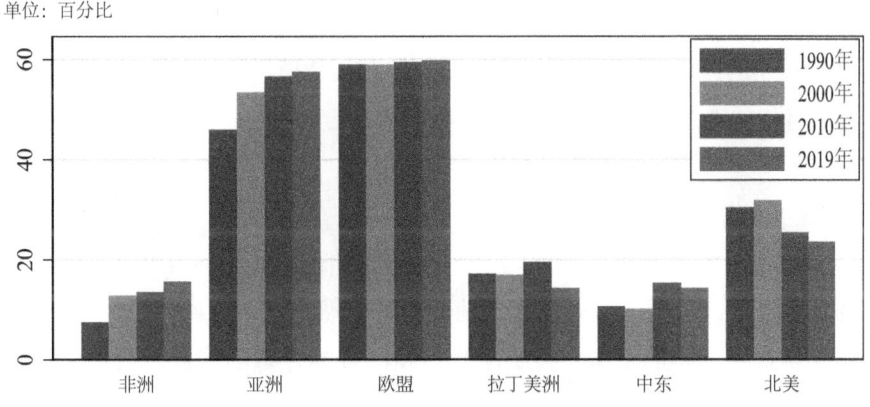

图8-4 区域内贸易比重

数据来源：亚洲发展银行亚洲区域一体化数据库。区域内贸易比重是该地区的区域内贸易占其在全球贸易的比例，数值越高表明对区域内贸易的依赖程度越高。

区域贸易协定（RTA）是区域合作的主要形式之一，在1995年后呈现几何级数的增长。[①] 根据世界贸易组织的统计，在1957年至1995年将近40年的时间里，区域贸易协定的数量从0个增加到50个，而从1995—2013年不到20

---

① 《全球发展伙伴关系：我们面临的挑战——千年发展目标差距工作队2013年报告》，联合国官方网站，2013年9月17日，https://www.un.org/zh/millenniumgoals/pdf/MDG%20Gap%202013_Chinese.pdf。

年的时间里,区域贸易协定的数量从50个增加至接近400个。① 其中,自由贸易协定233个,经济一体化协定126个。② 至2013年,亚太区已签订生效的区域贸易协定有109个,亚洲 RTA 的激增引发了全球对"亚洲面条碗"的关注。

除了亚洲,其他按照传统地理位置划分而形成的区域一体化进程发展缓慢,因此这些地区提议的跨地理区域的区域贸易协定不断涌现。其中比较有代表性的有:2009年美国提出的跨太平洋伙伴关系协定(TPP),2009年欧盟和南方共同市场之间确立的双区域全面协定和2013年美国和欧盟建立的跨大西洋贸易和投资伙伴关系协定(TTIP)。

一些研究表明,区域贸易协定对贸易有显著的促进作用,且一体化程度越高的区域贸易协定对贸易的促进作用越明显,也有一些研究指出,区域贸易协定在发展中国家的快速兴起,是由于其可以在一定程度上抵制发达国家为巩固其在世界范围内霸权地位而开展的区域贸易协定。比如,2011年由东盟十国发起的区域全面经济伙伴关系协定(RCEP),2012年秘鲁、智利、墨西哥和哥伦比亚四国签署的太平洋联盟框架协定。

(三)全球发展合作的挑战

2008年国际金融危机爆发之后,各国经济陷入萧条。2010年之后,全球经济有所复苏,但国际金融危机的消极影响依然存在。这些消极影响体现在,美国全要素生产率的下降、投资减少引发的资本存量的降低、劳动参与率的长期下降、失业率的重新抬头、OECD 国家普遍存在实际产能低于潜在产能,欧元区的债务危机不断恶化。很多研究表明,虽然2008年的国际金融危机爆发于美国延伸至欧洲,但发展中国家受到的冲击更大。比如,缺乏自我稳定机制的发展中国家(特别是非洲地区)在贸易、援助等方面受到较大影响,贸易保护主义开始抬头,亚洲贸易受到比欧洲和北美更严重的冲击。2008年的金融危机对于人均 GDP 增长率、对外援助占国民总收入(GNI)的比例以及应付未付债务三方面造成长期的消极影响。国际金融危机的发生也使得新自由主义受到质疑,各国政府采取较危机之前更多的干预政策维持金融秩序

---

① 《全球发展伙伴关系:我们面临的挑战——千年发展目标差距工作队2013年报告》,联合国官方网站,2013年9月17日,https://www.un.org/zh/millenniumgoals/pdf/MDG%20Gap%202013_Chinese.pdf。

② 参见世界贸易组织RTA数据库,http://rtais.wto.org/ui/publicsummarytable.aspx。

和刺激经济复苏，也有学者质疑货币政策和财政政策在应对危机时的有效性。

在国际金融危机的消极影响下，世界银行2014年全球监测报告提出，全球发展要实现双重目标——消除贫困与繁荣共享。为实现消除贫困与繁荣共享的目标，无论发展中国家还是发达国家都面临诸多挑战。发展中国家要实现人力资本进一步提升、社会保障体系进一步完善及经济的绿色增长；发达国家要实现包容的和可持续的经济增长。①

对于发展中国家而言，虽然其经济在近些年来加速高增长，但居民生活水平和发达国家的差距依然很大。如图8-5所示，2013年，高收入国家的人均GNI为32206美元，中等收入国家为2819美元，低收入国家只有450美元。② 也就是说，2013年，高收入国家的人均GNI是中等收入国家的11.43倍、低收入国家的71.57倍。

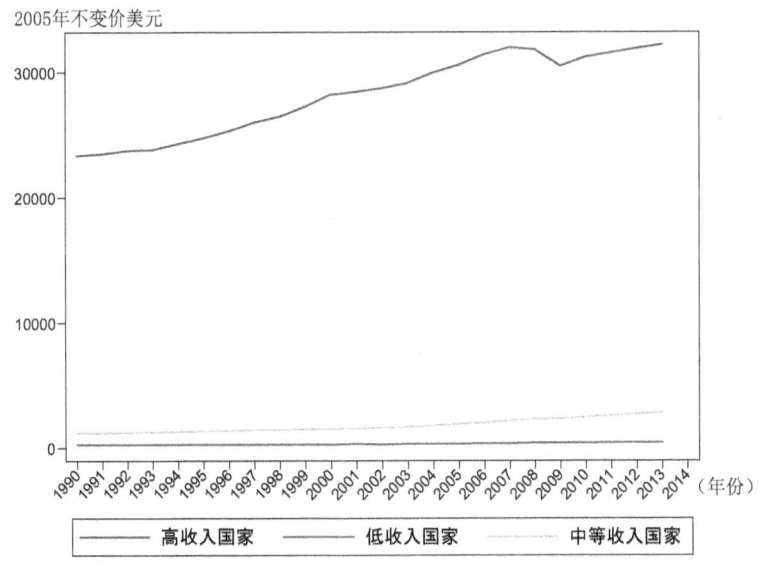

图8-5　高、中、低等收入国家收入不平等的现状

数据来源：世界银行世界发展指标数据库。

---

① "2014/2015 Global Monitoring Report: Ending Poverty and Sharing Prosperity,"世界银行官方网站，2015年10月12日，http://pubdocs.worldbank.org/en/637391444058280425/GMR-2014-Full-Report.pdf。

② 数据来源于世界银行世界发展指标数据库，以2005年不变价美元衡量。

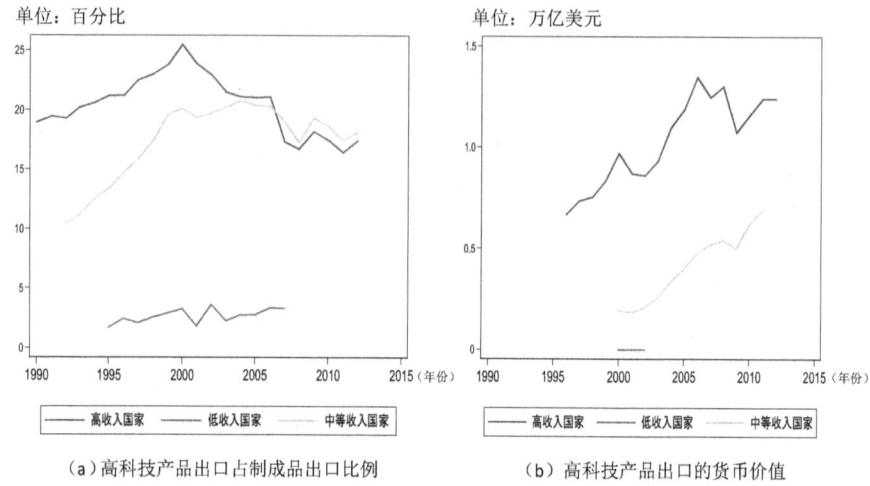

(a)高科技产品出口占制成品出口比例　　(b)高科技产品出口的货币价值

图8-6　发达国家与发展中国家高科技产品出口情况对比

数据来源：世界银行世界发展指标数据库。

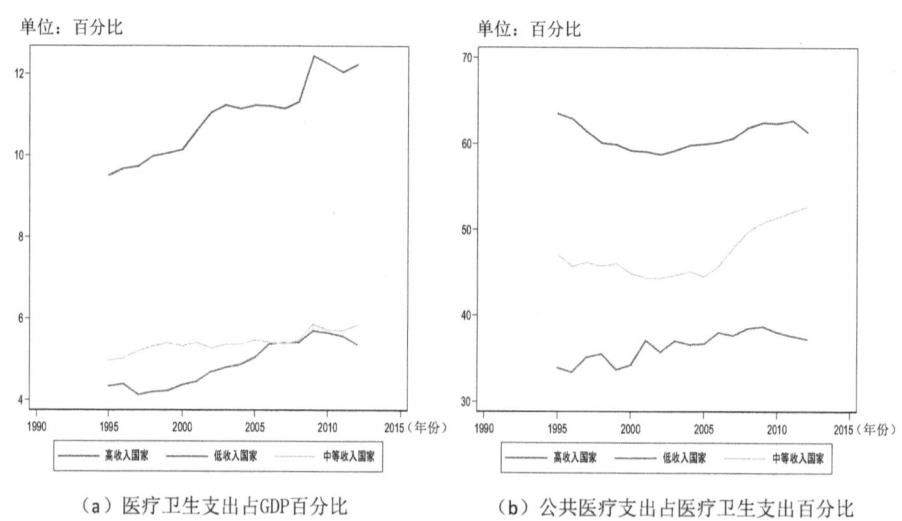

(a)医疗卫生支出占GDP百分比　　(b)公共医疗支出占医疗卫生支出百分比

图8-7　高、中、低等收入国家医疗卫生支出对比

数据来源：世界银行世界发展指标数据库。医疗卫生总支出为公共医疗卫生支出与私营医疗卫生支出之和。

根据经济增长理论，受到技术、人力资本、物质资本、自然资源等多种因素的制约，中低等收入国家和高收入国家人均GNI水平的差距显著。在技术方面，2000年后，虽然中等收入国家的高科技产品（指具有高研发强度的产品，如航空航天器、计算机、医药、科学仪器、电气机械）占该国制成品的比例和高收入国家趋同，但高科技产品出口的货币价值在中等收入国家和高收入国家之间的差距还较大（见图8-6）；在医疗卫生方面，中低收入国家对医疗卫生的投入比例远低于高收入国家，并且增长缓慢，这对于改善人民医疗卫生条件非常不利（见图8-7）。

在劳动力市场方面，低收入国家的男女劳动参与率都高居首位，中等收入国家男性的劳动参与率也在不同年份中高于高收入国家10%左右。中低收入国家在社会保障、工资、福利政策、教育等方面都存在制约因素，只有高位的劳动参与率才能满足生活所需（见图8-8）。而对于中等收入国家而言，男女劳动参与率在2005年后都加速下降，在一定程度上反映了劳动力市场疲软的问题。在教育和社会平等方面，发展中国家的中小学教育男女比例快速上升，中等收入国家的这一比例接近100%，低收入国家的这一比例也接近

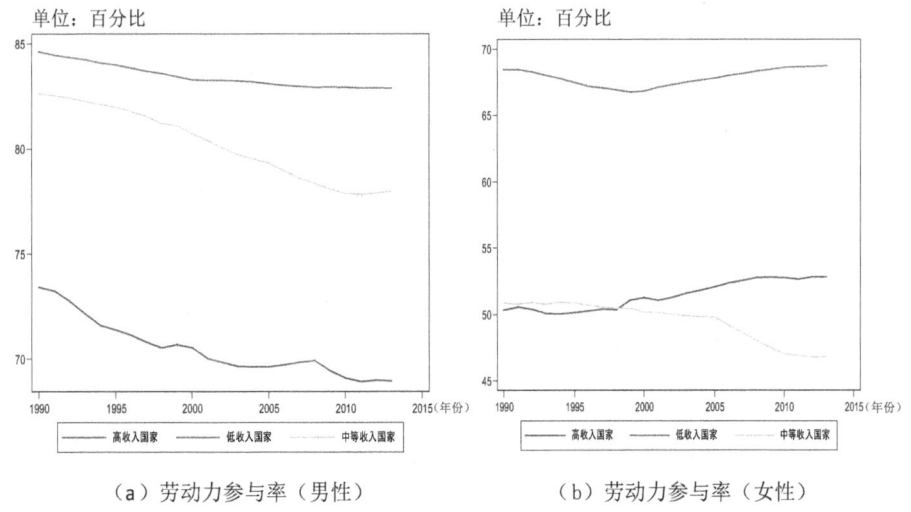

(a) 劳动力参与率（男性）　　　　(b) 劳动力参与率（女性）

图8-8　高、中、低等收入国家劳动力参与率对比

数据来源：世界银行世界发展指标数据库。

90%。然而，中低收入国家受过高等教育的男女比例上升速度相对缓慢。低收入国家的高等教育男女比例在2000年后基本维持在60%的水平，说明女生进入高等学府的概率只有男生的60%（见图8-9）。很多研究表明，母亲的教育背景比父亲的教育背景更深地影响孩子的发展。所以，女性较低比例的高等教育入学率会产生负面的跨代际影响，进而对发展中国家进一步人力资本的提升不利，从而限制了发展中国家的长远发展。

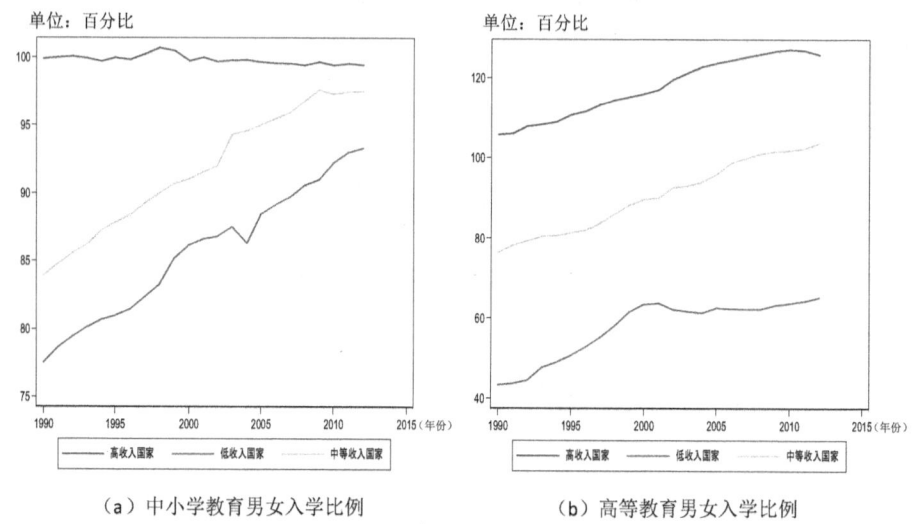

(a) 中小学教育男女入学比例　　(b) 高等教育男女入学比例

图8-9　高、中、低等收入国家男女入学比例对比

数据来源：世界银行世界发展指标数据库。

对于发展中国家而言，经济的高速发展与资源环境的可持续利用之间的矛盾一直存在。图8-10表示每一美元GDP带来的二氧化碳排放量。从图8-10（a）可以发现，低收入国家的二氧化碳排放量在1980年至2000年急剧增长，表明该地区以牺牲自然环境为代价的粗放型经济增长。2000年后，联合国千年计划对于环境和经济之间可持续性发展提出要求，低收入国家的二氧化碳排放量随之又急剧下跌，低于中等国家水平。而中等收入国家的二氧化碳排放量一直居高不下，每一美元GDP带来的二氧化碳千克数是高收入国家的3倍以上。图8-10（b）更进一步表明，发展中国家中东亚和太平洋地区的二氧化碳排放量快速下降，但依然居各地区之首；除欧洲和中亚地区以外，其他4

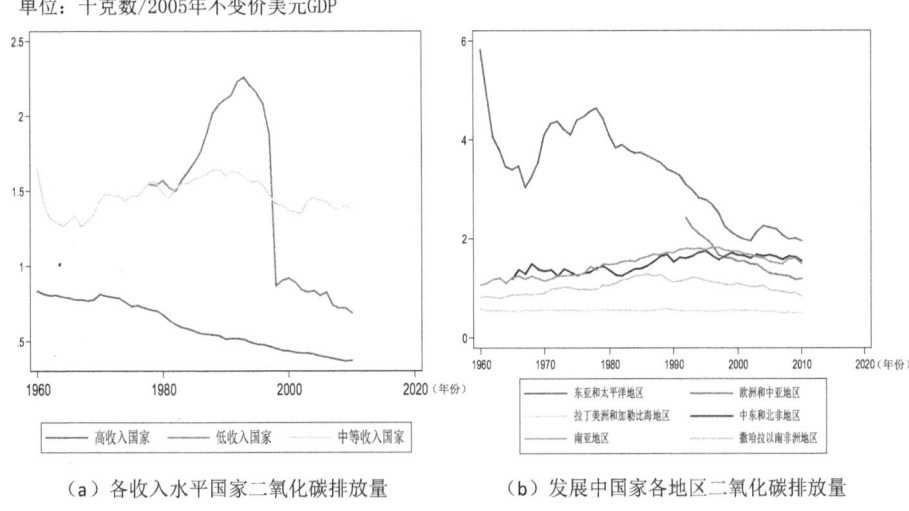

（a）各收入水平国家二氧化碳排放量　　（b）发展中国家各地区二氧化碳排放量

图8-10　世界各地区二氧化碳排放量

数据来源：世界银行世界发展指标数据库。

个地区的排放量并无下降趋势。除了温室气体，生物多样式也是监测环境可持续性的指标之一。图8-11表示，发展中国家的生物多样性效益指数聚集在低位水平，自然环境的不断恶化、自然灾害的频繁发生，反过来又会制约经济的进一步发展。因此，如何实现经济的绿色增长成为发展中国家面对的新挑战。

环境与经济的可持续发展，不仅是发展中国家面对的挑战，也是发达国家面对的挑战。从图8-11中可以发现，高收入国家的生物多样性也受到极大的威胁，约50%的非OECD高收入国家的生物多样性效益指数接近0。由此可见，发达国家实现环境和经济的可持续发展也是其面临的严峻挑战之一。除此之外，发达国家的不平等问题成为近年来学术界和政府关注的主要热点问题。图8-8表明，高收入国家的男性劳动参与率逐年下降，但是女性劳动参与率逐年上升；图8-9表明，高收入国家高等教育男女比例超过120%，说明女性的高等教育入学率超过男性20%以上。高收入国家的男性就业和人力资本积累等方面也遇到问题。

与全球净官方发展援助额长期增长的趋势不同，全球净官方发展援助额

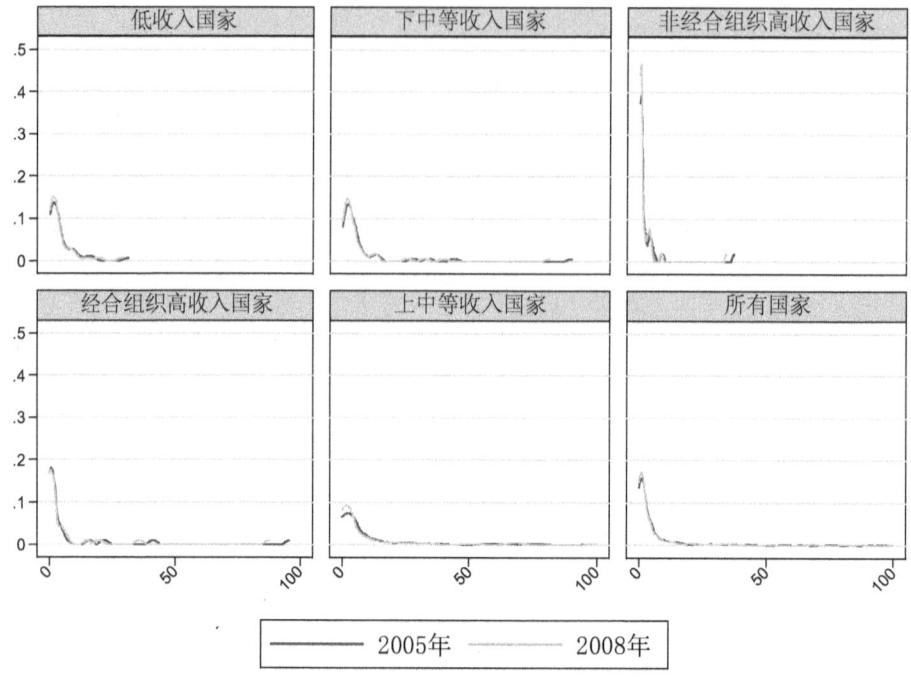

图8-11 生物多样性效益指数

（0=无生物多样性潜力，100=最大生物多样性潜力）

占国民总收入的百分比在长期内不仅未达到0.7%的目标，并呈现下降趋势。如图8-12所示，全球净官方发展援助额占国民总收入的百分比在20世纪60年代和90年代有两次较大幅度的下滑，在1970年和2000年前后形成两个大的谷底。虽然全球净官方发展援助额占国民总收入的百分比在触底之后都有所提升，但2000年以后的数值一直处于低位水平，并且在2005年后又呈下行趋势。由此可见，长期以来，净官方发展援助不仅并未实现占国民总收入0.7%的目标，并且实际援助百分比与目标援助百分比的差距存在进一步扩大的趋势。

虽然区域贸易协定对全球经济的影响尚无定论，但从世界贸易组织推进多边贸易来看，区域贸易协定被认为是一种较为狭窄的贸易政策工具，损害了世界贸易组织的非歧视性原则。同时，大多数区域贸易协定更多地反映一种新的相互叠加的双边和多国"自由贸易"协定体系而非体现传统的区域一体化计划，因此，其快速增长的趋势构成了对多边贸易体系的冲击。① 比如，TPP 和 RCEP 都关乎亚太地区经济一体化，TPP 旨在实现几乎所有货物和服务贸易自由化并对成员外的国家实施各自的关税，RCEP 基于地缘政治的基础实现发展中地区贸易自由化，政策比较单一。TPP 和 RCEP 不仅对于非成员国产生不利影响，而且 RCEP 中非 TPP 亚洲成员与 RCEP 中 TPP 亚洲成员在一些国家的投资上也会被差别对待。由此可见，区域贸易协定损害了世界贸易组织的非歧视性原则。

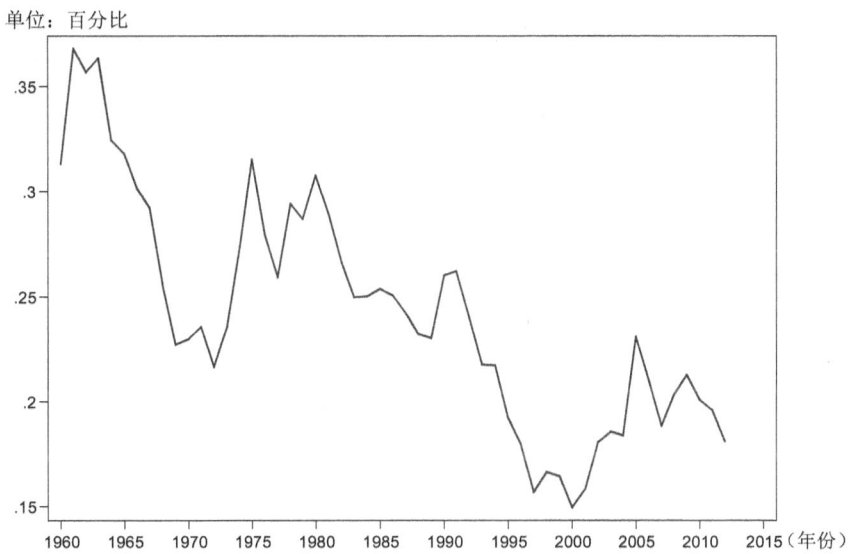

图 8-12　全球净官方发展援助额占国民总收入的比例（1960—2014 年）

数据来源：世界银行世界发展指标数据库。

二、全球发展合作目标长效化

目前，国际发展合作的目标演进主要经历了三个阶段，由第二次世界大战之后单纯的战后重建和经济发展合作逐步演进为消除贫困等可持续发展合作。

---

① 《全球发展伙伴关系：我们面临的挑战——千年发展目标差距工作队 2013 年报告》，联合国官方网站，2013 年 9 月 17 日，https://www.un.org/zh/millenniumgoals/pdf/MDG%20Gap%202013_Chinese.pdf。

(一)战后经济重建(1948—1960年)

国际发展最初是指一国以官方发展援助(Official Develop Assistance, ODA)的形式给予另一国以帮助和支持,以推动该国经济发展。[①] 第二次世界大战之后,美国开始筹划"马歇尔计划",重建西欧。1948年,美国总统杜鲁门正式签署该计划。同年,计划参与"马歇尔计划"的西欧国家成立欧洲经济合作组织(Organization for European Economic Cooperation, OEEC)。1948年至1951年,美国向欧洲提供了总和为131.5亿美元的援助,其中88%是无偿赠款。[②] 至1960年,欧洲经济发展迅速,很多欧洲国家从受援国变为援助国。同年,美国和加拿大加入OEEC并和其他成员国一起签署《经济合作与发展组织公约》(New OECD Convention)。1961年,OEEC正式更名为经济合作发展组织(Organization for Economic Cooperation and Development, OECD)并成立发展援助委员会(Development Assistance Committee, DAC)。[③] 此后,OECD-DAC成为发达国家间协调双边援助事宜的主要国际发展合作机制。

除了对欧洲实施"马歇尔计划",1949年,美国总统杜鲁门进一步提出针对发展中国家的"第四点计划"(Point Four Program),即美国要对位于亚洲、非洲、拉丁美洲的不发达国家和地区实行经济援助。"第四点计划"的实施,虽然基于美国的经济目的和政治目的[④],但也将国际发展合作的范围扩展为发达国家和发展中国家的合作。

(二)"发展十年国际发展战略"(1960—2000年)

联合国在1960—2000年实施了四个"发展十年国际发展战略",旨在促进全球范围内的经济发展,对发展中国家特别是最不发达国家提出经济发展战略目标。为了使得这些目标得以实现,发达国家和发展中国家需要紧密合

---

① 孙伊然:《隐含的利益交换:国际发展兴衰的逻辑》,《外交评论》2015年第3期,第72—103页。
② 唐丽霞、李小云:《西方发展援助的管理和实践评述》,载郑宇、李小云主编《国际发展合作新方向》,上海人民出版社,2016,第154页。
③ 根据OECD官方网站相关资料整理,http://www.oecd.org/about/history/。
④ 根据美国USAID官方网站的介绍,"第四点计划"实施的目的为:通过帮助发展中国家减少贫困和提高生产能力来扩大美国市场,通过帮助发展中国家在资本主义制度下达到繁荣而减少来自共产主义制度的威胁。资料来源:美国官方援助网站,2017年2月1日,https://www.usaid.gov/who-we-are/usaid-history。

作。合作的途径主要是官方发展援助，但也包括贸易政策、金融制度管理等多方面的交流与合作。表8-1列出联合国四个"发展十年国际发展战略"的主要目标。这四个战略对消灭贫困、缩小南北差距、建立国际经济新秩序作出了巨大的贡献。从表8-1我们可以看出，联合国的发展目标从最初纯粹的经济增长向经济增长的制度保障转变。

表8-1 联合国"发展十年国际发展战略"

时间	战略名称	主要经济发展目标
1960—1970年	第一个发展十年国际发展战略	发展中国家的人均收入翻一番；国民收入年增长率保持在5%及以上；贸易支持
1971—1980年	第二个发展十年国际发展战略	发展中国家的人均收入翻一番；发展中国家的GDP年增长率6%、人均GDP年增长率3.5%；结构调整，促进平等
1981—1990年	第三个发展十年国际发展战略	发展中国家的人均收入翻一番；发展中国家的GDP年增长率7%、人均GDP年增长率2.5%；官方发展援助转向最不发达国家
1991—2000年	第四个发展十年国际发展战略	加快发展中国家经济增长步伐；改善国际货币、金融和贸易制度；在国家和国际范围内实行健全的宏观经济管理；加强国际发展合作；解决最不发达国家的问题

资料来源：联合国官方网站，http://www.un.org/zh/events/devinfoday/docs.shtml。

（三）千年发展目标

2000年，在联合国千年首脑会议上通过了《联合国千年宣言》，旨在2015年实现8个方面的目标：消除极端贫困和饥饿，普及小学教育，促进男女平等并赋予妇女权力，降低儿童死亡率，改善产妇保健，与艾滋病毒（艾滋病）、疟疾和其他疾病作斗争，确保环境的可持续能力，制订促进发展的全球伙伴关系。这些目标统称为千年发展目标（Millennium Development Goals，MDGs）。千年发展目标和四个"发展十年国际发展战略"相比，虽然延续了关注最不发达地区发展的目标，但也重点强调了国家间在教育、医疗、社会平等民生问题展开合作的迫切性，最重要的是将国际发展合作机制的发展目标上升至发展全球伙伴关系。

2002年，各国政府首脑就国际发展筹资达成了《蒙特雷共识》。《蒙特雷共识》指出，发达国家和发展中国家应该建立一种"新型伙伴关系"，进而能够全面落实《联合国千年宣言》中提出的各项发展目标。除此之外，《蒙特雷共识》为发达国家提供的官方发展援助目标提出一个量化指标——占其国民总收入的0.7%。

（四）可持续发展目标

2015年9月，联合国可持续发展峰会通过了《2030年可持续发展议程》。该议程涵盖17个可持续发展目标，并于2016年1月1日正式生效。可持续发展旨在不损害后代人满足其自身需要的能力的前提下满足当代人的需要的发展。要实现可持续发展，新议程强调协调三大核心要素：经济增长、社会包容和环境保护。可持续发展目标建立在千年发展目标所取得的成就之上，旨在进一步消除一切形式的贫穷、实现平等，满足社会再教育、卫生、社会保护和就业机会等方面的需求，以及应对气候变化。可持续发展目标的一个核心特征是强烈关注执行手段，包括筹资、能力建设、技术、数据和机构。[①]与千年发展目标相比，可持续发展目标涉及范围更广，目标也更长远。此外，可持续发展目标具有普遍性。千年发展目标仅面向发展中国家，而可持续发展目标不仅面向发展中国家，也同时面向发达国家。

为了支持可持续发展目标的落实，联合国会员国于2015年7月15日和2016年4月22日先后通过《亚的斯亚贝巴行动议程》和《巴黎气候变化协定》。《亚的斯亚贝巴行动议程》在科技、基础设施、社会保障、卫生、微型及中小型企业、外国援助、税收、气候变化以及针对最不发达国家的一揽子援助措施方面均提出了新的举措，其中包括建立"技术促进机制"和"全球基础设施论坛"等。同时，发达国家重申了将其国民生产总值的0.7%用于官方发展援助的承诺，包括将国民总收入的0.15%—0.2%作为对最不发达国家的官方发展援助；发达国家还承诺扭转向最不发达国家提供援助下降的趋势；呼吁在2020年前通过广泛渠道联合调集1000亿美元，以满足发展中国家

---

① 《变革我们的世界：2030可持续发展议程》，联合国官网，2016年1月13日，http://www.un.org/sustainabledevelopment/zh/development-agenda/。

在适应和减缓气候变化影响方面的需求。① 《巴黎气候变化协定》旨在提高在应对气候变化方面的国际合作,其是继1992年《联合国气候变化框架公约》、1997年《京都议定书》之后的有关气候治理的第三个里程碑式的国际法律文本,正式启动了2020年后全球温室气体减排的新进程。此协定将所有国家都列入减排的全球性强制减排之列,因此,和可持续发展目标一样,都具有普遍性。

三、全球发展合作主体多样化

(一)发达国家主导的北南合作

发达国家主导的北南合作是国际发展合作历程中时间最长并且规模最大的合作。DAC国家从20世纪60年代起向发展中国家提供官方发展援助,截至2016年底,已有50多年的历史。根据OECD的数据,发展中国家在2015年共收到官方发展援助(ODA)约1802亿美元。其中,DAC国家提供1298.53亿美元,约占总量的72%;国际多边组织提供492.86亿美元,约占总量的27%;非DAC国家提供11.15亿美元,约占总量的1%。可见,发达国家主导的北南合作依然是国际发展合作的重要方式。

北南合作在全球发展合作中占据主导地位,但其地位和作用正在相对下降,主要原因在于发达国家没有严格执行相关合作承诺。联合国千年发展目标八(MDG8)涵盖了北南发展合作的五大领域,即官方发展援助、发展中国家在发达国家的贸易市场准入、发展中国家债务可持续性、发展中国家获得基本医药的程度、发展中国家采用新技术的进展。十多年来,这些领域虽取得了一些进展,但仍存在不少问题。

(二)发展中国家主导的南南合作

20世纪60年代不结盟运动和七十七国集团的建立,开启了南南合作的先河。1978年,发展中国家技术合作会议通过了布宜诺斯艾利斯行动计划(BAPA),确定了15个领域为南南合作的重点,提出特别要重视最不发达国

---

① 《联合国第三次发展筹资问题国际会议成功达成成果文件〈亚的斯亚贝巴行动议程〉》,联合国官方网站,2015年7月15日,http://www.un.org/chinese/News/story.asp?NewsID=24368。

家、内陆发展中国家和小岛屿发展中国家。伴随着发展中国家的崛起，很多新兴经济体视自己为发展伙伴而非传统意义上界定的"援助国"，以平等、互利、共赢为特点，并在南南合作框架下贡献了新的资源及其自身的发展经验，使南南合作关系通过不断创新而迸发出勃勃生机。

据OECD统计，2014年，南方国家的援助规模约328亿美元，较2010年增长了近两倍，在全球援助总额中的比例从2010年的6%跃升至18%。受提高预算、债务减免、增加多边捐款和人道主义援助等因素的影响，南方国家2015年援助规模继续攀升。由于发展中国家的援助公开数据有限，在目前所采集的数据中，沙特阿拉伯（69.8亿美元）、阿联酋（45亿美元）已跻身全球十大援助国行列，超过大多数DAC援助国。土耳其、中国、印度、卡塔尔、俄罗斯、墨西哥和巴西等国的援助规模也位居世界前列。此外，越来越多的中等收入国家也开始对外提供援助，如蒙古国、印度尼西亚、泰国、尼日利亚、塔吉克斯坦、埃及等。随着南方国家援助规模的不断扩大，土耳其、巴西、墨西哥、泰国等国成立了专门的援助机构，在机制上进一步完善了援助管理和南南合作方式。

在援助领域，发展中国家在贸易、金融、投资、产业合作、区域一体化等多领域取得积极进展。以贸易为例，一些重要发展中国家伙伴包括中国、印度、印度尼西亚、智利等为最不发达国家的出口产品提供了程度很高的零关税、免配额市场准入。[①] 在投资与产业合作方面，发展中国家之间的国际直接投资迅猛发展，并通过投资带动了产业转移、产业分工和工业化进程。这在传统南南合作中是很少见的。

从合作框架和机制来看，新型南南合作关系也在得到不断充实。通过新型的机制化安排形成某种合作集团，发展中国家开启了在国际经济领域维护发展中国家共同利益的合作之旅，如金砖国家、二十国集团（G20）中的新兴经济体11国、国际气候谈判中基础四国，以及印度、巴西和南非成立的印—巴—南对话论坛（IBSA）三边合作机制等。此外，中非基金、金砖国家开发银行以及正在推进中的上合组织开发银行等开发性金融合作机构的建立，更

---

① 《全球发展伙伴关系：我们面临的挑战——千年发展目标差距工作队2013年报告》，联合国官方网站，2013年9月17日，https://www.un.org/zh/millenniumgoals/pdf/MDG%20Gap%202013_Chinese.pdf。

是开创了南南合作的全新形式。

(三) 发达国家和发展中国家共同参与的新多边合作机制

1994年，美国、加拿大、墨西哥组成的北美自由贸易区（NAFTA）成立，标志着世界上首个南北型区域经济一体化组织诞生。自此，南北合作模式的区域经济一体化也开始在世界范围内蓬勃发展。2004年，随着东欧十国的加入，欧盟也由北北型转变为南北型一体化组织。2002年墨西哥蒙特雷发展筹资峰会、2005年英国格伦伊格尔斯八国集团首脑会议、2005年《援助实效问题巴黎宣言》、2009年内罗毕南南合作高级别会议及2011年釜山第四次援助实效问题高级别论坛等一系列推动全球发展合作的重要会议促成了2012年6月全球有效发展合作伙伴关系的形成。这也标志着发达国家和发展中国家共同参与的新多边合作机制的形成。

此外，南北型区域经济一体化成为一种新的发展趋势。欧盟、美国、日本等发达国家相继与许多发展中国家签订了或区域、或双边FTA。从合作内容来看，南北型一体化不仅涉及关税等各种贸易壁垒，还涉及更为广泛和深入的一体化问题（如边境内问题）。

参加南北型区域经济一体化可以为发展中国家带来种种经济发展机遇，如吸收发达国家的资本、技术、管理方法和经验；利用发达国家市场，扩大商品和劳务输出；提高生产效率和工业化水平；获得更多技术转让和其他形式的经济援助等。[①] 因此，南北型一体化模式使得经济福利净增加的可能性更高。

与此同时，发展中国家参加南北型区域经济一体化也伴随着更高代价的地位附属化、内政被干涉乃至国家主权让渡的风险。[②] 如与美国签订南北型自贸协定，条款中就包含有"透明度"原则。如要求伙伴国国内政策、法规有变化时，必须与美国商业团体或美国政府协商或考虑他们的建议，这种对伙伴国立法权力的干涉已经直接损害到伙伴国的主权利益。

---

① 韦金鸾:《南北型区域经济一体化的影响》,《世界经济研究》2001年第6期, 第34—38页。
② 王丽:《发展中国家参与区域经济一体化的模式选择》,《经济导刊》2008年第5期, 第56—57页。

第二节 "一带一路"建设中的全球发展合作机制现状

2013年9月和10月，习近平主席在出访中亚和东南亚国家期间，先后提出共建"丝绸之路经济带"和"21世纪海上丝绸之路"。"一带一路"涵盖亚太、欧亚、中东、非洲等地区，包括65个国家，总人口超过44亿，约占全世界人口的63%，经济总量超过20万亿美元，约占全球经济总量的30%。沿线国家大多为新兴经济体和发展中国家。中国经过40多年的改革开放，已经从一个封闭国家转变为一个开放国家，从一个经济弱国转变为中等收入国家，经济总量居世界第二。中国兼具了大国和发展中国家的特点。由于是大国，中国有着一般发展中国家所不具备的国际影响力；也由于仍是一个发展中国家，所以更加了解发展中国家的迫切需求和对国际社会的期望，在国际舞台上更能够为发展中国家争取更多发展的权益。从这一意义上来说，中国相当于全球发展合作中的一股中坚力量，可以充分弥合南北双方在发展领域的分歧，进而促进全球发展目标的实现。

一、中国参与经济议题相关的全球发展合作历史进程

1971年中国恢复联合国合法席位，是中国融入全球治理体系的起点。1978年，中国实施了改革开放的政策。改革开放40余年，中国各领域取得举世瞩目的成就。其一，中国的GDP从1978年的0.36万亿元增长到2017年的82.7万亿元，按照可比价格计算的GDP年均增长率约为9.5%，中国成长为全球经济规模第二大国，人均GDP也从1978年的385元增长到2017年的59660元，达到中等偏上收入国家水平，创造了世界发展史的中国奇迹。其二，中国使7亿多人口摆脱贫困，贫困发生率从1978年的97.5%下降到2017年的3.1%，减贫人口为全世界减贫贡献了70%以上的份额，创造了世界减贫史的中国奇迹。其三，中国科技界实现高温超导、中微子物理、量子反常霍尔效应、纳米科技、干细胞研究、人类基因组测序等基础科学突破，产生载人航天、探月工程、量子通信、北斗导航、载人深潜、高速铁路、航空母舰等工程技术成果，创造了世界科技史的中国奇迹。改革开放40余年里，在全球发

展合作领域，中国也从美国主导的国际经济体系的参与者变成了融入其中的主要贡献者。①

1980年，中国恢复国际货币基金组织和世界银行的席位。1986年3月第六届全国人大四次会议通过的《政府工作报告》明确指出，"中国支持联合国组织根据宪章精神进行的各项工作，积极参加联合国及其专门机构开展的有利于世界和平与发展的活动，广泛参加各种国际组织，开展积极的多边外交活动，增进与各国在各领域的合作"。这说明中国对待国际机制的态度从疏离和抵制转向认可和支持。中国逐渐从各领域国际机制的"局外者"转变为"局内者"。

1986年7月10日，中国正式提出申请，要求恢复中国在《关税与贸易总协定》中的缔约方地位。20世纪90年代，中国与主要贸易伙伴（尤其是美国）展开了"复关"与"入世"的艰苦谈判。在确保国家核心利益的前提下，中国勇敢地接受了开放国内市场的挑战，并有效地通过大幅度提高市场准入水平，加快市场化改革进程。最终，中国于2001年12月11日正式加入世界贸易组织。② 中国加入世界贸易组织是中国全面融入全球发展合作的标志，也是中国深度参与各领域国际机制建设和国际规则制定的起点。在世贸组织多哈回合谈判中，中国发挥了"促发展、求共识"的建设性作用，在管理机构程序、争端解决机制、反倾销规则等方面提出了多项改革倡议。

2008年，全球金融危机爆发。西方发达国家决定在平等参与的基础上与中国等新兴市场国家开展对话，将二十国集团机制从财长和央行行长会议升级为领导人峰会。中国首次以塑造者、创始国和核心参与者身份参与全球经济治理机制，全面参与G20框架下的国际经济合作，积极推动全球经济治理改革。由此，中国在全球治理中的地位和影响力发生了巨大变化，中国对全球治理的参与往有所作为、主动引领的方向发展。

2013年9月和10月，习近平主席在出访中亚和东南亚国家期间，先后提出共建"丝绸之路经济带"和"21世纪海上丝绸之路"，其背后蕴含了"一带一路"合作机制作为全球经济治理的中国路径的理论框架。2016年9月27日，

---

① 蔡昉、张宇燕等：《从中国故事到中国智慧》，《国际经济评论》2019年第2期，第9—31页。
② 盛斌、高疆：《中国与全球经济治理：从规则接受者到规则参与者》，《南开学报（哲学社会科学版）》2018年第5期，第18—27页。

习近平总书记在主持中共中央政治局第三十五次集体学习时指出,"随着国际力量对比消长变化和全球性挑战日益增多,加强全球治理、推动全球治理体系变革是大势所趋。中国要积极参与全球治理,主动承担国际责任"。2017年5月,第一届"一带一路"国际合作高峰论坛在北京成功举行,取得丰硕成果。

2018年,中拉论坛第二届部长级会议、中国—阿拉伯国家合作论坛第八届部长级会议、中非合作论坛北京峰会先后展开,分别形成了中拉《关于"一带一路"倡议的特别声明》《中国和阿拉伯国家合作共建"一带一路"行动宣言》和《关于构建更加紧密的中非命运共同体的北京宣言》等重要成果文件。2018年1月发布的《中国的北极政策》白皮书中正式提出共建"冰上丝绸之路"。作为"一带一路"倡议的重要组成部分,"冰上丝绸之路"为北极治理提出了"中国方案"。[①]

二、"一带一路"建设中的全球发展合作平台

在共建"一带一路"过程中,中国牵头成立了多边发展银行、发展基金以及搭建双边、多边经济走廊等。丰富的双边和多边合作平台,为全球发展合作亮出了"中国方案"。

(一)中国牵头成立"两行一金"

共建"一带一路",由新兴经济体所主导建立的国际金融体系从初始就在内部治理结构上强调体现平等、包容与互补精神,并且更加具有直接促进发展的性质。

1. 亚洲基础设施投资银行

2013年10月,中国国家主席习近平首次提出筹建亚洲基础设施投资银行(亚投行)的倡议。经过一年多的筹备,2014年10月,包括中国、印度、新加坡等国家在内的21个意向创始成员国在北京签署了《筹建亚投行备忘录》,标志着亚洲基础设施投资银行的筹建工作进入了一个新的阶段。2015年2月,亚投行的意向创始成员国数量增加至27个。2015年3月12日,英国宣布申请

[①] 姜胤安:《"冰上丝绸之路"多边合作:机遇、挑战与发展路径》,《太平洋学报》2019年第8期,第67—77页。

加入亚投行，从而成为第一个申请加入亚投行的欧洲发达经济体。在英国的带动下，法国、德国、意大利、卢森堡、瑞士和奥地利先后于2015年3月下旬申请加入亚投行。韩国和澳大利亚在2015年3月底之前正式宣布加入亚投行。① 截至2019年7月13日，亚洲基础设施投资银行理事会批准贝宁、吉布提、卢旺达加入亚投行。至此，亚投行成员总数达到100个。

亚洲基础设施投资银行是一个多边开发银行，其使命是改善亚洲的社会和经济成果，总部位于北京，于2016年1月开始运营。亚洲基础设施投资银行设立理事会、董事会和最高管理层三重架构。理事会由来自每个成员国的1名代表组成；董事会由12名董事构成；最高管理层设行长、副行长等职务。② 亚投行法定资本1000亿美元，初始认缴资本为500亿美元，其他成员国认缴资本与其国内生产总值的权重有关。中国所占股份最多，为29.78%；其次为印度，占8.37%；再次是俄罗斯，占6.54%。

亚洲基础设施投资银行通过多种方式为域内国家基础设施投资项目提供融资，包括贷款、股权投资和提供担保等服务。投票权分为基本投票权、股份投票权以及创始成员享有的创始成员投票权三部分。基本投票权占总投票权的12%，由全体成员共同分配；亚洲域内国家股权比重为75%，域外国家股权比重为25%，域内国家的股权比重将通过国内生产总值、人口等系列指标来确定；每个创始成员国同时拥有600票创始成员投票权，基本投票权和创始成员投票权占总投票权的15%。③

亚洲基础设施投资银行积极融入全球发展伙伴关系及合作。截至2019年9月，亚洲基础设施投资银行已经与世界银行签署了一个共同融资框架协议，与非洲开发银行、非洲发展基金、亚洲开发银行、欧亚开发银行、欧洲复兴开发银行、欧洲投资银行、美洲开发银行、伊斯兰开发银行、新开发银行和世界银行集团等国际发展机构签署共同合作和共同筹资的备忘录。④ 不同于政府间合作主导的世行和亚行模式，亚投行向私人投资开放，通过亚投行资本，

---

① 王达:《亚投行的中国考量与世界意义》，《东北亚论坛》2015年第3期，第48—64页。
② 资料来自亚投行官方网站，2019年12月2日，https://www.aiib.org/en/about-aiib/index.html。
③ 于小琴:《亚洲基础设施投资银行与中俄基础设施项目合作研究》，《西伯利亚研究》2018年第5期，第39—44页。
④ "Partnership," AIIB homepage, https://www.aiib.org/en/about-aiib/who-we-are/partnership/index.html.

调动私营资本，注重市场规律、商业价值和民生优先，兼顾投资回报与社会公益。

截至2018年底，亚洲基础设施投资银行累计批准贷款75亿美元，撬动其他投资近400亿美元，已批准的35个项目覆盖印度尼西亚、印度、巴基斯坦、塔吉克斯坦、土耳其、埃及等13个国家，涉及交通、能源、电信、城市发展等多个领域。这些项目有助于完善所在国的基础设施建设，推动经济发展，改善生态环境，提高当地人民的生活水平。①

2. 新开发银行

2014年7月15日至16日，金砖国家领导人第六次会晤在巴西福塔莱萨举行。五国建立了金砖国家应急储备安排，签署了《成立新开发银行的协议》，协议初始资本为1000亿美元，由各成员国平等捐资；银行总部设在中国上海。2015年7月1日，中国第十二届全国人大常委会第十五次会议批准了该协议。至此，金砖五国立法机构均已批准这一协议，为"金砖国家新开发银行"启动运营提供了保障。2015年7月20日至21日，"金砖国家新开发银行"开业仪式系列活动在上海举行。

新开发银行秉承南南合作精神，与传统的多边银行不同，采用金砖五国平权的结构。根据成立时的相关法律文件，即使将来扩员，银行80%的股份将永远为新兴经济体所拥有。目前，标准普尔和惠誉给金砖国家新开发银行"AA+"评级，其运营成绩斐然。2016年4月，新开发银行宣布其总额8.11亿美元的首批贷款项目将用于支持中国、印度、巴西和南非的多个绿色能源项目；同年7月，新开发银行发行的第一只绿色金融债券在资本市场首次亮相，债券规模为30亿元人民币，期限为5年，票面年利率为3.07%。2017年7月21日，位于上海临港的光伏智慧新能源推广应用示范项目成为新开发银行首个贷款支持中国的项目，也是新开发银行签约的首个项目，项目贷款额5.25亿元人民币，贷款期限为17年（含3年宽限期）。2017年8月17日，新开发银行非洲区域中心在南非约翰内斯堡成立，这是新开发银行成立的首个区域中心。2018年12月20日，第73届联合国大会协商一致通过决议，邀请新开发银行和亚投行以观察员身份参加联合国大会的会议和工作。两家银行成为联

---

① 卢静：《全球经济治理体系变革与中国的角色》，《当代世界》2019年第4期，第12—17页。

大观察员，有利于推动其与联合国的联系与合作，促进实现联合国确定的可持续发展目标。2019年4月1日，新开发银行第四届年会在南非开普敦国际会展中心开幕。年会期间，新开发银行与南非国家电力公司签署了价值1.8亿美元的贷款协议；与南部非洲开发银行签署了一项旨在帮助该地区减少温室气体排放和能源开发的贷款协议，贷款金额为3亿美元。

3. 丝路基金

2014年11月8日，在北京举行的"加强互联互通伙伴关系"东道主伙伴对话会上，习近平主席宣布，中国将出资400亿美元成立丝路基金，为共建"一带一路"国家基础设施、资源开发、产业合作和金融合作等与互联互通有关的项目提供投融资支持。2014年12月，国家外汇储备、中国投资有限责任公司、中国进出口银行、国家开发银行共同出资100亿美元在北京注册成立丝路基金。其中，国家外汇储备出资65亿美元、中国投资有限责任公司和中国进出口银行各出资15亿美元、国家开发银行出资5亿美元。[①] 丝路基金是一种中长期开发投资基金，类似于中长期的私募股权投资基金，秉承"开放包容、互利共赢"的发展理念，通过以股权投资为主的多种投融资方式进行境外投资。截至2019年5月，丝路基金约70%的签约投资运用在电力电站开发、基础设施建设、港口航运、高端制造等大型国际合作项目。在丝路基金与其他国际投资者、贷款银团的支持下，俄罗斯亚马尔液化天然气项目、巴基斯坦卡洛特水电站、阿联酋迪拜光热电站等项目不断推进，为"一带一路"资金融通提供了保障。

（二）促进上海合作组织的扩员与发展

上海合作组织（上合组织）是由哈萨克斯坦共和国、中华人民共和国、吉尔吉斯共和国、俄罗斯联邦、塔吉克斯坦共和国、乌兹别克斯坦共和国于2001年6月15日在中国上海宣布成立的永久性政府间国际组织。它的前身是"上海五国"会晤机制。2002年，上合组织成员国在圣彼得堡峰会上签署了《上海合作组织宪章》，文件于2003年9月19日生效。这是一份章程文件，规

[①] 杨丽花、周丽萍、翁东玲：《丝路基金、PPP与"一带一路"建设——基于博弈论的视角》，《亚太经济》2016年第2期，第24—30页。

定了组织的宗旨与原则、组织架构、主要活动方向。"一带一路"倡议提出之后，2017年6月8日至9日，上合组织元首理事会阿斯塔纳会议作出历史性决定，给予印度共和国和巴基斯坦伊斯兰共和国成员国地位。[①]"一带一路"倡议提出后，印度、巴基斯坦加入上海合作组织，标志着上合组织成立17年来首次正式开启了扩员进程，意味着上合组织政治空间和地理空间的扩大。这次扩员将中亚和南亚连接起来，上合组织成为世界最大的区域合作组织，也成为涵盖欧亚地区且具有更大影响力的国际组织。[②]

上合组织最高决策机构是成员国元首理事会，该会议每年举行一次，决定本组织所有重要问题。政府首脑（总理）理事会每年举行一次，讨论本组织框架下多边合作和优先领域的战略，决定经济及其他领域的原则性和重要问题，通过组织预算。上合组织工作语言为汉语和俄语。除元首理事会会议和政府首脑理事会会议外，运行的机制还有议会领导人会议、安全会议秘书会议、外长会议、国防部长会议、紧急救灾部门领导人会议、经贸部长会议、交通部长会议、文化部长会议、教育部长会议、卫生部长会议、执法部门领导人会议、最高法院院长会议、总检察长会议等。上合组织成员国国家协调员理事会是上合组织框架下的协调机制。

上海合作组织有两个常设机构，分别是设在北京的上合组织秘书处和设在塔什干的上合组织地区反恐怖机构执行委员会。上合组织秘书长和地区反恐怖机构执行主任由国家元首理事会任命，任期3年。2019年1月1日起，上述职位分别由诺罗夫（乌兹别克斯坦籍）和吉约索夫（塔吉克斯坦籍）担任。目前，上合组织成员国有8个：印度共和国、哈萨克斯坦共和国、中华人民共和国、吉尔吉斯共和国、巴基斯坦伊斯兰共和国、俄罗斯联邦、塔吉克斯坦共和国、乌兹别克斯坦共和国；4个观察员国：阿富汗伊斯兰共和国、白俄罗斯共和国、伊朗伊斯兰共和国、蒙古国；6个对话伙伴：阿塞拜疆共和国、亚美尼亚共和国、柬埔寨王国、尼泊尔联邦民主共和国、土耳其共和国和斯里兰卡民主社会主义共和国。

上海合作组织的宗旨是：加强各成员国之间的相互信任与睦邻友好；鼓

---

① 《上海合作组织简介》，上海合作组织官方网站，2019年3月2日，http://chn.sectsco.org/about_sco/。
② 郭连成、陆佳琦：《上海合作组织扩员：新机遇与新挑战》，《财经问题研究》2019年第3期，第106—115页。

励成员国在政治、经贸、科技、文化、教育、能源、交通、旅游、环保及其他领域的有效合作；共同致力于维护和保障地区的和平、安全与稳定；推动建立民主、公正、合理的国际政治经济新秩序。上海合作组织对内遵循"互信、互利、平等、协商，尊重多样文明、谋求共同发展"的"上海精神"，对外奉行不结盟、不针对其他国家和地区及开放原则。上合组织自"上海五国"建立至今，逐渐从一个单纯处理边界遗留问题、增强边境地区军事信任的五方双边磋商对话平台演变成为推动地区安全与经济合作、增强不同文明对话的多边合作机制。[①] 上合组织建立的初衷是为满足成员国的安全合作需要，其经济职能是随着成员国合作的深入发展而自然延伸出来的。[②]

上合组织在自身发展的同时，与其他国际机构或组织积极开展合作。截至2019年9月底，已与联合国、独联体、东盟、集体安全条约组织、经济合作组织、亚洲相互协作与信任措施会议等组织的秘书处签署备忘录，共同为地区或全球的发展作出贡献。

（三）建设六大经济走廊

经济走廊建设是建立更为畅通的运输通道，更为紧密的经贸关系，更为有序、互惠的贸易规则。[③] 中巴、中蒙俄、中国—中亚—西亚、中国—中南半岛、孟中印缅、新亚欧大陆桥六大经济走廊是推进共建"一带一路"的重要内容。六大经济走廊将相关60多个发展中国家和地区，列为中国对外交往的优先和重点对象。其中，中巴经济走廊起步早、进展快，22个早期项目中已经有10个项目在2019年前完工，能源合作成效明显；中蒙俄经济走廊地区顶层设计出台早、政治互信不断提高，口岸建设和能源合作是其特色，未来将向规则统一化方向发展；中国—中亚—西亚地区多山，基础设施建设项目以隧道为主，产业园区建设是亮点；新亚欧大陆桥经济走廊历史最久，陆上铁路货运——"中欧班列"已打造出了品牌；孟中印缅经济走廊推进相对较为

---

① 冯玉军：《上海合作组织的战略定位与发展方向》，《现代国际关系》2006年第11期，第12—17页。
② 王树春、刘思恩：《"一带一路"建设与上海合作组织合作路径探析》，《俄罗斯东欧中亚研究》2018年第5期，第104—115页。
③ 何茂春、田斌：《"一带一路"的先行先试：加快中蒙俄经济走廊建设》，《国际贸易》2016年第12期，第59—63页。

缓慢，但"人字形"中缅经济走廊有后来赶上的发展势头。①

1. 中巴经济走廊

2013年5月，李克强总理访问巴基斯坦时提出要打造一条北起中国喀什、南至巴基斯坦瓜达尔港全长3000多公里的经济大动脉。2015年4月习近平主席访问巴基斯坦期间，将中巴关系提升为全天候战略合作伙伴关系，并建议"以中巴经济走廊建设为中心，以瓜达尔港、交通基础设施、能源、产业合作为重点，形成'1+4'经济合作布局，实现合作共赢和共同发展，惠及广大民众，成为对本地区互联互通建设具有示范意义的重大项目"。两国领导人共同见证签署了51项合作协议和备忘录，其中超过30项涉及中巴经济走廊。

2017年11月，中巴两国政府签署《中巴经济走廊远景规划》，为共建中巴经济走廊提供了政策保障。《中巴经济走廊远景规划》制定了三步走战略，分短期、中期、长期项目，预计到2030年完成，计划投资460亿美元。该规划既为中巴经济走廊建设提供指导，也推动了"一带一路"倡议与巴基斯坦"2015发展愿景"的对接。

目前，中巴经济走廊建设已在能源、交通基础设施、贸易投资、资金融通等方面取得成效。能源合作方面，2018年底，萨希瓦尔燃煤电站竣工、卡西姆燃煤电站首台机组启动发电。交通基础设施建设方面，2015年10月，中国国航开通北京—伊斯兰堡的直飞航线；2016年4月，中国交通建设公司承建的喀喇昆仑公路升级改造项目开工建设；2018年5月，中国建筑公司与巴基斯坦签署承建的卡拉奇至拉合尔高速公路通车。贸易方面，2016年，瓜达尔港自贸区正式启动。瓜达尔港自贸区投资30亿元人民币，提供4G移动网络信号，已有30多家酒店、银行、保险、物流、家电组装等中巴企业入驻园区。这些企业全部投产后，年产值将超过50亿元人民币。资金融通方面，2015年4月，丝路基金第一单投向了中巴经济走廊的清洁能源项目——三峡集团投资建设的巴基斯坦卡洛特水电站项目；2016年6月，巴基斯坦M4高速公路项目获得亚投行和亚洲开发银行联合融资支持；2018年5月，中国人民

---

① 《用成绩说话，六大经济走廊的这六年》，中国一带一路网澎湃政务发布，2019年4月26日，https://www.thepaper.cn/newsDetail_forward_3342224。

银行与巴基斯坦国家银行续签了为期三年的中巴双边本币互换协议。①

2018年9月,中巴经济走廊吸引到第一个第三方国家沙特阿拉伯加入。这是中巴经济走廊建设迈出的重大一步。中国欢迎国际社会以多种方式支持中巴经济走廊建设,一致维护区域安全稳定,改善走廊建设的安全环境,这也是引导经济走廊实现亚洲、中东、欧洲互通的积极进展。②

2. 中蒙俄经济走廊

2014年9月,习近平主席在出席中蒙俄三国元首会晤时提出建设中蒙俄经济走廊。2015年7月,中蒙俄三国元首在乌法举行会晤并共同签署了《关于编制建设中蒙俄经济走廊规划纲要的谅解备忘录》,这一文件成为三方共建经济走廊的中长期发展路线图。

中蒙俄经济走廊包括两条主线:第一条主线是从"京津冀"出发,西接"呼包鄂榆"城市群后向北借助几大中蒙陆路口岸进入蒙古国,经过乌兰巴托后通过两条通道线对接俄罗斯;第二条主线是从东北地区出发,以大连、沈阳、长春、哈尔滨为节点城市,共同连接满洲里,在进入俄罗斯赤塔后一直向西借助俄罗斯通向欧洲。

3. 中国—中亚—西亚经济走廊

中国—中亚—西亚经济走廊东起中国,向西经中亚至阿拉伯半岛,是丝绸之路经济带的重要组成部分。中亚地区包括哈萨克斯坦、乌兹别克斯坦、土库曼斯坦、吉尔吉斯斯坦、塔吉克斯坦5个国家;西亚地区包括土耳其、以色列、沙特阿拉伯、伊拉克、伊朗、阿富汗、塞浦路斯、黎巴嫩、叙利亚、约旦、巴勒斯坦、阿曼、也门、科威特、巴林、卡塔尔、阿联酋17个国家。2015年7月和10月,习近平主席分别会见乌兹别克斯坦总统卡里莫夫、吉尔吉斯斯坦总统阿塔姆巴耶夫时指出,中方将同乌方和吉方一道做好中国—中亚—西亚经济走廊有关工作。由此可见,共建中国—中亚—西亚经济走廊已在相关国家形成共识。

2017年9月在银川举行的中国—阿拉伯国家博览会签约项目253个,计划

---

① 张耀铭:《中巴经济走廊建设:成果、风险与对策》,《西北大学学报(哲学社会科学版)》2019年第4期,第14—22页。

② 尤宏兵、周珍珍:《中巴经济走廊:推动区域全面合作的新枢纽》,《国际经济合作》2019年第2期,第60—69页。

总投资1860.5亿元。其中，中国科技部与埃及、苏丹、摩洛哥等国家签订3个合作协议和1个备忘录；中国贸促会分别与埃及、约旦等6个国家和地区签订8个合作备忘录；北京、上海、河北、辽宁、山东、湖北、江西、福建、陕西、青海10个省市，分别与阿曼、埃及、摩洛哥、伊拉克、毛里塔尼亚5个丝路沿线国家，签订22个合作项目，投资额93.8亿元；宁夏分别与埃及、沙特、毛里塔尼亚等国家，签订66个合作项目，投资额207.05亿元。这些均表明中国与阿拉伯国家经贸合作在中国—中亚—西亚经济走廊有着广阔的发展空间。①

4. 中国—中南半岛经济走廊

中国—中南半岛经济走廊是在大湄公河次区域经济走廊和昆明—曼谷以及南宁—新加坡经济走廊的基础上发展形成的一条经济走廊②，连接中国、缅甸、泰国、越南、老挝、柬埔寨、马来西亚、新加坡8个国家。该走廊以中国广西南宁和云南昆明为起点，以新加坡为终点，是陆上丝绸之路和海上丝绸之路的连接区域，是沟通太平洋和印度洋的陆上桥梁，是促进中国和东盟合作的通道。③

中国—中南半岛经济走廊由中国主导，建设过程中注重和沿廊国家的发展战略进行对接。缅甸于2016年启动国家出口战略计划；泰国在2016年提出"泰国4.0"高附加值经济模式，并提出横跨北柳、春武里和罗勇三府的东部经济走廊；越南在2016年批准未来15年国际经济一体化总体战略并签发《至2020年融入国际社会总体战略和2030年愿景》；老挝通过互联互通"陆联"和"过境"的国家战略定位，提出变"陆锁国"为"陆联国"，意图成为连接周边国家的陆上枢纽；柬埔寨在2004年提出国家发展"四角战略"，推进地区和世界的一体化进程；马来西亚2010年推出转型计划，其"全球温和主义"与"21世纪海上丝绸之路"开放包容理念高度契合。

---

① 汪巍：《中阿经济合作在"中国—中亚—西亚"经济走廊结硕果》，中国网，2017年9月13日，http://opinion.china.com.cn/opinion_73_171273.html。
② 卢光盛、段涛：《"一带一路"视域下的战略对接研究——以中国—中南半岛经济走廊为例》，《思想战线》2017年第6期，第160—168页。
③ 卢伟、公丕萍、李大伟：《中国—中南半岛经济走廊建设的主要任务及推进策略》，《经济纵横》2017年第2期，第50—56页。

5. 孟中印缅经济走廊

2013年5月，李克强总理在出访印度期间提出了共建孟中印缅经济走廊的构想。随后，孟中印缅经济走廊联合工作组分别于2013年12月、2015年1月、2017年4月召开了3次会议。会议正式确立了孟中印缅四国政府推进孟中印缅经济走廊合作的机制，并在四国互联互通建设、能源和贸易合作及投资、融资、可持续发展等重点领域开展了联合研究。此外，还将启动孟中印缅各国合作框架设计的磋商工作。截至目前，中缅合作较为深入。2019年1月30日，缅甸准许使用人民币作为结算货币进行国际支付。2020年1月18日，两国签署《中华人民共和国和缅甸联邦共和国联合声明》，对双方下一阶段各领域交往合作进行了系统规划和部署。

6. 新亚欧大陆桥

新亚欧大陆桥经济走廊是指沿着从中国江苏省连云港市到荷兰鹿特丹市的跨欧亚国际铁路干线及其周边地区所形成的经济走廊。连云港—鹿特丹国际铁路干线是这个经济走廊的核心部分，全长1万多公里，于1992年建成。新亚欧大陆桥经济走廊早期功能比较单一，主要依靠这条国际铁路干线承担中国和欧洲国家之间的商品货物运送业务。目前，以这条铁路沿线的节点城市和农村地区为基地，已经或正在建设一批特色园区，如物流园区、贸易合作区、农业开发区等。

2011年起，基于连云港—鹿特丹国际铁路干线，在中国和欧洲之间从事集装箱国际线路联运业务的中欧班列开通。"一带一路"倡议提出后，中欧班列的数量增加，开通中欧班列的城市也随之增加。2017年，中欧班列开行3600列，超过2011年至2016年的总开行数。中欧班列开行城市在2011年只有重庆、成都、郑州、武汉等不到10个城市，2017年底已增至35个，到达欧洲城市的数量增至12个国家的34个。

中哈（连云港）物流合作基地是新亚欧大陆桥经济走廊建设的首个园区，旨在建成一个包括集装箱堆场、拆装箱库、堆场铁路专用线等设施建设的国际物流建设园区，以支持国际多式联运、拆装箱托运、仓储等国际货物运输业务。一期工程已于2014年正式启用，现已初步做到水运和陆运的对接。[①]

[①] 胡必亮：《"一带一路"倡议、实施和前景》，《中国人口科学》2018年第1期，第2—18页。

新亚欧大陆桥经济走廊建设过程中另一个重要项目是由中国和哈萨克斯坦两国在其边境地区共同建设的中哈霍尔果斯国际边境合作中心。中哈霍尔果斯国际边境合作中心是中哈两国合作的元首工程，是中国与其他国家建立的首个跨境经济贸易合作区，总面积5.6平方公里，其中中方区域3.43平方公里，哈方区域2.17平方公里。国务院赋予了合作中心特殊的政策：一是从中方入区建设物资和自用设备实行退税，从哈方入区的建设物资和自用设备实行免税，这一退一免之间，会对投资兴业的企业家产生很大的吸引力；二是从中方入区的游客每人每天可购买8000元人民币合法免税商品，从哈方入区的游客，每人每天可以购买1500欧元的免税商品；三是凡是入区的经营者或游客可以在区内一次合法停留30天，30天内出区查验后再次进入，即一年出入12次，可实现合作中心内长年居住。①

第三节　中国参与"一带一路"全球发展合作机制的现状

2017年5月16日习近平主席在北京主持"一带一路"国际合作高峰论坛圆桌峰会时强调，要把"一带一路"建设"同区域发展规划对接起来"。这体现了中国在"一带一路"建设中积极参与全球发展合作的愿景。截至2019年8月，中国政府已与136个国家和30个国际组织签署195份共建"一带一路"合作文件；已有多个国家与中国签署在经贸、投资、基建等方面的跨国家及跨区域合作协议。本节主要介绍中国参与但不是处于主导地位的"一带一路"全球发展合作机制的现状。

一、中国与多边发展机构在全球发展议题上的合作

（一）与联合国在全球发展议题上的合作

2016年11月17日，"一带一路"倡议首次被写入联合国大会第A/71/9号决议，得到了193个会员国的一致赞同。2017年9月11日，第71届联合国大

---

① 《中哈霍尔果斯国际边境合作中心简介》，新疆霍尔果斯市人民政府网站，2020年6月23日，http://www.xjhegs.gov.cn/info/1166/44177.htm。

会又通过决议,将"一带一路"倡议中的共商共建共享原则纳入全球经济治理理念。2017年3月17日,联合国安理会一致通过关于阿富汗问题的第2344号决议,呼吁国际社会通过共建"一带一路"加强区域经济合作,呼吁国际社会共同"构建人类命运共同体"。2017年3月23日,"构建人类命运共同体"的中国方案又被载入联合国人权理事会第三十四次会议通过的关于"经济、社会、文化权利"和"粮食权"的两个决议之中。①

联合国目前在全球发展领域的核心地位不断加强。《2030年可持续发展议程》《亚的斯亚贝巴行动议程》《巴黎协定》等成果文件为全球发展建立了全球层面的总体框架。中国越来越多地以联合国专门机构为平台或渠道,通过合作中心、信托基金、培训项目等多种方式,重点推进南南合作。习近平主席在第70届联大宣布设立为期10年、总金额10亿美元的"中国—联合国和平与发展基金"。在中国与联合国共同主办的南南合作圆桌会议上,习近平主席宣布,中国将向发展中国家提供"6个100项目"支持;向其他发展中国家提供12万个来华培训和15万个奖学金名额,为其培养50万名职业技术人员;还将设立南南合作与发展学院。如今,"6个100项目"已进入实施阶段,南南合作与发展学院也已正式挂牌并启动招生,向其他发展中国家提供学位教育和短期培训,交流和分享发展经验。

中国各部委依照其职能定位、权限范畴,与联合国专门机构开展磋商谈判,以及签署协议等。具体而言,商务部通常负责与联合国开发署等机构相关的事宜,教育部负责与联合国教科文组织相关的事宜,农业农村部负责与联合国粮农组织、粮食署相关的事宜,等等。2016年,中国农业部与联合国粮农组织共同签署了关于建立全面战略合作伙伴关系的谅解备忘录,中国农业部、财政部则与国际农业发展基金共同签署了关于建立合作伙伴关系的谅解备忘录。在与联合国机构展开合作时,中国各部委均将"一带一路"倡议与《联合国2030年可持续发展议程》相衔接,并通过签署谅解备忘录、联合声明等方式,使双方发展理念的融合正式化、机制化。

中国也不断践行大国责任,对联合国专门机构的财政贡献迅速增长。其中既包括会费缴纳,也包括各种捐赠和捐款。以工发组织为例,2007年,中

---

① 刘宏松:《中国参与全球治理70年:迈向新形势下的再引领》,《国际观察》2019年第6期,第1—21页。

国尚未名列捐助额超过100万美元的主要政府捐助方。到了2016年，中国已经在主要政府捐助方中排名第5，捐助额达到350万美元，仅次于日本、瑞士、意大利、奥地利。再以开发署为例，2013年，中国向开发署捐助的资金达600万美元；2016年，包括核心资源与非核心资源在内的捐资超过1230万美元。[①]

中国加入联合国《国际道路运输公约》，成为该公约第70个缔约国。公约于2017年1月5日在中国生效。在2017年"一带一路"国际合作高峰论坛期间，中国与国际道路运输联盟共同签署战略合作安排，促进国际物流大通道建设，为提升共建"一带一路"国家交通与贸易领域合作发展提供强力支撑。

（二）依托G20开展全球发展合作

由发达国家与发展中大国共同组成的G20机制开始在全球发展治理中发挥更加突出作用。G20机制于1999年12月16日在德国柏林建立，由原八国集团以及包括欧盟在内的另外12个重要经济体组成。从1999年9月至2008年10月，G20共举行了9次部长级会议，宗旨为提供一个非正式对话的新机制，以扩大在具有系统重要性的经济体之间就经济、金融核心议题进行讨论并合作，以取得惠及所有人的稳定、可持续的世界经济增长。2008年后，G20改革为年度性、制度化的峰会形式，除了关注中长期全球经济增长的质量，也加入了气候变化、反腐败、就业、联合国千年发展目标等新议题。

基于G20多次峰会磋商，各国就扩大特别提款权（SDR）使用达成共识。2015年11月，人民币加入SDR货币篮，权重为10.92%，并于2016年10月1日正式生效。这体现了2011年G20戛纳峰会报告中"SDR组成应体现各种货币在全球交易和金融体系中所扮演的角色"的改革宗旨。

中国作为新兴经济体，积极参与G20框架下的全球发展合作。在2016年杭州峰会期间，中国促成多项协议的达成。在贸易领域，达成《G20全球贸易增长战略》，共同声明反对贸易保护主义，推动尽快实施世贸组织《贸易便利化协定》；在投资领域，达成《G20全球投资指导原则》；在金融领域，达成《迈向更稳定、更有韧性的国际金融架构的G20议程》；在发展领域，各

[①] 孙伊然：《全球发展治理：中国与联合国合作的新态势》，《现代国际关系》2017年第9期，第36—43页。

国就推动包容与联动式发展、推动落实联合国《2030年可持续发展议程》达成共识。

（三）依托世界银行开展全球发展合作

2016年4月13日，亚洲基础设施投资银行行长金立群与世界银行行长金墉在美国华盛顿签署了联合融资框架协议。根据协议，世行将为主要涉及中亚、南亚和东亚地区的交通、水利、能源等双方联合融资的项目提供采购、环保、社会保障等方面的准备和监管。随后，亚投行与世行为5个项目提供了联合融资，包括巴基斯坦的发电项目、阿塞拜疆的天然气管道项目和印度尼西亚的贫民区改造项目等。

2017年4月，亚洲基础设施投资银行行长金立群与世界银行行长金墉签署谅解备忘录，加强两个机构之间的合作与知识共享。该谅解备忘录为世界银行集团与亚投行在共同感兴趣的领域加强合作提供了一个整体框架，这些领域包括发展融资、员工交流、分析调研工作等。这份备忘录为两个机构在地区和国家层面进一步加强合作铺路。①

二、中国与区域联盟在全球发展议题上的合作

（一）与东南亚国家联盟政策对接

东南亚国家联盟，简称"东盟"，1967年8月8日成立于泰国曼谷，现有10个成员国：文莱、柬埔寨、印度尼西亚、老挝、马来西亚、缅甸、菲律宾、新加坡、泰国、越南。1991年，中国与东盟建立"对话伙伴关系"，中国与东盟各国政府交往频繁，政治互信不断加强，经贸相互依存日益加深。1997年12月，中国—东盟提出建立"面向21世纪的睦邻互信伙伴关系"。2003年10月，双边关系提升为"面向和平与繁荣的战略伙伴"。2010年1月，中国—东盟自由贸易区如期建成。2011年，中方宣布设立中国—东盟海上合作基金。②2016年，中国与东盟建立了澜沧江—湄公河合作机制，支持澜沧江—湄公河合作。此外，中国与东盟发表了《中国—东盟产能合作联合声明》，加强中国

---

① 《世界银行与亚投行签署合作框架备忘录》，世界银行官方网站，2017年4月23日，https://www.shihang.org/zh/news/press-release/2017/04/23/world-bank-and-aiib-sign-cooperation-framework。

② 康霖、罗亮：《中国—东盟海上合作基金的发展及前景》，《国际问题研究》2014年第5期，第27—36页。

与东盟在工程承包、技术合作和装备进出口等方面的产能合作。中国与东盟签署了自贸区升级相关议定书，这将会促进贸易和投资便利化。中国支持东盟"区域全面经济伙伴关系"倡议，共同推动谈判进程，为实现商品、资本、服务和人员自由流动创造更加便利的条件。中国与东盟积极开展互联互通领域的合作，加强铁路、港口、民用航空基础设施建设，建设陆路骨干通道和海空运输网络，形成中国与东南亚国家新的经济圈和统一经济发展空间。东盟各国都是亚洲基础设施投资银行创始成员国，亚投行和丝路基金将会对东盟基础设施建设、产能合作和互联互通发展提供融资支持。中国与东盟各国货币互换和本币结算也将为发展贸易和投资合作提供更多便利。

（二）与欧亚经济联盟对接

2014年3月，俄罗斯提出"跨欧亚发展带"构想，以建设西伯利亚大铁路为依托、带动石油和天然气运输管道建设、推动高新技术产业群与现代科学工业园区建设为目标。2014年5月29日，俄罗斯总统普京、白俄罗斯总统卢卡申科和哈萨克斯坦总统纳扎尔巴耶夫签订了"欧亚经济联盟条约"，该条约于2015年1月1日起正式生效。

2015年5月，中俄首脑签订丝绸之路经济带与欧亚经济联盟对接合作的共同声明，中俄双方表示支持对方提出的倡议，加强联系，扩大两国经贸与投资领域合作。[①] 中俄两国签订高铁合作备忘录，中铁二院和俄罗斯铁路公司签署协议，建立合资公司，在公私合作伙伴关系模式下共同建设莫斯科—喀山高铁。

（三）与经济合作组织政策对接

经济合作组织成立于1964年，最初的名称是地区合作发展组织，初始成员国为伊朗、巴基斯坦和土耳其3个国家。1985年，该组织易名为地区合作组织。1992年又接纳了哈萨克斯坦、阿塞拜疆、乌兹别克斯坦、土库曼斯坦、吉尔吉斯斯坦、塔吉克斯坦和阿富汗7个新成员国。该组织成员国在东西方向

---

① 于小琴：《亚洲基础设施投资银行与中俄基础设施项目合作研究》，《西伯利亚研究》2018年第5期，第39—44页。

覆盖"中国—中亚—西亚经济走廊",在南北方向贯通"丝绸之路经济带"和"21世纪海上丝绸之路",是名副其实的"一带一路"核心地带。该组织的成员国优先合作领域与中国的优势高度契合。经济合作组织在2017年3月1日举行的第十三届首脑峰会上声明欢迎中巴经济走廊建设,认为这是一项意义深远的倡议,将成为整个区域发展的催化剂。

三、中国与共建"一带一路"国家在全球发展议题上的双边合作

白俄罗斯政府与中国政府于2011年9月签署了关于中国—白俄罗斯工业园的协议,两国于2012年1月分别批准了这项协议。中国—白俄罗斯工业园将配备有经营企业所需的所有必要基础设施、优质的电子生产、工程设计、精细化学、生物医学行业,以及住宅和商业区、后勤区、金融中心等。园区内还计划打造一个特殊的法律环境。2014年12月22日,时任商务部国际贸易谈判代表兼副部长钟山与白俄罗斯经济部长斯诺普科夫在北京签署了《中国商务部和白俄罗斯经济部关于共建"丝绸之路经济带"合作议定书》。2016年6月24日,国家主席习近平在塔什干会见白俄罗斯总统卢卡申科时强调,双方要以中白工业园项目为抓手,深化大项目合作,带动两国贸易、投资、金融、地方合作全面发展,推动"一带一路"建设;要加强人文交流,保持双边关系和各领域合作发展势头。卢卡申科表示,白俄罗斯愿与中方在经贸、地方、高技术合作等方面密切合作,积极参与"一带一路"建设,把中白工业园打造成为"一带一路"标志性项目,并愿在上海合作组织框架内加强同中方合作。①

蒙古国在2014年提出的一项旨在通过运输贸易拉动投资、带动产业升级、进而振兴蒙古国经济的发展计划——"草原之路"倡议。蒙古国的"草原之路"计划由五大项目组成,总投资需求约为500亿美元,具体包括:连接中俄的997公里高速公路、1100公里的电气线路、跨蒙古国铁路的扩展、境内天然气管道以及石油管道的建设。可见,以公路、铁路、石油管道、天然气管道为核心议题的"草原之路"倡议无疑与中国所倡导的"一带一路"

---

① 《习近平会见白俄罗斯总统卢卡申科》,中华人民共和国外交部网站,2016年6月24日,http://www.fmprc.gov.cn/web/zyxw/t1375024.shtml。

倡议内容有一定的契合度，双方具备较为广阔的合作空间。

哈萨克斯坦于2014年11月提出了"光明之路——通往未来之路"的新经济计划，旨在强力推动经济增长，使收入来源多样化，并降低哈萨克斯坦对能源出口收入的依赖程度。2019年9月11日，在习近平主席和哈萨克斯坦总统托卡耶夫的共同见证下，国家发展和改革委员会主任何立峰与哈萨克斯坦第一副总理兼财政部部长斯迈洛夫代表中哈两国政府签署《关于落实"丝绸之路经济带"建设与"光明之路"新经济政策对接合作规划的谅解备忘录》，旨在落实中哈两国领导人在上海合作组织青岛峰会期间达成的有关共识，深化"丝绸之路经济带"建设与"光明之路"新经济政策对接，以路线图的形式突出战略对接、重点任务和主要举措。①

2000年，中国与老挝确立"长期稳定、睦邻友好、彼此信赖、全面合作"方针。2009年，两国关系提升为全面战略合作伙伴关系。2013年9月，中共中央总书记、国家主席习近平同来华访问的老挝党中央总书记、国家主席朱马里会谈时，首次提出"中老关系不是一般意义的双边关系，而是具有广泛共同利益的命运共同体"。2019年5月，中国共产党和老挝人民革命党一致同意签订并实施《构建中老命运共同体行动计划》。该计划的总体目标为：中老双方愿在现有良好合作基础上，进一步加强协调和合作，着眼未来5年，围绕政治、经济、安全、人文、生态五个方面，推进战略沟通与互信、务实合作与联通、政治安全与稳定、人文交流与旅游、绿色与可持续发展"五项行动"，为中老关系长远发展规划时间表和路线图，让中老命运共同体落地生根、开花结果，为人类命运共同体建设发挥先行者和示范者作用。

第四节　构建"一带一路"全球发展合作机制的政策建议

一、坚持"共商共建共享"的全球治理理念

中华优秀传统文化博大精深，"天下"观、"和合"文化、"仁义"理念和"世

---

① 《中哈签署〈关于落实"丝绸之路经济带"建设与"光明之路"新经济政策对接合作规划的谅解备忘录〉》，中国一带一路网，2019年9月12日，https://www.yidaiyilu.gov.cn/xwzx/gnxw/103264.htm。

界主义"等思想精华都为中国当今的全球治理思想提供了丰厚的思想渊源。[①]共建"一带一路"以政策沟通、设施联通、贸易畅通、资金融通、民心相通为主要内容,不仅致力于全方位推进务实合作,还致力于打造政治互信、经济融合、文化包容的利益共同体、命运共同体和责任共同体。

2015年10月,习近平总书记主持以全球治理格局和全球治理体制为主题的第二十七次中共中央政治局集体学习,并系统阐述了中国推动全球治理体制更加公正、更加合理的思想体系,进一步深化了中国特色的全球治理观。[②] 2017年3月23日,"构建人类命运共同体"的中国方案又被载入联合国人权理事会第三十四次会议通过的关于"经济、社会、文化权利"和"粮食权"的两个决议之中。[③] 2017年9月11日,第71届联合国大会又通过决议,将"一带一路"倡议中的共商、共建、共享原则纳入全球经济治理理念。

在共商共建共享理念中,共商就是以开放为导向,坚持理念、政策、机制开放,充分听取社会各界建议和诉求,鼓励各方积极参与和融入,不搞排他性安排,防止治理机制封闭化和规则碎片化;共建就是以合作为动力,各国在全球治理体制机制的调整改革中加强沟通和协调,照顾彼此利益关切;共享就是提倡所有人参与,所有人受益,不搞一家独大或者赢者通吃,而是寻求利益共享,实现共赢目标。

二、坚持权利与义务相平衡的全球发展理念

此外,中国的全球发展理念还体现出承担共同但有区别的责任理念以及秉承尽力与量力兼顾的理念。这两个理念也是全球发展公正性的体现。作为一种发展伦理,全球发展公正性要求世界上所有国家、民族、个人都能够平等地享有发展权利、发展资源、发展机遇,并对发展所导致的全球问题承担与其享有的权利相对等的责任。[④]

在承担共同但有区别的责任的理念中,我国强调应对全球性挑战,任何

[①] 吴志成、吴宇:《习近平全球治理思想初探》,《国际问题研究》2018年第3期,第21—41页。
[②] 张宇燕:《全球治理的中国视角》,《世界经济与政治》2016年第9期,第4—9页。
[③] 刘宏松:《中国参与全球治理70年:迈向新形势下的再引领》,《国际观察》2019年第6期,第1—21页。
[④] 陈忠:《全球发展公正性:伦理本质与历史建构——兼论"中国新殖民论"的实质与问题》,《中国社会科学》2010年第5期,第4—14页。

一国都无法置身事外。但发达国家和发展中国家对一些全球性问题的历史责任不同，发展需求和能力也存在差异，用统一尺度来对待所有国家既不适当，也不公平。相反，在全球治理体系中，世界各国应在享受公平待遇的基础上，承担与其拥有权利一致的责任，发挥与自身实力相符的影响力。特别是，随着新兴市场国家与发展中国家的全球贡献不断增长，其在全球治理体系中应获得更多发言权。

秉承尽力与量力兼顾的理念，体现出中国推动全球治理体系创新发展、承担更多国际责任的担当。但全球治理格局取决于国际力量对比，革故鼎新归根结底要靠实力。中国兼具发展中国家与新兴市场大国的双重身份，在全球治理问题上该负什么样的责任、如何合理地负责任，都需经过理性评估和慎重抉择。目前看来，中国的发展中国家的身份定位仍将持续较长时间。因此，中国既要积极参与全球治理，主动承担国际责任，也要尽力而为，量力而行。①

三、避免全球发展合作机制重叠带来的消极影响

全球发展合作机制的重叠有助于增进机制间相互协调、相互合作。全球发展合作机制的行为主体主要由国家构成，这一特征限制了行为主体的数量，在不同国际机制由相同大国主导的情况下，各机制间便于就共同关注的问题展开协商。在问题领域内，机制的重叠有助于拓展问题解决途径，提高问题解决效率。针对同一问题领域，各大国为凸显自身主导机制的优越性，往往不断加大投入力度，扩展问题解决途径，这一竞争在一定程度上提高了全球性问题的解决效率。在功能治理上，机制的重叠减少了运行成本、简化了运行程序。

但国际机制的重叠容易造成大国相互掣肘、恶性竞争。在同一问题领域，合作机制过多常被形容为"机制拥堵"。各大国为了提高自己在相关问题领域的话语权和影响力，不乏利用媒体舆论相互抨击，向对方推动的机制设置障碍。在问题领域内，合作机制重叠容易造成机制协调、规范冲突等问题。如果同一问题领域一般涵盖多个机制，但是囿于合作机制在原则、规范、执行

---

① 吴志成、吴宇：《习近平全球治理思想初探》，《国际问题研究》2018年第3期，第21—41页。

标准等问题上的重叠,成员国往往在工作层面面临着巨大的困扰。在功能治理上,合作机制的重叠容易使部分成员国家形成对国际机制的依赖性,不利于其国家治理能力的自我完善和提高。

因此,发挥机制重叠带来的积极影响、限制其消极影响是解决国际机制重叠问题最为有效的方式。[①]

[①] 罗圣荣、杨飞:《国际机制的重叠现象及其影响与启示——以湄公河地区的国际合作机制为例》,《太平洋学报》2018年第10期,第21—31页。

专论一 "一带一路"与国际经贸规则体系演变

作为经济全球化的产物,国际经贸规则的演变反映了全球化的发展方向。规则之争,既是主导全球化发展方向的各方力量的一场大博弈,也是人类对自我命运的定义过程。自特朗普上台以来,美国一方面大行单边主义和保护主义,公然违反 WTO 基本规则,不仅对多国单方面征收关税,还对中国发动了贸易战,且在重新谈判后达成的《美国—墨西哥—加拿大协定》(USMCA,简称"美墨加协定")中专门针对中国设置了"毒丸"条款;另一方面,美国以退出 WTO 作为筹码,试图联合欧盟、日本、加拿大、韩国等盟友推动 WTO 规则体系的改革。总之,美国希望将自己在二战以后推动建立的国际经贸秩序推倒重来。另外,英国脱欧也进一步凸显了国家之间的经济与社会联系并非那么牢固持久,欧洲的一体化进程面临极大的不确定性。以上种种表明,在重塑国际经贸规则、重构全球产业链和价值链的过程中,各国利益严重分化,博弈愈演愈烈,国际经贸规则体系正呈现出二战以来前所未有的分化趋势。

在这些纷繁复杂的现象背后,到底是怎样的逻辑和力量在决定着国际经贸规则发展的本质和方向,未来的国际经贸规则发展趋势又将会如何呈现?这些都是值得深思的问题。现有文献对国际经贸规则的研究主要分为两大类:一类是对国际经贸规则的形成机制进行研究,如普特南(R. D. Putnam)提出了双层博弈论（Two-level Games）[①]，强调国际谈判中国内政治与国际政治的互动，政治家既要在国际谈判中力求实现本国利益最大化，又要借谈判为由设法建立国内利益联盟，以求一个层面的博弈带来另一个层面博弈的变局；李向阳从国际经济规则的外部性与非中性出发，分析了规则制定权的收益来源、一国对规则制定过程影响力的决定因素以及规则形成的具体机制，从而得出一个基本结论：作为全球化时代的霸主，美国仍然主导着国际经济规则的制定过程，并从中获得了巨大的收益。[②]另一类文献则侧重于对国际经贸规则的变化进行描述，或者从不同角度论证这些变化带来的影响，如薛荣久认为国际经贸规则续构呈现了方向多样化和角色多元化的新态势[③]；袁波等从涵盖领域、规则标准、理念原则、发展路径、决定因素和产业层面梳理了国际经贸规则发展的新趋势。[④]还有更多文献则是对一些特定领域的规则（如TPP以及后来的CPTPP等贸易协定中呈现的新规则）的影响进行研究，在此不一一枚举。上述文献对我们了解国际经贸规则制定过程以及静态考察特定规则提供了很有价值的参考，但是，对于当前国际经贸规则体系中出现的各种"破"与"立"并存的复杂现象，仍有许多问题需要进一步思考：第一，为什么过去的规则体系会失灵？第二，未来的国际经贸规则发展趋势又会怎样？第三，中国在参与构建国际经贸规则、推动自身制度性开放时应吸取什么教训？围绕这些问题，本文从撕裂当前国际经贸规则体系的两大"断层线"（Fault Lines）出发，分别从市场逻辑和国家逻辑的视角剖析了当前国际经贸规则体系产生断层的深层次原因，并探讨了未来国际经贸规则发展的方向性问题及其对中国的启示。

一、国际经贸规则体系正在形成两大"断层线"

冷战后的国际体系是在美国主导的自由主义价值观指导下建立起来的，其最典型的特征就是政治民主化和经济全球化。但是，随着发展中国家的整

[①] R. D. Putnam, "Diplomacy and Domestic Politics: The Logic of Two-Level Games," *International Organization* 42, no.3 (1988): 427-460.
[②] 李向阳：《国际经济规则的形成机制》，《世界经济与政治》2006年第9期，第67—76页。
[③] 薛荣久、杨凤鸣：《国际经贸规则续构热潮与中国应对》，《国际贸易》2014年第12期，第4—13页。
[④] 袁波等：《国际经贸规则发展新趋势与中国的自贸区应对策略》，《国际经济合作》2017年第7期，第34—38页。

体崛起以及区域化的广泛兴起,发达国家和发展中国家之间的实力对比以及大国竞争格局都发生明显变化,美国等发达国家的心态也逐渐发生变化。特朗普上台后,美国一再强调"吃了亏",要求和发展中国家进行"完全对等"的所谓"公平贸易"。特朗普政府出台的一系列反建制举措,标志着以新自由主义秩序为基础的传统美国外交政策发生逆转,国际经贸格局正在完成从量变到质变的过程,以西方为中心、基于新自由主义价值观的国际经贸规则体系已经进入一个既"破"又"立"的变革期,变革将主要围绕两条"断层线"展开。

(一)发达国家和发展中国家之间的"发展"断层线

在多边贸易体制层面,美国正在抛弃原有的"发展"理念。WTO之所以能从一开始的23个创始国发展到2018年的164个成员,就是因为承认了世界经济的差异性,包括不同成员之间发展水平和发展模式的差异,从而使WTO在推动自由贸易的同时兼顾了公平贸易,通过给予发展中国家特殊和差别性待遇使全球不平衡在多边规则中得到一些妥善处理。但是,这种规则导向正在出现逆转。2019年1月,美国向WTO提交了题为《一个无差别的WTO:自我认定的发展地位威胁体制的有效性》的文件;2月,美国又提出一份总理事会决议草案,要求根据其制定的标准(OECD成员、G20成员、世行规定的高收入国家、占全球货物贸易0.5%以上)来排除一些国家的发展中国家地位,并辅之以一个兜底条款,即不排除在今后的部门谈判中通过"达成协议"剥夺上述标准未涵盖的任何其他发展中国家的特殊和差别待遇;3月,美国发布《2019贸易政策议程及2018年度报告》,将"改革WTO对发展中国家的对待问题"作为其四项改革主张之一;7月,美国发布《关于改革WTO发展中国家地位的总统备忘录》,再次抨击WTO"过时的发达国家和发展中国家的二分法"。美国的改革建议彻底颠覆了WTO有关发展中国家定义及其特殊和差别待遇的做法,如果完全接受美国的改革建议,那么发展中国家的特殊和差别待遇将要么被上述标准排除,要么在今后的部门谈判中被剥夺。如此,WTO就再无可能成为真正意义上的多边合作平台,而只是美国施行单边主义的工具而已。对于这样的WTO,世界其他国家不会接受。基于特朗普政府已退出多个多边机制的现实,一个没有美国的WTO极有可能出现。对此,

WTO前总干事拉米也谈及了"一个没有美国的WTO"的可能性,"如果特朗普想要退出WTO,我们就必须认真考虑一个没有美国的WTO,因此,未来,我们可能将用ITO(International Trade Organization)来替代WTO"。①

在区域和双边贸易协定层面,美国也根本不考虑发展中国家的发展需求,反而为广大发展中国家参与美国主导的全球价值链设置了更高门槛。奥巴马时代的TPP如此,特朗普时代的"零关税、零壁垒、零补贴"政策("三零政策")导向更是如此。TPP不仅要求货物和服务市场的全面开放,而且对知识产权、电子商务、投资、政府采购、环境与劳工保护、国有企业、规则的协同性和透明度以及反腐败等新规则领域都进行了严格界定。这些高标准强化了美国等发达国家在亚太价值链上游和下游结构中的绝对优势地位,却提高了发展中成员和非成员分享全球知识与科技进步的门槛,更是将非成员排除在美国主导的全球价值链体系之外。特朗普的"三零政策"从本质上来说比TPP的要求更高,他不仅要求其他国家的市场高度开放,更是要求让美国企业感到高度自由,实际上就是要求各国国内制度完全走向"美国化"。

因此,美国正在以自己的标准为多边和双边合作划定"发展中国家"的标准,包括中国、巴西、印度等在内的广大发展中国家的发展需求、发展道路的选择权利基本上都不在美国推动的具有很强排他性、"资本利益导向"的国际经贸规则体系的考虑范畴。这很有可能成为打破现有国际经贸规则体系的"第一条断层线"。

(二)中美之间的"脱钩"断层线

作为全球最大的两个经济体,中美关系对国际经贸规则体系的未来走向起着决定性作用。2017年12月美国发布《国家安全战略报告》,将经济安全视为国家安全的核心要素,并认为中国是削弱西方体系的主要力量,把中国列为"第一竞争对手国"。2018年1月,美国国防部发布《国防战略报告》,其对华基调与《国家安全战略报告》一致,战略竞争成为美国对华政策的指导思想。美国《2019财年国防授权法案》强调,"与中国的长期战略竞争是美国的最高优先,为此需要将包括外交、经济、情报、执法及军事等国家权力

---

① 卢先堃:《WTO改革将"三管齐下"》,《21世纪经济报道》2019年5月1日。

在内的要素整合起来,以保护和巩固国家安全"。由此来看,美国对华战略竞争已是全面的竞争,目前仍以经济竞争为主。由于中美之间经过几十年的互利合作已经形成了巨大而广泛的经济联系,经贸利益已经深入各个行业和角落。因此,中美经济"全面脱钩"几乎是不可能的,即使特朗普政府对中国所有出口美国的产品加征关税,中美之间的经贸联系也不会一切归零。但中美之间确实在发生"脱钩"现象。

首先,也是最重要的,就是机制脱钩。21世纪初,随着中美关系的发展,两国之间需要处理的问题越来越多,双方建立了众多对话与磋商机制。特朗普执政后双方同意建立的四大对话机制在2018年仅举行了外交与安全对话,战略与经济对话、执法与网络安全对话、社会和人文对话三个机制已经停摆,许多其他双边磋商机制也无法运作。鉴于中美关系的重要性和复杂性,两国关系的机制化水平以及机制的有效运作是支撑双边关系发展的重要手段,尤其在沟通彼此关切、推动解决两国间的分歧、扩大和深化两国合作方面发挥着重要作用。特朗普政府内部的一些鹰派人士希望减少而非保持中美之间的机制化、常态化互动,鼓吹与中国打交道时对抗和施压比对话更有效。这不仅导致中美互动的"去机制化",还有可能使摩擦和对抗取代对话与磋商而成为中美互动的主导范式[1],导致中美关系进入新的不确定地带。

其次,科技脱钩。美国对中国的技术围堵从来就没有停止过,只不过过去主要停留在贸易层面,如出口管制。但随着中国海外投资增加,美国对技术通过投资渠道向中国转移和外溢也日益警觉。2013—2015年,中国企业共接受美国外国投资委员会(CFIUS)74起审查,比接受审查的加拿大(49起)、英国(47起)和日本(40起)高出许多。[2] 为了阻止美国高新技术流向中国,延缓中国技术进步的步伐,甚至遏制中国实现产业升级,特朗普政府采取了更为激进的推动中美科技脱钩的措施。2018年7月,美国国会通过《出口管制改革法》,要求加强对出口管制清单之外的新兴技术和基础技术的管控。同年11月,美国商务部产业安全局在《联邦纪事》上发布关于特定新兴技术管制评估的规则草案,列出包括生物技术、人工智能和机器学习技术、定位、

---

[1] 吴心伯:《竞争导向的美国对华政策与中美关系转型》,《国际问题研究》2019年第3期,第7—20页。
[2] 数据来源:美国外国投资委员会官方网站,2016年3月2日,详见 https://www.treasury.gov/resource-center/international/foreign-investment/Pages/cfius-reports.aspx。

导航以及定时技术、微处理器技术、高级计算技术等在内的14类技术领域，矛头直指"中国制造2025"规划所涉及的技术领域。2018年8月，经特朗普签署的《外国投资风险评估现代化法案》正式生效，该法案扩大了CFIUS的审批权限，特别关注外国人对涉及关键技术、关键基础设施、保存或搜集美国公民个人信息的美国公司的交易，并将关键技术从"对美国国家安全必不可少或重要的科学技术"扩展至包含"新兴基础技术"。美国对华强制性技术脱钩导致中国对美投资急剧下降，2018年对美投资并购额仅为50亿美元，与2017年相比下降了83%（2016年最高时达456亿美元）。[①] 除了在政策、法规上与中国进行更多的技术脱钩，美国还直接动用国家力量围剿华为等中国高科技企业。一方面，美国通过外交手段，利用"五眼联盟"情报组织，持续系统地策动盟友们将华为、中兴等中国企业排挤出采购名单，甚至利用长臂管辖围猎中国高科技企业高管。另一方面，美国继2019年5月宣布将华为列入"实体清单"后，又于8月将另外46家华为附属公司列入实体清单，严格限制向其提供技术和产品。虽然美国同时也发布了"临时通用许可"并再度延长时限，但这只是因为美国需要更多时间以避免禁令对美国消费者造成不利影响从而引起混乱。目前，美国只有少量的、不重要的产品恢复了供应，关键部分如安卓操作系统并没有恢复。为了应对美国的"实体清单"，华为在做多方面准备，如推出分布式操作系统——鸿蒙OS。如果美国政府不允许谷歌提供安卓系统，那么世界上将可能会有除了安卓和苹果IOS之外的第三个操作系统。

再次，国防脱钩。为减少国防工业对华依赖所带来的风险，打造一个在战争环境下能够安全运作的后勤保障体系，美国正在推动中美在国防产业链上部分脱钩。2018年10月，美国国防部发布的《评估和加强美国制造业和国防工业基础及供应链的弹性》报告称，美国国防工业有超过280项产品的供应链严重依赖外国，特别是对中国稀土和零部件的需求很高。在对美国国家安全有战略性和关键作用的材料和技术的供应方面，中国已经构成了重大且不断增长的风险。有鉴于此，美国正积极寻找中国进口材料的替代来源，以及

---

① "Chinese FDI in North America vs. Europe," Rhodium Group, January 13, 2019, https://rhg.com/research/chinese-fdi-in-north-america-vs-europe.

使美国国防承包商将其在华生产基地迁出中国。

最后,在金融领域也存在脱钩可能。2019年4月,一批两党参议员致函白宫,呼吁对在美上市的一些中国企业提高信息披露要求。种种割席、脱钩的声音甚嚣尘上,令中国企业不得不重新评估对美国金融市场的依赖。中芯国际宣布从纽交所退市、阿里巴巴考虑在港交所第二次上市,正是这种担心的反映。更激烈的竞争还可能发生在控制未来电子支付系统上,因为这些系统是电子商务以及全球数字经济的金融"轮机舱"。① 2019年2月,蚂蚁金服成功收购英国跨境支付公司万里汇(World First),成为蚂蚁金服布局欧洲市场的一个重要里程碑。其成功的最重要原因就是在交易前剥离了万里汇的美国业务,避免了在收购全球第二大汇款服务公司——美国速汇金时遭遇美国安全审查而失败的教训。

二、市场逻辑中的全球化与"发展断层线"

按照市场逻辑,市场规模越大越有效率。在市场逻辑推动下,经济全球化深入发展,国际经贸规则也不断出现新的疆域。可以说,市场逻辑决定了国际经贸规则发展的广度和深度,即规则发展的可能性边界(Possibility Frontier)。在经济全球化和国际经贸规则不断向纵深发展的同时,市场逻辑的内在缺陷也不断地积聚起撕裂原有规则体系的"发展断层线"。

(一)市场力量是推动国际经贸规则发展的原动力

经济学有两个最基本的命题:一是消费者因边际消费倾向递减规律而总是倾向于消费更多、更新的产品(这一命题隐含了人类需求具有天然的全球化属性);二是厂商在满足消费者需求中实现利润最大化。只要这两个命题成立,那么市场逻辑驱使的经济全球化将永无止境。以各类企业,尤其跨国企业甚至全球性企业为载体的市场逻辑,要求冲破国家边界,在全球范围内实现各种资源和要素的最优配置,从而最大限度地实现成本最小化或利润最大化。全球化"通过推动生产和消费在地域上不断分离",使消费者有了更多、更好的选择,企业有了更大的利润空间。正是在这种逻辑的驱使下,以商品

---

① 陆克文:《为何"中美脱钩"会令全球不安》,《环球时报》2019年6月25日。

资本、金融资本、生产资本、人力资本等多种形式存在的资本，在一次次科技革命浪潮中推动着各种市场在全球的扩张和统一，由此也推动了分工的国际化及贸易、生产和金融的全球化进程以及相应的国际经贸规则和制度的建设进程。因此，效率优先的市场逻辑反映的是资本逐利的本性，以市场经济为核心的资本主义经济制度和生产方式，具有天然的国际化本性。① 基于相同逻辑，社会主义市场经济和生产方式也同样具有强烈的国际化本性。综上，市场逻辑既是经济全球化深入发展的内在动力，也是国际经贸规则发展的原动力。

在交通运输受限的年代，人类的生产和消费活动只能是被有限的地域范围捆绑在一起进行的活动，因此市场规模极其有限。理查德·鲍德温（Richard Baldwin）指出了阻碍市场全球化发展的三大限制因素，即货物运输成本、思想（技术）传播成本以及人员流动成本。② 受制于这三大成本，早期人类几乎不怎么离开居住地，吃穿用都在有限的地域内解决，因此也就谈不上市场全球化及其相应规则。当生产力发展到一定阶段，市场机制成为世界经济运行的主导规律时，全球经济走向紧密合作，相互依存成为一种必然趋势，国际经贸规则不断发展和完善。从历史视角来看，由于三大成本下降的不同步，导致生产和消费在全球范围的分离也是不同步的。因此，全球化在不同时期呈现出不同特征，相应的规则边界和形式也随之发生变化。

货物运输成本的下降促成了以货物贸易扩张为主要特征的全球化时代，国际经贸规则的核心就是贸易自由化，即以处理"关税和边境上的问题"为核心的第一代国际经贸规则。第一次工业革命（蒸汽机的发明和广泛使用）和第二次工业革命（电力的发明和广泛应用）通过降低实体货物的运输成本，使得一国生产的商品大量卖到他国获利成为可能。此时，对贸易自由化的需求不断上升，因为各国高高的关税和非关税壁垒成为市场逻辑主导的全球化的最大绊脚石。因此，也就有了战后关贸总协定（GATT）主持下的旨在削减贸易壁垒、逐步实现贸易自由化的多边贸易谈判。通过8轮谈判，发达国家的工业产品平均关税从最初的40%左右下降到3.8%，第8轮乌拉圭回合谈判

---

① 江瑞平、竺彩华：《现代世界经济论纲》，经济科学出版社，2012，第3页。
② Richard Baldwin, *The Great Convergence: Information Technology and the New Globalization* (London and Massachusetts: the Belknap Press of Harvard University Press, 2016), p.4.

还在服务贸易、与贸易有关的投资措施、知识产权保护、争端解决机制、贸易政策评审机制等领域达成了多边协议。这一轮全球化进程大大拓展了市场空间、扩大了世界贸易，带来了实物生产和消费之间的全球性分离，造成了北方和南方国家之间的"大分裂"。① 虽然这一时期也出现了电报、电话，但是对于专有技术传播而言，这种通信成本还是太过昂贵。由此，低贸易成本和高通信成本的结合导致北方国家走向了工业化，而亚非拉地区的南方国家则出现了去工业化；市场向全球扩展，而工业却集聚在北方国家；北方国家引领了现代创新驱动的经济增长，全球贸易得到扩张，但南北经济发展差距拉大。

思想流动成本的下降促成了以中间品贸易扩张为主要特征的全球化时代，国际经贸规则的核心逐渐从"关税和边境上的问题"转向影响全球价值链运行的"贸易—投资—服务—知识产权等一系列相互关联的问题"，即更多转向边境后措施（Behind-the-border Measures），即所谓的第二代国际经贸规则。第三次工业革命，尤其1990年前后的信息通信技术（互联网）革命使得监督控制价值链和供应链的过程可以分散化，过去集中在一个经济体境内的生产线可以分拆为数十道甚至上百道工序，并根据成本和效率指标外包给世界各地的生产商，实现了生产在国际范围的分拆，传统的一国生产、全球销售模式转变为全球生产、全球销售新模式。基于全球价值链构建，第二代贸易政策涵盖了非常广泛的"与贸易有关"的议题与措施，其中相当多的内容超越了WTO规则，如中间品进口贸易自由化、服务贸易自由化、贸易便利化、投资自由化与便利化以及标准与规制的融合等。② 目前，全球2/3的贸易都属于中间投入品而非最终货物和服务。由于贸易与生产越来越难以分清国界，全球价值链导向的第二代贸易政策颠覆了传统意义上对关税的认识：过去关税壁垒有利于保护国内产业，现在征收关税反而可能对国内产业有害。③ 因此，发展中国家从20世纪90年代开始了几乎单边式的（尤其对零部件产品）减税

---

① Richard Baldwin, *The Great Convergence: Information Technology and the New Globalization* (London and Massachusetts: the Belknap Press of Harvard University Press, 2016), p.4.

② 盛斌、陈帅：《全球价值链如何改变了贸易政策：对产业升级的影响和启示》，《国际经济评论》2015年第1期，第85—97页。

③ Richard Baldwin, *The Great Convergence: Information Technology and the New Globalization* (London and Massachusetts: the Belknap Press of Harvard University Press, 2016), p.4.

行动，同时也开始积极与发达国家签订双边投资协定（BITs）以吸引跨国投资；发达国家则开始启动高质量、高标准的自由贸易协定（FTAs）或区域贸易协定（RTAs）谈判。在这一轮全球化进程中，由于北方国家将劳动密集型生产环节向南方国家外包时必然伴随专有技术溢出，打破了北方国家劳动力对使用本国企业专有技术的"准垄断权"，参与全球价值链的发展中国家（如中国、印度等）经济获得了大发展。北方国家去工业化和新兴市场国家的工业化及其快速增长带来了不发达国和发达国之间的"大融合"。自工业革命以来由北方国家主导的世界经济格局逐渐趋于瓦解，发展中国家整体经济规模趋近于发达国家，但未能参与全球价值链的发展中国家经济仍持续恶化，发达国家内部不平等也在加剧。

目前，人类正在开启由人员流动成本下降促成的以服务贸易（尤其数字贸易）扩张为主要特征的新全球化时代，国际经贸规则边界将逐渐扩展到电子商务、数字贸易领域，以数字贸易规则为核心的第三代国际经贸规则正在酝酿之中。由数字技术、物理技术、生物技术有机融合构成的第四次工业革命[①]将对国际经贸活动产生颠覆性影响。特别是利用数字化和信息技术发展起来的视频会议技术、远程操控机器人、物联网等，使虚拟人员迁移能够代替实际人员迁移，人员流动成本将大幅下降，人类将进入彻底克服"三大限制"的"万物互联的智能时代"。由于新技术大大突破了服务贸易中人员流动成本的制约，将带来服务生产和服务消费之间的全球性分离，过去服务贸易中的很多非贸易品将变成贸易品。麦肯锡研究报告也指出，未来全球化发展中，服务贸易的增长速度将快于商品贸易。[②] 由此，国际经贸规则边界也将发生重大变化。传统的物质性市场准入和待遇（如关税和非关税壁垒）将继续存在，但其重要性日益减弱。更多的规则将集中在标准和应用适应性等非边境、非物质的市场准入和公平竞争上，数据保护以及数据跨境流动规则将成为核心议题，知识产权保护将进一步增强，这也是数字贸易时代到来的重要标志。上述发展趋势显然对先进发达国家有利，因为他们拥有创新、服务业

[①] 克劳斯·施瓦布：《第四次工业革命：转型的力量》，李菁译，中信出版社，2016，第5—9页。
[②] "Globalization in Transition: The Future of Trade and Value Chains," McKinsey Global Institute, January 2019, https://www.mckinsey.com/featured-insights/innovation-and-growth/globalization-in-transition-the-future-of-trade-and-value-chains.

以及高技能劳动力优势。对于尚未融入全球化的发展中国家而言，由于自动化和人工智能的快速发展，依靠劳动力成本优势扩大出口的传统发展模式将很快失效，他们必须寻找新的发展路径。

（二）市场逻辑的内在缺陷是产生发展断层线的根本原因

市场逻辑的偏好显而易见，那就是深度一体化（或称超级全球化），即最大限度地削弱各国对商品、服务、人员、资本及其他要素自由流动的限制性政策，实现各国市场高度开放、规则高度统一的全球经济治理模式。自20世纪80年代以来推行的新自由主义全球化从本质上来说就是市场力量（资本）主导的全球化，在全球推行市场原教旨主义。亚当·斯密曾经说过，市场仿佛一只无形的手，可以引导社会福利达到最优状态，这一结论也被称为经济学第一福利定理。但这一定理的前提是市场运行良好。事实是，垄断、外部性和不完全信息等市场内在缺陷往往会导致市场失灵。更糟的是，由于缺乏全球性政府的干预和协调，开放型国家很容易落入资本自由化所导致的"财政困境"。当这些缺陷所致的国家之间以及国家内部的发展不平衡达到难以调和的程度时，就会使原有规则体系产生断层。

第一，国际市场垄断的缺陷。当资本在国内集中到一定程度并在国内市场形成垄断的时候，为了占据更大的市场份额和获取更大的利润，它们必然向国际市场发展，从而导致资本在世界范围内的集中，最终形成国际市场的垄断。[①] 当前，国际经贸规则中并没有任何针对国际垄断进行规制的措施，相反，不断强化对专利权的国际保护导致了专利产品价格的大幅提高和跨国公司对专利技术的长期垄断。目前来看，世界主要产业都在向寡头垄断或垄断竞争的方向发展。当然，垄断程度在不同产业有所区别。例如，国际民用客机市场基本上被美国的波音和欧洲的空客所瓜分，世界汽车、信息、医药等其他许多产业则被少数几家公司所控制。垄断，尤其对核心技术的垄断导致发达国家和发展中国家产生了巨大的"发展鸿沟"。

第二，金融全球化的缺陷。货币信用一旦可以脱离实体经济独立存在，并成为主导一国的核心利益集团，就几乎不可避免地具有异化于产业资本、

---

① 李翀：《论国际垄断和国际垄断价格》，《当代经济研究》2006年第5期，第13—17页。

不断自我扩张和膨胀的冲动。① 随着产业资本的主导地位逐渐让位于金融资本，资本市场的获利更多虚拟化，依靠资本增值积累财富的速度更是远远快于依靠劳动收入积累财富的速度。全球（包括美国）已经沦为国际金融资本的殖民地。"金融部门一直被认为会将资金配置到对社会回报最高的部门，但很显然，这种看法是错误的。金融部门希望尽可能地赚取利润，其巨额的利润可能是以牺牲经济体其他部门的繁荣和效率为代价的。"② 美国国内尚且如此，金融全球化（资本流动自由化）的结果更是加剧了财富在全球的转移和全球经济的不稳定。其根本原因除了资本贪婪的本性，还在于全球层面上缺乏金融开放的基础设施：全球性的监管标准、监督、执行、最后贷款人等③以及金融市场的"信息不对称"。历史上，拉美地区和东亚地区的很多发展中国家以及俄罗斯都经历过金融开放带来的惨痛教训，金融全球化使他们丧失了足够的"政策空间"来实施货币及财政政策，以对其经济进行管理从而实现经济增长和充分就业。面对此起彼伏的金融危机及其给发展中国家带来的严重危害，西方经济学家如约瑟夫·斯蒂格利茨（Joseph Eugene Stiglitz）和丹尼·罗德里克（Dani Rodrik）等也开始反思。他们甚至非常认同中国在过去40年改革开放中进行资本管制的做法，认为中国的成功有很大原因是因为"实行资本管制，不让外资长驱直入，并利用国内政策空间来进行国内经济管理"④。

第三，资本回报率总是高于经济增长率的缺陷。法国经济学家托马斯·皮凯蒂（Thomas Piketty）在《21世纪的资本论》一书中，将世界经济分成两个基本要素：资本和劳动力，两者都被用于生产并分享产出的收益。他用详尽的数据论证了贫富差距是资本主义固有现象，其原因在于资本回报率总是倾向于高于经济增长率。原因在于大多数国家的顶层收入者的税收已经变为（或很快变为）累退的。例如法国，2010年整个税收的平均税率随着收入等级是下降的：收入底层的50%人口的税率为40%—45%，而收入顶层

---

① 温铁军、张俊娜、罗加铃：《金融资本全球化背景下的国家竞争》，《理论探讨》2017年第3期，第78—84页。
② 约瑟夫·斯蒂格利茨：《自由市场的坠落》，李俊青、杨玲玲译，机械工业出版社，2017，第36页。
③ 丹尼·罗德里克：《全球化的悖论》，廖丽华译，中国人民大学出版社，2011，第75—81页。
④ 同上书，第92页。

的0.1%人口的税率只有35%。① 这种现象在美国也同样突出,以至于美国少数富豪都主动提出要求对其增税。2019年6月,包括乔治·索罗斯(George Soros)在内的19名美国亿万富翁联署向两党总统参选人发出公开信,呼吁向最富有的0.1%的美国富豪适度征收"富人税"。信中还援引经济研究人员的估计称,(按照当前的税率)美国前0.1%的富豪缴纳的税仅占其财富的3.2%,但收入最低的99%的美国民众,所缴纳的税却高达7.2%。② 出现这种怪象的原因之一就是资本自由流动导致全球范围的竞次(Race to the Bottom)税收政策。按理说,从全球化和技术进步中获益越多者,就越应该对其带来的社会扰动负责,即一国越开放,就越需要企业贡献更多的累进所得税,用来"提供更好的调整性援助、更坚固的保障措施以及更好的宏观经济管理,使开放的收益和成本被更公平地分享"③。但现实却是,在当前资本自由流动的世界经济中,国家间的税收竞争使各国不得不采用降低企业税收的方法来设法留住资本。以特朗普政府实施的新一轮《减税和就业法案2017》(TCJA)政策为例,根据美国税务政策中心(TPC)测算,TCJA的实施将在未来十年为美国企业减少应缴税额2.77万亿美元。④ 同样原因,国际市场竞争也让很多国家失去了干预科技进步进程的能力。比尔·盖茨在几年前就提出,应该对代替人类工作的机器人收税,收缴的税款用于工人的技能培训或教育用途。但目前没有哪个国家敢单独踏出这一步,相反,各国不仅不干预,反而还通过各种激励政策来加速这一进程以避免落后。另外,跨国公司和各国富豪还可以通过转移定价或寻求避税天堂的方式在全球实现税负最小化。

因此,资本主导的经济全球化必然带来全球范围的两极分化。市场逻辑的前两个缺陷往往更多导致发达国家和发展中国家之间的差距拉大;而第三个缺陷则会在全球范围内滋生资本和劳动者之间的断层线,即靠资本收入和靠劳动收入差距的不断扩大。斯蒂格利茨在《不平等的代价》(The

---

① 托马斯·皮凯蒂:《21世纪资本论》,巴曙松等译,中信出版社,2017,第510页。
② Edward Helmore, "US Billionaires Call for Tax on Extreme Wealth," *The Irish Times*, June 25, 2019, https://www.irishtimes.com/business/companies/us-billionaires-call-for-tax-on-extreme-wealth-1.3936852.
③ 约瑟夫·斯蒂格利茨:《让全球化造福全球》,雷达等译,中国人民大学出版社,2013,第70页。
④ William G. Gale, "The 2017 Tax Law: Impact on the Budget and American Families," Tax Policy Center, https://www.taxpolicycenter.org/sites/default/files/publication/156730/the_2017_tax_law-impact_on_the_budget_and_american_families.pdf.

Price of Inequality)一书中,详细分析了造成美国社会不平等加剧的各种原因,其中全球化和技术进步作为市场力量,确实能带来劳动力市场的两极分化(Polarization),从而造成不平等的后果。[1] 据美国有线电视新闻网(CNN)报道,自2000年以来,美国大约减少了500万个制造业工作岗位,其中约13%的工作岗位流失源自贸易活动,87%的工作岗位流失源自机器人和自动化。这就是无情的市场力量!未来,这种分化将更加严重。2010年,美国的农业人口仅占总人口的2%,工业人口占总人口的20%,而其余78%的人口是教师、医生、网页设计师等服务从业人员。随着人工智能时代的到来,当机械的算法在教育、医疗和设计方面比人类更在行的时候,人类还能做什么呢?机器正在逐渐替代发达国家的中等收入、中等教育、中等技能的劳动者,这些人成为美国主导的全球化和科技进步的牺牲品。未来,伴随着技术进步带来的自动化成本进一步降低,传统劳动密集型的制造业都将变得更资本和技术密集,低收入工作也将被大量替代,廉价劳动力将不再是一种竞争优势。根据麦肯锡的研究,中等范围的自动化程度可能替代掉发达国家1/4的劳动力,印度和中国则分别为9%和16%。[2] 随着智能化、自动化进一步发展,全球范围内将会产生大量被尤瓦尔·赫拉利(Yuval Noah Harari)所称的"无用阶级"。[3] 而作为流动性最强的要素,资本无论是以何种形式存在,其所有者都是全球化最大的获益者,其根本原因就在于这些国家的税收制度设计保证了"资本收益率大大超过经济增长率",现有国际经贸规则体系主导下的全球化产生的分化作用已不容质疑。

(三)现有国际经贸规则的合法性正受到普遍质疑

如前所述,推动国际经贸规则形成的动力,从本质上来说还是来自资本逐利的本性。在这种动力机制下形成的国际经贸规则显然对那些能为全球服务的要素和部门有利,而那些不具有国际竞争力的要素和部门则会受到开放

---

[1] 约瑟夫·斯蒂格利茨:《不平等的代价》,张子源译,机械工业出版社,2016,第250页。

[2] "Jobs lost, jobs gained: Workforce Transitions in a Time of Automation," McKinsey Global Institute, December 2017, https://www.mckinsey.com/featured-insights/future-of-work/jobs-lost-jobs-gained-what-the-future-of-work-will-mean-for-jobs-skills-and-wages.

[3] 尤瓦尔·赫拉利:《未来简史:从智人到智神》,林俊宏译,中信出版集团,2017,第286页。

带来的冲击。这种冲击无所不在。在发达国家，那些技术含量不高的行业、部门、地区、工人，其中也包括一些白领，会受到来自发展中国家的低收入、低成本竞争，他们的处境每况愈下；在发展中国家，那些得不到资本和技术的行业、部门、地区、劳动者，他们的境况也长期得不到改善。市场（资本）导向的国际经贸规则在强化资本和技术拥有者、支配者的市场权力的同时，进一步拉大了国家之间以及国内的贫富差距，也带来了世界经济的不稳定性。这些矛盾和问题的不断积累，促使人们重新思考现有国际经贸规则的合法性问题，即一个国家是不是越开放就越好的问题。

支持自由贸易（开放）政策的经济学家们用各种理论和模型论证了贸易对所有参与国家有利的结论，但不可否认，贸易会带来收入的重新分配效应，即贸易一定会产生获益者和受损者两个群体。杰弗里·弗里登（Jeffry Frieden）和莉莎·马丁（Lisa Martin）[1]的相关国际政治经济学理论也具体解释了贸易、汇率等公共政策对国内不同行为体收益分配的影响。美国经济学家罗德里克教授还专门就此做过一个量化计算：如果美国这样一个经济体贸易完全自由化的话，每获得1美元的贸易"净"效益就要对50美元的收入进行重新分配，"这就好像是如果我们要把51美元给亚当，就要从大卫那里拿来50元"。当贸易引起重大的收入分配问题时，有一个很重要的合法性问题就出现了：当有些人因为贸易而成为赢家时，那些因为贸易而输的人是否活该呢？尤其当这些人都是低收入或其他没有社会安全网保护的弱势群体时，贸易的合法性和适用性往往会被打上一个问号。随着贸易变得越来越自由，废除贸易壁垒的经济效益会变得越来越小，而政治和社会成本却会越来越大。因此，自由贸易的最后几步特别难走，因为会带来很大的混乱，总体效益却寥寥无几，这是贸易经济的内在规律。[2]这种混乱（包括由其他原因如移民引致的混乱）导致全球化发展到一定阶段，就会受到各国国内政治的制约。当前，美国单边主义、保护主义政策倾向的背后有着非常朴素的经济和政治基础，体现的正是美国国内出现的发展断层线的外溢效应。

在美国，1%与99%人口之间的收入分化已经到了不能容忍的地步。

---

[1] Jeffry Frieden and Lisa Martin, "International Political Economy: Global and Domestic Interactions," in Ira Katznelson and Helen Milner, eds., *Political Science: State of the Discipline* (New York: W.W. Norton, 2003), pp.126-131.

[2] 丹尼·罗德里克：《全球化的悖论》，廖丽华译，中国人民大学出版社，2011，第46—48页。

1978—2015年，美国人均实际收入增加59%，收入最高的10%的人群人均实际收入增加1.15倍，收入最高的1%的人群人均实际收入增加2.0倍，而收入最低的50%的人群人均实际收入下降1%。在美国少数高收入群体收入快速增长的同时，大量中低收入人群的收入却在下降。① 高度不平等导致了当前美国经济的低效率和低生产率。② 更为严重的是，收入和财富不平等急剧扩大趋势以及权力的过分集中导致美国的中产阶级被挖空，社会流动性停滞，社会精英与民众的分裂、贫与富的分裂、传统当地人与外来移民的分裂以及精英阶层内部的分裂进一步加剧，这给美国造成了严重的经济、政治和社会后果，即拉詹所称的第三条"断层线"。③ 这一断层线正在对美国国内政治和政策议程产生重大影响。正如爱德华·曼斯菲尔德（Edward D. Mansfield）和海伦·米尔纳（Helen Milner）指出的："否决者在所有形式的政体中都存在。即使在非民主国家中，国内政治也很少是只有单一决策者的、对领导人没有限制的纯粹等级制。具有不同偏好的国内集团如果掌握否决权就会为影响政策而相互竞争。"④ 从选举政治来说，奉行"美国优先"的特朗普上台是有民意基础的，被全球化抛弃的"铁锈地带"——美国中西部工业衰退地区就是他的票仓重地。因此，罗德里克教授在另一本著作中认为，"贸易开放得以维持并逐渐占据主导地位，更多靠的是国内政治而非关贸总协定的规则"。⑤

因此，以往反全球化运动的主要内容是针对发达国家在政治、经济、环保等领域对发展中国家所做出的非正义政策和行为，而当前反全球化运动在内容上主要表现为发达国家反对发展中国家和不发达国家利用西方资本"搭便车"而获利，反对跨国资本逃离造成发达国家的产业空心化和工人失业；反对移民、难民潮，以及由此滋生的恐怖主义给西方基督教文化传统带来的冲击；等等。今天，反全球化根源在于美英等发达资本主义国家的非精英阶

---

① Alvaredo Facundo et al., "Global Inequality Dynamics: New Findings from WID. World," NBER Working Paper, April 2017, https://www.nber.org/system/files/working_papers/w23119/w23119.pdf.
② 约瑟夫·斯蒂格利茨：《不平等的代价》，张子源译，机械工业出版社，2016，第84页。
③ 拉詹指出，贸易失衡和为贸易失衡提供融资的不平衡国际金融体系是世界经济运行中的两大断层线，为全球金融危机的爆发埋下了隐患。详见 Raghuram G. Rajan, *Fault Lines: How Hidden Fractures Still Threaten the World Economy* (Princeton: Princeton University Press, 2010), p.7.
④ Edward D. Mansfield and Helen Milner, *Vetoes, and the Political Economy of International Trade Agreements* (Princeton: Princeton University Press, 2012), pp. 16-17.
⑤ 丹尼·罗德里克：《贸易的真相：如何构建理性的世界经济》，卓贤译，中信出版集团，2018，第28页。

层对现有被资本完全掌控的全球化体系的极度不满。早在2000年，罗德里克教授就提出了"世界经济中的政治困境"①，即所谓的"不可能三角理论"：一个国家不可能在世界经济中同时实现超级全球化、国家主权和民主政治。世界"任何一个经济和政治制度，在他们扩张的同时也造就了反对它们自身的力量，这反对的力量会消减它们继续下去的合理性"。②

三、国家逻辑中的全球化与"脱钩断层线"

在国际体系层面，国家逻辑以国家利益为导向，追求国家的竞争力和财富（或称整体福利）最大化。为此，各国要从自己在国际分工体系中的地位和优势的变化，来决定是否开放以及对谁开放和怎样开放。事实上，在全球化发展的过程中，不管是发达国家还是发展中国家，都有可能利用关税、生产补贴和其他保护主义政策工具（或称产业政策）来干预国内经济，以达到增进国家整体福利的目的。全球化发展需要国际规则作为保障，但由于没有全球政府，能提供国际规则这种公共产品的国家不多，查尔斯·P. 金德尔伯格（Charles P. Kindleberger）认为这样的国家必须具备"霸权国家的所有属性"③，小国则缺少提供全球公共产品的动力。正因如此，国际经贸规则的历史演变毫无例外都是由主要大国推动的。中美之间产生的"脱钩断层线"，正是大国竞争在国际经贸规则领域的集中体现。

（一）两大优势是美国制定国际经贸规则的霸权基础

在资本主义原始积累时期，主要资本主义国家依靠武力征服，不仅从殖民地和半殖民地掠夺了大量财富，还直接导致了殖民地和半殖民地国家某些工业的衰亡。血腥的资本原始积累为发达资本主义国家奠定了先发优势，后进国家经济发展所必需的资金、技术、人才和市场都被发达资本主义国家所垄断。因此，资本主义发展初期的列强国家依靠武力迫使殖民地、半殖民地

---

① Dani Rodrik, "How Far Will International Economic Integration Go?" *Journal of Economic Perspectives* 14, no.1 (2000): 177-186.

② 拉法尔·卡普林斯基：《夹缝中的全球化——贫困和不平等中的生存与发展》，顾秀林译，知识产权出版社，2008，第292页。

③ Charles P. Kindleberger, *The World in Depression 1929—1933* (California: Berkley University of California Press, 1973) , p. 292.

国家与其形成了经济依附关系，使其在世界经济体系中同时拥有了市场性和制度性权力，且两者又相互强化。二战后，随着发展中国家纷纷获得政治独立，以及经济全球化和区域一体化向纵深发展，各国之间基于市场经济形成了不对称的经济依赖关系。基于这种依赖关系，阿姆斯特朗（A. Amstrong）于20世纪80年代提出了"经济依赖是国际权力的基础"的观点[①]。罗伯特·基欧汉（Robert O. Keohane）和约瑟夫·奈（Joseph S. Nye, Jr.）则进一步提出了以敏感性和脆弱性为核心内容的"复合相互依赖"（Complex International）学说，认为相互依赖是多领域、多渠道、多层次的。在复合相互依赖的条件下，国际关系中起决定作用的已经不是国家所拥有的武力而是国家间经济、科技乃至文化的相互影响和依赖，而且这种依赖正在成为国际权力的源泉。[②]劣势方的经济主权会受到限制和挤压，而优势方的经济主权则会被放大并转化为国际政治权力，也就是制定国际经济制度的权力（即"市场性权力＋国家主权＝制度性权力"）。二战以来美国在市场和科技领域的压倒性优势，毫无疑问为自己创造了不对称依赖所带来的国际权力。更为重要的是，规则本身意味着合作，合作则意味着必须给参与各方带来共赢的结果，这两大优势也为各方参与相应规则提供了收益。

市场规模优势解决了合作者的收益问题。在相互依赖的世界经济中，越能为他国提供市场的国家就越具有国际权力。市场规模在国际经济规则博弈过程中的作用非常简单：要么接受我的规则，要么退出我的市场。因此，市场规模就是经贸规则谈判中的筹码，规模越大，筹码越多。历史经验也充分证明，谁能给世界提供持续、稳定的大市场，谁就是国际经贸规则的书写者。例如19世纪英国的贸易自由化政策通过签订贸易条约和关税协定而扩大到其他国家，其中最重要的进展是1860年的《英法条约》。根据该条约，英国同意废除所有针对法国的优势制成品（如花边、麻纱手绢、地毯、丝织品和披巾等奢侈品）的关税，并降低白兰地和葡萄酒的进口关税。这使法国获利最大。法国也因此降低了英国煤炭、焦炭、条铁、生铁、钢、机器、工具、纱线、大麻及亚麻制品的关税。这个条约标志着欧洲保护主义堡垒被英国攻

[①] A. Amstrong, "The Political Consequence of Economic Dependence," *Journal of Conflict Resolution* 25, no. 3 (1981): 401-428.

[②] 罗伯特·基欧汉、约瑟夫·奈：《权力与相互依赖》，门洪华译，北京大学出版社，2004，第9页。

克。① 二战后的美国也同样依托国内巨大的市场，向全球推行自由贸易政策，尤其推动了关税与贸易总协定的八轮谈判，大大降低了世界关税水平。当然，市场规模优势也强化了美国制裁（惩罚）其他国家的能力。

科技优势解决了主导者的收益问题。如果说市场规模从需求侧反映了主导国对世界经济的影响力，那么科技优势（主要就是产业的国际竞争力）则从供给侧反映了主导国在国际分工体系中的优势地位及其对世界经济的引领力。世界经济的正常运转离不开相应的规则，只有规则统一才能促进商品与生产要素的跨国流动，提高国际分工水平，从而优化全球资源配置、实现全球福利改善。这一点对所有参与经济全球化的国家都适用，因此，规则是一种具有正外部性的国际公共产品。领先的科技优势和国际竞争力可以使主导国在国际产业竞争中立于不败之地，并由此获得主导规则制定权所带来的额外经济收益。正是这种规则非中性所带来的额外收益，才使得越具有国际竞争力的国家越有动力去推动制定有利于其产业发展的国际经贸规则。二战以来，美国根据本国产业竞争优势的演变，相继推动了工业制成品贸易自由化、金融自由化以及服务贸易自由化等相关规则制定进程。通过主导并控制这一进程，美国在国际贸易、投资、金融等领域获取了巨大收益，即规则的"霸权收益"。② 今天，由于数字经济和数字贸易对美国经济至关重要且美国在信息技术方面具有世界绝对领先的优势，因此美国认定"确保自由和开放的互联网"为其重点政策，同时也在多边、双边及诸边协定中不遗余力地推动建立符合美国利益的数字贸易规则。

上述两大优势为美国奠定了经济霸权的基础，使其能够通过开放（让渡）自己的市场来促动其他国家接受其国内规则，从而为其国内优势产业顺利打开其他国家的市场大门。

（二）中国快速发展和崛起正在削弱美国的霸权基础

霸权稳定论的相关观点认为，贸易政策与各国在全球体系中的地位直接挂钩。爱德华·曼斯菲尔德通过历史数据发现，在权力集中度与贸易之间存

---

① 辛迪主编《世界历史百科全书（经济科技卷）》，中国书店出版社，2010，第47页。
② 李向阳：《国际经济规则的形成机制》，《世界经济与政治》2006年第9期，第67—76页。

在着一种 U 形关系：在两者高度集中的体系中——实际上就是霸权体系，政策是最开放的；在权力不对等程度较低的体系中，贸易政策也是最开放的，但主要还要取决于各自的政治稳定性程度。相反，保护主义或地区主义更容易出现在权力集中的中间层面，因为这时候安全程度是最低的。① 从构成美国霸权基础的两大优势来看，现在应该就处于这种"中间层面"。

从市场规模来看，美国作为全球市场的地位在不断下降，而中国在不断上升。根据麦肯锡报告，发达国家占全球消费的比重，已经从1995年的81%大幅降低到2017年的62%，预计到2030年将进一步降至49%。其中，北美地区的美国和加拿大将从2017年的31%降至2030年的23%。中国在1995年仅占全球消费的2%，但2017—2030年，中国在全球消费中的占比将从10%上升到16%。这组数据说明，中国将从1995—2017年的全球工厂慢慢转型成为2017—2030年的全球市场。② 目前，中国已成为世界第二大货物贸易进口国和服务贸易进口国。根据联合国贸发会议数据库的数据计算，2017年中国货物和服务年进口值分别占全球的10.3%和9%，美国则分别是13.4%和10.4%，双方作为世界市场的地位已非常接近。相比曾经长期作为世界第二经济大国的日本，其货物进口占世界比重在1974年的峰值年为7.2%，当年美国占比为12.8%。按目前中国经济增长速度、人口规模以及开放力度来看，在未来很长一段时间内，中美在进口市场规模方面将会处于比肩阶段。

从以科技为核心的产业国际竞争力来看，过去中美两国产业优势高度互补，中国在传统制造业以及低端价值链环节上具有优势，美国在高科技产业和高端价值链环节上具有优势，双方在国际分工体系内各取所需、相安无事。但随着中国经济和产业转型升级，尤其在发展战略性新兴产业上加大投入，中美在科技领域的差距逐步缩小，甚至中国在个别领域还取得了领先优势，如高铁、5G、空间站等。根据欧洲智库布鲁盖尔（Bruegel）2017年发布的报告③，从专利数量、学术论文发表数量以及研发投入这些衡量创新的指标

---

① 本杰明·科恩:《国际政治经济学：学科思想史》，杨毅、钟飞腾译，上海人民出版社，2010，第161页。

② "Globalization in Transition: The Future of Trade and Value Chains," McKinsey Global Institute, January 2019, https://www.mckinsey.com/featured-insights/innovation-and-growth/globalization-in-transition-the-future-of-trade-and-value-chains.

③ Reinhilde Veugelers, "The Challenge of China's Rise as a Science and Technology Powerhouse," *Bruegel Policy Contribution*, Issue No.19, July 2017, http://bruegel.org/wp-content/uploads/2017/07/PC-19-2017.pdf.

来看，中国都在不断缩小与美国的差距。另外一份由中国科学院科技战略咨询研究院、中国科学院文献情报中心和科睿唯安（Clarivate Analytics）共同发布的《2016研究前沿》报告显示，中国在数学、计算机科学和工程、化学与材料科学等领域的贡献度、引领度以及卓越前沿表现视角上均超过美国而走在世界前列。在农业、植物学和动物学领域、物理领域、生态与环境科学领域和生物科学领域，中国也都有若干研究成果跻身世界先进行列。① 根据《日本经济新闻》中文版报道，日本文部科学省下属的科学技术振兴机构实施的调查也显示了与《2016研究前沿》类似的结果，即中国在计算机科学与数学、化学、材料科学、工学4个领域排在世界首位；美国在物理学、环境与地球科学、基础生命科学、临床医学4个领域排在世界第一。② 美国学者艾利森也在他的著作中详细论证了中国在STEM③领域已经成为全球型的竞争者，且在某种程度上，中国的表现超过了美国。可以说，在新一轮以数字技术、物理技术和生物技术有机融合所引领的第四次工业革命中，中国正迎头赶上并展现出了强大的竞争力，尽管与世界科技强国还存在差距，但所取得的成就已经使之成为变革世界的重要力量。

正是上述两大优势的变化使原有国际经贸规则体系的动力发生变化。一方面，经济霸权衰退从而对全球经济治理体系驾驭能力弱化让美国转身变为现有规则体系的破坏者，特朗普通过"以退为进""先破后立"和"由内而外"三大战略④正在重塑全球经贸政策。另一方面，作为全球第二大经济体的中国则在努力通过扩大开放来维持一个开放型世界经济，避免出现所谓的"金德尔伯格陷阱"⑤。

---

① 冷伏海、赵庆峰、周秋菊：《中美科研实力比较研究：基于〈2016研究前沿〉的分析》，《中国科学基金》2017年第1期，第48—65页。

② 《全球科技进入中美两强时代》，日本经济新闻中文网，2017年6月13日，http://cn.nikkei.com/industry/scienceatechnology/25550-2017-06-13-00-42-11.html。

③ STEM是科学（Science）、技术（Technology）、工程（Engineering）和数学（Mathematics）四个词的首字母缩写。详见格雷厄姆·艾利森：《注定一战：中美能避免修昔底德陷阱吗？》，陈定定、傅强译，上海人民出版社，2019，第29—32页。

④ 陈建奇、郭晓敏："特朗普重塑全球的三大战略"，FT中文网，2016年12月29日，http://www.ftchinese.com/story/001070512?full=y。

⑤ 查尔斯·金德尔伯格是"马歇尔计划"的设计者。他认为，在第一次世界大战后，奉行孤立主义的美国在超过英国成为全球第一大国后未能在提供全球公共产品方面取代英国的角色，在全球合作体系中继续搭便车。其结果是全球体系崩溃，世界经济萧条和世界大战。

(三) 美国意图构建起防范中国的国际经贸规则体系

二战前，霸权国维系霸权的方式通常是分别直接针对各对象国采取单边控制，世界霸权以霸主与诸多国家之间的双边关系集合方式体现。二战后，美国则更多通过多边渠道建立相互交织的规则网络对体系内国家进行间接控制。因此，美国是多边主义的缔造者。但随着"中心"地位在多边贸易体系中变得越来越难以维系[①]，美国开始重新调整运用国际规则的战略目标和手段：从注重追求相对经济收益的正和博弈逐渐向以权力竞争和巩固相对国际影响力为目标的零和博弈变化，主导国际组织和规则的主要形式由"全球模式"转型为"俱乐部模式"，成员参与方式则由基于多元化的鼓励加入转变为根据美国的需求有条件准入。[②] 特朗普更是将成员参与方式推向了极致，即从奥巴马时代的区域化（俱乐部模式）退回到了传统霸权时代的"双边关系集合方式"，其目标就是重新构建起一个符合美国（尤其资本）利益的全球经贸规则体系。被视为战略竞争对手的中国，则是美国在新规则体系构建中的主要防范与遏制对象。

首先，美国通过"以实力为基础"的单边主义对抗多边主义，意在要么使中国受益良多的多边贸易体系瘫痪，要么使多边贸易体系规则按照美国意图进行改革。特朗普上台以来，美国依据国内法多次发起"201""232""301"等一系列单边调查，并据此单边采取加征关税措施，严重违反了世界贸易组织最基本和最核心的最惠国待遇、关税约束等规则。这种单边主义、保护主义行为不仅损害中国和其他成员利益，更损害了世界贸易组织及其争端解决机制的权威性，使多边贸易体制和国际贸易秩序面临险境。与此同时，通过抨击、指责 WTO "对美国不公平""让美国吃了大亏"，特朗普政府提出了"美国优先"的4条改革建议[③]，并威胁如果改革不能令其满意，美国就要退出

[①] 竺彩华、冯兴艳：《世界经济体系演进与巨型FTA谈判》，《外交评论》2015年第3期，第59—60页。
[②] 高程：《从规则视角看美国重构国际秩序的战略调整》，《世界经济与政治》2013年第12期，第89页。
[③] 2019年3月1日美国贸易代表办公室发布的《2019贸易政策议程及2018年度报告》中提到，美国对WTO改革的建议如下：（1）WTO必须解决非市场经济的挑战。（2）WTO争端解决必须充分尊重成员的主权政策选择。世界贸易组织的争端解决机制，尤其是上诉机构层面的争端解决机制，已经偏离了最初的谅解，大大削弱了现行制度的政治可持续性。美国一直多次敦促争端解决机制遵从这些原始谅解。（3）WTO成员必须遵从通知义务。（4）必须改革WTO对发展中国家的对待问题，以反映当前的全球贸易现状（对于这一点，美国于2019年1月向WTO提交了一份名为"An Undifferentiated WTO: Self-declared Development Status Risks Institutional Irrelevance"的文件，概述了这种情况给WTO带来的挑战）。

WTO。细究其改革建议,其中第1条就是要求WTO解决非市场经济的挑战,明显是针对中国的;第3条和第4条基本上也是针对包括中国在内的发展中国家的;而最关键的第2条关于"WTO争端解决必须充分尊重成员的主权政策选择"的建议实际上就是要摘掉"WTO皇冠上的明珠",没有这一条,WTO将黯然失色。这也与其阻止上诉机构大法官的甄选和任命使其濒于瘫痪意图是一致的。美国针对WTO的一系列行为给多边贸易体系带来了巨大的体制风险,同时也为美国利用自身实力通过双边协议争取美国利益创造了条件。

其次,以"双边关系集合方式"排斥中国。特朗普上台伊始就相继宣布退出TPP、NAFTA这两大曾经由美国主导的区域贸易协定,强势推进与墨西哥、加拿大以及日本、欧盟等主要经济体的双边经贸谈判。在谈判同时,特朗普政府还依据国内法向全球主要贸易伙伴发起各种调查,这种严重违反WTO规则的做法从本质上来说也是给其双边谈判争取筹码。目前,美国通过美墨和美加两个双边协定,成功将NAFTA更名为USMCA,其中还有专门针对中国的"毒丸"条款。[①] 如果"毒丸"条款蔓延至美国与欧盟、日本等主要贸易伙伴的双边协定中,那么美国就可以借此建立起一个排除中国的"双边关系集合体",相当于一个没有中国的"新WTO"。在这个"新WTO"里,美国既可以实现旧WTO里难以推动的"零关税、零壁垒、零补贴"等规则,又可以通过新规则体系来孤立中国以实现遏制中国崛起的目的。

最后,在贸易战高压态势下逼迫中国在谈判桌上就范。自2018年2月中美启动经贸磋商以来,美国始终利用其市场和科技优势,对中国大打关税战和科技战,同时在谈判桌上力压中国接受其不合理的高要价,尤其坚持在协议中写入涉及中国主权事务的强制性要求,遭到中方严正拒绝。2019年6月2日,中国发表《关于中美经贸磋商的中方立场》白皮书,表明中国在重大原则问题上决不退让的态度。中国认为,一国主权和尊严必须得到尊重,双方达成的协议应是平等互利的,双方都应看到并承认国家发展的差异性、阶段性,尊重对方发展道路和基本制度。中国明确的官方立场实际上也就是宣誓了中方的谈判底线,即中国不会放弃自己的独立发展权。尽管在G20大阪峰

---

① "毒丸"条款是指《美墨加协定》第32条,即任何一方与非市场经济国家签订自由贸易协议时,应允许其他各方在发出6个月的通知后终止本协议,并以它们之间的协议(即双边协议)来取而代之。该条款被认为是对协议参加国经济主权的限制,目的在于孤立中国,并为美国对华贸易战服务。

会期间，中美两国元首再度达成共识，要在平等和相互尊重基础上重启经贸磋商，美方不再对中国产品加征新的关税。但从事后美国又高举关税大棒的做法来看，谈判前景并不乐观。

从中美经贸磋商的背景和过程来看，其难度和复杂程度要远远高于当年的美日经贸磋商。美国的目标很明确，就是要通过经贸磋商一方面从中国捞到更多好处，而真正的醉翁之意可能恰恰是另一方面，即通过植入相关文本来彻底打掉中国的体制优势，尤其是中国政府掌控本国经济的能力。此意图在美国贸易谈判首席代表莱特希泽和白宫贸易顾问纳瓦罗的公开言论中可见一斑。这些美国鹰派代表多次声称，与中国打贸易战确实会让美国民众和企业遭受损失，但这些损失是值得的，因为通过贸易战可以彻底打垮中国。莱特希泽在20世纪80年代直接参与过美日贸易战谈判，通过贸易战逼迫日本签下了在没有贸易战情况下不会签的条款，如完全开放资本账户和金融市场，允许日元大幅度升值等。这些通过双边条约推动的所谓的结构性改革使日本政府基本上失去了控制本国金融市场的能力，日本之后的泡沫经济以及泡沫经济的破灭都与其失去对金融市场的控制能力直接相关。因此，美国表面上是在推行以自己为标杆的"市场经济国家"标准，实质上是利用自己的优势在经济上绞杀赶超国家的一种手段。

四、两种导向的规则体系正在形成："资本导向"与"发展导向"

作为发展中大国——中国的崛起，使前述两条断层线高度重合，中美之间以及发展中国家与发达国家之间的发展权之争日趋激烈。从国内制度来看，同样以市场为基础配置资源、实行公平竞争，却存在着资本主导和社会（发展）主导两种不同机制。前者政府不管打着什么旗号，从本质上来说都是为各种形式的资本服务；后者政府则是为全体国民服务，所以必须通过税收和其他杠杆，实现社会二次分配，节制资本、扶助弱势群体，把贫富差距控制在一定范围内。作为全球前两大经济体，中美之间的规则之争从本质上来说就是制度竞争，或者说，是资本导向的美式规则体系与发展导向的中式规则体系之争。竞争的关键，就在于一国的体制和政策体系能否在顺应市场力量推动的全球化发展趋势的同时，有效应对其所带来的全球范围的"发展断层线"问题。

（一）资本导向的美式规则体系越来越缺乏发展内涵

发展是人类永恒的主题。发展，无论是国内发展还是国际发展，都是一项具有公共产品性质的事业，需要政府投入大量公共资金用于教育、技能培训和各种基础设施投资。但是，美国长期的政策立场却始终没有对发展问题给予应有正视，其根源在于美国主导的经贸规则和制度体系，无论从国内视角还是国际视角，都完全被资本利益所裹挟，因此越来越缺乏发展内涵。

从国内视角来看，美国企业领袖和超富群体推动政府所实施的各种减税，扩大垄断和离岸外包，都是为了增加利润，而政府却在巨大的财政赤字压力下无法为国民提供更加安全的社会政策。从里根、小布什、奥巴马、特朗普四届政府的减税效果来看，美国的减税政策带来了财政赤字和政府债务"滚雪球般"扩张的恶果。2018年，美国经济在减税政策刺激下虽然增长了2.9%，但财政收入却下降了0.4%。根据美国国会预算办公室估计，2019财年美国预算赤字将达到9600亿美元，2020财年将突破1万亿美元。到2028年，即使把所有对经济的积极影响都考虑进来，实施《减税和就业法案》（TCJA）也会给美国增加1.9万亿美元的财政赤字，这无疑会使本就不堪重负的美国财政雪上加霜，美国将更难以应对经济衰退风险。① 不断恶化的财政状况使美国根本无法解决国内收入不平等加剧所带来的严重社会问题。根据联合国人类发展指数（HDI）②，1980年美国在有统计的104个国家和地区中排名第2（中国排名第78）；2017年，美国在有统计的189个国家和地区中排名第13（中国第86）。③ 与其他发达国家相比，美国的人类发展指数排名在不断倒退。显然，在巨额财政赤字压力下，除非美国转变治理理念——即放弃"资本利益至上"原则，转而向资本更多征税，否则已很难解决国内发展问题，通过打

---

① William G. Gale, "The 2017 Tax Law: Impact on the Budget and American Families," Tax Policy Center, https://www.taxpolicycenter.org/sites/default/files/publication/156730/the_2017_tax_law-impact_on_the_budget_and_american_families.pdf.

② 人类发展指数主要由以"收入水平、教育水平、平均寿命"等变量按照一定方法计算而成，是衡量一国经济社会发展水平的指标。HDI越接近1.00，说明该国的经济社会发展水平越高。

③ UNDP, "Human Development Report 2014: Sustaining Human Progress: Reducing Vulnerabilities and Building Resilience," http://www.undp.org/content/undp/en/home/librarypage/hdr/2014-human-development-report/; UNDP, "Human Development Indices and Indicators: 2018 Statistical Update," https://hdr.undp.org/sites/default/files/2018_human_development_statistical_update.pdf.

贸易战转嫁国内矛盾的做法更是没有出路。事实上，重视民众直接经验、诉诸常识的逻辑虽然使得民粹政治能够有效动员大众，但却无助于对复杂问题的长期应对，甚至会构成建设新制度的严重阻碍。①

从国际视角来看，由于过度追求美国利益最大化——即奉行"美国优先"原则，特朗普政府不仅没有能为国际发展作出更多贡献，反而成为国际发展的破坏者。一方面，美国拒不履行国际发展承诺，且动辄就违背承诺退群（如退出《巴黎气候协定》、联合国教科文组织等）。根据美国智库发布的《全球发展承诺指数（CDI）2018》报告②，在世界上最富裕的27个国家中，美国综合排名第23位，而且在对外援助和金融两项指标上直接垫底，美国政策在帮助贫穷国家民众方面与其超级经济大国地位极不相称。2018年，美国对外援助总额仅占其国民总收入（GNI）的0.17%，远低于OECD发展援助委员会（DAC）国家0.31%的总体水平，更是远远达不到1970年发达国家承诺的0.7%的目标（美国当年达到了0.32%）。③ 美国还是拖欠联合国会费最多的国家，截至2019年1月1日，美国拖欠联合国经常性预算资金3.81亿美元，维和经费7.76亿美元。另一方面，美国多次施压WTO，要求取消一大批发展中成员享受特殊和差别待遇的权利。为了保证本国在促进经济、社会、环境、减贫、就业等全方位发展所需的政策空间，中国等发展中成员与美国围绕各自诉求展开了激烈角力。美国提出的"重新审查中国WTO成员身份"的提案被70个成员一致否决。在2018年亚太经合组织（APEC）领导人峰会上，因各国对美国欲将其WTO改革立场写进领导人宣言的做法分歧严重，峰会未能发表宣言，这在APEC历史上尚属首次。此外，二十国集团机制内也进行着类似博弈。很明显，美国置其他国家发展权利于不顾的做法是不得人心的，正如罗德里克教授所言，"如果WTO已经失灵，那是因为贸易规则的手已经伸得太长。一套公正的世界贸易体系会承认经济模式多样性的价值。它应该在

---

① Harry Boyte, *Everyday Politics: Reconnecting Citizens and Public Life* (Philadelphia: University of Pennsylvania Press, 2004), pp.21, 28, 58.

② "The Commitment to Development Index 2018," Center for Global Development, May 8, 2019, https://www.cgdev.org/commitment-development-index-2018.

③ 数据来源：OECD/DAC数据库，http://www.oecd.org/dac/stats。

这些模式中寻找一条妥协之道，而不是收紧规则"。[①]

（二）中国倡导的"一带一路"正在形成"发展导向"的规则体系

以发展为导向的国际经贸规则体系符合世界经济发展潮流，从本质上来说是对美国主导的资本利益导向的规则体系的有益补充，对弥补世界经济的发展赤字弥足珍贵。"万物得其本者生，百事得其道者成。"目前，中国倡导的"一带一路"正在形成由参与国家"共商共建共享"的"发展导向"的规则体系。第一，共建"一带一路"既有对普遍规则的追求，如贸易投资自由化，又承认普遍规则本身的有限性，因此并不以高度自由化作为各国参与合作的门槛，也不寻求构建统一的合作机制。第二，为了实现共同发展的目标，充分尊重各国发展模式的差异性和发展道路的选择，注重各自发展战略和政策的相互对接和协调。第三，秉承正确义利观弥补了规则非中性所带来的大小国家利益分配不合理的弊端[②]，政府作用和市场规律并重避免了陷入只讲"利"不讲"义"、资本利益至上的美式规则体系的泥潭。第四，全方位互联互通建设将改变发展中国家在过去全球化进程中被边缘化的局面，提升其应对新全球化挑战的能力，这也正是美式规则体系所漏掉的重要一环。

当然，任何国际经济合作都需要规则的协调，"发展导向"并不意味着不需要规则。共建"一带一路"的过程就是发展导向的新型国际规则体系的形成过程，这将是一个漫长且曲折的过程，但亚洲基础设施投资银行的成立已经开了一个好头。随着合作的持续推进和不断深化，相关规则和机制化建设正在通过"自下而上"方式而产生。2017年首届"一带一路"国际合作高峰论坛期间，由包括中国在内的27国财政部门共同核准了《"一带一路"融资指导原则》，之后有更多国家参与了核准。2019年第二届"一带一路"国际合作高峰论坛期间，全球27家大型金融机构签署由中英共同发布的《"一带一路"绿色投资原则》，中国、白俄罗斯、德国、哈萨克斯坦、蒙古国、波兰、俄罗斯7国签署了《中欧班列运输联合工作组议事规则》。未来，将有更多互联互通规则从共建"一带一路"过程中产生。截至2019年4月30日，中国已

---

① 丹尼·罗德里克：《WTO失灵的真正原因》，FT中文网，2018年8月7日，http://www.ftchinese.com/story/001078823?archive。

② 李向阳：《论"一带一路"的发展导向及其特征》，《经济日报》2019年4月25日。

经与131个国家和30个国际组织签署了187份共建"一带一路"合作文件,并且与日本、法国、加拿大、新加坡、西班牙、荷兰、比利时、意大利、澳大利亚等国家正式签署了第三方市场合作文件。[①] 作为美国盟友的西方发达国家能够顶住美国压力签署"一带一路"合作文件,说明已经有西方国家愿意尝试走一条新的发展路径。

综上,以规则为基础的国际秩序将继续存在,但它将越来越不以西方为中心,两种不同理念主导下的规则体系将并行发展。但由于美国视中国和共建"一带一路"为威胁,尤其美国在科技创新领域对中国的围堵,很可能使两种本应互补的经贸规则体系走向一定程度的对抗。美国极力推动的"布拉格提案"就是其试图通过组建"小圈子"推广符合美国利益的5G安全规则、封杀中国5G产品的开端。但世界也很现实,尽管美国一再发出警告和施加压力,要求抵制华为产品,但还是有很多国家根据本国利益和发展诉求而选择与华为合作,其中有很大一部分来自欧洲。从大国竞争视角来看,两种规则体系的走向实际上就是中美关系的晴雨表。其中,中国是确定的,且"一带一路"是一个开放合作的平台,但美国是不确定的。若合作,两个规则体系很可能融合;若不合作,则很可能成为更加独立的两个体系。不合作的两个规则体系将使全球秩序暂时出现停滞,区域秩序将变得更为关键。若如此,将会加速麦肯锡研究中所提到的区域化进程,未来的国际规则也将更加区域化和碎片化。

五、结语

当下,世界主要国家都面临严峻的国内发展问题,但在全球化时代,这些问题已不仅仅是国内问题,更是全球性问题。无论由谁来主导,未来国际经贸规则体系发展的关键都在于如何弥合全球化的分化作用,具体来说就是如何在全球化背景下妥善处理资本与劳动力之间的利益不平衡关系。

(一)两种逻辑下的三个解决方案

方案之一:将问题归咎于开放,采取保护主义手段收回经济和金融主

[①] 资料来源:中国一带一路网,2019年4月12日,https://www.yidaiyilu.gov.cn/gbjg/gbgk/77073.htm。

权。目前，美国与中国大打贸易战的背后就有这种逻辑的驱使。但是，保护主义只能保护经济中相对不发达部门的利益，却非繁荣的源泉和财富的创造者。历史经验表明，想通过保护主义来显著改善民众生活的国家往往会面临巨大失望。保护主义不仅不能解决美国国内严重分化的问题，反而会加剧其分化。例如，美国对中国商品征税会大大提高进口商品价格，受影响最大的恰恰是对价格较为敏感的中低收入家庭，而非高收入家庭，同时受损的还有全球价值链上的企业和被中国反制的行业或部门。根据世界贸易伙伴公司（Trade Partnership Worldwide）2019年的报告[①]，美国对2500亿美元的中国输美产品征收25%的关税，将导致美国一次性损失93.5万个就业岗位，家庭（按照四口之家计算）每年支出增加767美元；如果将剩下的3200亿美元对美出口一并征25%关税，将导致美国一次性损失216万个就业岗位，家庭每年支出增加2294美元。除了上述损失，保护主义也解决不了因资本收益率远高于经济增长率而导致的不平等或财富积累到越来越少的人手中的问题。

方案之二：将问题归咎于资本自由化，对资本进行管制。管制有两种方式：一种是对资本流动进行管制，尤其资本流出是管制核心（也是保护）；另一种则是允许资本自由流动，但对资本加征税收。从政策效果来看，前者有成功的例子，如中国之前的经验，但随着中国继续深度参与全球化进程，这种管制很难再持续；后者在英美国家也曾经有过较为成功的经历。20世纪30年代到70年代，英美曾经爆发出对平等的巨大热情，个人所得税的最高税率达到了80%—90%。这一时期美国的收入不平等也达到了最低谷：收入最高的10%的人群占有美国国民收入的30%—35%，这个时期也被保罗·克鲁格曼（Paul R. Krugman）称为"我们所钟爱的美国"。但之后，美国先驱们的平等思想很快被淡忘，个人所得税的最高税率从1930—1980年的80%—90%降至1980—2010年的30%—40%。较低的所得税最高税率也完全改变了高管薪酬的决定方式，因为之前加薪的80%—90%是交给政府，而现在则完全不同。[②] 这也是自20世纪80年代以来英美高管薪酬大幅提升的重要原因。2010

[①] "Estimated Impacts of Tariffs on the U.S. Economy and Workers," Trade Partnership Worldwide, February 2019, https://tradepartnership.com/wp-content/uploads/2019/02/All-Tariffs-Study-FINAL.pdf

[②] 托马斯·皮凯蒂：《21世纪资本论》，巴曙松等译，中信出版社，2017，第523—529页。

年，美国收入最高的10%的人群占国民收入的比例上升到47%左右。① 在企业所得税方面，由于存在全球范围的竞次效应也鲜有进展。比尔·盖茨（Bill Gates）提出的"机器人税"概念，目前只有韩国实施，而且还不是真正意义上的征税，只是降低了大量采用机器人公司的税收优惠而已。更多的国家则是担心落后于他人而不敢尝试。根据托马斯·皮凯蒂计算，针对年收入超过50万美元或100万美元的人群征收80%的所得税，不仅不会降低美国的经济增长，而且实际上可以合理限制经济上的无效（甚至有害）行为，更广泛地分配增长果实。但正如很多观察家注意到的，美国的政治进程已经被1%的人俘获②，寡头政治风险正在导致这种伸手可及的社会和财政政策离普通人越来越远，经济和金融精英在维护自身利益时往往会选择混淆其自身利益和大众利益。

方案之三：将问题归咎于资本自由化，在全球征收"累进资本税"③或"机器人税"。这是一个几乎近于乌托邦的理想方案。这种制度设计的优点是既能保持经济的开放性，又能有效规范全球经济，并且公平地在国家之间以及一国内部分配利益。因此从情理上来说，只有包含这种元素的21世纪经贸规则才能为全球化的包容性发展提供制度保障。否则，世界经济很有可能遇到各种形式保护主义的回归，但保护主义政策不但不会成功，反而容易导致国际紧张局势。但目前推行这种制度仍存在很大难度，主要障碍是这种制度本身的导向与资本利益导向的现有规则体系是相悖的。所幸，目前发展导向的国际经贸规则体系正在成形，那些愿意朝着这个方向进展的国家很可能从区域（如在欧洲或东亚）合作中去逐步寻求改善。例如，面对数字经济对于传统税收制度的冲击，法国正在努力通过推行数字服务税促使达成全球性共识，从而实现更为公正有效的税收制度。目前，英国、西班牙、意大利、奥地利、比利时等国已纷纷推进出台相关法案，呼应法国倡议。将资本与劳动力之间

---

① Alvaredo Facundo et al., "Global Inequality Dynamics: New Findings from WID World," NBER Working Paper, April 2017, https://www.nber.org/system/files/working_papers/w23119/w23119.pdf.

② 参见Jacob Hacker and Paul Pierson, *Winner-Take-All Politics: How Washington Made the Rich Richer and Turned its Back on the Middle Class* (New York: Simon and Schuster, 2010); K. Schlozman et al., *The Unheavenly Chorus: Unequal Political Voice and the Broken Promise of American Democracy* (Pricenton: Princeton University Press, 2012); Timothy Noah, *The Great Divergence* (New York: Bloomsbury Press, 2012)。

③ 托马斯·皮凯蒂：《21世纪资本论》，巴曙松等译，中信出版社，2017，第531—556页。

的不平衡关系纳入国际合作议程或已现熹微。

上述三个方案对目前的中国来说，显然都不是最佳方案。首先，保护主义肯定不是最佳选项，因为中国仍需要国际市场和国外要素来支撑实现高质量发展目标；其次，对资本征税这一选项，实际上对很多发达国家（尤其美国）解决发展不平衡的问题是很对路子的（事实上在一些北欧国家也很成功），但对同时面临发展不充分不平衡问题的中国来说，尤其在当前内外环境下，不符合中国自身发展的需要；最后，对于第三个方案，则需要更有效的全球治理，中国目前还不具备能力向全球推行这样一种国际合作议程，但不妨在区域合作中加以尝试。

（二）中国应该怎么办？

在使所有人受益方面，全球化对任何国家来说都是严峻挑战，越来越开放的中国也概莫能外。毋庸讳言，如果没有很好的解决方案，中国也会重蹈美国覆辙。当然，"服务全球利益的最佳方式是在真正起作用的政治制度内行事，即在国境之内的制度下履行我们的责任"。[①] 目前西方国家的财政困境以及由此导致的社会政策缺位，虽与全球化有关，但本质上仍是其国内治理的失败，是其长期奉行"资本利益至上主义"的必然结果。中国在扩大对外开放的同时，应力避西方困境。

一方面，要进一步发挥中国的制度优势。规则之争，本质上就是各国的制度之争。过去四十年中国改革开放的伟大成就，就是在现有制度下取得的。与此同时，今天的中国还在努力扩大对外开放并向国际社会提供更多的公共产品，因此我们比任何时候都需要进一步发挥制度优势，确保社会主义市场经济在获得市场效率、成功转型的同时避免市场内在缺陷带来严重的社会后果。更开放的市场，需要的是更大的社会安全网。

相较而言，在应对全球化扰动方面，中国的制度是有天然优势的。例如，当前大规模减税降费提振实体经济的做法，再加上社保缴费负担，会产生近2万亿元的财政缺口。这个在西方绝无可能弥补的缺口，在中国则可以

---

① 丹尼·罗德里克：《贸易的真相：如何构建理性的世界经济》，卓贤译，中信出版集团，2018，第47—48页。

通过"增加特定国有金融机构和央企上缴利润"等方法来平衡，实现企业减税降费与财政可持续性兼容的良好局面，这就是中国制度的优越性。尽管还有这样那样的问题需要解决，但必须承认，无论在过去还是将来，国企的存在为中国对外开放构筑起了坚实的保障网。在全球化时代，私人资本向外转移是很难控制的，但只要国企在，中国实体经济就不会被掏空。这也是中国国家领导人提出"必须理直气壮做强做优做大国有企业"的原因所在，因为"国有企业是壮大国家综合实力、保障人民共同利益的重要力量"。因此，中国需要做的，就是对内尽可能做好自己的事，在以更大勇气深化改革扩大开放的同时，注重发挥社会主义制度的优越性，为国民提供更加安全的社会政策，切实完善收入分配体系和社会保障体系，提高中低收入阶层的可支配收入，推动居民消费升级，以充分释放内需市场的潜力（内需也是中国应对美国对华贸易战的最大保障）。做强做大做优的重点是要坚定不移深化国有企业改革，着力创新体制机制，加快建立现代企业制度，发挥国有企业各类人才积极性、主动性、创造性，激发各类要素活力。同时，还要加强监管、改进领导，坚决防止国有资产流失。当然，做强做大做优国有企业，并不意味着民营经济就不重要了，相反，要更好发挥市场机制在资源配置中的决定性作用，就必须在改革国有企业的同时大力发展民营经济，使国有经济与民营经济共荣共进，在各自适宜发展的领域发挥作用。正因如此，落实"竞争中立"原则、使不同市场主体能够公平竞争也很关键，这一点对中国参与国际经贸规则构建尤为重要。

另一方面，要积极参与全球治理，推动全球化朝着更加包容、普惠、平衡、共赢的方向发展。尤其要"坚持发展导向，……在讨论制定贸易和投资、知识产权保护、数字经济等各领域政策和规则时应该有明确的发展视角，为各国营造共同的发展机遇和空间，为世界经济增长提供强劲动力和稳定环境"。① 所谓发展视角，就是无论在讨论 WTO、APEC 等国际组织的改革方向时，还是在推进区域和双边经贸合作时，都应对发展中成员的关注与诉求给予充分考虑，以各经济体的发展水平来区分权利和责任，为推动普惠发展而

---

① 习近平：《同舟共济创造美好未来——在亚太经合组织工商领导人峰会上的主旨演讲》，人民网，2018年11月18日，http://cpc.people.com.cn/n1/2018/1118/c64094-30406666.html。

改善和创新规则。展望未来,面对新工业革命可能加剧全球不平衡发展的问题,中国更应该坚定地与发展中国家站在一起,扩大发展中国家参与度,确保发展中国家的"特殊和差别化待遇"在国际经贸规则体系中得到保障。

专论二 外交关系提升对"一带一路"沿线贸易影响分析*

2013年9月和10月,中国国家主席习近平在出访哈萨克斯坦和印度尼西亚时先后提出共建"丝绸之路经济带"和"21世纪海上丝绸之路"的倡议。2014年12月2日,中国政府制定内部版《丝绸之路经济带和21世纪海上丝绸之路建设战略规划》,对推进"一带一路"建设工作作出全面部署。[①] 2015年,中国政府发布《推动共建丝绸之路经济带和21世纪海上丝绸之路的愿景与行动》。"一带一路"建设是开放、包容的发展平台,最终目标是通过加强政策协调和发展战略对接,实现协同、联动发展,这与联合国《2030年可持续发展议程》不谋而合,联合国秘书长古特雷斯因而相信共建"一带一路"倡议有利于促进2030年可持续发展议程的实施。2016年11月17日,联合国193个会员国协商一致通过决议,欢迎共建"一带一路"等经济合作倡议,呼吁国际社会为共建"一带一路"提供安全保障环境。2017年3月17日,联合国安理会通过第2344号决议,呼吁国际社会通过共建"一带一路"加强区域经济合作。正因为切合当今世界的发展需求,越来越多的国家和地区加入"一带一路"建设。2016年底,有100多个国家表达了对共建"一带一路"倡议的支持和参与意愿,中国与39个国家和国际组织签署46份共建"一带一路"合

---

* 本文是杨青、张翠珍发表于《国际经济合作》2018年第5期的《中国与"一带一路"沿线国家贸易流量的影响因素》一文的扩展。

① 中共中央党史研究室:《党的十八大以来大事记》,人民出版社,2017,第41页。

作协议。① 到2019年3月底，中国与125个国家和29个国际组织签署173份合作文件。② 根据商务部2020年1月30日发布的资料，共有138个国家、30个国际组织与中国签署了200份共建"一带一路"合作文件。③

经济增长是发展的内容也是发展的基础，而贸易是经济增长的重要引擎。以中国为例，1978—2016年的货物进出口总额由355亿元增长到243386亿元，远超同期国民生产总值的增长速度，是中国经济奇迹的重要贡献者。同时，贸易联通也是连接国家间政治、人文、经济和投资等的桥梁，是"一带一路"的重要建设目标之一。近年来，中国与共建"一带一路"国家的贸易规模持续增长，由2016年的62517亿元增长到2019年的92690亿元，而且增长速度超过我国整体的进出口额增速。例如，2019年我国与共建"一带一路"国家贸易增速10.8%，超出我国整体进出口额增速（3.4%）7.4个百分点。由此，与共建"一带一路"国家的贸易额占我国整体进出口的比例也在持续攀升，2016—2019年分别为25.7%、26.5%、27.4%和29.4 %。④ 与共建"一带一路"国家的贸易往来不仅成为带动我国整体进出口的重要力量，共建国家更成为继欧盟之后全球第二大贸易板块。⑤

近年来的贸易规模增长令人欣喜，未来的可持续发展更是所有参与国家的共同愿望。要实现贸易的可持续发展，必须要明了是哪些因素显著推动了贸易的增长。为回答这些问题，必须求助于学术研究。由于以贸易决定因素为题的论文浩如烟海，本文仅聚焦以中国为样本的研究。借助引力模型，已有的以中国为样本的实证研究发现，中国与贸易伙伴的经济规模、地理距离均对中国对外贸易额有显著影响。此外，盛斌和廖明中、黄烨菁和张煜、高金田和曹春兰、王晓的研究表明，人均国内生产总值对中国对外贸易有显著

---

① 推进"一带一路"建设工作领导小组办公室：《共建"一带一路"：理念、实践与中国的贡献》，新华网，2017年5月10日，http://www.xinhuanet.com/silkroad/2017-05/10/c_1120951928.htm。
② 推进"一带一路"建设工作领导小组办公室：《共建"一带一路"倡议：进展、贡献与展望》，新华网，2019年4月22日，http://www.xinhuanet.com/world/2019-04/22/c_1124400071.htm。
③ 《商务部：2019年"一带一路"工作取得六方面积极成效》，中国产业经济信息网，2020年1月30日，http://www.cinic.org.cn/xw/bwdt/715978.html?from=singlemessage。
④ 参见历年《中华人民共和国国民经济和社会发展统计公报》，国家统计局网站，http://www.stats.gov.cn/tjsj/tjgb/ndtjgb/。
⑤ 参见中国国际经济交流中心、对外经济贸易大学、国家开发银行研究院等多家机构联合编制的《"一带一路"贸易投资指数（BRTII）》。

影响。① 林玲和王炎、盛斌和廖明中、史朝兴和顾海英、郝景芳和马弘检验了中国与贸易伙伴是否在同一优惠区对中国对外贸易的影响②，罗良文等则检验了贸易伙伴国在华投资额的影响③。在这些常规性的因素外，政治关系也开始引起学者的兴趣。贸易不仅是国际经济问题，还是国际政治问题，因为"国际贸易的交换不仅仅是市场力量及其与之相关的供求关系造成的，它们是经济与政治在国际和国内多重博弈的结果"。④ 外交除为政治利益服务外，也在致力于对外国政府政策和管理决策施加影响，成为影响一国制定和调整与他国贸易往来的手段。⑤ 据此推断，我国与贸易伙伴国的外交关系可能会对中国对外贸易有显著影响。在盛斌、廖明中的研究中，中国与其他国家或地区实际出口贸易不足的原因中有约5.8%未能被引力模型解释，并且对于中国与某些国家或地区其残差比例比较高，他们认为自身模型可能遗漏了不便量化的双边政治、历史等因素。单文婷和杨捷、王晓均将外交关系引入模型，遗憾的是，外交关系并未通过统计显著性检验。⑥ 王学君、田曦以2002—2014年中国货物贸易和外交访问数据为依据的研究有丰富的发现，令人鼓舞：第一，整体上外交访问对出口贸易无显著影响，但国家总理主导的外交访问具有显著的贸易促进作用，并且影响程度与贸易伙伴的经济规模相关；第二，在使用微观产品数据和考虑外交访问影响的持续时间后发现，国家总理主导的访问对出口在中短期内具有显著和持续的影响，而国家主席主导的访问对出口在中长期具有显著和持续的影响。这意味着，政治关系对贸易额的影响迄今

---

① 盛斌、廖明中：《中国的贸易流量与出口潜力：引力模型的研究》，《世界经济》2004年第2期，第3—12页；黄烨菁、张煜：《中国对外贸易新趋势的实证分析——基于扩展型贸易引力模型》，《国际经贸探索》2008年第2期，第23—28页；高金田、曹春兰：《基于引力模型的中国双边贸易分析》，《中国海洋大学学报（社会科学版）》2008年第3期，第34—37页；王晓：《中国双边贸易的分析和政策含义——基于贸易引力模型的检验》，《世界经济情况》2008年第11期，第36—44页。

② 林玲、王炎：《贸易引力模型对中国双边贸易的实证检验和政策含义》，《世界经济研究》2004年第7期，第54—58页；史朝兴、顾海英：《加入WTO对中国双边贸易增长贡献的实证研究——兼论影响中国双边贸易增长的因素》，《财贸研究》2006年第3期，第49—52页；郝景芳、马弘：《引力模型的新进展及对中国对外贸易的检验》，《数量经济技术经济研究》2012年第10期，第52—68页。

③ 罗良文、雷鹏飞、潘雅茹：《基于扩展引力模型的我国外贸影响因素分析》，载程恩富等主编《外国经济学说与中国研究报告》，社会科学文献出版社，2014，第346—351页。

④ Susan Strange, *State and Markets: An Introduction to International Political Economy* (London: Pinter Publishers, 1988), p.49.

⑤ 张丽娟：《试论贸易与政治的相互渗透及实现途径》，《太平洋学报》2005年第6期，第58页。

⑥ 单文婷、杨捷：《引力模型在中国与东盟贸易中的实证分析》，《亚太经济》2006年第6期，第16—19页。

还没有统一的结论,而这正是推动我们做此研究的动力。① 本文以"一带一路"沿线的33个国家为样本,借助引力模型,分析经济规模、地理距离、外交关系对双边贸易的影响,尤其关注外交层级的升高是否会显著促进双边贸易的增长这个问题。

本文的第一部分简述中国与共建"一带一路"国家的贸易发展;第二部分是文献综述,归纳、总结、评述影响中国对外贸易的因素;第三部分是模型与数据及结果讨论;第四部分是结论。

一、中国与共建"一带一路"国家的贸易发展

2016年开始,国家统计局在《中华人民共和国国民经济与社会发展统计公报》中公布与共建"一带一路"国家的贸易情况。将这些数据汇总在一起发现,2016—2019年,我国与共建"一带一路"国家的出口额、进口额、进出口总额均呈持续增长态势,成为中国对外贸易发展的带动力量。第一,从增长速度来看,每年的增长率均超过我国整体外贸的增速。2016—2019年,与共建"一带一路"国家的贸易总额增速分别超出我国整体贸易额增速1.4%、3.6%、3.6%和7.4%。第二,占我国整体对外贸易额的比重不断提升,由2016年的25.7%提高到2019年的29.4%。第三,虽然在共建"一带一路"国家的贸易中,中国是贸易盈余方,但进口额的增长速度令人印象深刻。如,2017

表1 中国与共建"一带一路"国家货物贸易额及增速

(单位:亿元人民币)

	2016年	2017年	2018年	2019年
出口额及增速	38319(0.5%)	43045(12.1%)	46478(7.9%)	52585(13.2%)
进口额及增速	24198(0.4%)	30700(26.8%)	37179(20.9%)	40105(7.9%)
进出口总额及增速	62517(0.5%)	73745(17.8%)	83657(13.3%)	92690(10.8%)
进出口总额占我国整体进出口总额的百分比	25.7%	26.5%	27.4%	29.4%

资料来源:根据《中华人民共和国国民经济和社会发展统计公报》历年数据整理。

---

① 王学君、田曦:《外交访问的贸易创造效应——中国的证据》,《国际贸易问题》2017年第6期,第15—26页。

年和2018年，中国与共建国家的进口额增长速度远超过出口额。

在将共建"一带一路"国家的范围界定为包括东南亚、南亚、东亚、中亚、西亚北非、中东欧等地区共计65个国家（详见表2）后，徐坡岭、黄茜分析了中国与共建国家贸易的基本特点。① 从区域来看，东南亚是与中国贸易规模最大的区域，且贸易增长速度较快，西亚北非、中东欧紧随其后。从贸易商品结构来看，按照《联合国国际贸易标准分类》（SITC）的十大类产品的分类标准进行统计，中国对共建"一带一路"国家的出口主要集中在SITC5—SITC8类产品上，即工业制成品。其中，机械与运输设备（SITC 7）的出口额最高。进口方面，中国从共建"一带一路"国家进口的初级产品（SITC0—SITC4）与工业制成品（SITC5—SITC8）份额相当。

表2 共建"一带一路"国家

区域	国家
东亚（2国）	中国　蒙古国
东南亚（11国）	新加坡、泰国、越南、马来西亚、印度尼西亚、菲律宾、缅甸、柬埔寨、文莱、老挝、东帝汶
南亚（8国）	印度、孟加拉国、巴基斯坦、斯里兰卡、尼泊尔、阿富汗、马尔代夫、不丹
中亚（5国）	哈萨克斯坦、乌兹别克斯坦、土库曼斯坦、塔吉克斯坦、吉尔吉斯斯坦
西亚北非（19国）	阿联酋、沙特阿拉伯、土耳其、以色列、卡塔尔、埃及、科威特、伊拉克、伊朗、阿曼、巴林、约旦、阿塞拜疆、黎巴嫩、格鲁吉亚、也门、亚美尼亚、叙利亚、巴勒斯坦
中东欧（20国）	俄罗斯、波兰、捷克、匈牙利、斯洛伐克、罗马尼亚、乌克兰、斯洛文尼亚、立陶宛、白俄罗斯、保加利亚、波黑、克罗地亚、爱沙尼亚、拉脱维亚、塞尔维亚、北马其顿、阿尔巴尼亚、摩尔多瓦、黑山

二、影响中国对外贸易的因素

一个国家对外贸易的规模、方式、种类和收益情况在很大程度上与这个国家的资源禀赋、交通等基础设施建设、气候条件、地理位置等客观和物质基础

---

① 徐坡岭、黄茜:《中国与"一带一路"沿线国家贸易合作》，载李永全、王晓泉主编《"一带一路"建设发展报告（2019）》，社会科学文献出版社，2019，第9—36页。

有关。同时，一国的贸易又与该国的贸易政策、对外战略、政府治理能力等主观和能动因素息息相关。[①] 为此，在研究贸易的决定因素时，也需要对非经济因素给予充分的关注。国际贸易领域的学者19世纪60年代开始探究贸易流量的决定因素，丁伯根（Tinbergen）和波伊豪宁（Poyhonen）引入了以万有引力为基本思想的贸易引力模型。他们认为，国与国之间的贸易流量规模与两国的经济总量成正比，而与它们之间的地理距离成反比（如表3所示）。其中，出口国的经济总量反映了潜在的供给能力，进口国的经济总量反映了潜在的需求能力，双边的距离（运输成本）则构成了两国之间的贸易阻力因素。

表3 影响贸易流量的基本因素

基本因素	变量	对贸易增长的影响	作者	模型	解释说明
经济规模	GDP	促进	丁伯根 波伊豪宁	$T_{ij} = A\,(Y_i Y_j / D_{ij})$	T_{ij}表示国家i对国家j的进出口额；A是常数；Y_i表示国家i的国内生产总值（GDP）；Y_j表示国家j的国内生产总值（GDP）；D_{ij}表示国家i与国家j之间的距离
运输成本	地理距离	阻碍			

为了更好地解释实际的双边贸易情况，后来的研究者对贸易引力模型不断改进，主要从影响贸易流量的因素来进行扩展，即对解释变量的增加和调整，部分扩展因素见表4。通过研究发现，不同变量对贸易的影响不同，代表贸易伙伴经济规模的人均GDP或者GNP、金融深化、在同一贸易优惠区等因素对贸易有正向影响，贸易国的国土面积对贸易有反向影响。实证发现，人口、汇率、贸易政策、FDI等因素对贸易的影响不一致。这些研究在一定程度上表明，贸易的决定因素是复杂的，而且在不同的样本中表现并不相同。

---

① 贺平：《贸易政治学研究》，上海人民出版社，2013，第9—10页。

表4 影响贸易流量的扩展因素

扩展因素	作者	变量	方向	说明和结论
经济规模	高金田、曹春兰	人均GDP	+	作为经济规模的变量，贸易伙伴国人均GDP对中国贸易规模的影响要远小于GDP的影响
	盛斌、廖明中	人均GDP	+	人均GDP反映贸易国的经济发展水平和进出口能力。出口国和进口国的人均GDP均通过检验，但对中国贸易的影响很小
	孙灵燕、李荣林	实际GNP	不确定	中国GNP对出口到亚洲和北美洲地区的贸易有较大的正影响，对进口贸易影响不明显；国外GNP对出口到亚洲、欧洲和北美洲地区的贸易有正向影响，对从这些地区的进口贸易影响较小，不显著[1]
人口	林纳曼	贸易国人口	−	首次引入两个新解释变量：人口和贸易政策，极大丰富了贸易引力模型，发现人口与双边贸易额成负相关[2]
	陈师等	贸易国人口	+	各国人口规模对于国际贸易的影响为正，而且人口规模对贸易弹性的影响大于其对经济总量的影响
	林玲、王炎	贸易国人口	不确定	变量不显著。人口因素对贸易具有双重因素：一方面，人口增加，国内分工深化，国际贸易量减少；另一方面，人口增加会创造需求，国际贸易量增加。在中国，人口因素不是显著变量恰好是双重作用的体现
国土面积	林玲、王炎	贸易国的国土面积	−	一国的国土面积与双边贸易额成负相关，影响较小

---

[1] 孙灵燕、李荣林：《我国对外贸易地区结构变化影响因素的实证检验——基于1995—2007年面板数据的分析》，《国际经贸探索》2011年第6期，第34—39页。

[2] Hans Linnemann, *An Econometric Study of International Trade Flows* (Amsterdam: North-Holland Publishers, 1966), p.20.

续表

扩展因素	作者	变量	方向	说明和结论
	施金亮、张国徽	人民币有效汇率、虚拟变量汇率制度变革	不确定	人民币实际有效汇率不是引起中国出口增长的原因,对其影响不大
	孙灵燕、李荣林	人民币实际有效汇率	不确定	人民币实际有效汇率上升对我国向亚洲、欧洲和北美洲的出口比重下降影响不大;对我国从亚洲进口比重变化有负向显著影响,对从欧洲和北美洲进口比重变化有正向作用
是否在同一优惠区(经济组织)	罗斯	WTO	+	WTO制度安排对成员国之间的贸易增长贡献十分有限①
	高金田、曹春兰	APEC	+	同为APEC成员对中国贸易具有很大促进作用
	史朝兴、顾海英	WTO、APEC	+	加入WTO对中国与WTO成员之间的双边贸易影响十分显著,APEC对中国与区内成员间的双边贸易具有很大的推动作用
	盛斌、廖明中	APEC、ASEAN、NAFTA	+	APEC和ASEAN通过检验,且对贸易起正向促进;NAFTA与贸易成负相关,没有通过检验
	林玲、王炎	APEC	+	中国与APEC国家或地区的双边贸易占重要地位
发达国家	林玲、王炎	贸易国是不是发达国家	不确定	发达国家不是影响中国贸易的显著变量,原因在于中国的对外贸易并非集中在发达国家,许多贸易伙伴都不是发达国家,例如东盟成员国

---

① Andrew K. Rose, "Do We Really Know that the WTO Increase Trade," *American Economic Review* 94, no.1 (2004): 98-114.

续表

扩展因素	作者	变量	方向	说明和结论
FDI	史朝兴、顾海英	FDI	+	贸易伙伴国在中国投资对两国之间的贸易增长起促进作用
	孙灵燕、李荣林	FDI	不确定	FDI增加对中国向欧洲、北美洲出口有显著正效应,对向亚洲出口不显著;FDI对中国从欧洲、北美洲进口有显著负效应
	孙妍	中国实际利用外资金额	-	中国实际利用外资金额增加会引起进出口总额减少
金融深化	陈师等	贸易国的银行资产规模、贸易国的经济金融化指标、银行金融中介指标	+	银行资产规模、经济金融化程度、金融中介指标对于一国国际贸易弹性影响为正,其弹性影响呈现递减趋势。这三个金融变量对贸易影响的程度由大到小是:银行资产规模、经济金融化程度和银行中介指标[1]
	孙妍	对外经济合作完成营业额	+	对外经济合作完成营业额增加会引起中国进出口贸易总额增加

[1] 陈师、王宇飞、李珍:《我国国际贸易的相关金融影响因素研究——基于出口贸易引力模型实证分析》,《中国商贸》2011年第6期,第207—208页。

续表

扩展因素	作者	变量	方向	说明和结论
贸易政策	孙灵燕、李荣林	平均出口退税率、平均进口关税率	不确定	平均出口退税率、平均进口关税率均不显著
	梁琦、吴新生 张乃丽、陈晔	关税水平	−	关税水平对双边贸易有显著影响[①]
	聂晓远	自贸协定	+	缔结自贸协定可以从一定程度上促进贸易，协定的签署可以增加每年0.27%的出口[②]

共建"一带一路"作为一个发展中大国提出并推动的新的发展合作平台，吸引了大量的研究关注，下文聚焦于以共建"一带一路"国家为样本的实证研究。我们将贸易便利化、基础设施、资金融通、政治关系作为解释变量对已有研究进行归类评述。

贸易便利化对贸易的影响。贸易便利化通常指政府通过简化程序、协调法律法规标准，采用有效方法消除或减少资源跨国流动和配置的机制性和技术性障碍，以降低交易成本、减少贸易摩擦、提高贸易的运作效率，实现国际贸易的自由与开放。[③] 实际上，改善双边或多边贸易中的程序和机制问题，从而降低交易成本，提升贸易便利，是新时期全球贸易治理体系的重要组成部分。[④] 显然，贸易便利化既是贸易畅通的一部分，也可以归为政策沟通的一部分。从全球来看，2013年12月世界贸易组织巴厘部长级会议通过了《贸易

[①] 梁琦、吴新生:《"一带一路"沿线国家双边贸易影响因素研究——基于拓展引力方程的实证检验》,《经济学家》2016年第12期,第69—76页;张乃丽:《我国与中亚五国贸易潜力研究——基于丝绸之路经济带的视角》,《山东社会科学》2017年第4期,第119—125页;陈晔:《"一带一路"视域下中国与中亚五国贸易影响因素研究——基于随机前沿引力模型的实证分析》,《科技与经济》2020年第2期,第106—110页。

[②] 聂晓远:《"一带一路"背景下中国发展出口贸易路径研究：基于贸易便利化视角》,《商场现代化》2020年第14期,第61—63页。

[③] 同上。

[④] Sakyi D. et al., "The Effects of Trade and Trade Facilitation on Economic Growth in Africa," *African Development Review* 29, no.2 (2017): 350-361.

便利化协定》,强调海关及边境机构之间的合作,希望国家间贸易成本能大幅降低。2015年9月4日,中国正式接受 WTO《贸易便利化协定》议定书,成为第16个接受该协定的成员。2017年2月22日,世界贸易组织宣布,《贸易便利化协定》议定书得到超过三分之二成员核准,正式生效。《贸易便利化协定》对政策透明度、预裁定、货物结关与放行、边境机构合作、国际合作等内容进行了全面而具体的规定,为各国推进贸易便利化建设提供制度规范。WTO指出,《贸易便利化协定》的实践能减少全球贸易成本的14.3%,助力出口贸易增长10000亿美元。[1]

中国通过发起《推进"一带一路"贸易畅通合作倡议》、加强海关检验检疫合作、设立面向全球开放的自由贸易试验区和自由贸易港、与多个国家和地区签署或升级自由贸易协定等途径,促进沿线国家和地区贸易投资自由化便利化,降低交易成本和营商成本。那么,贸易便利化是否对贸易流量起到了促进作用呢?李晨、杜文奇发现,通过提高口岸效率和海关环境,有助于我国与共建"一带一路"国家的贸易增长。[2] 范秋芳等将口岸效率、海关环境、规制环境、金融和电商等作为贸易便利化水平的衡量指标引入贸易引力模型,发现贸易便利化水平正向影响中国的出口贸易。[3] 聂骁远发现,对共建"一带一路"国家总体而言,贸易便利化指标中的边境海关管理对贸易流量的影响最显著,每提高1%会使中国出口量增加1.05%,说明进口国与贸易管理直接相关的主观因素比受制于社会经济发展水平的客观因素或宏观环境更为重要。[4] 李海莲等发现,虽然口岸通关时间和通关成本相辅相成,但共建国家通关成本的降低比通关时间的缩减对促进我国出口贸易增长的影响更显著,且通关时间对于通关成本的依赖性更大,通关成本对于我国出口贸易的影响相

---

[1] 王维国、丁新:《贸易便利化与中国出口贸易——基于半参数 GWR 模型的空间计量分析》,《经济问题探索》2020年第5期,第96—108页。

[2] 李晨、杜文奇:《贸易便利化对"一带一路"沿线国家贸易影响的实证分析》,《青岛行政学院学报》2016年第3期,第23—29页。

[3] 范秋芳、王嫚、李苏:《"一带一路"沿线国家贸易便利化水平对中国出口贸易影响研究》,《工业技术经济》2019年第8期,第20—31页。

[4] 聂骁远:《"一带一路"背景下中国发展出口贸易路径研究:基于贸易便利化视角》,《商场现代化》2020年第14期,第61—63页。

对而言更加重要。① 魏泊宁发现，清关程序效率和海关透明度的改善促进了中国产品出口。② 清关程序效率和海关透明度分别每增加0.1个单位，中国对其出口分别增加6.55%和7.25%。唐卫红等的研究表明，共建"一带一路"国家通关成本对中国与其进出口贸易规模具有显著的负面影响，且这一影响存在行业和地域异质性。③ 其中，通关成本对制造业类产品贸易额的影响程度大于非制造业类产品。通关时间对中国与大洋洲和美洲国家贸易额影响最大，通关费用对中国与非洲国家贸易额影响最大，通关单证数对中国与欧洲国家贸易额影响最大。除能促进贸易规模外，丹尼斯·艾伦（Dennis Allen）与谢博德·本（Shepherd Ben）运用贸易引力模型，研究贸易便利化对于发展中国家提高贸易多样性的影响。实证结果表明，出口成本、国际运输成本和市场进入成本这三种衡量贸易便利化水平的因素每降低10%，一国的出口多样化水平分别提升3%、4%和1%。④

同时，作为贸易便利化的重要方面，数字化、跨境电商的发展也可能对贸易流量产生显著影响。丁伯根最早的引力模型之后的大量实证研究，几乎无一例外地证明了空间距离对贸易的显著负影响。然而，距离的负向影响因数字化的发展有所改变，或者说数字化服务正在逐渐弱化物理距离的重要性。主要是因为线上搜索成本的下降弱化了距离的影响，尤其是距离对那些依赖体验的产品（如音乐、游戏等）交易所产生的影响非常有限。整体来看，数字化服务水平的提升对国际贸易的促进作用非常明显。相对于发达国家，发展中国家互联网普及率和网速的提升对其贸易产生的影响会更显著，主要是因为数字化服务提升了这些国家的经济开放度，弥补了其在制度、金融等贸易发展环境方面的不足，促进了其国际贸易的发展。⑤ 这对于发展中国家来说是鼓舞人心的发现。张鹏飞、汤蕴懿发现，整体上，贸易双方数字化服务

---

① 李海莲、胡恩佳、李采玥：《"一带一路"沿线国家口岸便利化水平对中国出口贸易的影响》，《东北亚经济研究》2020年第6期，第17—28页。
② 魏泊宁：《"一带一路"沿线国家通关环境与中国产品出口》，《国际商务》2019年第6期，第30—44页。
③ 唐卫红、齐欣、朱红伟：《通关成本对中国与"一带一路"沿线国家贸易的影响》，《商业经济研究》2020年第16期，第157—159页。
④ Dennis Allen and Shepherd Ben, "Trade Facilitation and Export Diversification," *World Economy* 34, no.1 (2011): 101-122.
⑤ 张鹏飞、汤蕴懿：《数字化服务水平对"一带一路"沿线国家双边贸易的影响——基于亚洲国家的实证研究》，《上海对外经贸大学学报》2020年第5期，第38—46页。

水平提升能促进本国出口,但出口国数字化服务水平提升对贸易的促进作用更加明显;数字化服务水平对不同收入水平国家出口的促进作用不同,对高收入国家出口的促进效应更加明显。① 孙如玉等发现,随着共建"一带一路"国家互联网、移动和固定电话使用率的提高,中国对这些国家的出口规模呈增长趋势,电子商务发展显著正向影响中国与共建"一带一路"国家出口,电子商务发展在国际贸易领域存在贸易规模效应。电子商务发展显著负向影响中国与共建"一带一路"国家贸易成本,随着共建"一带一路"国家互联网、移动和固定电话使用率的提高,中国对这些国家的出口成本降低,电子商务发展在国际贸易领域存在贸易成本效应。②

显然,贸易便利化对贸易的影响在已有的研究中并不一致,这可能与贸易便利化评估指标不相同有关。目前,世界贸易组织、世界银行、经济合作与发展组织、联合国贸发会议等权威国际经济组织对贸易便利化评估的指标不尽相同③,更不要说在每个实证研究中的范围的不同。

基础设施对贸易的影响。基础设施的发展及联通可以促进物流发展,从而降低运输成本,提高运输效率,因此可能会促进双边贸易的发展。更有人将基础设施的作用与关税作比较,认为大多数贸易摩擦都是由交通运输费用以及物流和贸易便利化条件匮乏引起的,影响相当于17%的等量从价关税率。④ 不少的实证研究也支持了基础设施的发展对贸易的正向带动作用。因而,改善基础设施、促进基础设施联通的意义重大。谢博德和威尔逊(Wilson John S.)以欧洲和中亚为例的研究发现,道路升级可降低约40%的贸易成本,带来约60%的预期贸易收益,超过关税削减或类似贸易便利化措施的预期收益。⑤ 道诺鲍尔等对1992—2011年150个发达和新兴经济体的研究发现,改善

---

① 张鹏飞、汤蕴懿:《数字化服务水平对"一带一路"沿线国家双边贸易的影响——基于亚洲国家的实证研究》,《上海对外经贸大学学报》2020年第5期,第38—46页。

② 孙如玉、石宁、刘玉丰:《跨境电商对中国与"一带一路"沿线国家贸易影响的实证研究》,《贸易经济》2020年第13期,第80—83页。

③ 聂骁远:《"一带一路"背景下中国发展出口贸易路径研究:基于贸易便利化视角》,《商场现代化》2020年第14期,第61—63页。

④ 彭继增、王怡:《"一带一路"沿线国家设施联通对贸易利益的影响》,《吉首大学学报(社会科学版)》2020年第5期,第87—95页。

⑤ Shepherd Ben and Wilson John S., "Trade, Infrastructure, and Roadways in Europe and Central Asia: New Empirical Evidence," *Journal of Economic Integration* 22, no. 4 (2007):723-747.

基础设施禀赋和质量能够通过降低双边和多边贸易成本带来国际贸易流量的增加。① 这些都对设施联通与贸易畅通的关系提供了理论支持。2019年4月26日，习近平主席在第二届"一带一路"国际合作高峰论坛开幕式上的主旨演讲中谈到，"基础设施是互联互通的基石。建设高质量、可持续、抗风险、价格合理、包容可及的基础设施，有利于各国充分发挥资源禀赋，更好融入全球供应链、产业链、价值链，实现联动发展"。实践上，自2013年"一带一路"倡议提出以来，"设施联通是共建'一带一路'的优先方向。……由各国共同努力，以铁路、公路、航运、航空、管道、空间综合信息网络等为核心的全方位、多层次、复合型基础设施网络正在加快形成，区域间商品、资金、信息、技术等交易成本大大降低"。② 张鹏飞、胡再勇、赵维、陈虹、刘纪媛、彭继增、王怡等对以共建"一带一路"国家为对象的实证研究也证实了基础设施对贸易的显著正向作用，这些研究所涵盖的基础设施包括交通、能源、通信网络、经济走廊等。③

资金融通对贸易的影响。程云洁等将货币自由、金融自由等金融因素引入引力模型，研究中国与共建"一带一路"国家工业制成品的出口贸易效率及潜力，发现中国与共建"一带一路"国家的制成品出口贸易效率在稳步提升，中国与印度、俄罗斯和越南的贸易潜力较大。④

政治关系对贸易的影响。冷战结束以后，为国内经济发展服务成为各国外交的主要有时甚至是首位的目标。各国积极开展外交活动，往往意在配合本国的对外经济活动。外交的主要作用之一，就是可以直接服务于本国的对

---

① Donaubauer J. et al., "Disentangling the Impact of Infrastructure on Trade Using a New Index of Infrastructure," *Review of World Economics* 154, no. 4 (2018):745-784.

② 推进"一带一路"建设工作领导小组办公室：《共建"一带一路"倡议：进展、贡献与展望》，新华网，2019年4月22日，http://www.xinhuanet.com/world/2019-04/22/c_1124400071.htm。

③ 参见：张鹏飞《基础设施建设对"一带一路"亚洲国家双边贸易影响研究：基于引力模型扩展的分析》，《世界经济研究》2018年第6期，第70—82页；胡再勇、付韶军、张璐超《"一带一路"基础设施的国际贸易效应研究》，《数量经济技术经济研究》2019年第2期，第24—44页；陈虹、刘纪媛《"一带一路"沿线国家基础设施建设对中国对外贸易的非线性影响——基于面板门槛模型的研究》，《国际商务》2020年第4期，第48—63页；胡再勇《"一带一路"倡议促进了基础设施的双边贸易效应吗？——基于六大经济走廊的研究》，《当代经济管理》2020年第5期，第36—45页；彭继增、王怡《"一带一路"沿线国家设施联通对贸易利益的影响》，《吉首大学学报（社会科学版）》2020第5期，第87—95页。

④ 程云洁、董程慧：《中国与"一带一路"沿线国家工业制成品出口贸易效率及潜力研究》，《统计与决策》2019年第17期，第129—134页。

外经济活动，并为之创造便利条件。在当今各国进行的各类外交活动中，经贸合作必不可少。在全球金融危机和经济衰退的背景下，经济更成为外交最重要的议题。印度外交官坦言，经济利益日益成为印度国际关系中的最主要的推动力。经济外交的重心已经转向保护和促进印度在国外的经济和商业利益，在迅速一体化的世界寻找机会。在世界经济全球化的今天，促进一国的经济利益，例如对外贸易的持续增加，吸引外国直接投资，对于一国尤其是发展中国家的意义不言而喻。理论上，无人怀疑外交或者政治外交对经济交往的影响，因为国家间良好的政治关系尤其是外交关系会有效降低冲突发生的可能性，会通过两国的政治互信，减少国家之间的经济与贸易往来成本，增强经济与贸易活动的积极性。但实证研究的结果迄今并不一致。有研究表明，随着领事馆或大使馆数量的增加，出口贸易额相应增大。[1] 在盛斌、廖明中的实证结果中，中国与其他样本国或地区实际出口贸易不足中有平均约5.8%的原因未能被引力模型所解释，并且对于中国与某些国家或地区其残差比例还比较高。他们认为其原因是自身模型可能遗漏了不便量化的双边政治、历史或其他有关因素。单文婷、杨捷考虑到政治、外交对经济的影响，将外交关系紧密度这一解释变量引入贸易引力模型，认为外交关系好的国家，双边贸易合作会得到进一步加强。但不足之处在于：对外交关系紧密度这一变量的解释上，研究者仅选取了2000年以来中国与东盟地区的国家间的高层互访次数这一组单一数据，而且没有对外交关系进行深入分析。王学君、田曦以2002—2014年中国货物贸易和外交访问为基础的研究有丰富的发现：整体上，外交访问对出口贸易无显著影响，但国家总理主导的外交访问具有显著的贸易促进作用；在使用微观产品数据和考虑外交访问影响的持续时间后发现，国家总理主导的访问对出口在中短期内具有显著和持续的影响，而国家主席主导的访问对出口在中长期具有显著和持续的影响。[2] 这表明，首脑外交对贸易的显著正向推动作用。除外交访问、外交层级外，学者们也开始关注国际友好城市。国际友好城市关系指国家（地区）间的城市为促进不同民

---

[1] Andrew K. Rose, "Do We Really Know that the WTO Increase Trade," *American Economic Review* 94, no.1 (2004):98-114.

[2] 王学君、田曦：《外交访问的贸易创造效应——中国的证据》，《国际贸易问题》2017年第6期，第15—26页。

族或国家之间进行文化和商业交流而建立的长期正式关系。① 友好城市具有多重功能，李小林认为，友好城市发展越来越多地以建立经济贸易联系为目的。② 建立友好城市关系可以促进双边文化和商业交流，进而化解恶性竞争、不稳定性等挑战带来的难题。③ 文化差异成为跨国贸易的主要障碍之一，友好城市能够通过加强文化交流互动，增进跨文化国家之间的商业交流④，避免信息不对称行为所产生的额外成本⑤。此外，利文特（Levent Tuezin Baycan）等首次从城市关系网络视角研究了欧洲城市与其友好城市之间的关系对贸易、文化交流以及投资产生的影响，发现友好城市协议的签订对城市双方的文化和经济活动都有所推动。⑥ 陈烨等利用构建的中国城市—国家（地区）友好城市关系和城市出口二模网络，以2007—2015年中国友好城市关系数据和中国城市向世界各国（地区）出口数据的研究发现，友好城市网络能够显著促进城市出口网络的形成和发展；相邻城市的友好城市网络所发挥的作用对友好城市网络具有一定替代效应，但后者对出口关系形成和发展作用明显更强。⑦

由于"一带一路"的开放性与数据的可获得性，以"一带一路"为题的论文所研究的空间范围或者说所涵盖的国家并不一致，因此要对研究结果保持谨慎态度。为了规避研究范围不一致所带来的困惑，本文建议区别两个概念。其一是共建"一带一路"国家，全部国家即徐坡岭、黄茜所言的65个国家。如由于数据的可获得性，空间范围缩小，但也须以该65个国家为限。其二是"一带一路"参与国家，指的是与中国签订"一带一路"合作的国家。

---

① Clarke Nick, "Town Twinning in Cold—War Britain: (Dis) Continuities in Twentieth—Century Municipal Internationalism," *Contemporary British History* 24 (2010): 173-191.

② 参见：李小林《城市外交：理论与实践》，社会科学文献出版社，2016。

③ Annisa Rahayu Maharani, "Bandung Smart City and Sister Cities: Managing the Challenges of Globalization," International Indonesian Forum Conference Paper, 2017.

④ Ramasamy B. and Cremer R. D., "Cities, Commerce and Culture: The Economic Role of International Sister-City Relationships between New Zealand and Asia," *Journal of the Asia Pacific Economy* 3, no.3 (1998):446-461.

⑤ 参见：Robert O. Keohane, *After Hegemony: Cooperation and Discord in the World Political Economy* (New Jersey: Princeton University Press, 2005).

⑥ Levent Tuezin Baycan et al., "City-To-City Linkages in A Mobile Society: The Role of Urban Networks in Eurocities and Sister Cities," *International Journal of Services Technology and Management* 10, no.1 (2008): 83-109.

⑦ 陈烨、谢凤燕、王珏、赵乙霖：《中国友好城市关系是否促进了城市出口贸易——基于二模网络视角》，《国际贸易问题》2020年第5期，第89—101页。

参与国取决于意愿而不是地理位置,其范围每年会有所不同。

三、外交关系对中国与"一带一路"参与国贸易的影响

(一)模型及变量

根据前文的分析,两国间外交关系可能对两国贸易额产生显著影响。因此,除经济总量、地理距离之外,本文将外交层级引入引力模型,以检验外交关系对贸易额的影响。

$$LnT_{ijt} = \alpha_0 + \alpha_1 LnY_{it} + \alpha_2 LnY_{jt} + \alpha_3 LnD_{ijt} + \alpha_4 X_{ijt} + \varepsilon_{ijt} \quad (1)$$

式(1)中,

Y_{it}表示t时期i国的名义GDP;Y_{jt}表示t时期j国的名义GDP;D_{ijt}表示i国与j国的首都之间的物理距离;

X_{ijt}表示t时期i国与j国的外交关系变量集合,本文选取外交层级这一指标;

α_0、α_1、α_2、α_3和α_4是相应变量的回归系数;ε_{ijt}是随机扰动项。

本模型的被解释变量是中国与共建"一带一路"国家的贸易流量,用两国间的进出口贸易额衡量。解释变量包括两国的国内生产总值、两国首都间的地理距离和两国的外交层级。即本文用两国的国内生产总值、两国首都间的地理距离、两国的外交层级解释中国与共建"一带一路"国家的贸易额,预期结果见表5。

表5 解释变量

解释变量	含义	理论依据	预期影响
Y_{it}	t时期出口国的名义国内生产总值	反映一国的供给能力,经济规模总量越大,潜在出口能力越大,双边的贸易流量越大	+
Y_{jt}	t时期进口国的名义国内生产总值	反映一国的需求能力,经济规模总量越大,潜在进口能力越大,进而双边的贸易流量越大	+
D_{ijt}	t时期的两国首都之间的物理距离	距离的远近反映贸易成本的高低,是货物贸易往来的阻碍因素	−

续表

解释变量	含义	理论依据	预期影响
X_{ijt}	外交关系层级	外交层级越高，代表双边外交关系越紧密，政治互信越强，经济合作可能越多越深入，贸易往来的政策指令性优惠可能越多，双边贸易流量越大；反之，双边贸易流量越小	+

贸易伙伴国的国内生产总值、两国首都之间的地理距离对双边贸易的预期影响与理论及已有的实证研究结论一致，不再赘述。下面对本研究引入的新变量外交层级做简要说明。

据统计，到2014年底，中国已同67个国家、5个地区组织建立了72对不同形式的伙伴关系。[①] 任远喆认为，20世纪90年代至今，中国始终致力于构建全球伙伴关系网络，同世界上100多个国家和区域组织建立了不同形式的伙伴关系。[②] 除了伙伴关系，还有其他形式的外交关系，但目前的学术研究中仍然没有统一的划分标准。为恰当衡量外交关系，作者查阅了1998—2014年的《中国外交》和中华人民共和国外交部网站中的"国家和组织"栏目中的中国与各国的"双边关系"以及"重要文件"中的联合公报、联合声明内容，并将三部分资料、时间点进行对照、核实，三者时间点几乎一致，个别有异，有异时以《联合声明》或《联合公报》为准。[③] 之后，作者尝试将中国与其他国家在不同年份建立的外交关系进行梳理，并归类为从低到高的外交层级：建交关系、合作关系、战略性合作关系、伙伴关系、全面伙伴关系、战略伙伴关系、全面战略伙伴关系。

1. 层级一：建交关系。建交指双方政府根据互相尊重主权和领土完整、互不干涉内政、平等互利的原则，互相承认并建立外交关系，分为大使级和非大使级。

[①] 徐进：《中国"结伴外交"需要区分亲疏远近》，澎湃新闻网，2015年1月26日，http://www.thepaper.cn/newsDetail_forward_1295975。

[②] 任远喆：《构建全球伙伴关系网络：历史发展与现实路径》，经济科学出版社，2020，第52页。

[③] 此结论也有例外，例如中国与澳大利亚的关系。2013年的《中国外交》明示该年4月中国与澳大利亚建立相互信任互利共赢的战略伙伴关系，2014年的《中国外交》写明"11月习近平主席访澳，决定将中澳关系提升为全面战略伙伴关系，宣布实质性结束中澳自由贸易协定谈判"，外交部官网关于两国的双边关系没有此部分的说明且未见联合公报，但本文依然按照《中国外交》进行了层级确认。

2. 层级二：合作关系。主要指两国开展政治、经贸、文化、教育、军事等领域的合作，保持经常性的高层会晤和两国各部门、群众组织和地方的友好往来；包括交流与合作关系、友好合作关系、互利合作关系、睦邻友好合作关系等。

3. 层级三：战略合作关系。主要指进一步加强两国间的合作关系，此外强调深化政治互信，在事关对方核心利益的问题上相互支持，包括战略合作关系、战略性合作关系和战略友好关系等。

4. 层级四：伙伴关系。指两国间本着求同存异的精神，最大限度地扩大共同利益，缩小分歧，加强政治互信，增进互相了解，通过友好协商，妥善处理两国间现存的和以后可能出现的分歧而建立的关系。该层级包括伙伴关系、友好合作伙伴关系和建设性伙伴关系等。

5. 层级五：全面伙伴关系。在伙伴关系之上，涉及的领域更加广泛，几乎包括伙伴国间共同关心的所有问题。此层级包括全面伙伴关系、全面合作伙伴关系等。

6. 层级六：战略伙伴关系，意味着两个国家的合作达到了一定的深度，并且双方认为两国之间的关系比较重要，对自己有着战略意义。① 与全面合作关系相比，战略伙伴关系更注重在事关对方核心利益的问题上相互支持，很多情况下双方也会建立战略对话机制。主要包括建设性战略伙伴关系、战略互惠关系、战略合作伙伴关系、战略协作伙伴关系等。

7. 层级七：全面战略伙伴关系，在全面伙伴关系的基础上增添了"战略"，同时比战略伙伴关系涵盖的合作领域更广泛，主要包括全面战略合作伙伴关系、全面战略协作伙伴关系、全面战略伙伴关系和全方位的战略伙伴关系等。

国家间外交层级的高低也在阐明双边关系的文件中得到验证与确认。例如，根据外交部网站的中国与韩国双边关系的阐述，"建交以来，两国政治关系进展顺利。1998年韩国总统金大中访华，双方宣布建立面向21世纪的中韩合作伙伴关系。2003年韩国总统卢武铉访华，双方宣布建立中韩全面合作伙伴关系。2008年5月韩国总统李明博访华，双方宣布建立中韩战略合作伙伴

---

① 唐健：《伙伴战略与伙伴关系：理论框架、效用评估和未来趋势》，《国际关系研究》2006年第1期，第57页。

关系"。由此说明，战略伙伴关系高于全面伙伴关系高于伙伴关系。再如，中国与俄罗斯1949年建交，1994年升级为建设性伙伴关系，1996年升级为战略协作伙伴关系，2010年进一步升级为全面战略协作伙伴关系，说明全面战略伙伴关系高于战略伙伴关系高于伙伴关系。

　　如何将外交层级带入回归方程，有两个选择：一是使用虚拟变量，二是量化赋值。在已有的研究中多使用虚拟变量，在陈和、柴虎虎以2011—2018年沪深A股上市公司数据为依据的研究中，将外交关系分为两类，作为虚拟变量处理。一是外交关系相对亲密，指战略伙伴以上的外交关系；二是外交关系一般，指战略伙伴及以下的外交关系。为了能更准确地考察外交层级的变化及其影响，本文采用百分制的方法量化赋值。第一，将两国外交关系层级的赋值上限设为90。虽然两国外交层级的理论上限为100，但两国之间的关系不可能亲密到如同一个国家，因若达到了这种程度，就可以视两国组成了一个新的联邦国家。第二，两国外交关系层级的下限设为10。20世纪90年代以来，中国以自身经济发展为重，努力塑造良好的外部环境。在建立正式外交关系之前，中国与其他国家大多有民间往来。为此，本文将未建交两国的外交层级赋值为10，而不是0。第三，考虑到与中国建立伙伴关系的国家多是中国的邻国或国际上有影响力的传统大国或新兴大国，对中国的影响力更重要，所以当战略合作关系（赋值为30）升级为伙伴关系时，分值增加20，因而伙伴关系的赋值为50。另外，因中国坚持"不结盟"原则，截至2014年，最高外交关系层级为全面战略伙伴关系[①]，分值设为80。由此，本文外交层级的实际赋值区间为[10,80]。2004年以来，中国和共建"一带一路"国家的外交关系发展势头良好，外交层级大幅提升至战略伙伴关系或全面战略伙伴关系。

（二）样本与数据来源

　　"一带一路"倡议提出以来，得到了越来越多国家、国际组织的认可与支

---

① 因为本研究的时间在1998—2014年，所以2015年1月1日后的外交层级变动，本文并未收录。例如：2016年，中国与沙特阿拉伯建立全面战略伙伴关系。2016年，中国与乌兹别克斯坦建立全面战略伙伴关系。2015年4月，习近平主席应邀对巴基斯坦进行正式访问，中巴发表《中华人民共和国和巴基斯坦伊斯兰共和国建立全天候战略合作伙伴关系的联合声明》。因此，目前外交层级最高的为中国与巴基斯坦建立的全天候战略合作伙伴关系。

表6　外交关系层级划分与分值表

外交关系层级	分值	示例
建交关系	20	中国—俄罗斯（1949） 中国—韩国（1992） 中国—哈萨克斯坦（1992） 中国—南非（1998）
合作关系	25	中国—新加坡　合作关系（2000） 中国—澳大利亚　全面合作关系（1999）
战略合作关系	30	中国—埃及　战略合作关系（1999） 中国—菲律宾　战略合作关系（2005） 中国—沙特阿拉伯　战略友好关系（2008）
伙伴关系	50	中国—俄罗斯　建设性伙伴关系（1994） 中国—韩国　合作伙伴关系（1998） 中国—南非　伙伴关系（2000） 中国—乌兹别克斯坦　友好合作伙伴关系（2004）
全面伙伴关系	60	中国—英国　全面伙伴关系（1998） 中国—韩国　全面合作伙伴关系（2003） 中国—马尔代夫　全面友好伙伴关系（2014） 中国—新加坡　全方位合作伙伴关系（2015）
战略伙伴关系	70	中国—俄罗斯　战略协作伙伴关系（1996） 中国—德国　中欧全面战略伙伴关系框架内具有全球责任的伙伴关系（2004） 中国—南非　战略伙伴关系（2004） 中国—韩国　战略合作伙伴关系（2008）
全面战略伙伴关系	80	中国—越南　全面战略合作伙伴关系（2008） 中国—俄罗斯　全面战略协作伙伴关系（2011） 中国—南非　全面战略伙伴关系（2010） 中国—德国　全方位的战略伙伴关系（2014）

资料来源：1998—2015年《中国外交》；中华人民共和国外交部网站，http://www.fmprc.gov.cn/web/，最后访问时间：2016年4月21日。

持。截至2016年底，已有100多个国家表达了对共建"一带一路"倡议的支持和参与意愿。在2017年5月14日—15日的"一带一路"国际合作高峰论坛期间及之前，共签署了76大项、270多项具体合作成果。本文以中国与33个共建"一带一路"国家(巴基斯坦、韩国、哈萨克斯坦、印度尼西亚、泰国、沙特阿拉伯、伊朗、土库曼斯坦、吉尔吉斯斯坦、塔吉克斯坦、乌兹别克斯坦、越南、文莱、马来西亚、新加坡、卡塔尔、约旦、亚美尼亚、马尔代夫、尼泊尔、俄罗斯、白俄罗斯、匈牙利、马其顿、英国、德国、波兰、埃及、南非、吉布提、尼日利亚、肯尼亚、澳大利亚)为样本,分析影响贸易流量的因素。这些国家分布在亚洲、欧洲、非洲和大洋洲,地理分布广泛,对研究我国与"一带一路"国家的贸易关系有参考意义。本文使用1998—2014年的数据,数据来源见表7。

表7 数据来源

指标	数据来源
进出口额	1998—2015年各年度《中国统计年鉴》
各国国内生产总值	世界银行的世界发展指标在线数据(http://data.worldbank.org/)
贸易伙伴国首都之间的距离	通过网站在线的距离计算器(http://www.indo.com/distance/index.html)计算
外交层级	1998—2015年《中国外交》 中华人民共和国外交部网站(http://www.fmprc.gov.cn/mfa_chn/)中的"国家和组织"栏目的中国与各国的双边关系和重要文件中的联合公报、联合声明内容

(三)回归结果分析

本文采用的是中国和33个共建"一带一路"国家的面板数据,且经过Hausman检验,适用于个体随机效应模型。回归结果见表8。

表8 回归结果

变量	系数	标准差
LOG(YI)	0.843349*** (17.34478)	0.048623
LOG(YJ)	1.019589*** (17.83546)	0.057166
LOG(D)	−0.929495*** (−2.780319)	0.334312

续表

变量	系数	标准差
LOG(H)	−0.189399** （−2.576215）	0.073518
C	−28.54674*** （−9.648584）	2.958646
调整的 R^2	0.888354	

注：** 和 *** 分别代表在5%和1%下显著。括号内数值为T检验值。

表8中显示的回归结果表明，中国和共建"一带一路"国家的国内生产总值对双边贸易有显著正向影响，与理论预期及已有实证研究结论一致。具体而言，中国国内生产总值的系数约为0.84，贸易伙伴国的国内生产总值系数接近1.02，说明贸易伙伴国国内生产总值对中国与贸易伙伴国的贸易额的拉动作用更大，意味着该国的国内生产总值越大，与中国的贸易额增长就越多。

以两国首都间的地理距离衡量的空间距离对中国与共建"一带一路"国家的贸易有显著负向影响，即距离是影响贸易发展的反向因素，这与理论预期以及已有的实证研究结论一致。同时，贸易伙伴国国民经济总量的系数大于空间距离的系数说明，贸易伙伴国国民经济总量对贸易流量的拉动作用大于空间距离的阻碍作用。这与前文已有研究的发现一致，即交通基础设施及交通运输能力的提升、贸易便利化等都降低了空间距离的负向影响，或者说"设施联通"会有助于"贸易畅通"的实现。因此，中国与共建"一带一路"国家需要构建高效便捷的基础设施网络，缩减空间距离的影响。

遗憾的是，外交层级在5%显著水平下虽然显著，但符号为负，与预期不一致，可能与如下原因有关。

1. 中国与贸易伙伴国的贸易额2009年明显下降，而外交层级则稳步上升

作者整理分析了1998—2014年中国与33个共建"一带一路"国家的进出口额及环比增长率，发现因金融危机的影响，中国与这些国家的贸易进出口总额在2009年明显下降（见图1）。同期，进出口额增长率波动明显。其中，2002—2008年增长率保持在20%以上；2009年下滑12.3%；2010年又快速回升，增长率达36%。因此，2009年的进出口额成为拐点。

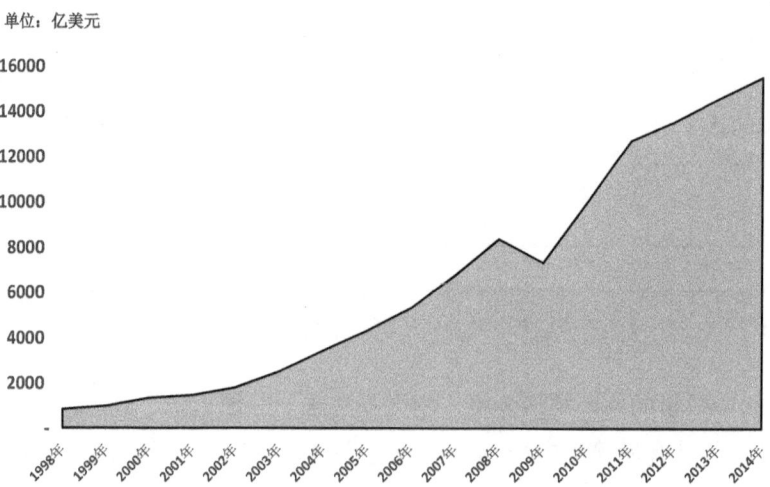

图1　1998—2014年中国与33个共建"一带一路"国家的进出口总额

资料来源：国家统计局官网，http://data.stats.gov.cn/easyquery.htm?cn=C01，2016年4月2日登录。

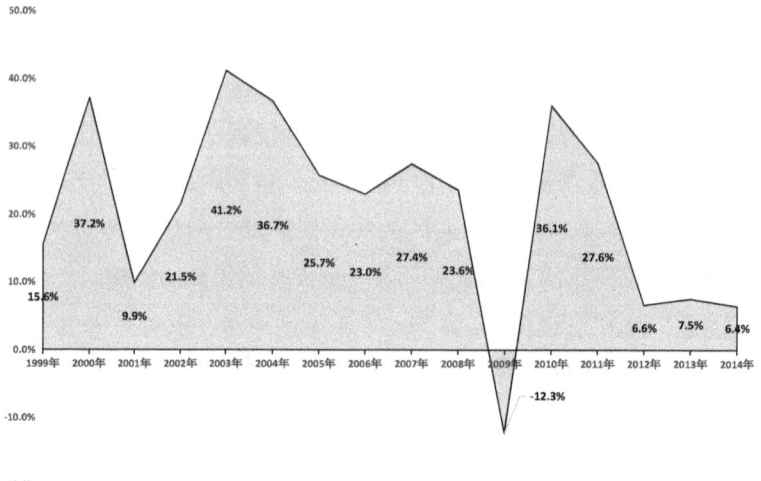

图2　1999—2014年中国与33个共建"一带一路"国家的进出口总额年均增长率

资料来源：国家统计局官网，http://data.stats.gov.cn/easyquery.htm?cn=C01，2016年4月2日登录。

从外交层级来看，1998—2014年，虽然中国与数据样本的大多数国家外交关系时有波动，但趋势平稳。唯一的例外是，1999年1月底因马其顿宣布与中国台湾建立所谓"外交关系"，严重损害了两国人民的根本利益和两国的外交基础。在中方多次严正交涉无效的情况下，中国政府于1999年2月初宣布中止同马其顿的外交关系，直至2001年6月恢复正常。综上，1998—2014年中国与本文所研究的大多数国家的外交关系平稳发展，经贸往来正常，因此外交层级的数据稳增不降，而这与贸易额的变动趋势不一致，由此可能导致了外交层级的负效应。

2. 外交关系的间接正效应未在模型中体现出来

虽然本文未证实中国与共建"一带一路"国家1998—2014年的双边贸易受益于外交层级的提升，但并不说明外交关系的提升对双边贸易没有正面影响，因为外交关系有一定间接效应。（1）一国的外交政策影响着该国的周边政治稳定，从而促进经济增长，根据已有的实证研究发现，国民经济总量的提升势必带动一国货物进出口的增加。（2）良好的外交关系会使双边的贸易壁垒降低，从显而易见的低关税政策到进出口货轮在外交关系好的国家更便捷的靠岸补给，这些都是外交层级提升带来的正效应。

3. 外交关系对贸易额的影响有时滞效应

随着两国关系的发展，双方高层交往密切，政治互信增强，经贸合作提高，人文交流日益深入，两国会提升彼此间的外交层级。但由于政策效应有时滞性，外交层级的提升对当年双边贸易额增加的贡献度有限，可能对后续年份的贸易额影响更大。然而，本研究的样本时间截止于2014年，2013、2014年外交层级的提升对后续年份的贸易额的提升可能并未体现出来。在选取的33个国家中，有些是在2013—2014年外交层级有了大的提升。例如，土库曼斯坦与中国在1998—2012年一直保持友好合作关系，2013年建立战略伙伴关系；澳大利亚和中国在1999—2012年为全面合作关系，2013年4月建立相互信任互利共赢的战略伙伴关系，2014年提升为全面战略伙伴关系；同样，中国与肯尼亚在1998—2013年保持友好合作关系层级，2014年提升至全面合作伙伴关系。也是在2014年，中国与德国建立中德全方位战略伙伴关系。退而言之，即使模型延长区间至最新，考虑到政策时滞，在与不同的对接国、不同的时间里,所存在的行政时滞、决策时滞、执行时滞和效果时滞都各有不同,不能一概而论,也不便统一定量分析。

4. 其他因素

整体结果的不理想可能与样本国家的覆盖面、数据的质量有关。由于某些国家某些年份的某些数据缺失,本文只能选取33个共建"一带一路"国家为样本,代表性有所欠缺。此外,在本文所使用的样本中,1998—2014年中国与一些国家的外交层级的提升只出现了一次,甚至与有的国家并未发生变动。例如,1998—2014年,中国与吉布提、亚美尼亚、约旦、新加坡一直维持友好合作关系,外交层级并未提升。换句话说,中国与这几个国家的外交层级赋值在此期间是常数,不便于探究外交层级对双边贸易额的影响。

虽然整体样本的回归结果不支持外交层级的提升会拉动双边贸易的预期,但当我们将目光转向个体国家时,却有不同的发现。例如,我们选取1998—2014年横跨4个外交层级的南非为样本[①],并考虑到外交层级的政策时滞,将外交层级的数值与紧邻的下一年进出口额进行拟合,结果如图3所示。

2000年中国与南非建立伙伴关系后,中国和南非之间的进出口额开始增长。2004年,两国建立战略伙伴关系,此时两国间的进出口额的斜率变大,说明进出口额增长提速。2010年两国建立全面战略伙伴关系,而2010—2012年两国的进出口斜率十分陡峭,说明两国间的进出口额迅猛提升。总而言之,外交层级的提高对进出口额的提升有显著推动作用。

四、结论

贸易畅通是共建"一带一路"目标"五通"的重要组成部分,提高中国与共建"一带一路"国家的贸易规模无疑对"一带一路"倡议的落实有推动作用,而对外贸易的发展也离不开政治、外交的支持。本文以中国与33个共建"一带一路"国家为研究对象,利用贸易引力模型,依靠1998—2014年的数据,分析了经济总量、空间距离、双边外交关系对贸易流量的影响。研究发现,贸易伙伴国的国内生产总值、中国的国内生产总值、中国与贸易伙伴

---

① 1998年1月1日,中国和南非正式建立大使级外交关系。1999年,中国和南非为友好合作关系。2000年,中国和南非建立伙伴关系。2004年,中国与南非建立战略伙伴关系。2010年,中国和南非建立全面战略伙伴关系。

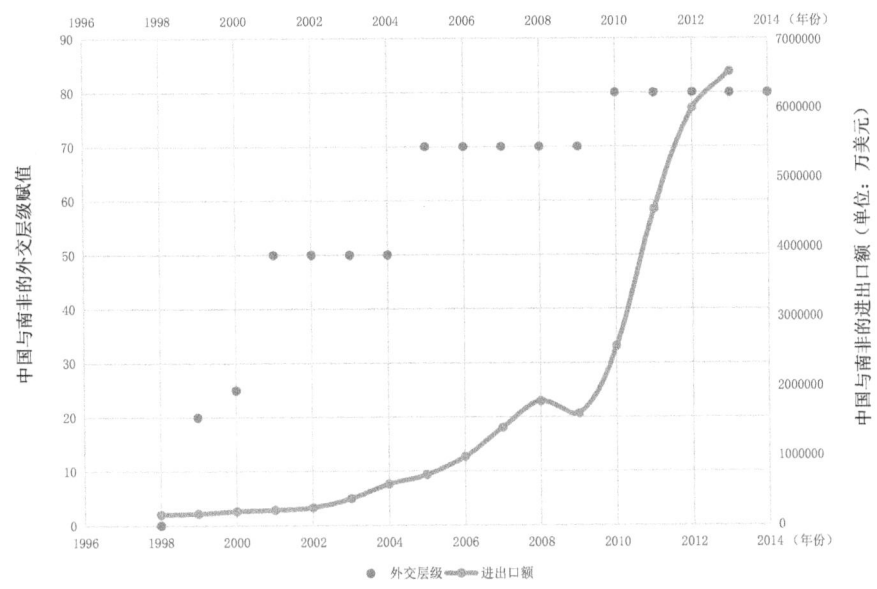

图3 中国与南非的外交层级和进出口额

数据来源：1998—2015年的《中国外交》；中华人民共和国外交部网站：http://www.fmprc.gov.cn/mfa_chn/；国家统计局官网，http://data.stats.gov.cn/easyquery.htm?cn=C01，最后访问时间：2016年4月。

国间的地理距离是影响中国与贸易伙伴国贸易额的主要因素。其中，经济规模对进出口额的作用为正，而地理距离的作用为负。回归结果还显示，一方面，中国与贸易伙伴国的国内生产总值上升均对双边贸易流量有促进作用，但贸易伙伴国的经济规模对双边贸易进出口额的影响更大。中国与共建"一带一路"国家的贸易不仅依靠中国经济的带动，更需要贸易伙伴国的拉动。另一方面，贸易伙伴国的经济规模对双边贸易流量的正向影响略大于空间距离的阻碍作用，说明随着科技进步、交通运输及贸易便利化的发展，地理距离对两国的双边贸易的阻碍作用减弱。这也从实证的角度支持了"设施联通"的必要性及其对"贸易畅通"的推动作用。以外交层级衡量的外交关系对双边贸易流的影响为负，可能是因为中国与其他国家的外交层级稳升不降，而贸易额受金融危机的影响在2009年明显下滑。外交层级的正向间接效应没有在模型中展现。外交层级的政策时滞带来的误差，以及数据缺失、变量剔除等因素，当然也有可能是由于本文对外交层级的赋值不够准确。外交层级对贸易的显著且负向的影响，虽然与预期不一致，但也说明我国与这些国家的外交关系的升级还未完全转化为经济合作成果，或者说经济合作还有很大的提升空间，需要双方继续努力。

"一带一路"倡议提出以来，中国政府在政策沟通、设施联通、贸易便利化、资金融通、民心相通等方面做了大量的工作，取得了显著的成效。在政策沟通方面，"一带一路"倡议及其核心理念已写入联合国、二十国集团、亚太经合组织以及其他区域组织等有关文件中；在数字经济、税收合作、国际商事纠纷解决机制等专业领域也颇有建树。例如，中国与埃及、老挝、沙特阿拉伯、塞尔维亚、泰国、土耳其、阿联酋共同发起《"一带一路"数字经济国际合作倡议》，与多个国家签署了加强数字丝绸之路建设合作文件。中国推动建立了国际商事法庭和"一站式"国际商事纠纷多元化解决机制。至于设施联通，则一直是共建"一带一路"的优先方向，以铁路、公路、航运、管道、空间综合信息网络等为核心的全方位、多层次、复合型基础设施网络正在加快形成，区域间商品、资金、信息、技术等交易成本大大降低。例如，新亚欧大陆桥、中蒙俄、中国—中亚—西亚、中国—中南半岛、中巴和孟中印缅六大国际经济合作走廊将亚洲经济圈与欧洲经济圈联系在一起，为构建高效畅通的亚欧大市场发挥了重要作用。[①] 再如，始于2011年的中欧班列，2019年开行8225列，运送量增长29%，累计开行超过2.1万列，通达欧洲大陆18个国家、57个城市[②]，直接服务于贸易畅通。2020年，受新冠肺炎疫情防控的影响，海运、空运受限，中欧班列担当了国际运输的绿色通道，将一批又一批的急救物资运送到其他国家，成为各国携手抗疫的"生命通道"和"命运纽带"。同时，也为国内外恢复经济社会发展秩序、畅通物流堵点作出了永载史册的贡献。2020年1—8月，中欧班列累计发送68.8万标准箱（TEU），同比增长49%，单月发运量连续5个月刷新历史最高纪录，开行范围也已拓展

---

① 推进"一带一路"建设工作领导小组办公室：《共建"一带一路"倡议：进展、贡献与展望》，新华网，2019年4月22日，http://www.xinhuanet.com/world/2019-04/22/c_1124400071.htm。
② 《商务部：2019年"一带一路"工作取得六方面积极成效》，中国产业经济信息网，2020年1月30日，http://www.cinic.org.cn/xw/bwdt/715978.html?from=singlemessage。

至欧洲21个国家。① 同时，通过发起《推进"一带一路"贸易畅通合作倡议》、深化海关检验检疫合作、快速通关、设立面向全球的自由贸易试验区和自由贸易港、降低关税、"丝路电商"合作、建立贸易畅通工作组等方式，中国多方位提升"一带一路"贸易便利化水平。② 为促进进口，中国已连续举办两届中国国际进口博览会，2019年还举办了首届中非经贸博览会、首届中国—中东欧博览会等大型展会。③ 在资金融通方面，国际多边金融机构以及各类商业银行不断探索创新投融资模式，积极拓宽多样化融资渠道，为共建"一带一路"提供稳定、透明、高质量的资金支持。例如，截至2018年底，中国出口信用保险公司累计支持对沿线国家的出口和投资超过6000亿美元。中国先后与20多个沿线国家建立了双边本币互换安排，与7个沿线国家建立了人民币清算安排。人民币国际支付、投资、交易、储备功能稳步提高，人民币跨境支付系统（CIPS）业务范围已覆盖近40个沿线国家和地区。在民心相通方面，通过互办艺术节、电影节、音乐节、文物展、图书展等活动，通过教育培训、旅游、救灾、援助与扶贫合作，增进了国家间的相互理解和认同，为共建"一带一路"奠定了坚实的民意基础。例如，2017年，共建"一带一路"国家共有3.87万人接受中国政府奖学金来华留学，占奖学金生总数的66.0%。④ 2018年，中国与29个共建"一带一路"国家实现了公民免签或落地签。⑤

在看到总体合作提升的同时，我们也要看到明显的地区差异，而地区差异的存在要求后续工作要更有针对性。以贸易便利化为例，聂骁远、李海莲等人的研究都分析了贸易便利化方面所存在的地区差异。聂骁远发现，东南亚、西亚和中东欧地区的便利度普遍高于东亚、南亚和中亚地区，而且贸易便利化的不同指标也表现出明显的地区差异。他建议对中东欧、东南亚、西

---

① 《中欧班列加速奔跑带动世界经济起舞》，中国新闻网，2020年9月21日，http://www.ln.chinanews.com/news/2020/0921/14428.html。
② 推进"一带一路"建设工作领导小组办公室：《共建"一带一路"倡议：进展、贡献与展望》，新华网，2019年4月22日，http://www.xinhuanet.com/world/2019-04/22/c_1124400071.htm。
③ 《商务部：2019年"一带一路"工作取得六方面积极成效》，中国产业经济信息网，2020年1月30日，http://www.cinic.org.cn/xw/bwdt/715978.html?from=singlemessage。
④ 推进"一带一路"建设工作领导小组办公室：《共建"一带一路"倡议：进展、贡献与展望》，新华网，2019年4月22日，http://www.xinhuanet.com/world/2019-04/22/c_1124400071.htm。
⑤ 《数观2019年"一带一路"：成果斐然》，北京第二外国语学院中国"一带一路"战略研究院网站，2020年1月1日，http://obor.bisu.edu.cn/art/2020/1/1/art_16668_239387.html。

亚地区的国家应当促进规制环境的建设，对东亚、中亚、南亚地区的国家应当加大对商业环境的投入和口岸基础设施的投资。此外，我国对共建"一带一路"国家的出口潜力巨大，贸易便利化水平的提升将发挥贸易潜力，提升贸易流量。在开展贸易便利化合作和交流时，我国可以根据各个国家潜力采用分阶段发展策略：短期内重点拓展与东亚和西亚地区潜力较强的国家间的交流合作，长期内争取打通与中东欧和南亚国家的贸易障碍。[①] 李海莲等发现，沿线各国口岸便利化水平差异较大，中东欧国家的通关便利化水平最高，南亚和西亚北非国家最低，其他国家居中。具体而言，一方面，波兰、爱沙尼亚、立陶宛、斯洛文尼亚、捷克、匈牙利、罗马尼亚、斯洛伐克、克罗地亚、拉脱维亚、保加利亚等欧盟成员国进口边境合规时间和进口边境合规成本低至0，是"一带一路"沿线乃至全球海关通关便利化水平较高的国家，真正意义上达到国际贸易货物的零障碍流动。[②] 另一方面，缅甸、孟加拉国、沙特阿拉伯、埃及等国的进口边境合规时间在200小时以上，即进口货物在口岸和边境接受海关监管和通关的时间达8天以上；马尔代夫、孟加拉国等国的进口边境合规成本达900美元/标箱以上。在信息化建设方面，共建"一带一路"国家的平均电子通关率为70%，大多数国家已经开始了无纸化通关实践，整体信息化水平较高。截至2018年，共建"一带一路"国家中已有39个国家的电子报关率达到100%，但老挝、文莱、哈萨克斯坦、乌兹别克斯坦、科威特、阿曼、伊拉克、波黑8国尚未开始无纸化通关的实践。[③]

2015年至今，共建"一带一路"的成果显著，我们意识到本研究所使用的样本的局限性。或许将样本的时间长度拉长，"五通"的经济效应更明显，从而外交关系对双边贸易额的影响会更准确。此外，由于地区差异的存在，希望在以后的研究中，能利用分区域的样本进行经验分析。还有，外交层级的量化赋值需要以更细致的分析为基础。

---

① 聂骁远：《"一带一路"背景下中国发展出口贸易路径研究：基于贸易便利化视角》，《商场现代化》2020年第14期，第61—63页。
② 李海莲、胡恩佳、李采玥：《"一带一路"沿线国家口岸便利化水平对中国出口贸易的影响》，《东北亚经济研究》2020年第6期，第17—28页。
③ 同上。

后　记

作为主编，当本书即将付梓、进而提交读者评判之际，越来越深感忐忑。面对"一带一路"机制化建设的一系列重大而迫切的问题，本书的研究尚欠全面和深入，结论也颇显肤浅，也许还会有不少谬误。无奈可挖潜力有限，并受俗务干扰，很难在短期内优化与提升，只能在不安中接受学界同仁指正了。令我略感安慰的是，本书应能产生某些"抛砖引玉"的作用，使得学界就相关议题进行深入研究；同时，本书也能发挥某种"开题报告"的效果，可使笔者在接受读者指正后，研究思路更加清晰、方向更加明确。

在此，我要衷心感谢外交学院领导及院学术委员会、科研处、国际经济学院相关人员，没有他们的指导、支持和配合，本书不可能最终成稿。更要对世界知识出版社，尤其是对本书付梓作出直接贡献的罗洁和余岚两位女士，表示诚挚谢意。

2015年11月，本人作为负责人，组织外交学院国际经济学院教师承担了外交学院"中央高校基本科研业务费专项资金"重大项目——"'一带一路'建设中的经济合作机制研究"。时任外交学院国际经济学院院长竺彩华教授直接主持了项目的总体设计和项目申请书填报。本书是中央高校基本科研业务费专项资金科研创新项目"'一带一路'建设中的经济合作机制研究"（项目编号3162015ZYKA01）的研究成果。该项目是以外交学院国际经济学院教师为主体承担的学院重大项目。

本书分工和各部分主要撰写者如下：

主　编：江瑞平；

副主编：竺彩华、张翠珍、崔绍忠（执行）；

引　论：江瑞平；

第一章：崔绍忠、徐璇；

第二章：何　敏；

第三章：李　锋；

第四章：欧明刚；

第五章：闫世刚；

第六章：刘乃郗、潘明睿；

第七章：郭宏宇；

第八章：张璐超；

专论一：竺彩华；

专论二：张翠珍、杨　青。

江瑞平

2021年5月